starkeSeiten 9/10
Wirtschaft | Berufs- und Studienorientierung

von
Sarah Claß
Christiane Hoppenz-Green
Stephan Meinzer
Stefan Schlösser
Hariolf Seifert

Ernst Klett Verlag
Stuttgart · Leipzig · Dortmund

So lernst du mit starkeSeiten

Die Einstiegsseiten
zeigen, was dich in dem Kapitel erwartet.

Auf den Basisseiten
erfährst du alles Wichtige zu einem Thema.

Die Methodenseiten
erklären dir Schritt für Schritt, wie du eine Methode anwendest.

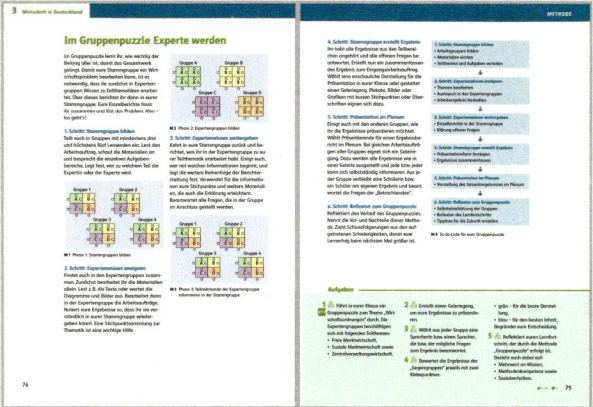

Die Trainingsseiten
enthalten Aufgaben zum Wiederholen und Üben.

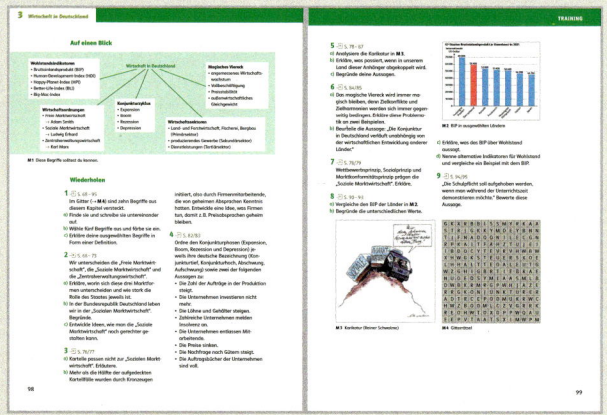

Die Extraseiten
bieten zusätzliche Materialien, wenn du mehr wissen willst.

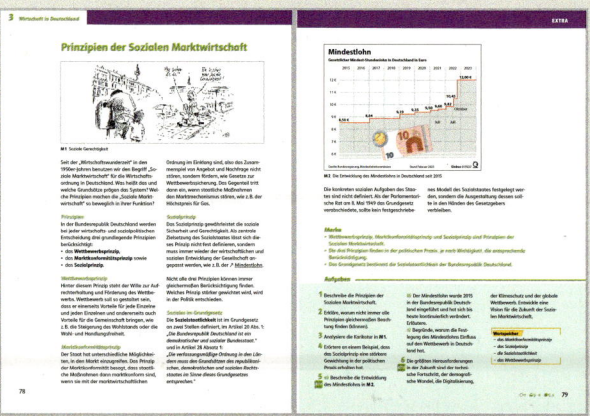

Die Projektseiten
üben die Projektarbeit ein.

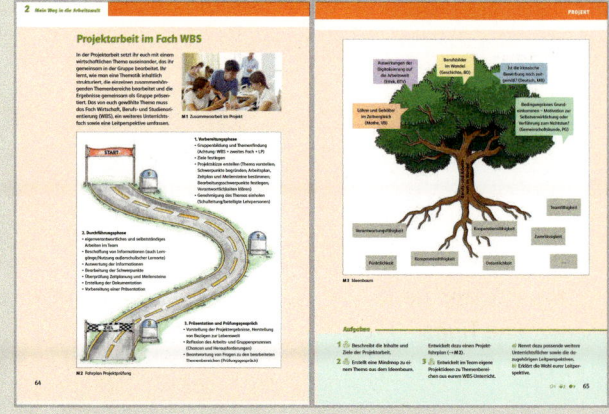

wichtige Begriffe, die im Lexikon erklärt werden

Bildverweis

Begriffserklärungen

Merksätze

Aufgaben

Aufgaben, Symbole und Kästen

Aufgaben:

- 👥 Partneraufgaben
- 👥 Gruppenaufgaben
- 👥 Klassenaufgaben

1 Aufgaben, bei denen du dich mit den wichtigsten Inhalten der Doppelseiten beschäftigst

2 Aufgaben, mit denen du weiterarbeiten kannst

Symbole:

- ○ leicht
- ◐ mittel
- ● schwer
- ↗ Mit diesem Symbol sind Begriffe gekennzeichnet, die im Lexikon erklärt werden.
- **MB** kennzeichnet die Leitperspektiven

Kästen:

TIPP

Diese Kästen geben dir wichtige Tipps.

Starker Job

Diese Kästen stellen dir starke Jobs vor.

Wortspeicher
- der Fachkräftemangel
- die Imagepflege
- die Unternehmenskultur

Im Wortspeicher findest du Fachbegriffe, die sich auf das Thema der Doppelseite beziehen.

Inhalt

8 Leitperspektiven im Fach WBS .... `VB` `MB` `BNE` `PG` `BO` `BTV`

1 Mein Praktikum

12 (M)ein Praktikum planen .... `BO`
14 **METHODE** Auf der Berufsinformationsmesse .... `BO`
16 Bewerben – aber richtig .... `BO` `MB`
18 Anschreiben und Lebenslauf .... `BO` `MB`
20 (M)ein Praktikum durchführen .... `BO` `MB`
22 (M)ein Praktikum dokumentieren .... `BO` `MB`
24 (M)ein Praktikum auswerten .... `BO` `MB`
26 **METHODE** Präsentation des Praktikums .... `BO`
28 **METHODE** Die Kopfstandmethode .... `BO` `MB`
30 **TRAINING** ....

2 Mein Weg in die Arbeitswelt

34 Schulabschluss – Navigation starten .... `BO` `MB`
36 Schulabschluss … und dann? .... `BO` `MB`
38 Eine Berufswahl treffen .... `BO`
40 Berufe im Wandel – ich bin dabei! .... `BO` `MB`
42 Stellenanzeigen nutzen .... `BO` `MB`
44 **EXTRA** Vielfältige Studienmöglichkeiten .... `BO` `MB`
46 Bewerben – aber wie? .... `BO` `MB`
48 Anschreiben XXL .... `BO` `MB`
50 Lebenslauf XXL .... `BO` `MB`
52 **METHODE** Online-Bewerbung .... `BO` `MB`
54 Einstellungstest und Vorstellungsgespräch .... `BO`
56 Bewerbungssituationen simulieren .... `BO` `MB`
58 **METHODE** Telefontraining .... `BO`
60 Mein „Plan B" .... `BO` `MB`
62 **TRAINING** ....
64 **PROJEKT** Projektarbeit im Fach WBS .... `BO`

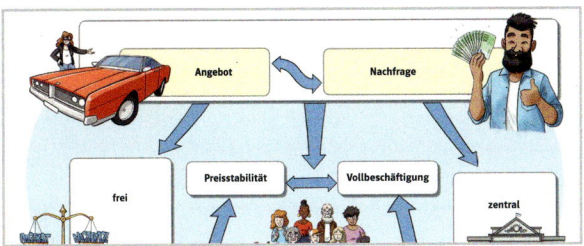

3 Wirtschaft in Deutschland

68	Freie Marktwirtschaft	BNE BTV
70	Soziale Marktwirtschaft	BNE BTV
72	Zentralverwaltungswirtschaft	BNE BTV
74	**METHODE** Im Gruppenpuzzle Experte werden	BTV
76	**EXTRA** Regeln des Wettbewerbs	MB
78	**EXTRA** Prinzipien der Sozialen Marktwirtschaft	BTV
80	Inklusion am Arbeitsplatz	MB
82	Das konjunkturelle Auf und Ab	BTV VB
84	Der Staat steuert	BNE
86	Inflation – Preise außer Kontrolle?	VB MB
88	**EXTRA** Preisbildung im Modell	MB
90	Das BIP – ein Maß für Wohlstand	MB BO
92	**EXTRA** Wohlstandsindikatoren im Vergleich	BTV MB
94	Partizipationsmöglichkeiten	BTV MB
96	**METHODE** Karikaturen-Rallye	MB
98	**TRAINING**	
100	**PROJEKT** Bedingungsloses Grundeinkommen	BTV

4 Wirtschaft in der EU

104	Willkommen in der Gemeinschaft	BO MB
106	Der europäische Binnenmarkt	BO
108	Arbeiten in Europa	MB
110	Die globalisierte Schokolade	BNE MB
112	**METHODE** Ein Mystery lösen	BNE VB
114	**TRAINING**	
116	**PROJEKT** Jedes Jahr ein neues Smartphone?	BNE MB

5 Welche Risiken versichern?

120 Versicherungen – Erfindung der Neuzeit? .... `PG` `BNE`
122 Gegen jedes Risiko versichern? .... `MB` `BTV`
124 Versicherungen im Vergleich .... `VB` `BTV`
126 Wann haftet die Haftpflicht? .... `VB` `BTV`
128 Wie finanzieren sich Versicherungen? ...... `VB` `BTV`
130 **EXTRA** Von Fall zu Fall verschieden ...... `VB` `BTV`
132 Welche Versicherung nach der Schule? ..... `VB` `BNE`
134 **METHODE** Unter einem Hut denken .... `BTV` `PG`
136 **TRAINING**

6 Unternehmen im Blick

140 Ich mach' mein (eigenes) Ding .... `BO`
142 Geht es nur um Gewinn? .... `BNE` `BTV`
144 Unternehmerische Verantwortung .... `BNE` `BTV`
146 Von Erfolg und Misserfolg .... `BNE` `BO`
148 Plötzlich Krise: Geschäftsmodelle ändern? .... `VB` `BO`
150 Insolvenz: „Wir müssen schließen!" ..... `MB`
152 Wie läuft es in der Schülerfirma? .... `BO`
154 Umsatz, Gewinn und Verlust .... `BNE` `MB`
156 **EXTRA** Kostenarten und Gewinnverwendung .... `VB`
158 Spannungsfelder im Unternehmen ...... `BNE` `BTV`
160 **EXTRA** Vielfalt statt Einheitsbrei ..... `BTV`
162 Gleichberechtigt = gleichgestellt? .... `BTV` `MB`
164 Gut für die Region .... `BNE` `BO`
166 Der Staat steckt den Rahmen ab .... `BNE` `MB`
168 Total global?! .... `BNE` `BO`
170 **METHODE** Eine Fallanalyse durchführen .... `VB` `MB`
172 **TRAINING**

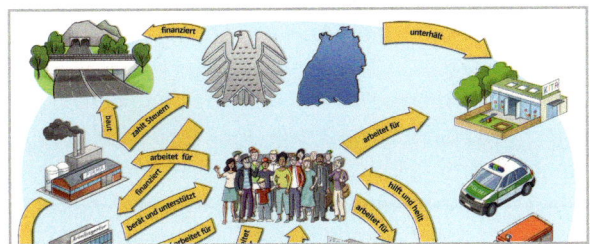

7 Steuern in Deutschland

- 176 Wird mein Ferienjob besteuert? .... VB MB
- 178 Deutschlands wichtigste Steuerarten .... VB
- 180 **METHODE** Die Zukunftswerkstatt ..... VB BTV
- 182 Den Staat durch Steuern steuern? ...... VB MB
- 184 Steuern in Bund und Land .... VB MB
- 186 **EXTRA** Der Bundeshaushalt .... VB MB
- 188 Bildung: Investiere in dich! .... VB MB
- 190 **METHODE** Concept Map – ein Begriffsnetz .... VB BTV
- 192 **TRAINING**

- 194 Hinweise zum Lösen der Aufgaben
- 196 Global Goals
- 198 Lexikon
- 203 Register
- 207 Quellen
- 208 Impressum

Leitperspektiven[1] im Fach WBS

Im Fach Wirtschaft/Berufs- und Studienorientierung (WBS) bearbeitest du wirtschaftliche Themen, die dich in unterschiedlichen Rollen sehen. Du bist Verbraucher/in, du bist Erwerbstätige/r und Wirtschaftsbürger/in. In den einzelnen Rollen unterstützen dich die Leitperspektiven. Sie sind handlungsleitende Themen, die für alle Unterrichtsfächer gültig sind. Leitperspektiven geben Orientierung und helfen dir, eine Thematik aus unterschiedlichen Blickwinkeln zu betrachten.

Bildung für nachhaltige Entwicklung `BNE`
beinhaltet den Umgang mit begrenzten Ressourcen und die Suche nach friedlichen, gerechten und weitsichtigen Lösungen im Hinblick auf soziale und ökologische Nachhaltigkeit.

Prävention und Gesundheit `PG`
beinhaltet die Stärkung der Fähigkeiten zur Selbstregulation, zu ressourcenorientiertem Denken und zu lösungsorientierter Konfliktbewältigung in ökonomischen Situationen des Lebensalltags.

Bildung für Toleranz und Vielfalt `BTV`
beinhaltet den Umgang mit Vielfalt, Konfliktbewältigung und Interessenausgleich in unserer pluralistischen Gesellschaft sowie die Bedeutung von wertorientiertem Handeln und Solidarität.

Verbraucherbildung `VB`
beinhaltet die Aufklärung von jugendlichen Konsumierenden und zukünftigen Agierenden in Wirtschaftsdingen, die ihr Einkommen dem Wirtschaftskreislauf zuführen. Die Verbraucherinnen und Verbraucher sollen geschützt und deren Selbstbestimmung gestärkt werden. Die Förderung eines selbstbestimmten und verantwortungsbewussten Verbraucherverhaltens wird entwickelt.

[1] allgemeine Leitperspektiven und themenspezifische Leitperspektiven

Medienbildung [MB]

beinhaltet die selbstständige Beschaffung von Informationen und deren kritische Reflexion. Medienbildung soll helfen, mündig mit Informationen umzugehen und Einflussmöglichkeiten als kritische Bürgerinnen und Bürger zu nutzen.

Berufliche Orientierung [BO]

beinhaltet die systematische, selbstständige und eigenverantwortliche Planung des eigenen Berufsweges. Es geht um berufsvorbereitende Maßnahmen, die Selbst- und Fremdeinschätzung der eigenen Fähigkeiten und Fertigkeiten, die Kenntnisse über die aktuellen Anforderungen von Berufen und Ausbildungsgängen sowie der weiterführenden Schulen und Hochschulen. Bei Realbegegnungen (wie z. B. Berufserkundungen oder Betriebspraktika) werden die Berufstätigkeit erprobt und individuelle Berufsentscheidungen vorbereitet.

Du bearbeitest ein Thema und betrachtest es dazu aus verschiedenen Blickwinkeln (Brillen). Stell dir vor, du setzt immer wieder eine neue Brille auf und schaust dir das Thema unter diesem Blickwinkel an. Du bearbeitest zum Beispiel das Thema „Werbung". Setze dir die einzelnen Brillen auf und probiere es aus:

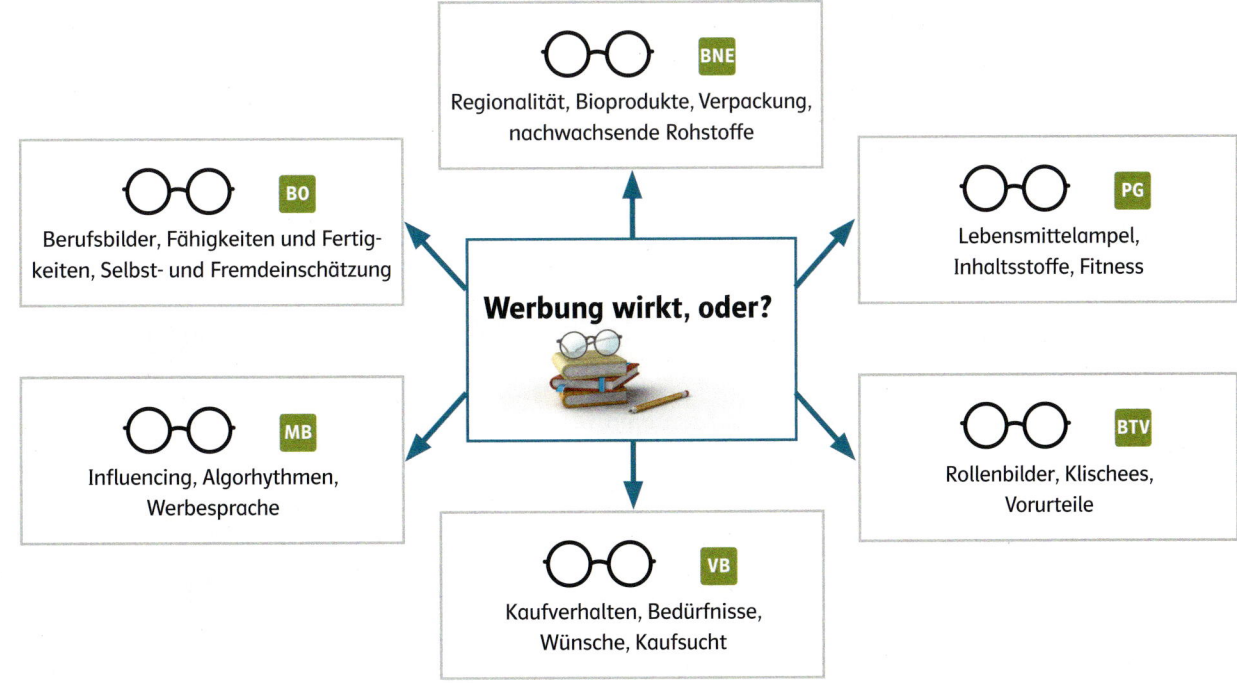

1

Mein Praktikum

Auf die Plätze – fertig – los: Wer macht das Rennen um die begehrten Praktikumsplätze?
Ohne ein Praktikum oder besser noch mehrere Praktika geht heute nichts mehr bei der Berufswahl. Um sich für einen Beruf richtig entscheiden zu können, benötigst du die realen Erfahrungen aus dem Praktikum. Hier gewinnst du praxisnahe Einblicke in die Anforderungen, die Tätigkeiten und die Besonderheiten eines Berufes. Außerdem sind schon viele Jugendliche durch ein erfolgreiches Praktikum zu einem Ausbildungsplatz gekommen!

Ich werde …

- mein Praktikum frühzeitig planen.
- einen für mich geeigneten Praktikumsbetrieb finden und mich bewerben.
- meine Erfahrungen im Praktikum in einem Praktikumsbericht festhalten.

Was denkst du?

- Was erklärt Frau Müller Tim an seinem ersten Praktikumstag?
- Selina macht ihr Praktikum in einer Autowerkstatt und möchte gleich die Bremsscheiben an einem Auto wechseln. Ist das eine gute Idee?
- „Jugendliche müssen sich im Praktikum zeigen, um einen starken Eindruck zu hinterlassen!" Stimmt das?
- Herr Rodriguez ist glücklich in seinem Job. Woran könnte das liegen?

(M)ein Praktikum planen

M1 Luca bereitet sein Praktikum vor.

Einige von euch haben bereits ein oder vielleicht sogar zwei Praktika gemacht – das ist gut, denn ein **Praktikum** ermöglicht dir realistische Einblicke in einen Beruf. Du merkst schnell, ob der Beruf dir „liegt" oder ob du dich doch besser nach einer Alternative umschauen solltest.

In sieben Schritten zum Praktikumsplatz
1. Einen passenden Beruf oder mehrere Berufe wählen, die zu dir passen.
2. Informationen zu den Berufen sammeln.
3. Passende Betriebe/Einrichtungen suchen.
4. Informationen zu den Betrieben/Einrichtungen einholen und vergleichen.
5. Kontaktaufnahme vorbereiten, z. B. Telefongespräch.
6. Kontaktaufnahme, z. B. anrufen und nachfragen, ob ein Praktikum im Zeitraum von … bis … möglich ist.
7. Schriftlich bewerben.

M2 Der Weg zum Praktikumsplatz

Luca macht sich auf den Weg

Luca (→ M1) plant sein Praktikum und hält sich dabei an die Reihenfolge aus M2.

1. Schritt: Luca interessiert sich für die Berufe Anlagenmechaniker und Elektroniker für Energie- und Gebäudetechnik. Mit der Berufsberaterin hat er über beide Berufe bereits gesprochen. Beide Berufe haben beste Zukunftsaussichten.

2. Schritt: Luca nutzt die Internetseite ↗ BERUFENET und sucht sich viele Informationen zu den beiden Berufen heraus. Die zwei Filme im BERUFE.TV schaut er sich auch an. Beide Berufe interessieren ihn weiterhin und er kann sich ein Praktikum gut darin vorstellen.

3. Schritt: Luca überlegt sich, wie er Betriebe in seiner Nähe findet, die die beiden Berufe ausbilden und auch Praktikumsplätze anbieten. Er notiert sich:
- Suchmaschinen und Praktikumsbörsen im Internet nutzen, z. B. der beiden Kammern (Handwerkskammer und Industrie- und Handelskammer) und der Agentur für Arbeit.
- Im Umfeld nachfragen: bei Bekannten, Freundinnen und Freunden, Eltern, Berufsberaterinnen und -beratern, Lehrkräften.
- In der Zeitung oder im Branchenbuch „Gelbe Seiten" nachsehen.
- Betriebe im Internet suchen.

Er findet zwei Betriebe in der Nähe, die im Beruf des Elektronikers für Energie- und Gebäudetechnik, und vier Betriebe, die im Beruf des Anlagenmechanikers ausbilden.

4. Schritt: Auf den Internetseiten der Betriebe und Unternehmen erhält er nützliche Informationen. Die Betriebe sind sehr unterschiedlich, z. B. in der Größe, der Anzahl der Mitarbeitenden, dem ↗ Umsatz, … Bei vier Betrieben findet er auch Informationen zu Praktikumsmöglichkeiten und jeweils eine Ansprechperson. Er schreibt sich die Adressen und Ansprechpersonen heraus und erstellt ein Ranking, welcher Betrieb ihn am meisten, am zweitmeisten, … anspricht.

5. Schritt: Da Luca sich auch bei den beiden anderen Betrieben bewerben möchte, notiert er sich die Telefonnummern und schreibt sich Fragen, die er stellen möchte, sorgfältig auf.

6. Schritt: Luca bringt allen Mut auf, ruft bei den sechs Betrieben an und fragt nach, ob sie Praktika in den beiden Berufsbildern anbieten. Natürlich nennt er den Betrieben auch gleich den Zeitraum, in dem das Praktikum stattfinden soll. Außerdem fragt er nach, in welcher Form er sich bewerben soll, und bedankt sich am Ende für das Gespräch.

7. Schritt: Luca bewirbt sich bei allen sechs Betrieben, um seine Chancen auf einen Praktikumsplatz zu erhöhen. Die Betriebe fordern zum Teil unterschiedliche Bewerbungsformen und so bewirbt er sich bei zwei Betrieben mit einer E-Mail-Bewerbung, bei zwei Betrieben mit einer Kurzbewerbung, bei einem Betrieb mit einer vollständigen **Bewerbung** und bei einem Betrieb mit einer Online-Bewerbung für das Praktikum. Auf den nächsten Seiten kannst du dir noch einmal ansehen, wie das geht.

Tag der offenen Tür – Pia nutzt ihre Chance.
Pia hat über ihre Schule erfahren, dass ein großes Chemieunternehmen zum Tag der offenen Tür einlädt. Sie erkundigt sich im Vorfeld und findet heraus, dass das Unternehmen u.a. auch in ihrem Wunschberuf der Chemielaborantin ausbildet. Pia schreibt eine Bewerbung für ein Praktikum und nimmt diese mit zum Tag der offenen Tür. An einem Informationsstand spricht sie eine Mitarbeiterin an und erkundigt sich nach den Praktikumsmöglichkeiten. Sie hat Glück und kann ihre Bewerbungsmappe direkt abgeben. Zwei Wochen später erhält sie eine Zusage.

M 3 Tag der offenen Tür – Pia nutzt ihre Chance.

Merke
- Ein Praktikum vermittelt praxisnahe Erfahrungen in einem ausgewählten Beruf.
- Durch ein Praktikum kannst du herausfinden, ob ein Beruf zu dir passt.
- Ein Praktikum kann dir helfen, einen Ausbildungsplatz zu finden.

Aufgaben

1 a) Beschreibt, wie ihr passende Betriebe für euer Praktikum findet.
b) Erklärt, wie Pia (→ M 3) ihre Praktikumsstelle gefunden hat.
c) Analysiert, wie sie sich auf den Tag der offenen Tür vorbereitet hat.

2 a) Erläutere, warum Luca (→ M 1) in Schritt 4 die Internetseiten der Betriebe besucht.
b) Analysiere, warum Luca die Betriebe auf ihre Unterschiedlichkeiten hin untersucht.
c) Bewerte, warum Luca ein Ranking der Betriebe aufstellt.

d) Vergleicht eure Antworten.

3 a) Erarbeitet Fragen, die ihr bei einem Anruf in einem Betrieb stellt, und notiert diese.
b) Bereitet ein Telefongespräch mit einem Betrieb vor, bei dem ihr wegen eines Praktikumsplatzes anfragt. Die Methodenseiten S. 58/59 helfen euch.
c) Spielt euer Telefongespräch als Rollenspiel der Klasse vor.

4 a) Erkläre, warum sich Luca bei allen sechs Betrieben für ein Praktikum bewirbt.
b) Beschreibe, wie er sich verhalten sollte, wenn er mehrere Zusagen bekommt.
c) Stelle deine Antworten der Klasse vor.

5 a) Plane dein eigenes Praktikum. Die Schrittfolge (→ M 2) und Lucas Aktivitäten helfen dir dabei.
b) Vergleicht eure Ergebnisse.
c) Hefte deine Ergebnisse im Berufswahlordner ab.

Wortspeicher
– die Bewerbung
– das Praktikum

Auf der Berufsinformationsmesse

M1 Auf einer Berufsinformationsmesse gibt es viel zu entdecken.

Ein gut vorbereiteter Besuch einer **Berufsinformationsmesse** kann sehr hilfreich für die Planung deiner beruflichen Entwicklung sein. Es gibt Messen ganz unterschiedlicher Art und Größe, auf denen verschiedenste Unternehmen, vom kleinen oder mittelständischen Betrieb bis zum Global Player, Bildungseinrichtungen und weitere Institutionen verschiedener Branchen ihre Angebote für die berufliche Ausbildung sowie duale Studiengänge vorstellen. Hier kannst du dich über die Anforderungen der jeweiligen Ausbildungsstellen informieren und findest weitere Hilfestellung bei der Berufsfindung. Durch Fachvorträge und Mitmach-Aktionen erhältst du einen guten Überblick über die Vielzahl an Ausbildungsmöglichkeiten. Oft findest du hier kostenlose Angebote wie Bewerbungstrainings, Einstellungstests, Bewerbungsmappenchecks usw. Auch stehen dir Personalverantwortliche, Geschäftsführende und Ausbildende für Fragen zur Verfügung. Das Wichtigste aber ist eine gute Vorbereitung. Nur so kannst du gezielt Informationen zusammentragen, die dir später nutzen.

der Global Player
Konzern/Unternehmen mit einem weltweiten Wirkungskreis, das sich an internationalen Produktions- und Absatzmärkten ausrichtet

1. Schritt: Überblick verschaffen
Informiere dich im Internet oder in der lokalen Zeitung über Messetermine und die Orte, an denen die Messen stattfinden. Wähle die Messen aus, die du gerne besuchen möchtest.

2. Schritt: Fragenkatalog erstellen
Sammle alle Fragen, die du zu einem bestimmten Thema (Berufsbild, Unternehmen, Ausbildungsweg etc.) stellen möchtest. Sortiere sie nach ihrer Wichtigkeit. Sammle im Vorfeld so viele Informationen wie möglich, damit du nur die Fragen stellen musst, die unbeantwortet geblieben sind. Erstelle einen endgültigen Fragebogen. Denk dran: Lass genug Platz für Notizen!

3. Schritt: Ausstellende finden
Informiere dich im Programmblatt (Flyer) der Messe, wo du dein gewünschtes Unternehmen oder die Institution mit der **Fachperson** für deine speziellen Fragen findest. Plane für dich einen gewinnbringenden Rundgang auf der Messe.

4. Schritt: Aktionen planen
Überlege dir im Vorfeld, welche Aktionen der Messe du nutzen möchtest, und bereite dich darauf vor. Erstelle z. B. eine Bewerbungsmappe und nimm diese im Original oder auf einem USB-Stick zur Überprüfung auf die Messe mit. Möchtest du an einem Einstellungstest teilnehmen, dann informiere dich vorab, was von dir erwartet wird. Hast du Interesse an passenden Bewerbungsfotos, dann achte auf einen angemessenen Bekleidungsstil.

METHODE

5. Schritt: Messebesuch durchführen
Kleide dich angemessen. Falls du Befragungstermine vereinbart hast, erscheine pünktlich. Stelle dich und dein Anliegen vor. Führe die Befragung durch und mache dir Notizen. Bedanke dich am Ende für das Gespräch.
Möchtest du einen Fachvortrag besuchen oder an praktischen Aktionen teilnehmen, dann achte darauf, wann diese beginnen, damit du alle Informationen auch vollständig erhältst.

6. Schritt: Messebesuch auswerten
Die Notizen, die du während des Messebesuches erstellt hast, hältst du nun noch schriftlich fest. Damit du nichts vergisst, fasst du die wesentlichen Punkte in einem Protokoll zusammen. Jetzt kannst du deine Ergebnisse in einer Präsentation vorstellen oder in deinem Portfolio ablegen. Reflektiere deinen Messebesuch: Welchen Gewinn hat dir die Messe gebracht? Was wirst du bei einem weiteren Messebesuch anders machen?

> **TIPP**
> Wenn du auf der Messe eine individuelle Expertenberatung möchtest, solltest du auf Folgendes achten:
> – Informiere dich im Vorfeld über die Möglichkeiten.
> – Vereinbare einen Termin mit der Expertin oder dem Experten.
> – Erkundige dich, wo die Beratung stattfindet.
> – Erfrage, welche Unterlagen du mitbringen sollst.

1. Schritt: Überblick verschaffen
- Thema der Messe
- beteiligte Unternehmen

↓

2. Schritt: Fragenkatalog erstellen
- Fragebogen erstellen

↓

3. Schritt: Ausstellende finden
- Rundgang planen

↓

4. Schritt: Aktionen planen
- Unterlagen vorbereiten

↓

5. Schritt: Messebesuch durchführen
- Notizen machen

↓

6. Schritt: Messebesuch auswerten
- Protokoll erstellen
- Ergebnisse präsentieren
- Ergebnisse reflektieren

M2 Lass deine Unterlagen checken.

M3 To-do-Liste für deinen Messebesuch

Aufgaben

1 a) Nenne mindestens fünf Ausbildungsmessen, die in deiner Region stattfinden.
b) Beschreibe, welche Zielgruppen diese Messen haben.

2 a) Erstelle für deinen geplanten Messebesuch einen Fragebogen.
b) Vergleicht eure Fragebögen. Arbeitet Gemeinsamkeiten und Unterschiede heraus. Ergänzt im Bedarfsfall eure Bögen. Begründet eure Entscheidung.

3 a) Beurteilt im Anschluss eures Messebesuches die Vorbereitung, den Besuch und die Auswertung der Messeergebnisse.
b) Entwickelt eine Empfehlung für den nächsten Messebesuch. Gestaltet dazu für die Informationsecke im Schulhaus einen Flyer.

Bewerben – aber richtig!

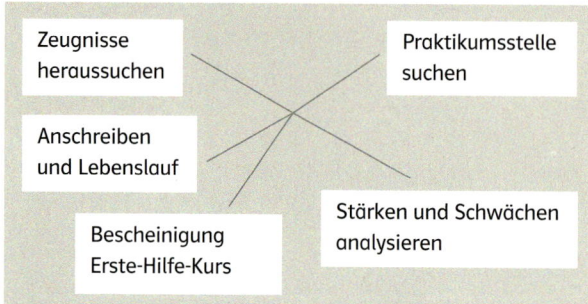

M1 Gedankencheck zur Bewerbung

Du hast ein Unternehmen gefunden, bei dem du gern ein weiteres Praktikum durchführen möchtest?
Dann frage vorher an, ob das Unternehmen eine Kurzbewerbung oder eine vollständige Bewerbung für deinen Praktikumsplatz wünscht.

Kurzbewerbung
Sie enthält …
- dein Bewerbungsanschreiben und
- deinen tabellarischen Lebenslauf.

Vollständige Bewerbung
Dazu gehören …
- das Anschreiben, also ein Brief, der alle wichtigen Informationen zu dir enthält und außerdem begründet, warum du gerade in dieser Firma dein Praktikum absolvieren möchtest,
- dein tabellarischer Lebenslauf, der dem Unternehmen Auskunft gibt, ob du für die Praktikumsstelle geeignet bist (z. B. ob du das richtige Alter hast) sowie
- die Anlagen, also z. B. die Kopien deines letzten Zeugnisses, der Bescheinigungen bereits absolvierter Praktika, von Leistungsnachweisen der Schule oder im Verein.

Ein Deckblatt mit deinem Namen und deinem Berufsbildwunsch vervollständigt deine Bewerbung.
Eine vollständige schriftliche Bewerbung wird bei einer Bewerbung für ein Praktikum meist nicht gefordert.

Persönlich oder per Post?
Bei einer schriftlichen Bewerbung schickst du die Unterlagen in einer Bewerbungsmappe an das Unternehmen. Besser ist es natürlich immer, wenn du sie persönlich vorbeibringst. Das Bewerbungsanschreiben kommt nicht in die Bewerbungsmappe, sondern liegt als „loser Brief" auf deiner Mappe, gehört aber in den Umschlag.

Bewerbungsarten
Unternimmst du bei deiner Bewerbung den ersten Schritt und wirst selbst aktiv, d. h., du bewirbst dich „blind", dann spricht man von einer **Initiativbewerbung**. Alternativ bewirbst du dich auf eine konkrete Stellenanzeige. Dann weißt du im Voraus, dass für diese Stelle jemand gesucht wird.

Bewerbungsformen
Meist steht in einer Stellenanzeige, wie du deine Bewerbungsunterlagen einreichen sollst. Übliche Formen sind die schriftliche Bewerbung oder die Internet-Bewerbung (**E-Mail-Bewerbung → M 2** oder **Online-Bewerbung → M 3**). Früher war die schriftliche Bewerbung der „Klassiker". Heute wird diese mehr und mehr von der E-Mail- oder der Online-Bewerbung verdrängt. Die Unternehmen sparen damit viel Zeit und Aufwand in der Bearbeitung. Auch für dich ist es kostengünstiger, es geht schneller und du schonst nebenbei die Umwelt, weil du auf Papierausdrucke verzichtest. Trotzdem legen manche Firmen auch heute noch Wert auf eine schriftliche Bewerbung.

> **TIPP**
> Nutze für eine Online-Bewerbung keine E-Mail-Adresse mit einem Fantasienamen, sondern nur eine vertrauenswürdige Adresse. Vorteilhaft ist: vorname.nachname@mailadresse.de

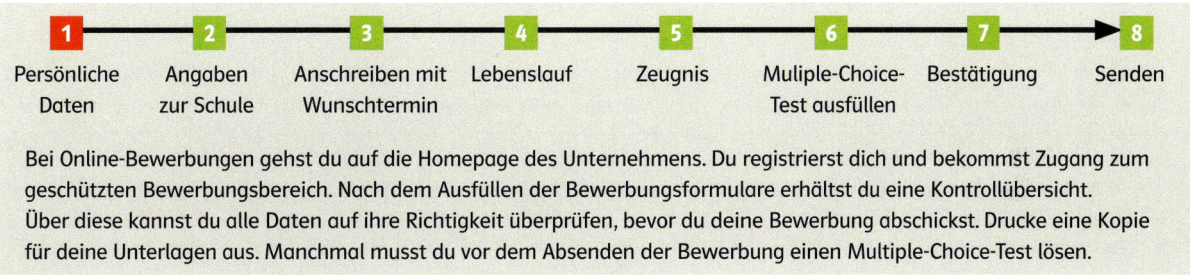

Aus deinen Unterlagen – Bewerbungsanschreiben, tabellarischem Lebenslauf und letztem Zeugnis – erstellst du eine PDF-Datei und hängst diese deiner Bewerbung an. Achte darauf, dass die PDF-Datei maximal einen Speicherplatz von 7–8 MB hat. Den E-Mail-Text schreibst du fehlerfrei und formulierst deine Anfrage so, dass das Unternehmen auf dich und deine Bewerbung neugierig wird.

M 2 E-Mail-Bewerbung für ein Praktikum

1. Persönliche Daten
2. Angaben zur Schule
3. Anschreiben mit Wunschtermin
4. Lebenslauf
5. Zeugnis
6. Muliple-Choice-Test ausfüllen
7. Bestätigung
8. Senden

Bei Online-Bewerbungen gehst du auf die Homepage des Unternehmens. Du registrierst dich und bekommst Zugang zum geschützten Bewerbungsbereich. Nach dem Ausfüllen der Bewerbungsformulare erhältst du eine Kontrollübersicht. Über diese kannst du alle Daten auf ihre Richtigkeit überprüfen, bevor du deine Bewerbung abschickst. Drucke eine Kopie für deine Unterlagen aus. Manchmal musst du vor dem Absenden der Bewerbung einen Multiple-Choice-Test lösen.

M 3 Online-Bewerbung für ein Praktikum

Merke
- In eine Praktikumsbewerbung gehören dein Lebenslauf und die Kopie deines letzten Zeugnisses.
- Das Anschreiben legst du lose auf die Bewerbungsmappe.
- Personalverantwortliche achten sehr genau auf Form und Inhalt deiner Bewerbung.

Aufgaben

1 Beschreibe den „Gedankencheck" aus **M 1** und ergänze ihn eventuell.

2 a) Nenne die Unterschiede zwischen einer Kurzbewerbung und einer vollständigen Bewerbung.
b) Erkläre aus deiner Sicht, warum Unternehmen oft eine Kurzbewerbung für ein Praktikum ausreicht.

3 Es werden grundsätzlich zwei Bewerbungsarten unterschieden.
a) Nennt und vergleicht sie.
b) Erstellt eine Tabelle zu den jeweiligen Vor- und Nachteilen.

c) Vergleicht eure Ergebnisse mit denen der anderen Gruppen und ergänzt ggf. eure Tabelle.

4 Bereite dich vor: Fertige Kopien deiner Zeugnisse und Leistungsnachweise an. Hebe sie gut auf.

5 Recherchiere, welche Bewerbungsformen die Unternehmen wünschen, bei denen du dich für ein Praktikum bewerben möchtest. Lege dazu eine Tabelle an:
- Name, Adresse, Telefonnummer und E-Mail-Adresse des Unternehmens,
- Ansprechperson sowie
- gewünschte Bewerbungsform.

6 Suche im Internet nach Unternehmen, die Praktika in Berufsbildern anbieten, für die in der Regel ein Studium notwendig ist. Welche Bewerbungsform wird hier vorrangig gewünscht? Bewerte.

7 a) Vergleiche E-Mail- (→ **M 2**) und Online-Bewerbung (→ **M 3**).
b) Welche Bewerbungsform bevorzugst du? Begründe.

Wortspeicher
- die E-Mail-Bewerbung
- die Initiativbewerbung
- die Online-Bewerbung

Anschreiben und Lebenslauf

Das **Anschreiben** ist der wichtigste Teil deiner Praktikumsbewerbung. Darin nennst du deinen Wunschberuf und den Zeitraum für das Praktikum. Du solltest deutlich machen, warum gerade du für diese Stelle geeignet bist und du dir dieses Unternehmen ausgesucht hast.

Nicht aufgeben!
Gib nicht auf, wenn du keine Antwort oder eine Absage auf deine Bewerbung erhältst. Dafür gibt es immer vielerlei Gründe. Es hat nicht unbedingt mit dir persönlich zu tun. Vertraue auf dich und bewirb dich weiter!

> **TIPP**
> *Wenn du mit deiner Bewerbung bei den Personalverantwortlichen einen guten Eindruck hinterlassen möchtest, zeige, dass du dich im Vorfeld gut über das Berufsbild und das Unternehmen informiert hast. Mache überdies deutlich, dass dir das Praktikum in genau diesem Betrieb besonders wichtig ist.*

Henriette Falter [1]
Hauptstraße 1
72087 Wintertal
Mobil: +49 131 07092017
E-Mail: henriette.falter@email.de

[3] Wintertal, 13. September 20..

Tierarztpraxis [2]
Dr. Jana Regürk
Glücksweg 7
72082 Sternen

Bewerbung um einen Praktikumsplatz als Tiermedizinische Fachangestellte [4]

Sehr geehrte Frau Dr. Regürk, [5]

seit wenigen Tagen bin ich Schülerin der Klasse 9 in der Realschule Wintertal. Ich interessiere mich sehr für das Berufsbild der Tiermedizinischen Fachangestellten und möchte gerne im kommenden November bei Ihnen ein einwöchiges Praktikum absolvieren. [6]

Tiere, ihre artgerechte Haltung, die Prävention von Krankheiten und die Möglichkeiten der Rehabilitation interessieren mich sehr. Seit zwei Jahren arbeite ich ehrenamtlich im Tierheim „Sonne". Meine Freundinnen sagen, dass ich zuverlässig, verantwortungsbewusst und einfühlsam bin. [7]

Mein Cousin macht zurzeit in Ihrer Praxis eine Ausbildung und berichtet voller Begeisterung, wie gut er dabei von Ihnen unterstützt wird. Das hat mich neugierig gemacht.

Auf eine Zusage für ein Praktikum freue ich mich sehr. [8]

Mit freundlichen Grüßen

Henriette Falter [9]

M1 Henriettes Anschreiben

Dein **Lebenslauf** gibt Auskunft über deine Person und deinen schulischen Werdegang. Er ist sozusagen deine „Visitenkarte". Gestalte ihn übersichtlich, vollständig und nachvollziehbar. Wähle eine gut lesbare Schrift, am besten in Schriftgröße 12. Achte darauf, dass deine Adresse, deine Telefonnummer und deine E-Mail-Adresse aktuell und richtig sind. Fotos sind bei einer Praktikumsbewerbung freiwillig.

Dein Anschreiben sollte folgende Angaben enthalten:
[1] Absender
[2] Empfänger
[3] Datum
[4] Betreffzeile
[5] Anrede
[6] Anlass der Bewerbung
[7] Begründung für das Praktikum
[8] Bitte um Antwort
[9] Unterschrift

[1] Überschrift	**Lebenslauf**	
[2] Vorname und Name	Henriette Falter	
[3] Adresse	Hauptstraße 1 72087 Wintertal Mobil: +49 131 07092017 E-Mail: henriette.falter@email.de	
[4] Geburtsdatum/-ort	3. Oktober 20.. in Neustadt	
[5] Eltern	Christiane Falter, geb. Forst, Tierwirtin Rinderhaltung Nico Falter, Ingenieur Pharmatechnik	
[6] Schulbildung	09/20.. bis 07/20.. Grundschule Wintertal seit 09/20.. Realschule Wintertal	
[7] Schulabschluss	Mittlere Reife voraussichtlich Juli 20..	
[8] Lieblingsfächer	Mathematik, Biologie, Sport	
[9] Praktika	Zoologisch-Botanischer Garten Stuttgart „Wilhelma" – Tierpflegerin – Juli 20..	
[10] besondere Kenntnisse	Office-Anwendungen: Word, Excel, PowerPoint	
[11] Hobbys	Katzen, lesen, Kurzgeschichten schreiben, Handball	
[12] Ort und Datum	Wintertal, den 13. September 20..	
[13] Unterschrift	*Henriette Falter*	

M2 Henriettes Lebenslauf

In deinem tabellarischen Lebenslauf solltest du folgende Angaben notieren:
[1] Überschrift
[2] Vorname und Name
[3] Adresse mit Telefonnummer und E-Mail-Adresse
[4] Geburtsdatum und -ort
[5] Angaben zu Eltern und Geschwistern (freiwillig)
[6] Schulbildung
[7] Schulabschluss
[8] Lieblingsfächer
[9] (eventuell) Praktika
[10] besondere Kenntnisse
[11] Hobbys
[12] Ort und Datum
[13] Unterschrift

TIPP
Um dich einem Unternehmen auf moderne Art und Weise zu präsentieren, nutze den sog. „Elevator Pitch" (Kurzpräsentation), den einige Unternehmen bereits von ihren Bewerbenden einfordern. Hierbei drehen die Bewerbenden einen kurzen Videoclip (max. eine Minute), in dem sie sich dem Unternehmen ganz individuell vorstellen.

Merke
- Mit deinem Anschreiben machst du das Unternehmen neugierig auf dich.
- Dein tabellarischer Lebenslauf soll dein individuelles Profil zeigen.
- Lebenslauf und Anschreiben müssen vollständig und fehlerlos sein.

Aufgaben

1 a) Formuliere ein Anschreiben für deine Praktikumsbewerbung.
b) Überprüft gegenseitig eure Anschreiben auf Fehler, Gestaltung und Inhalt. Erarbeitet Verbesserungsvorschläge.

2 Erstelle nach dem obigen Muster deinen tabellarischen Lebenslauf.

3 a) Tauscht eure Lebensläufe aus und überprüft sie auf Lücken oder Schreibfehler.
b) Beurteilt eure Lebensläufe. Sucht Alternativen.

4 Begründet aus der Sicht einer Personalabteilung: Überzeugt Henriettes Bewerbung?

5 Gestalte einen „Elevator Pitch", in dem du dich in max. einer Minute präsentierst.

Wortspeicher
- das Anschreiben
- der „Elevator Pitch"
- der Lebenslauf

(M)ein Praktikum durchführen

Glückwunsch – du hast es geschafft und einen Praktikumsplatz, am besten in deinem Wunschberuf, gefunden und fest vereinbart! Ein Praktikum oder mehrere Praktika sind wichtig, denn hier kannst du die Berufe ganz praktisch ausprobieren. Du merkst, ob der Beruf oder vielleicht auch der Betrieb zu dir passen. Falls ja, bestärkt dich das und du kannst dich genau auf diesen Berufswunsch weiter konzentrieren und auf Ausbildungsplätze bewerben. Falls nein, solltest du möglichst schnell schauen, welche weiteren Berufe für dich infrage kommen.

Lernen im Praktikum
Du kannst im Praktikum viel lernen, aber das liegt (auch) an dir. Das Praktikum bietet dir die Möglichkeit, die Tätigkeiten und Anforderungen in einem Beruf zu erkunden und auszuprobieren. Außerdem erhältst du z. B. Einblick in betriebliche Abläufe, den Umgang mit Kunden und Waren und vieles mehr. Sei daher aufmerksam und nutze diese Möglichkeiten.

Betrieb statt Schule
Denke daran, dass du in deinem Praktikum Gast bist. Deshalb verhalte dich auch so. Der Betrieb macht das freiwillig – oder etwa nicht? Zeige dich von deiner besten Seite, auch wenn vieles neu und anders ist als in der Schule. Im Betrieb gelten andere Regeln – oder sind diese mit den schulischen Regeln vergleichbar?

Wichtige Grundregeln fürs Praktikum
- Erscheine pünktlich am Arbeitsplatz.
- Gute Umgangsformen – sei höflich und hilfsbereit.
- Nimm die dir aufgetragenen Aufgaben ernst und arbeite sie sorgfältig und gewissenhaft ab.
- Frage nach, wenn du etwas nicht verstehst.
- Sei aufmerksam und denke mit.
- Halte dich an die Sicherheitsvorschriften.
- Wenn du krank bist, benachrichtige telefonisch deine Schule und den Betrieb.
- Bei Problemen oder Schwierigkeiten suche das Gespräch mit den Betreuenden und Lehrkräften.

M1 Regeln müssen sein.

M2 Leon denkt mit.

M3 Büsra im Kundengespräch

Aufgaben

1. Nenne mögliche weitere Regeln (→ **M1**) für dein Praktikum.

2. a) Beschreibe, was du in deinem Praktikum alles lernen kannst.
   b) Vergleicht eure Ergebnisse.
   c) Analysiere das Zitat: „Du kannst im Praktikum viel lernen, aber das liegt (auch) an dir."

3. a) Erkläre, welche Vorteile ein Betrieb hat, wenn er Jugendlichen Praktika ermöglicht.
   b) Schulische Regeln – betriebliche Regeln. Vergleiche.

4. a) Leon (→ **M2**) hat mitgedacht und nicht nur seine Aufgaben gemacht. Arbeite heraus, wie du im Praktikum zeigen kannst, dass du motiviert, interessiert und engagiert bist.
   b) Vergleicht eure Ergebnisse.

5. a) Büsra (→ **M3**) lernt in ihrem Praktikum: „Der Kunde ist immer König." Erläutere dieses Zitat.
   b) Beispiel: Ein Kunde möchte eine Hose kaufen, ist dabei aber zur Verkäuferin unhöflich und ungeduldig. Erkläre, welche Kompetenzen die Verkäuferin für diese Situation benötigt.
   c) Erstellt einen Dialog zwischen dem Kunden und der Verkäuferin mit dem Ziel, dass der Kunde eine Hose kauft.

6. Recherchiere, was man unter Unfallverhütungsvorschriften versteht. Erkläre.

7. a) Lege dir einen Ordner für dein Praktikum an und erstelle das Deckblatt.

Leon (→ **M 2**) hat seine Aufgaben früher erledigt als gedacht. Anstatt Pause zu machen, nimmt er den Besen und fegt die Werkstatt aus. Sein Chef lobt ihn und merkt, dass Leon mitdenkt. Büsra (→ **M 3**) lernt in ihrem Praktikum als Kauffrau im Einzelhandel den guten Umgang mit Kunden. Sie meint: „Der Kunde ist immer König!"

Sicherheit im Praktikum
Die Sicherheit im Praktikum steht an erster Stelle. Achte auf **Gefahrenzeichen**, Sicherheitsschilder, das Tragen von Arbeitskleidung (z. B. Helm, Mundschutz, Handschuhe, Sicherheitsschuhe, …) und Verbotsschilder. Halte dich von gefährlichen Maschinen fern und informiere dich über mögliche Fluchtwege und Verhaltensregeln in einem Notfall.

Anweisungen der Mitarbeitenden
Die Anweisungen der Mitarbeitenden solltest du unbedingt befolgen, denn sie kennen die Sicherheitsregeln in ihrem Betrieb am besten. Außerdem gelten die **Unfallverhütungsvorschriften**. Achte im Betrieb auf deine Sicherheit und die der anderen.

Berichte müssen sein
In einem Praktikumsbericht fasst du deine Tätigkeiten im Praktikum zusammen. Schreibe am besten am Ende eines jeden Praktikumstages deinen Tagesbericht. Du kannst deinen Praktikumsbericht auch bei deinem Betrieb abgeben. Das kommt gut an – aber nur, wenn alles in Ordnung ist!

Celina (→ **M 4**) muss in ihrem Betriebspraktikum Sicherheitskleidung tragen. Das Tragen von **Sicherheitskleidung** ist oft Pflicht!

M 4 Celina im Betriebspraktikum

M 5 Sicherheitszeichen – du musst sie kennen!

Merke
- Nutze Chancen für Einblicke und Erfahrungen in deinem Praktikum.
- Regeln im Praktikum müssen sein.
- Du kannst deine Kompetenzen in deinem Praktikum prüfen, trainieren und erweitern.

---

b) Arbeite heraus, welche Informationen du für deinen Praktikumsordner schon im Vorfeld sammeln und bearbeiten kannst.

8 Celina (→ **M 4**) muss Sicherheitskleidung tragen. Recherchiere, ob auch du in deinem Praktikum Sicherheitskleidung tragen oder Sicherheitsvorschriften beachten musst.

9 In **M 5** seht ihr einige Sicherheitszeichen.
a) Erklärt, welche Bedeutung diese haben könnten.
b) Überprüft, welche Sicherheitszeichen euch im Praktikum begegnen werden.

10 Im Praktikum unterliegt ihr dem Jugendarbeitsschutzgesetz.
a) Recherchiert, was darin festgehalten ist.
b) Wie viele und wie lange Pausen stehen euch im Praktikum zu?
c) Wie lange wird in der Woche und an einem Tag gearbeitet?

11 a) Recherchiere, welche Berufsgenossenschaft deinen Betrieb beaufsichtigt.
b) Erkläre die Funktion einer Berufsgenossenschaft.

> **Wortspeicher**
> – das Gefahrenzeichen
> – die Sicherheitskleidung
> – die Unfallverhütungsvorschrift

(M)ein Praktikum dokumentieren

M1 Nele plant ihre Praktikumsdokumentation.

Nele hat sich erfolgreich für ein Praktikum in einer großen Schreinerei beworben. Sie freut sich darauf und überlegt, wie sie ihr Praktikum gut dokumentieren kann.
Sie schreibt sich ihre Überlegungen auf:
- **Praktikumsordner** anlegen,
- Flyer und Infomaterialien von der Schreinerei sammeln,
- Bilder machen/Film drehen,
- Interview mit Ausbildenden durchführen.

Praktikum dokumentieren

Um dein Praktikum zu dokumentieren, gibt es viele Möglichkeiten. Auf jeden Fall solltest du dir zunächst einen Praktikumsordner in einem geeigneten Ordner anlegen. Erkundige dich frühzeitig zu seiner Struktur. Manche Schulen haben klare Vorstellungen oder auch Vorlagen dazu.

Informationen über deinen Praktikumsbetrieb sammeln

Um den Betrieb, in dem du dein Praktikum absolvierst, gut darstellen zu können, solltest du auf seiner Homepage, in Flyern und in Informationsmaterialien recherchieren. Das Anlegen eines **Betriebssteckbriefes** hilft dir bei der Dokumentation. Folgende Fragen kannst du sammeln und beantworten:

- Was wird in dem Betrieb hergestellt/ welche Dienstleistungen werden angeboten?
- Wer ist die Kundschaft?
- Welche Abteilungen hat der Betrieb?

Flyer und Informationsmaterialien kannst du in deinem Ordner abheften.

Informationen über deinen Praktikumsberuf sammeln

Während deines Praktikums hast du viel über deinen Praktikumsberuf erfahren. Informationen zu diesem und deine eigenen Erfahrungen kannst du sehr gut in einem **Berufssteckbrief** sammeln und dokumentieren. Mögliche Inhalte sind:
- Name des Berufes,
- typische Tätigkeiten,
- Arbeitsorte,
- benötigte Kompetenzen,
- erforderlicher Schulabschluss,
- Verdienstmöglichkeiten sowie
- Zukunftsaussichten.

Praktikumsbericht schreiben

Das Schreiben eines Praktikumsberichtes hilft dir dabei, deinen Praktikumsberuf noch einmal genau unter die Lupe zu nehmen. Du dokumentierst den Verlauf deines Praktikums, Informationen über deinen Betrieb sowie die täglichen Tätigkeiten und Erfahrungen, die du gewonnen hast.

Tagesbericht schreiben

Um deine Eindrücke und Erlebnisse zu dokumentieren, eignet sich das Schreiben eines Tagesberichtes. Er soll einen typischen Arbeitstag abbilden. Folgende W-Fragen helfen dir beim Aufbau:
- Wann? (Arbeitsbeginn, -ende, Pause)
- Wo? (Werkstatt, Labor, Lager, …)
- Wer? (Mitarbeitende, Leitende, Kundschaft, …)
- Was? (Aufgaben, Ziele, Ergebnisse, …)
- Wie? (Tätigkeiten, Problemlösungen, …)

Wochenbericht schreiben

In deinem Wochenbericht kannst du auf mehrere Tätigkeiten eingehen und Aufgaben zusammenfassen. Dein Wochenbericht gibt dir einen Gesamtüberblick über die Arbeit im Praktikum. Folgendes sollte in deinem Wochenbericht stehen:
- Gesamteindruck deines Praktikums,
- Wochenziele, Wochenplanung,
- besondere Erlebnisse – gute wie schlechte,
- Zusammenfassung, wie dir dein Praktikum gefallen hat und ob du es noch einmal in dem Betrieb absolvieren würdest.

> **TIPP**
> *Schreibe in der Zusammenfassung nicht nur: „Es hat mir gut gefallen und Spaß gemacht", sondern begründe genau, warum es dir gefallen hat.*

Bild- und Filmdokumentationen

Wenn du Bilder oder sogar einen Film über deinen Arbeitsplatz machen bzw. drehen möchtest, musst du dir im Vorfeld dazu eine Genehmigung einholen. Außerdem müssen auch Personen, die du filmst oder von denen du Fotos machst, ihr Einverständnis erklären.

Weitere Ideen zur Dokumentation

- Ein Interview mit der Ausbilderin/dem Ausbilder und/oder einer/einem Auszubildenden führen und festhalten,
- typische Arbeitsmittel (Maschinen, Werkstoffe, Geräte, Materialien, …) beschreiben und eventuell fotografieren sowie
- hergestellte Produkte oder Werkstücke beschreiben und fotografieren.

Merke
- Ein Praktikum kann auf unterschiedliche Weise dokumentiert werden.
- Für Foto- und Filmaufnahmen benötigst du das Einverständnis des Betriebes und der Personen, die du fotografierst bzw. filmst.
- Eine gute Dokumentation hilft dir dabei, das Praktikum zu reflektieren.

Aufgaben

1 Nenne Gründe, warum eine gute Praktikumsdokumentation sinnvoll ist.

2 Arbeitet gemeinsam mit eurer Lehrkraft die Inhalte eurer Praktikumsordner heraus.

3 a) Erkläre, was du in deinem Praktikum alles dokumentieren möchtest.
b) Begründe, warum du nicht einfach Fotos oder Filme in deinem Praktikumsbetrieb machen oder drehen darfst.
c) Vergleicht eure Antworten.

4 a) Gestalte einen Betriebssteckbrief für deinen Praktikumsbetrieb.
b) Tauscht eure Steckbriefe aus und bewertet diese gegenseitig.

5 a) Gestalte einen Berufssteckbrief für deinen Praktikumsberuf.
b) Tauscht eure Steckbriefe aus und bewertet diese gegenseitig.

6 a) Entwickle Fragen für ein Interview mit deinem Ausbildenden im Praktikum.
b) Vergleicht und analysiert eure Fragen.

7 Erstelle ein mögliches Inhaltsverzeichnis für deinen Praktikumsordner.

> **Wortspeicher**
> – der Berufssteckbrief
> – der Betriebssteckbrief
> – der Praktikumsordner
> – der Tagesbericht
> – der Wochenbericht

(M)ein Praktikum auswerten

das Zertifikat
Bescheinigung, Nachweis

M1 Emma wertet ihr Praktikum aus.

Emma wertet ihr Praktikum aus (→ M1) und schaut sich hierfür noch einmal ihre Notizen aus der Praktikumswoche genau an. Außerdem nutzt sie ihren gesamten Praktikumsordner mit allen Dokumentationen.

Dokumentation des Praktikums
Damit du dein Praktikum gut auswerten kannst, solltest du alle deine Dokumentationen in deinem Praktikumsordner genau betrachten.

Fragen helfen bei der Auswertung
Fragen können dir helfen, dein Praktikum genauer unter die Lupe zu nehmen und deine Dokumentationen gezielt zu nutzen. Hilfreiche Fragen sind:
- Haben meine Stärken zu den Anforderungen im Praktikum gepasst?
- Gab es Tätigkeiten/Aufgaben, die mir keinen Spaß bzw. viel Spaß gemacht haben?
- Wie war die Zusammenarbeit mit den Mitarbeitenden und den Vorgesetzten?
- Wie waren die Arbeitsbedingungen?
- Passt der Beruf zu mir, meinen Stärken und Fähigkeiten?
- Wie sind die Zukunftsaussichten in diesem Beruf?

Überlege dir weitere Fragen, die bei der Auswertung deines Praktikums helfen.

Praktikumszertifikate
Ein Praktikumszertifikat mit Bewertung ist ein wertvolles Dokument für deinen Berufswahlordner. Du erhältst hier Rückmeldung, wie dich dein Praktikumsbetrieb wahrgenommen hat, in welchen Bereichen du schon richtig gut bist und in welchen du dich noch verbessern kannst. Das Zertifikat unterstützt dich bei deiner Auswertung. Du kannst gute Praktikumszertifikate für deine weiteren Bewerbungen nutzen.

Viele Betriebe haben eigene Zertifikate, die du am Ende des Praktikums ausgestellt bekommst. Im Idealfall besprechen die Betriebe das Praktikumszertifikat mit dir.

Einen eigenen Bewertungsbogen für das Praktikum erstellen
Falls dein Praktikumsbetrieb kein eigenes Zertifikat hat, kannst du selbst einen Bewertungsbogen erstellen und dem Betrieb zum Ausfüllen vorlegen. So ist sichergestellt, dass du dein Praktikum bewertet bekommst. Vielleicht hat auch deine Schule bereits Zertifikate für dich, die du als Vorlage nutzen kannst.

Merkmal	++	+	0	–	– –
Ausdauer					
Belastbarkeit					
Konzentrationsfähigkeit					
Zuverlässigkeit					
Konfliktfähigkeit					
Kommunikationsfähigkeit					
…					
…					
Eignung Praktikumsberuf					

M2 Emma hat ein eigenes Zertifikat erstellt.

Ausbildungsplatz durch erfolgreiches Praktikum
Emma hat im Praktikum ihre Stärken gezeigt. Sie war interessiert, fleißig, pünktlich und hilfsbereit. Ihre Fähigkeiten passen gut zu ihrem Praktikumsberuf. Emma ist sich jetzt absolut sicher, dass sie Rechtsanwaltsfachangestellte werden möchte. Am Ende ihres Praktikums nimmt sich Rechtsanwalt Yilmaz Zeit und bespricht das Praktikums-

M 3 Herr Yilmaz bespricht mit Emma ihr Praktikumszertifikat.

zertifikat mit ihr. Er war mit Emma sehr zufrieden und bietet ihr einen Ausbildungsplatz an.

Schlussbewertung deines Praktikums
Bei deiner Schlussbewertung hilft dir eine **Pro-und-Kontra-Liste**. Passt der Praktikumsberuf zu dir?

Pro (+)	Kontra (−)
Fast alle Tätigkeiten haben Spaß gemacht.	Ich musste immer den Arbeitsplatz aufräumen.
Der Kundschaft konnte ich schon gut weiterhelfen.	Manchmal musste ich schwere Sachen tragen.

M 4 Beispiel für eine Pro-und-Kontra-Liste

Praktikum: mehr wert als Schulnoten?
Herr Eberle sucht Auszubildende:
1. Ella hat ihr Praktikum bei Herrn Eberle gemacht. Herr Eberle war sehr zufrieden mit ihr, denn sie ist handwerklich geschickt und arbeitet super mit den anderen Mitarbeitenden zusammen. Allerdings hat Ella „nur" ein mittelmäßiges Zeugnis.
2. Max ist ein richtig guter Schüler, nur Einsen und Zweien auf dem Zeugnis. Außerdem ist er Klassensprecher. Auch er möchte eine Ausbildung bei Herrn Eberle machen.

M 5 Für wen entscheidet sich Herr Eberle?

> **TIPP**
> *Zeige deinen befüllten Praktikumsordner deinem Praktikumsbetrieb. Das kommt bestimmt gut an – aber nur, wenn dieser ordentlich geführt und alles korrekt geschrieben ist!*

Merke
- Ein Praktikumszertifikat ist hilfreich bei späteren Bewerbungen.
- Eventuell solltest du selbst einen Bewertungsbogen für deinen Praktikumsbetrieb erstellen.
- Mit einer Pro-und-Kontra-Liste kannst du dein Praktikum gut reflektieren.

Aufgaben

1 a) In **M 2** siehst du ein Beispiel für einen Bewertungsbogen. Nenne weitere Merkmale, die in deinem Praktikum „bewertet" werden können.
b) Beschreibe an zwei Merkmalen (→ **M 2**), in welchen Situationen dein Praktikumsbetrieb diese bei dir bewerten kann.
MB c) Recherchiert im Internet nach unterschiedlichen Bewertungsrastern. Vergleicht eure Ergebnisse.

2 a) Entwickle einen eigenen Bewertungsbogen für dein Praktikum am PC.
b) Vergleicht eure Ergebnisse.

3 Analysiere, warum gute Praktikumszertifikate für deinen Berufswahlordner wichtig sind.

4 In **M 4** habt ihr ein Beispiel für eine Pro-und-Kontra-Liste. Führt die Liste weiter und entwickelt weitere mögliche Pro- und Kontra-Argumente.

5 Für wen entscheidet sich Herr Eberle (→ **M 5**) als neue Auszubildende bzw. neuen Auszubildenden? Begründe deine Antwort.

Wortspeicher
- die Auswertung
- der Bewertungsbogen
- das Praktikumszertifikat
- die Pro-und-Kontra-Liste

1 Mein Praktikum

Präsentation des Praktikums

M1 Präsentation des Praktikums

Wenn du dein Praktikum überdacht und ausgewertet hast, teile deine Erfahrungen mit anderen: Präsentiere ihnen deine Ergebnisse. So könnt ihr voneinander lernen und wichtige Informationen für eure weitere berufliche Erkundung gewinnen.

> **TIPP**
> Um eure Präsentation ansprechend zu gestalten, könnt ihr unterschiedlichste Produkte in euren Vortrag integrieren: im Praktikum hergestellte Werkstücke, geschossene Fotos, betriebseigene Broschüren, eigens erstellte Zeichnungen, Pläne und Muster, etc.

Gliederung
1. Mein Berufsbild
   - 1.1 Beschreibung
   - 1.2 Anforderungen
   - 1.3 Ausbildung
2. Mein Praktikumsbetrieb
   - 2.1 Name und Ort
   - 2.2 Aufbau und Organisation
   - 2.3 Produkte
3. Mein Arbeitsplatz
   - 3.1 Lage im Betrieb
   - 3.2 Beschreibung des Arbeitsplatzes
   - 3.3 Meine Tätigkeiten
4. Feedback zum Praktikum
   - 4.1 ☺☺☺
   - 4.2 Fazit für künftige Praktika

M2 Beispiel für die Gliederung deines Hauptteils

1. Schritt: Material sammeln
Stelle alle für deine Präsentation geeigneten Materialien (Notizen, Berichte, Prospekte, Fotos, ...) zusammen. Ordne sie nach Wichtigkeit und Thema und erstelle dazu eine Tabelle oder Mindmap. So behältst du den Überblick.

2. Schritt: Informationen gliedern
Überlege: Was möchtest du mit deiner Präsentation zeigen? Welche Materialien sind dafür am besten geeignet? Ordne sie in eine sinnvolle Abfolge. Lege dazu Haupt- und Unterpunkte fest. Denke dir eine **Einleitung** aus, bei der du erklärst, was das Ziel deiner

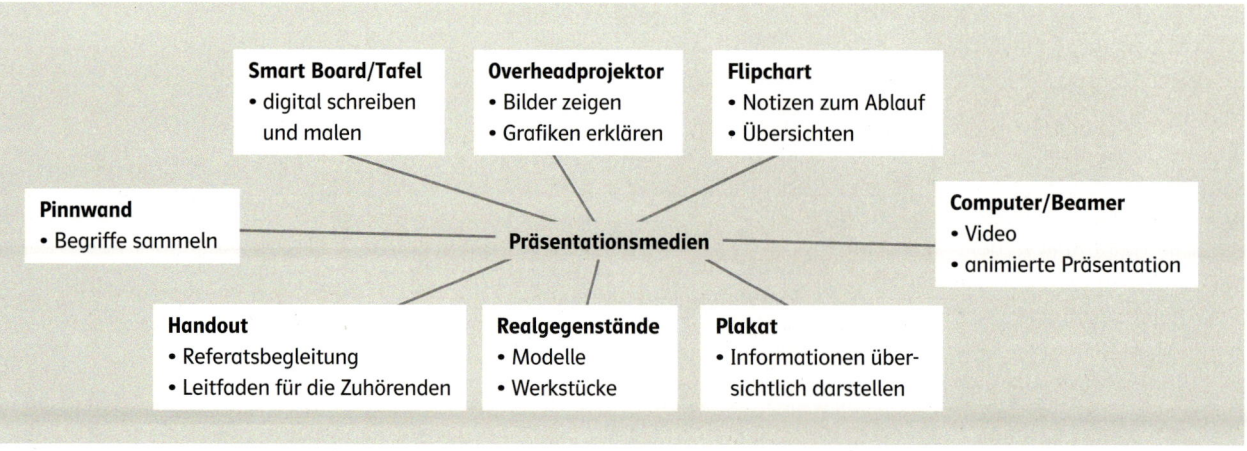

M3 Medien zur Gestaltung einer Präsentation

Präsentation ist. Ein Abschluss fasst deine Ergebnisse noch einmal zusammen.

3. Schritt: Präsentation mediengerecht ausarbeiten und gestalten
Entscheide dich für die passenden Präsentationsmedien und plane damit deinen Vortrag. Formuliere deine Texte zu den Haupt- und Unterpunkten deiner Gliederung und wähle anschauliche Materialien dazu aus (Realgegenstände, Grafiken, Fotos, Kurzfilme, …).

4. Schritt: Präsentation vorbereiten
Bereite alle Materialien und Medien, die du für deine Präsentation brauchst, rechtzeitig vor. Dazu gehören auch Moderationskarten mit wichtigen Stichworten. In einer Generalprobe kannst du mögliche Fehlerquellen herausfinden und beseitigen.

5. Schritt: Präsentation durchführen
Halte die Reihenfolge deines Vortrags ein:
- Beginne mit der Einleitung, gehe zum Hauptteil über und ende mit der Zusammenfassung (Abschluss).
- Sprich laut und deutlich.
- Sprich nicht zu schnell oder zu langsam.
- Halte Blickkontakt mit deinem Publikum.
- Halte die Reihenfolge deines Vortrags ein: Beginne mit der Einleitung, gehe zum Hauptteil über und ende mit der Zusammenfassung (Abschluss).
- Binde die Realgegenstände, Bilder und Grafiken in deinen Vortrag mit ein.
- Verwende in deinem Vortrag nur Begriffe, die du auch erklären kannst.

---

1. Schritt: Material sammeln

2. Schritt: Informationen gliedern
- Hauptpunkte festlegen
- Unterpunkte bestimmen

3. Schritt: Präsentation mediengerecht ausarbeiten und gestalten
- Texte zu Haupt- und Unterpunkten formulieren
- geeignete Materialien heraussuchen
- Medien für die Präsentation festlegen

4. Schritt: Präsentation vorbereiten
- Moderationskarten schreiben
- Medien und Materialien bereitstellen
- Vortrag üben

5. Schritt: Präsentation durchführen
- Vortragsregeln beachten
- Reihenfolge Vortrag einhalten

M 4 To-do-Liste für deine Präsentation

Aufgaben

1 Überlege dir, welche Medien (→ **M 3**) du für deine Präsentation verwenden möchtest. Notiere deine Ideen. Bedenke die Vor- und Nachteile des jeweiligen Mediums und triff abschließend eine Entscheidung.

2 Nehmt Kontakt zu den Verantwortlichen für die „Berufliche Orientierung" auf und legt fest, in welchem Rahmen eure Präsentation stattfinden kann.

3 Bereite eine Präsentation zu deinem Berufspraktikum vor.

4 a) Vergleicht eure vorbereiteten Präsentationen und wählt aus, welche ihr in euer Programm aufnehmt.
b) Erstellt eine neugierig machende Einladung zu eurer Präsentationsveranstaltung.
- Beachtet, dass ihr den Termin mit zeitlichem Vorlauf plant.
- Entwerft ein interessantes Veranstaltungsprogramm.
- Legt fest, wer diese Veranstaltung moderiert, wer protokolliert und wer Fotos macht.
- Legt fest, wer die lokale Zeitung einlädt, die über eure Veranstaltung berichten soll.

5 Bewertet die von euch in Aufgabe 4 getroffenen Maßnahmen. Was hat gut funktioniert und was könnt ihr beim nächsten Mal noch besser organisieren?

6 Verfasst für eure Schulzeitung und/oder eure Schulhomepage einen Bericht mit Bildern zur Information aller in eurer Schule.

Die Kopfstandmethode

M1 Einmal alles auf den Kopf stellen

Die Kopfstand-Methode, auch Umkehrmethode oder „Reverse Brainstorming" genannt, ist eine kreative Methode zur Ideenfindung und Lösung von Problemstellungen. Die Aufgaben werden dafür umgekehrt, also auf den Kopf gestellt. So betrachtet ihr die Welt aus einer anderen Perspektive. Ihr kehrt zusagen die Probleme um: Indem ihr in einer neuen Art und Weise über ein Thema nachdenkt, könnt ihr interessante und unerwartete Erkenntnisse gewinnen.
Die Kopfstandmethode kann sowohl in Einzelarbeit wie auch zu zweit oder in Gruppen angewandt werden.

1. Schritt: Fragen erstellen
Notiert eure Frage bzw. Problemstellung.
Beispiel:
- Wie und wo finde ich die richtige Ausbildung für mich?

2. Schritt: Fragen umdrehen
Verkehrt die Frage bzw. Problemstellung ins Gegenteil.
Beispiel:
- Wie finde ich die unpassendste Ausbildung für mich?

3. Schritt: Maßnahmen sammeln
Sammelt nun so viele Aktivitäten für dieses Worst-Case-Szenario, wie euch einfallen. Notiert je eine Idee auf eine Moderationskarte.
Beispiele sind:
- keine Recherche im Internet,
- keine Information durch das BIZ,
- nicht die Familie um Unterstützung bitten,
- Meinung von Bekannten nicht anhören, ...

Nun habt ihr die Risiken und Hindernisse bei der Erreichung eures Ziels aufgelistet.

4. Schritt: Perspektive wechseln
Kehrt jetzt alle Punkte ins Positive um und formuliert weiterführende Fragen dazu.
Beispiele sind:
- Welche Seiten bieten mir im Internet die richtigen Informationen zu möglichen Ausbildungswegen?
- Wer ist meine Ansprechperson im BIZ?
- Welche Erfahrungen meiner Familie kann ich für meine Berufswahl nutzen?
- Welche Quellen benutzen meine Bekannten, um ihren beruflichen Weg zu finden?

5. Schritt: Ergebnisse auswerten
Wertet euren Fragenpool aus. Welcher Weg wird eurer ursprünglichen Fragestellung am besten gerecht?
Legt konkrete Schritte für euer Vorgehen fest.

METHODE

1. Schritt: Fragen erstellen
- Kernfrage formulieren

2. Schritt: Fragen umdrehen
- Kernfrage ins Negative verkehren

3. Schritt: Maßnahmen sammeln
- Ideen auf Kärtchen schreiben
- Kärtchen hierarchisch nach Unwichtigkeit ordnen

4. Schritt: Perspektive wechseln
- Ideen ins Positive umkehren
- weiterführende Fragen formulieren

5. Schritt: Ergebnisse auswerten
- Kärtchen nach Wichtigkeit sortieren
- Schritte für das weitere Vorgehen festlegen

M 2 To-do-Liste zur Durchführung der Kopfstandmethode

Materialliste: Kopfstandmethode

1. Moderationskärtchen
2. Farbstifte
3. Uhr

Zeitumfang: ca. 30 – 45 Minuten

Einsatz, um …
- Probleme zu lösen,
- Ideen zu finden,
- Kreativität zu üben,
- Perspektivwechsel einzunehmen.

M 3 Materialliste für die Kopfstandmethode

M 4 Manchmal muss man die Perspektive wechseln.

Aufgaben

1 Beschreibe die Kopfstandmethode und nenne ihre Aufgaben.

2 Stelle die Vor- und Nachteile der Kopfstandmethode einander gegenüber.

3 a) Führt die Kopfstandmethode zu folgender Problemfrage durch:
Wie erhöht das Bewerbungsanschreiben meine bzw. unsere Chancen, dass sich ein Unternehmen für mich bzw. uns interessiert?

MB b) Erstellt zu den Ergebnissen ein Informationsplakat.

1 Mein Praktikum

Auf einen Blick

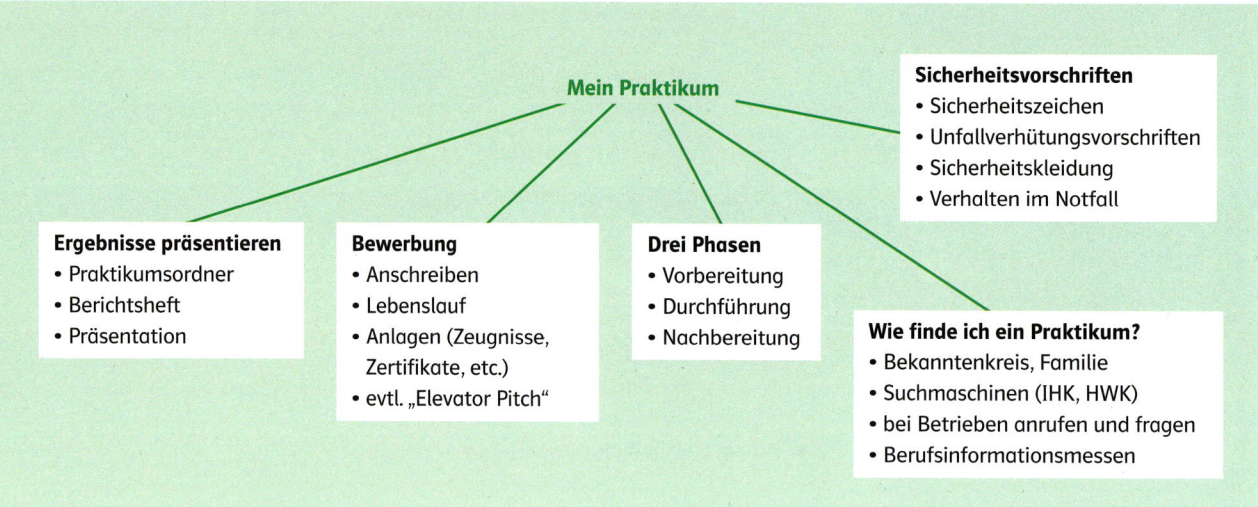

M1 Diese Begriffe solltest du kennen.

Wiederholen

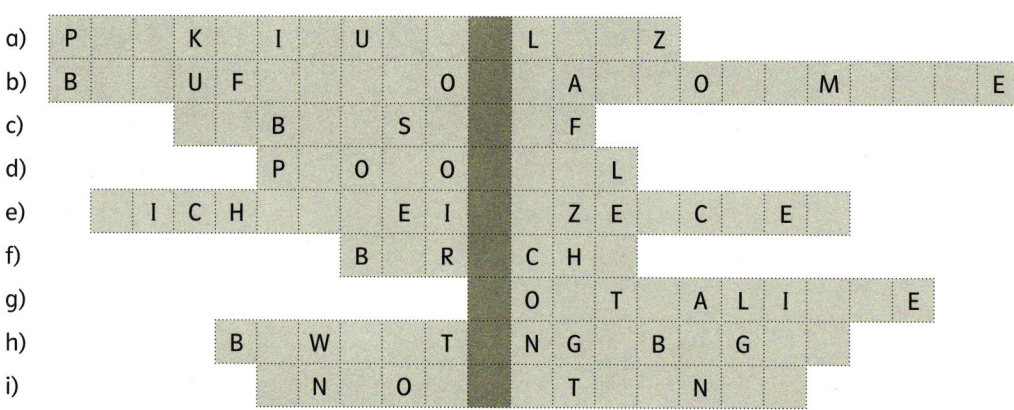

M2 Kreuzworträtsel

1 S. 12–29
Übertrage das Kreuzworträtsel **M2** in dein Heft. Schreibe die gesuchten Wörter in die Kästchen.
a) Du solltest dich frühzeitig auf die Suche nach einem geeigneten … machen.
b) Hier stellen Unternehmen, Bildungseinrichtungen und Institutionen verschiedener Branchen Angebote für die berufliche Ausbildung und duale Studiengänge vor.
c) In die schriftliche Bewerbung für ein Praktikum gehören Anschreiben und …?
d) Halte nach dem Besuch einer Berufsinformationsmesse alle neuen Informationen in einem … fest.
e) Wie nennt man Schilder in Betrieben mit Symbolen, die vor Gefahren warnen?
f) Im Praktikum solltest du über jeden Tag einen … schreiben.
g) Nach dem Praktikum solltest du zur Reflexion eine Pro-und- … erstellen.
h) Viele Betriebe geben dir nach dem Praktikum nicht nur ein Zertifikat, sondern füllen auch einen … aus.
i) Auf der Methodenseite zur Präsentation deines Praktikums (→ S. 26) steht unter Schritt 2: … gliedern.

Leon Schweikert
Schubertstraße 110
76133 Karlsruhe
Telefon: 0721 - 598734293
E-Mail: Nichtschwimmer100@gmx.de

Karlsruhe, 28.02.20..

Badepark Wörth
Frau Irmgard Schlindwein
Badallee 1
76744 Wörth

Bewerbung um den Ausbildungsplatz als Fachangestellter für Bäderbetriebe

Hallo Herr Schlindwein,
ich bin Schüler der 9. Klasse der Schillerschule. Ich interessiere mich sehr für das Berufsbild des Bademeisters und will unbedingt im Sommer mein Praktikum bei Ihnen machen.

Ich kann mich einigermaßen über Wasser halten (Spaß, ich kann echt gut schwimmen) und arbeite bei schönem Wetter auch total gerne an der frischen Luft. Zu meinen Stärken gehören Selbstbewusstsein, Humor, Offenheit, Treue, Ausdauer, Risikobereitschaft und modisches Verständnis.

Da ich im Sommer sowieso oft mit meinen Freuden bei Ihnen im Badepark bin, dachte ich, dass ich das gleich mit unserem Schulpraktikum verbinden kann.

Schreiben Sie mir doch einfach zurück. Würde mich echt tierisch freuen, wenn`s klappt.

Liebste Grüße
Leon

M 3 Bewerbungsanschreiben für ein Praktikum

---

2 S. 18/19

a) Leon Schweikert bewirbt sich für ein Praktikum. Leider ist sein Anschreiben (→ **M 3**) nicht fehlerfrei. Arbeite die Fehler heraus.

b) Erstelle ein Anschreiben für Leon. Die Buchseite 18 kann dich dabei unterstützen.

c) Schreibe selbst ein Anschreiben für ein zu dir passendes Praktikum.

3 S. 20/21

a) Erkläre, warum Sicherheitsvorschriften im Betrieb unbedingt beachtet werden müssen.

b) Im Praktikum unterliegt ihr dem Jugendarbeitsschutzgesetz. Recherchiere, was damit geregelt wird, und zähle zwei Beispiele auf.

4 S. 24/25

a) Überprüfe das Zitat von Herrn Mayer: „Ein erfolgreiches Praktikum zählt in meinem Betrieb mehr als die Schulnoten!"

b) Analysiere, ob sich auch Jugendliche im Betrieb von Herrn Mayer bewerben können, die nur Vieren und zwei Fünfen auf dem Zeugnis haben.

c) Erörtere, was du im Vorfeld tun kannst, damit dein Praktikum ein Erfolg wird.

Mein Weg in die Arbeitswelt

Der Weg in die Arbeitswelt ist nicht immer einfach und geradlinig. Eine gute Orientierung, Praktika, die Kenntnis deiner Stärken und Fähigkeiten sowie Sicherheit im Bewerbungsverfahren helfen dir und unterstützen dich auf diesem wichtigen Weg. Zur Entscheidung über deinen Berufseinstieg solltest du dir über deine eigenen Ziele klar werden und den Ausbildungs- und Arbeitsmarkt kennenlernen.

Ich werde ...

- eine Vorstellung meiner persönlichen und beruflichen Zukunft entwickeln.
- mich über verschiedene Ausbildungsmöglichkeiten informieren und gezielt bewerben.
- einen Plan B entwickeln, falls sich mein erster Berufswunsch nicht realisieren lässt.
- Stellenanzeigen finden, untersuchen und mich gut auf den Bewerbungsprozess vorbereiten.

Was denkst du?

- Linda ist bei ihrem ersten Vorstellungsgespräch. Was geht ihr durch den Kopf?
- Svetlana macht eine Ausbildung als Anlagenmechanikerin für Sanitär-, Heizungs- und Klimatechnik. Wie sieht ihre Zukunft aus?
- Teamarbeit ist heutzutage sehr wichtig. Welche Schlüsselkompetenzen sind notwendig?
- Drei Volltreffer: Wie machst du deine Berufswahl zum Volltreffer?

Schulabschluss – Navigation starten

M1 Bitte Ziel eingeben!

Kein Abschluss ohne Anschluss – dieser Satz beinhaltet, dass du vielfältige Möglichkeiten hast, z. B. nach dem Hauptschul- oder dem Realschulabschluss weiterzumachen. Bei dieser Vielzahl an Möglichkeiten ist es wichtig, den Überblick zu behalten. Welchen Abschluss kannst du erreichen und was kannst du damit alles anfangen?

Viele Wege führen zum Ziel

Allgemein gilt: Je besser und höher dein **Schulabschluss**, desto größer ist die Auswahl an Ausbildungsberufen, aus denen du wählen kannst. Einen höheren Schulabschluss kannst du auch im Anschluss an eine Ausbildung auf einer berufsbildenden Schule erwerben.

Abschlusszeugnis in der Tasche

Du hast die Prüfungen bestanden und dein Abschlusszeugnis in der Tasche. Jetzt hast du einige Möglichkeiten. Du kannst beispielsweise direkt mit einer betrieblichen oder schulischen Ausbildung beginnen. Zahlreiche Jugendliche machen aber auch mit der Schule weiter, um die Fachhochschulreife oder das Abitur zu erwerben, damit sie danach studieren können.

Berufskolleg – eine gute Alternative

Das Berufskolleg bietet dir eine gute Alternative zu den allgemeinbildenden Schulen (Haupt- und Werkrealschule, Realschule, Gemeinschaftsschule, Gesamtschule, Gymnasium), um einen (höheren) Schulabschluss zu erreichen. Nach dem mittleren Bildungsabschluss führen Berufskollegs zu einer beruflichen Qualifizierung oder Qualifikation und zu einer erweiterten allgemeinen Bildung. Du hast die Wahl zwischen verschiedenen Fachrichtungen:
- technisch,
- kaufmännisch sowie
- hauswirtschaftlich, pflegerisch und sozialpädagogisch.

Die Fachrichtung, für die du dich entscheidest, sollte zu deinen Interessen und Fähigkeiten passen.

Nutze die Chancen

Viele Jugendliche finden gleich im Anschluss an die Schule einen Ausbildungsplatz. Doch auch wenn es nicht gleich klappt, hast du mehrere Möglichkeiten, um deine Chancen zu erhöhen und dich weiter zu qualifizieren. Du kannst beispielsweise die **berufsvorbereitenden Bildungsgänge** Berufseinstiegsjahr (BEJ), Vorqualifizierungsjahr Arbeit/Beruf (VAB) oder Ausbildungsvorbereitung dual (AV dual) besuchen. Diese Bildungsgänge unterstützen gezielt den Einstieg in eine Berufsausbildung.

> **TIPP**
> *Egal, ob du auf der Suche nach einer für dich passenden weiterführenden Schule oder einem Ausbildungsplatz bist – informiere dich rechtzeitig, welche Voraussetzungen du mitbringen und welche Termine und Fristen du einhalten musst.*

„Nach unserem Hauptschulabschluss gehen wir auf die zweijährige Berufsfachschule in den Bereich Ernährung und Gesundheit. Dort machen wir dann einen mittleren Schulabschluss."

„Mein Praktikum war erfolgreich und es wurde mir dort ein Ausbildungsplatz als Industriemechanikerin angeboten. Ich möchte schnell Geld verdienen."

„Mit meinen Noten bekomme ich wahrscheinlich nicht gleich einen Ausbildungsplatz. Daher wechsle ich zunächst auf eine einjährige Berufsfachschule, um meine Chancen zu erhöhen."

„Meinen nächsten Step sehe ich nach dem Realschulabschluss auf einem **beruflichen Gymnasium** mit einem technischen Profil. Dort mache ich mein Abitur und möchte danach studieren."

M 2 Schülerinnen und Schüler der 9. Klasse berichten.

Merke
- **Dein Schulabschluss entscheidet über deine Ausbildungsmöglichkeiten.**
- **Es gibt verschiedene Wege zu einem bestimmten Schulabschluss.**
- **Wichtig ist, dass du von deinem Weg überzeugt bist.**

Aufgaben

1 a) Beschreibe die unterschiedlichen Aussagen in **M 2**.
b) Nenne die Aussage, die deinen Vorstellungen und Plänen am nächsten kommt.

2 a) Recherchiere, welche Möglichkeiten für eine weitere schulische oder berufliche Ausbildung es für dich nach Klasse 9 gibt. Berücksichtige deine Schulnoten und deine Wünsche. Stelle die Ergebnisse in einer Tabelle dar.
b) Erklärt euch gegenseitig eure Wege.

3 a) Recherchiere, welche Schulen oder Berufskollegs in deiner Region ein für dich passendes Angebot haben.
b) Stellt eure Ergebnisse auf einer Seite zusammen und präsentiert sie der Klasse.
c) Hefte die Seite in deinen Berufswahlordner ein.

4 Finde heraus, welche Möglichkeiten es für Lernende gibt, die keinen Schulabschluss haben.

5 a) Arbeite heraus, welche beruflichen Gymnasien es in deiner Nähe gibt.
b) Erkläre, welche Voraussetzungen du erfüllen „musst", um auf ein berufliches Gymnasium zu wechseln.

Wortspeicher
– das Berufskolleg
– der berufsvorbereitende Bildungsgang
– das berufliche Gymnasium
– der Schulabschluss

Schulabschluss ... und dann?

Schule fertig und dann? Duale Ausbildung, Freiwilliges Soziales Jahr oder doch weiter zur Schule gehen, um die Fachhochschulreife oder das Abitur zu machen und dann zu studieren? Die Entscheidung fällt nicht immer leicht.

Ausbildung im „dualen System"

Viele Schülerinnen und Schüler starten nach dem Hauptschul- oder Realschulabschluss in eine **duale Ausbildung** (→ M1). Die enge Verzahnung zwischen Praxis (Betrieb) und Theorie (Berufsschule) ist dabei das Erfolgsrezept. An der Berufsschule lernst du fachtheoretische und berufsbezogene Inhalte, auf dem Stundenplan stehen aber auch weiterhin allgemeine Fächer wie Deutsch und Politik. Die Ausbildungszeit beträgt je nach Beruf zwischen 2 und 3,5 Jahren.

Wer bildet aus?

In den folgenden Bereichen werden Ausbildungsplätze angeboten:
- im Handwerk,
- in Industrie und Handel,
- im Dienstleistungsbereich,
- bei Freiberuflern (z. B. in Anwaltskanzleien, Apotheken oder Arztpraxen),
- in der Landwirtschaft,
- in der Schifffahrt,
- im öffentlichen Dienst.

Für jeden Beruf gibt es eine Ausbildungsordnung. Darin sind die Ausbildungsdauer, die Prüfungsanforderungen sowie die zu vermittelnden Kenntnisse und Fähigkeiten geregelt.

Schulische Ausbildung

Einige Berufe werden als schulische Ausbildung an Berufsfachschulen vermittelt. Daher wird dieser Weg auch **vollschulische Ausbildung** genannt. Außer den staatlichen Berufsfachschulen gibt es auch private Einrichtungen, die allerdings oft Gebühren verlangen. Neben dem Unterricht sind regelmäßige Praktika Pflicht. Es gibt feste Anmeldezeiten für die schulische Ausbildung, deshalb erkundige dich frühzeitig nach den Fristen!

Branchen und bekannte Berufe sind:
- Gesundheitswesen: Altenpfleger/in, Krankenpfleger/in, Physiotherapeut/in, ...
- Gestaltung: Mediendesigner/in, ...
- Sozialwesen: Erzieher/in, Sozialassistent/in, ...
- Technik: Medizinisch-technische/r Assistent/in, Informatik-Assistent/in, ...
- Fremdsprachen: Dolmetscher/in, ...

Studium

Dein Wunschberuf setzt ein Studium voraus? Dann benötigst du zunächst die Fachhochschulreife oder das Abitur. Erst dann kannst du studieren. Informiere dich, welche Studiengänge es gibt und wo sie angeboten werden. Und denk dran: Es dauert viele Jahre, bis du nach dem Studium Geld verdienst.

Arbeiten gehen – ohne Ausbildung?

Nach Erfüllung deiner allgemeinen Schulpflicht kannst du auch ohne Berufsausbildung arbeiten gehen, sofern dich jemand einstellt. Du bist aber weiterhin berufsschulpflichtig. Ohne eine Ausbildung kannst du nur einfache Arbeiten übernehmen, die oft schlecht bezahlt werden. Zudem werden un-

Lernort Betrieb	Lernort Berufsschule
• fachpraktische Anwendung • reale Arbeitsbedingungen • Vergütung • Kontakt zu Kollegen/Kolleginnen und Kundschaft	• fachtheoretische Vertiefung • berufsbezogene Inhalte • Allgemeinbildung • Kontakt zu anderen Auszubildenden
Rechtlicher Rahmen	**Rechtlicher Rahmen**
• Berufsbildungsgesetz • Ausbildungsordnung • Ausbildungsvertrag	• Bildungspläne • Berufsschulpflicht • Schulgesetze der Länder

↓ abgeschlossene Berufsausbildung ↓

M1 Die beiden Teile der dualen Ausbildung

gelernte Arbeitende in Krisen meist zuerst entlassen.

Freiwilligendienste – sinnvolle Möglichkeit

Um dich nach der Schule freiwillig zu engagieren, hast du mehrere Möglichkeiten. Es stehen dir die Türen zum Bundesfreiwilligendienst offen. Du kannst aber auch ein Freiwilliges Soziales Jahr (FSJ) oder ein Freiwilliges Ökologisches Jahr (FÖJ) absolvieren. Dabei unterstützt du 6 bis 18 Monate lang Einrichtungen, z. B. im sozialen, ökologischen, kulturellen oder sportlichen Bereich, im Zivil- und Katastrophenschutz.

Du arbeitest etwa 39 Stunden in der Woche, bist krankenversichert und erhältst eine finanzielle Unterstützung. **Freiwilligendienste** können deine Chancen auf dem Arbeitsmarkt verbessern. Du zeigst, dass du dich für andere einsetzt, und sammelst viele praktische Erfahrungen.

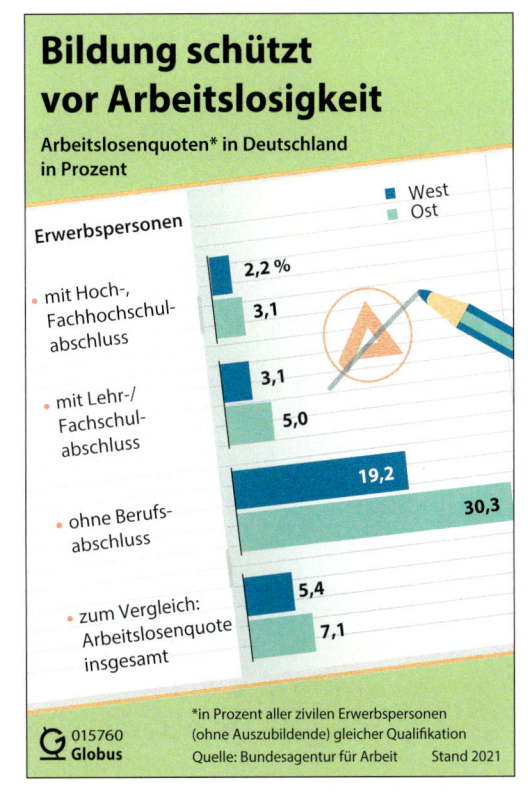

Bildung schützt vor Arbeitslosigkeit
Arbeitslosenquoten* in Deutschland in Prozent

- West / Ost
- Erwerbspersonen mit Hoch-, Fachhochschulabschluss: 2,2 % / 3,1
- mit Lehr-/Fachschulabschluss: 3,1 / 5,0
- ohne Berufsabschluss: 19,2 / 30,3
- zum Vergleich: Arbeitslosenquote insgesamt: 5,4 / 7,1

*in Prozent aller zivilen Erwerbspersonen (ohne Auszubildende) gleicher Qualifikation
Quelle: Bundesagentur für Arbeit Stand 2021
Globus 015760

M 2 Schlechter ausgebildet, häufiger arbeitslos

Merke
- Ausbildung (dual oder schulisch), Freiwilligendienste oder weiterführende Schulen sind mögliche Anschlusswege nach der 9. oder 10. Klasse.
- Arbeit ohne Ausbildung ist gering bezahlt und nicht krisensicher.

Aufgaben

1 a) Vergleiche duale und schulische Ausbildung und halte die Ergebnisse fest.
b) Befrage deine Eltern oder andere Erwachsene, welchen Weg sie nach der Schule eingeschlagen haben.
c) Vergleicht eure Ergebnisse.

2 Reflektiere deine weiteren Schritte und erkläre, welchen Weg du nach deinem Schulabschluss gehen möchtest.

3 a) Recherchiere Freiwilligendienste in deiner Nähe. [MB]
b) Arbeite heraus, was du in einem Freiwilligendienst alles lernen kannst.
c) Analysiere, warum Freiwilligendienste deine Chancen auf dem Arbeitsmarkt verbessern können.
d) Stellt eure Ergebnisse der Klasse vor.

4 Untersuche **M 2** und erkläre in eigenen Worten.

5 Bewerte, warum es für unsere Gesellschaft wichtig ist, dass möglichst viele Menschen gut ausgebildet sind.

Wortspeicher
– die duale Ausbildung
– die vollschulische Ausbildung
– der Freiwilligendienst

Eine Berufswahl treffen

Arbeitsplatzsicherheit
hohes Einkommen
flexible Arbeitszeiten
gutes Arbeitsklima
Fortbildungsmöglichkeiten

M1 Kriterien für einen guten Arbeitsplatz – die Klasse 10 macht sich Gedanken.

Mit der Entscheidung für eine Berufsausbildung oder eine weitere schulische Bildung legst du den Grundstein für deine berufliche Karriere. Daher sollte deine Wahl gut durchdacht und überprüft sein. Sie wird dabei von vielen Faktoren beeinflusst. Am Ende musst du für dich diese Entscheidung treffen.

Welche Voraussetzungen hast du?
Auf jeden Fall solltest du die Qualifikationen und Fähigkeiten haben oder erwerben, die für den Beruf oder deine weitere schulische Laufbahn gefordert werden.

Was ist dir wichtig?
Für das spätere Berufsleben hat jeder Mensch andere Vorstellungen. **Arbeitsplatzsicherheit**, Vereinbarkeit von Familie und Beruf, interessante Tätigkeiten, nette Mitarbeitende, Partizipation oder doch so viel Geld verdienen wie möglich? Auch die Chancen, nach der Ausbildung in eine unbefristete oder befristete Stelle übernommen zu werden, können für viele ein entscheidender Faktor sein. Überlege dir gut, was dir wichtig ist.

die Partizipation: Teilhabe, Mitbestimmung

Berufsbilder verändern sich
Digitale Techniken verändern die Berufe und damit auch die Anforderungen an Auszubildende und Fachkräfte. Wurden vor noch nicht allzu langer Zeit Briefe geschrieben, werden heute minütlich E-Mails beantwortet und/oder es wird über Kurznachrichtendienste kommuniziert. Die ↗ **Digitalisierung** breitet sich auch im Berufsleben immer weiter aus. Wo früher in einer Fabrikhalle noch 50 Arbeitende ihr tägliches Brot verdienten, verrichten heute Roboter diese Tätigkeiten. Welche Berufe sind also zukunftssicher und welche wird es bald nicht mehr geben?

Wie verändert sich dein Wunschberuf?
Gibt es deinen Wunschberuf in zehn Jahren noch? Wie wird er sich verändern? Wie werden die Arbeitsbedingungen sein und wie entwickelt sich das ↗ Einkommen? Musst du dich ständig fortbilden oder bleibt alles so, wie es ist? Wie sieht es mit deinen Aufstiegsmöglichkeiten aus? Diese Überlegungen sollten bei deiner **Berufswahlentscheidung** eine wichtige Rolle spielen.

Was Unternehmen bieten
Maßnahmen, um Mitarbeitende zu gewinnen und an das Unternehmen zu binden

- Kostenlose Getränke: 92 %
- Gleitzeit: 71 %
- Weiterbildung: 69 %
- Smartphone, Tablet, Computer der neuesten Generation: 55 %
- Jobticket: 54 %
- Vertrauensarbeitszeit: 46 %
- Betriebliche Altersvorsorge: 19 %
- Dienstwagen: 12 %
- Überdurchschnittliche Gehälter: 9 %
- Kinderbetreuung: 8 %

Anteil in Prozent

Basis: 856 Personalverantwortliche und GeschäftführerInnen in deutschen Unternehmen 2020

M 2 Unternehmen legen sich ins Zeug. (Quelle: Bitcom)

Auszubildende sind begehrt

Um gute Auszubildende zu gewinnen und Mitarbeitende langfristig zu binden, geben sich viele Betriebe große Mühe. Sie bieten z. B. Vergünstigungen, Weiterbildungsmöglichkeiten und gute Arbeitsbedingungen an.

„Seit meinem Praktikum bei der Polizei ist das mein Wunschberuf. Es ist ein spannender Beruf und als ↗ Beamtin habe ich einen sicheren Arbeitsplatz. Beförderungsmöglichkeiten und ein gutes Gehalt gibt es noch dazu. Den Schichtdienst nehme ich in Kauf. Da ich körperlich fit bin und gute Noten habe, habe ich gute Chancen auf einen Ausbildungsplatz."

M 3 Mia möchte Polizistin werden.

„Ich möchte selbstständiger Webdesigner werden und hier meine Kreativität einbringen. Mit meinem Laptop kann ich dann von zu Hause aus (oder sogar auf Mallorca) arbeiten und bestimme meine Arbeitszeiten selbst. Dadurch bin ich megaflexibel. Karriere machen und jeden Morgen um 7 Uhr im Büro sein – das ist nicht mein Ding."

M 4 Finn möchte sein eigener Chef werden.

Merke
- Berücksichtige bei deiner Berufswahl Bedingungen und Werte, die dir wichtig sind.
- Auch die Zukunftsaussichten deines Berufes spielen eine große Rolle.
- Deine Berufswahl hat einen großen Einfluss auf dein weiteres Leben.

Aufgaben

1 a) Nennt Kriterien (→ M 1) für einen guten Arbeitsplatz und sammelt diese an der Tafel.
b) Diskutiert und erstellt ein Ranking für eure Kriterien.
c) Erstelle ein Ranking der Kriterien, die dir besonders wichtig sind. Hefte dein Ergebnis in den Berufswahlordner ab.

2 a) Arbeite die Unterschiede der Einstellungen von Mia (→ M 3) und Finn (→ M 4) heraus.
b) Beschreibe, welche Anforderungen die beiden Berufe an Mia und Finn stellen.
c) Erkläre, welche Kompetenzen sie für ihre Berufswünsche mitbringen sollten.

3 a) Untersuche, warum Unternehmen viel für ihre Mitarbeitenden und neuen Auszubildenden tun (→ M 2).
b) Beurteile, ob diese Bemühungen erfolgreich sein können.
MB c) Recherchiere die Bedeutungen der Begriffe (→ M 2): Gleitzeit, Jobticket, betriebliche Altersvorsorge.
d) Erläutere, welche Punkte aus M 2 für dich sehr wichtig wären.
e) Stellt eure Ergebnisse der Klasse vor.

4 a) Max behauptet: „Die Menschen werden immer älter, deshalb werde ich Altenpfleger. Dieser Beruf ist absolut zukunftssicher." Überprüfe diese Aussage.

5 a) Überprüfe, ob es deinen Wunschberuf in 20 Jahren noch geben wird.
b) Erörtere, wie sich dieser Beruf und seine Anforderungen in den nächsten 20 Jahren verändern könnte und wie du dich ebenfalls weiterentwickeln musst.

Wortspeicher
- die Arbeitsplatzsicherheit
- die Berufswahlentscheidung
- die Digitalisierung
- die Zukunftsaussicht

2 Mein Weg in die Arbeitswelt

Berufe im Wandel – ich bin dabei!

„Kleinen Moment, Kollege, wir haben das Programm umgestellt. Warte kurz, ich erkläre es dir."

„Guten Morgen! Schön, dass du wieder gesund bist."

M1 Arbeitskollegen unter sich

Anders als vielleicht noch deine Großeltern wirst du vermutlich nicht 40 Jahre lang genau den Beruf, den du nach der Schule erlernst, am selben Ort ausüben. Heute sind **Weitblick** und Flexibilität in Kombination mit lebenslangem Lernen von großer Bedeutung für dein berufliches Leben. Denn Globalisierung, Automatisierung, Digitalisierung und der ↗ demografische Wandel beeinflussen die Berufswelt immer mehr.

die Flexibilität
Biegsamkeit, Anpassungsfähigkeit

Globalisierung als Motor
„Global denken" – das hörst du sicher immer wieder. Die Globalisierung sorgt dafür, dass die Zusammenarbeit von Unternehmen auf der ganzen Welt immer enger wird.
Auch du wirst zukünftig immer häufiger mit Menschen zusammenarbeiten, die aus unterschiedlichen Kulturen stammen und in verschiedenen Zeitzonen zu Hause sind. Du wirst in internationalen Teams arbeiten und mit anderen Mitarbeitenden virtuell kommunizieren.

Computer und Künstliche Intelligenz
Die fortschreitende **digitale Vernetzung** wird auch dein Arbeitsleben prägen. „Alte Berufe" werden verschwinden und „neue Berufsbilder" entstehen. Immer wieder wird man sich die Frage stellen, welche menschlichen Tätigkeiten durch Computer ersetzt werden können. Wissenschaftliche Studien belegen, dass bereits heute mehr als 20 % aller Tätigkeiten im deutschen Arbeitsmarkt von Computern übernommen werden können.

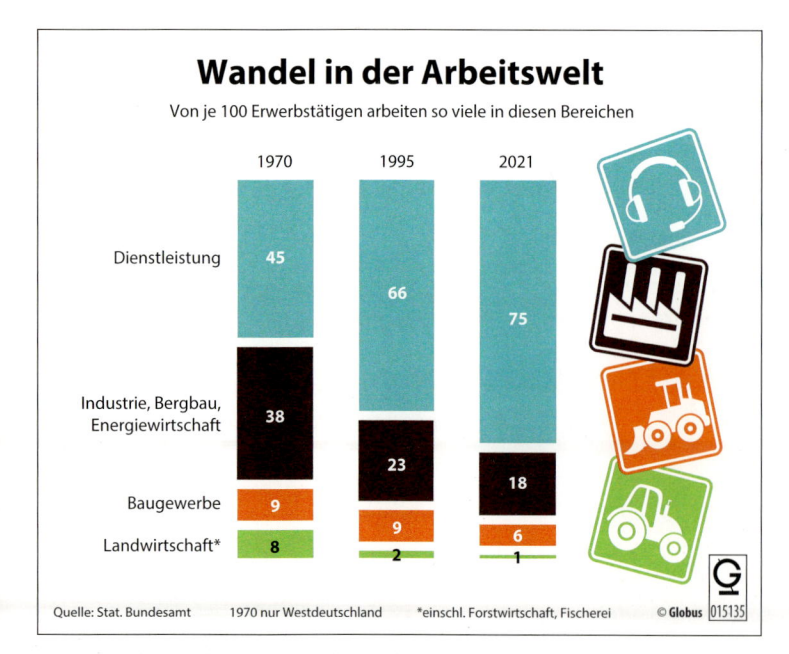

Wandel in der Arbeitswelt
Von je 100 Erwerbstätigen arbeiten so viele in diesen Bereichen

	1970	1995	2021
Dienstleistung	45	66	75
Industrie, Bergbau, Energiewirtschaft	38	23	18
Baugewerbe	9	9	6
Landwirtschaft*	8	2	1

Quelle: Stat. Bundesamt   1970 nur Westdeutschland   *einschl. Forstwirtschaft, Fischerei   © Globus 015135

M2 Wirtschaftssektoren verändern sich.

Demografischer Wandel als Antreiber

Der demografische Wandel (→ **M 3**) führt in Deutschland dazu, dass es immer weniger, dafür aber immer ältere ↗ Erwerbstätige gibt. Bis 2030 werden etwa sechs Millionen weniger Arbeitskräfte verfügbar sein. Kann mehr Zuwanderung eine Lösung sein? Wird der Pflegebereich die Branche mit den sichersten Arbeitsplätzen? Und wie lange werden wir arbeiten müssen bis zur ↗ Rente? Fragen wie diese werden immer wichtiger – auch für dich.

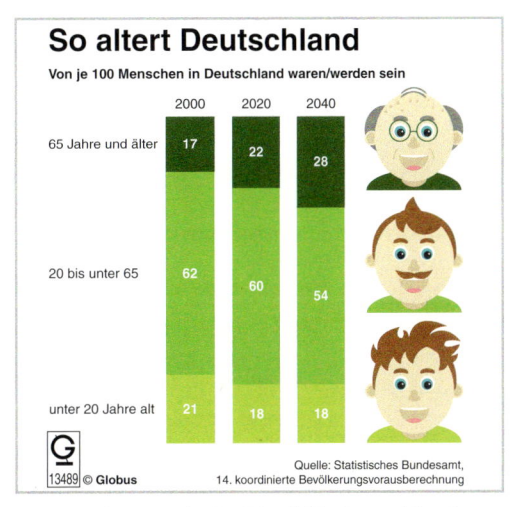

M 3 Der demografische Wandel in Deutschland

Merke
- Globalisierung, Automatisierung, Digitalisierung und demografischer Wandel werden in der Zukunft die Arbeitswelt stark verändern.
- Lebenslanges Lernen ist die Voraussetzung für beruflichen Erfolg.

Aufgaben

1 Nenne Ursachen für die zukünftigen Veränderung der Arbeitswelt.

2 Betrachte die Karikatur in **M 1**.
a) Beschreibe die Karikatur.
b) Erkläre ihre Aussage.
c) Nenne Vor- und Nachteile der Automatisierung in der heutigen Arbeitswelt.
d) Überlege, ob die Aussage der Karikatur etwas mit dir zu tun hat, und begründe.

3 „Es ist nicht die stärkste Spezies, die überlebt, auch nicht die intelligenteste, es ist diejenige, die sich am ehesten dem Wandel anpassen kann." (Charles Darwin, britischer Naturforscher, 1808–1882)
a) Erläutere dieses Zitat.
b) Erkläre den Zusammenhang zwischen dieser Aussage und **M 2**.
c) Arbeite heraus, in welchem Maße die Globalisierung deine Berufswahl beeinflussen wird.

Stelle grafisch dar, was sich in deinem Leben verändern wird.

4 Ergänze den nachfolgenden Satzanfang: „Lebenslanges Lernen ist für mich wichtig, weil …"

5 Die Wirtschaftsstruktur Deutschlands hat sich in den letzten Jahren stark verändert.
a) Erkläre diese Aussage anhand von **M 2**.
b) Überprüfe, zu welchem Wirtschaftssektor dein Wunschberuf gehört.
c) Beurteile vorausschauend, inwieweit sich dein Wunschberuf in der Zukunft verändern wird.

6 a) Analysiere **M 3**.
b) Erkläre, warum eine stark alternde Bevölkerung die zukünftige Arbeitswelt stark prägen wird.
c) Entwickle Ideen, wie man diesem Trend entgegenwirken kann. Gestalte dazu ein Plakat.

7 👥 Wählt zwei Berufsbilder aus und entwickelt für jedes ein Szenario.
a) Legt fest, über welchen Zeitraum ihr die Entwicklung der Berufsbilder betrachten wollt.
MB b) Sammelt Informationen:
- Wie ist der aktuelle Stand?
- Welche Entwicklungen/Veränderungen gab es bisher?
- Welche Veränderungen zeichnen sich aktuell ab?
- Welche Zukunftsaussagen gibt es?
- Wer nimmt Einfluss auf die Entwicklung?

c) Entwickelt aus euren Ergebnissen einen positiven und einen negativen Trend.
d) Formuliert eure Schlussfolgerungen dazu und begründet sie.

Wortspeicher
- *die digitale Vernetzung*
- *der demografische Wandel*
- *der Weitblick*

Stellenanzeigen nutzen

Wanted

Das Sanitätshaus MOBIL sucht Sie!
Wir suchen zum 01.08.20.. einen Auszubildenden für den Beruf Orthopädieschuhmacher (m/w/d).

Hilfreich wäre, wenn Sie ein Praktikum in diesem Beruf gemacht haben. Sie sollten unbedingt sorgfältig arbeiten und handwerklich geschickt sein. Wünschenswert wäre es, wenn Sie auf Menschen zugehen können und eine hohe Fortbildungsbereitschaft mitbringen.

Wenn Sie mindestens einen befriedigenden Realschulabschluss mit guten Noten in Deutsch und Technik haben, freuen wir uns auf Ihre Bewerbung per Mail an sanitaetshausMOBIL@mobil.de

Bewerbungen müssen spätestens am Freitag, 15.02.20.. bei uns eingegangen sein.

M1 Stellenanzeige im Internet

Starker Job

Orthopädieschuhmacher/in

„Als Orthopädieschuhmacherin stelle ich anhand von ärztlichen Verordnungen orthopädische Maßschuhe her oder arbeite Schuhe um und passe sie individuell an. Außerdem fertige ich z. B. Einlagen, Korrekturschienen, Prothesen und weitere Hilfsmittel. Bei den Kundinnen und Kunden führe ich Lauf- und Ganguntersuchungen durch, nehme Maß und erstelle Modelle und Abdrücke, um dann z. B. Schuhsohlen genau anpassen zu können. Natürlich gehört auch die Beratung meiner Kundschaft dazu."

Stellenanzeigen finden

Stellenanzeigen für Ausbildungsplätze findest du an verschiedenen Orten:
- in den Ausbildungsbörsen der Kammern,
- in der Jobbörse der Agentur für Arbeit,
- auf den Homepages der Unternehmen,
- auf Aushängen in Betrieben, Geschäften und in deiner Schule,
- in der Zeitung.

Stellenanzeigen lesen

Stellenanzeigen richtig zu lesen, ist gar nicht so einfach. Du erhältst viele Informationen und musst diese für dich ordnen. Beim Lesen bekommst du …
- eine Vorstellung vom Ausbildungsberuf,
- Informationen zu den Stellenanbietenden,
- Hinweise auf die erforderlichen und gewünschten Anforderungen.

Bei Betrieben direkt anfragen

Vielleicht kennst du einen Betrieb, z. B. durch ein Praktikum, bei dem du gerne eine Ausbildung machen möchtest? Dann frage direkt nach, ob der Betrieb ausbildet.

Wer passt zu wem?

Stellenanzeigen helfen dir, wichtige Fragen zu klären:
- Passt diese Ausbildungsstelle zu mir?
- Bietet mir das Unternehmen eine gute Perspektive?
- Reichen meine Qualifikationen?
- Passe ich zu dem Unternehmen?

Muss- oder Kann-Anforderungen?

Jeder Beruf erfordert bestimmte **Qualifikationen**. Welche Bewerbende erfüllen müssen bzw. sollten, steht in der Stellenanzeige.

Muss-Anforderungen sind notwendige Voraussetzungen, die unbedingt erfüllt werden müssen. Im Text steht dann z. B. „vorausgesetzt sind …", „unabdingbar ist …" oder „nur berücksichtigt werden …".

Kann-Anforderungen sind wünschenswerte Voraussetzungen. Bewerbende sollten sie mitbringen, sie sind aber nicht zwingend. Im Text steht dann z. B. „idealerweise …", „von Vorteil ist …" oder „wünschenswert ist …".

Ausbildungsplatz zur Hotelfachfrau/zum Hotelfachmann

Arbeitgeber: Hotel Tist, familiengeführtes Vier-Sterne-Hotel, 15 Mitarbeitende

Stellenbeschreibung: Wir schauen auf eine lange Tradition zurück. Unsere Gäste kommen aus der ganzen Welt. **Unser Ziel:** Wer einmal bei uns war, soll wiederkommen! Dafür geben wir täglich unser Bestes.
Zur Unterstützung unseres Teams suchen wir Sie für unsere **Ausbildungsstelle im Beruf Hotelfachfrau/-mann (m/w/d).**
Ihre schriftliche und aussagekräftige Bewerbung schicken Sie an:
Hotel Tist, Frau Tina Lebür, Theodorstraße 24, 12345 Neustadt
Ausbildungsbeginn: 01.08.20..
Ihre Ausbildung: Sie durchlaufen alle Abteilungen, z. B. Rezeption, Restaurant, Zimmerservice. Auch die Planung und Durchführung von Veranstaltungen fällt in Ihren Tätigkeitsbereich. Im Rahmen Ihrer Ausbildung schreiben Sie zudem ↗ Rechnungen, arrangieren reichhaltige sowie kulinarische Buffets und bereiten unseren Gästen auf diese Weise unvergessliche Momente.
Ihr Profil:
- mindestens ein guter Hauptschulabschluss
- besser noch ein guter mittlerer Abschluss
- Teamfähigkeit, Höflichkeit, Zuverlässigkeit, gute Englischkenntnisse, hohe Leistungsbereitschaft
- Ein positives, gepflegtes Erscheinungsbild sowie sehr gute Umgangsformen werden erwartet.
- Idealerweise haben Sie schon im Service gearbeitet.
- Von Vorteil wäre, wenn Sie noch eine weitere Fremdsprache sprechen können.

M 2 Stellenanzeige in der Zeitung

Merke
- Stellenanzeigen findest du an verschiedenen Orten, z. B. im Internet oder in der Zeitung.
- Prüfe genau, ob die Ausbildungsstelle und das Unternehmen zu dir passen.
- Wenn du die „Muss-Anforderungen" der Stellenanzeige erfüllst, bewirb dich.

Aufgaben

1 a) Nenne Möglichkeiten, um an Informationen über freie Ausbildungsplätze zu kommen.
b) Beschreibe Vor- und Nachteile von Stellenanzeigen in sozialen Netzwerken.
c) Vergleicht eure Ergebnisse.

2 Erläutere den Unterschied zwischen Muss-Anforderungen und Kann-Anforderungen in einer Stellenanzeige.

3 a) Vergleiche die beiden Stellenanzeigen **M1** und **M2** im Hinblick auf die Informationen zum Unternehmen, die Muss- und Kann-Anforderungen sowie auf die Bewerbungsarten in einer Tabelle.
b) Stelle Vermutungen an, welche der beiden Stellenanzeigen öfter gelesen wird. Begründe.
c) Stellt eure Ergebnisse der Klasse vor.

4 a) Gestalte nun selbst eine Stellenanzeige für deinen Wunschberuf. Stelle dir dabei vor, dass du Chefin bzw. Chef bist und Auszubildende für dein Unternehmen suchst.
b) Erläutere, wo du deine Stellenanzeige veröffentlichen würdest.

5 a) Recherchiere im Internet nach Stellenanzeigen für Ausbildungsplätze in deinem Wunschberuf.
b) Erstelle eine Tabelle mit vier Spalten: Informationen zum Unternehmen, Muss-Anforderungen, Kann-Anforderungen, Bewerbungsart. Fülle diese aus.
c) Wenn dich eine Stellenanzeige anspricht, dann bewirb dich gleich.

Wortspeicher
– die Kann-Anforderung
– die Muss-Anforderung
– die Qualifikation
– die Stellenanzeige

2 Mein Weg in die Arbeitswelt

Vielfältige Studienmöglichkeiten

- Universitäten
- Medizinische Fakultäten
- Hochschulen für angewandte Wissenschaften
- Duale Hochschule Baden-Württemberg
- Pädagogische Hochschulen
- Musikhochschulen
- Kunsthochschulen

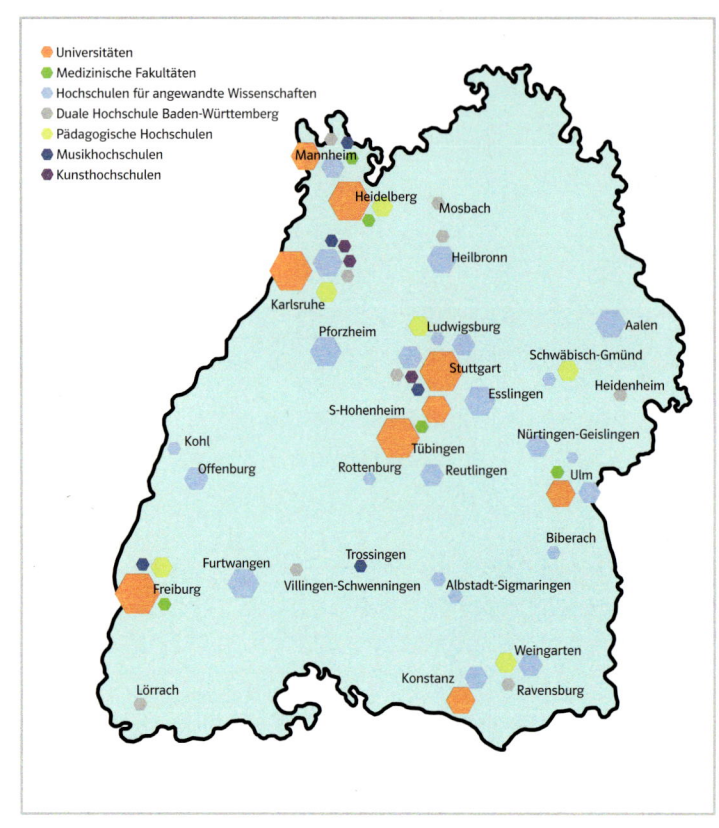

M1 Hochschulstandorte in Baden-Württemberg

M2 Aylins Merkzettel

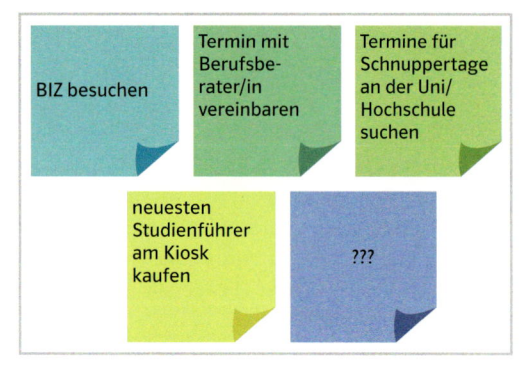

(BIZ besuchen / Termin mit Berufsberater/in vereinbaren / Termine für Schnuppertage an der Uni/Hochschule suchen / neuesten Studienführer am Kiosk kaufen / ???)

Aylin geht in die 10. Klasse und steht kurz vor den Abschlussprüfungen. Heute hat sie vom Wirtschaftsgymnasium eine vorläufige Zusage für einen Schulplatz in der 11. Klasse erhalten. Aylins WBS-Lehrerin hat ihr gesagt, dass sie ihre Noten in den Hauptfächern halten muss, damit der Wechsel auf das Gymnasium sicher klappt.

Schritt für Schritt ans Ziel
Mit der vorläufigen Zusage für das Gymnasium ist Aylin ihrem Studienwunsch wieder ein Stückchen näher gekommen. Ihr nächstes Ziel: eine möglichst gute Abschlussprüfung.

Studienorientierungsverfahren
Mit ihrer Freundin Leonie hat sich Aylin kürzlich über das Thema **Studium** unterhalten. Dabei hat sie zum ersten Mal von dem **Orientierungstest** gehört. Mit diesem Online-Test kann sie ihre Interessen und Fähigkeiten herausfinden und bekommt anhand dieser denkbare **Studiengänge** zugewiesen. Außerdem erhält man für die Teilnahme ein Zertifikat, welches man an der **Hochschule** vorlegen muss.

Hohe Standortdichte
Beim Betrachten der Karte (→ **M1**) hat sich Aylin gewundert, wie viele Orte in Baden-Württemberg Studienmöglichkeiten anbieten. „Mir scheint, ich muss mir nicht nur Gedanken über einen möglichen Studiengang machen, sondern auch darüber, wo ich studieren will", sagt sie zu Leonie.

(Aus-)Bildung: eine gute Investition – so oder so!
Aylin weiß, dass es noch eine Weile dauern wird, bis sie ihren Studienwunsch in die Tat umsetzen kann. Es beruhigt sie aber sehr, dass weder Studium noch Berufsausbildung Sackgassen sind. Beide sind eine sinnvolle Investition in ihre berufliche Zukunft. Und gut ausgebildete junge Leute helfen der Wirtschaft, da sie den Fachkräftemangel abmildern.

	Universitäten	Pädagogische Hochschulen	Hochschule für angewandte Wissenschaften	Hochschule für den öffentlichen Dienst	Duale Hochschule Baden-Württemberg	Kunst- und Musikhochschule
Beispiel für Studiengänge	Mathematik, …	?	?	gehobener Archivdienst, …	?	?
Zugangsvoraussetzungen	?	allgemeine oder fachgebundene Hochschulreife, …	?	?	allgemeine oder fachgebundene Hochschulreife, …	?
Abschlüsse	?	?	Bachelor, …	?	?	Diplom, …

M 3 Studienmöglichkeiten in Baden-Württemberg

M 4 Aylin überlegt: Ausbildung oder Studium?

Merke
- Baden-Württemberg bietet dir mit über 70 Hochschuleinrichtungen eine Vielzahl an Studienmöglichkeiten.
- Vor dem Studienbeginn musst du ein Studienorientierungsverfahren durchlaufen.
- Sowohl Studium als auch Ausbildung sind eine gute Investition in deine Zukunft.

Aufgaben

1 Nenne weitere Vorschläge für **M 2**, die Aylin bei ihrer Studienrecherche nützlich sein können.

2 a) Beschreibe, was sich hinter „Bachelor" und „Master" verbirgt. Nutze dazu das Internet.
b) Begründet, weshalb diese Abschlüsse auch in Deutschland eingeführt wurden.
c) Erstelle einen Steckbrief für einen Bachelor- oder Masterstudiengang deiner Wahl.

3 a) Arbeite aus **M 1** die Standorte von Universitäten und Hochschulen heraus, die sich in deiner Umgebung befinden.
b) Erkläre kurz, ob das Angebot an Studienmöglichkeiten in deiner Umgebung gut oder weniger gut ausfällt.

4 a) Teilt euch die Studienmöglichkeiten in **M 3** in eurer Gruppe auf.
b) Übertrage die Tabelle **M 3** in dein Heft. Recherchiere für deinen Bereich und stelle dein Ergebnis in der Tabelle dar. Nutze erneut das Internet.
c) Stellt euch nacheinander die Bereiche vor und macht euch Notizen, sodass am Ende alle eine vollständig ausgefüllte Tabelle haben.

5 Erörtert in einem Gespräch, was eurer Meinung nach für oder gegen ein Studium spricht.

Wortspeicher
- die Hochschule
- der Orientierungstest
- der Studiengang
- das Studium
- die Universität

2 Mein Weg in die Arbeitswelt

Bewerben – aber wie?

- Bewerbung losschicken (ausreichend frankieren)
- Zeugnisse der letzten beiden Jahre kopieren und einscannen
- passende Stellenanzeigen suchen
- Stellenanzeigen genau lesen und verstehen
- Bewerbungsanschreiben formulieren
- auf Vollständigkeit und Richtigkeit überprüfen
- Bewerbungsmappe zusammenstellen
- Lebenslauf schreiben und/oder aktualisieren
- weitere Anlagen heraussuchen und einscannen: z. B. Praktikumsbescheinigungen, Bescheinigung zum Erste-Hilfe-Kurs, …

M1 Celina hat einen Plan – doch wie war nur die richtige Reihenfolge?

Bei deiner Suche nach einem passenden Ausbildungsplatz wirst du einige Stellenanzeigen finden. In diesen steht, wie du dich bewerben sollst. Die häufigsten **Bewerbungsformen** sind:
- schriftliche Bewerbung,
- E-Mail-Bewerbung,
- Online-Bewerbung.

Bei allen Bewerbungsformen gilt: Deine Bewerbungsunterlagen müssen vollständig sein.

Immer auf Vollständigkeit prüfen
Vollständige **Bewerbungsunterlagen** bestehen aus:
- dem Anschreiben (→ S. 48/49),
- dem Lebenslauf (→ S. 50/51),
- den **Anlagen**: letztes Zeugnis/letzte Zeugnisse, Praktikumsbescheinigungen, zusätzliche Zertifikate, z. B. Erste-Hilfe-Kurs, Sprach- oder Computerkurse, AG-Nachweise deiner Schule, Vereinsmitgliedschaft, „Babysitterkurs", …

googeln
Etwas/jemanden googeln bedeutet, eine Internetsuche über diese Sache/Person durchzuführen, um möglichst viele Informationen zu erhalten.

Bewerbungen abspeichern
Jede Bewerbung (Anschreiben, Lebenslauf, Anlagen), die du schreibst, solltest du an einem sicheren Ort abspeichern, sodass du sie schnell wiederfindest. Du kannst sie als Vorlage für weitere Bewerbungen nutzen und kannst immer nachschauen, wie du dich bei welchem Unternehmen beworben hast.

Schriftliche Bewerbung
Auch wenn die E-Mail- und die Online-Bewerbung auf dem Vormarsch sind, verlangen viele Unternehmen noch eine schriftliche Bewerbung. Bei dieser schickst du deine Bewerbungsunterlagen in einer Bewerbungsmappe an das Unternehmen oder bringst sie direkt vorbei. Dein Anschreiben kommt auf die Bewerbungsmappe und nicht hinein. Die Bewerbungsmappe und das Anschreiben verstaust du ordentlich in einen DIN-A4-Umschlag und frankierst diesen ausreichend.

Der erste Eindruck zählt
Denke daran: Deine Bewerbungsmappe ist wahrscheinlich der erste Kontakt von dir zu dem Unternehmen. Daher sollte diese ordentlich, vollständig und fehlerfrei sein!

> **TIPP**
> *Nach Eingang deiner Bewerbung „googeln" dich viele Unternehmen, um weitere Informationen (vor allem Informationen, die du in deiner Bewerbung nicht erwähnst) über dich zu erhalten. Hast du Bilder im Internet, die dich in unvorteilhafter Pose auf einer Party zeigen, Posts, auf denen du jemanden beleidigst, oder Bilder, auf denen du gerade bei einer Siegerehrung einen Pokal überreicht bekommst? Achte sehr genau darauf, was im Internet über dich zu finden ist.*

Bei der E-Mail-Bewerbung versendest du deine vollständigen Bewerbungsunterlagen in einer PDF-Datei und hängst diese deiner E-Mail an (Dateianhang). In den E-Mail-Text schreibst du nur hinein, für welche Stelle du dich bewirbst und dass die Dokumente im Anhang zu finden sind.

M2 Die E-Mail-Bewerbung

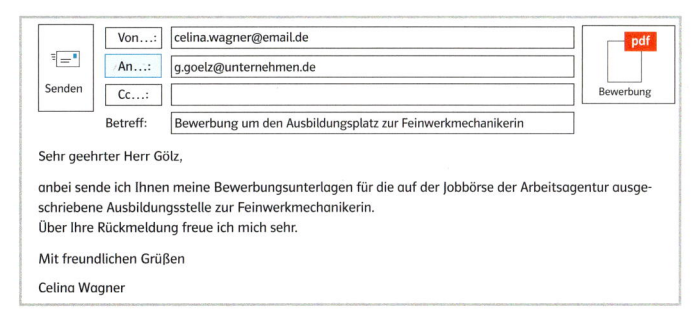

Von…: celina.wagner@email.de
An…: g.goelz@unternehmen.de
Cc…:
Betreff: Bewerbung um den Ausbildungsplatz zur Feinwerkmechanikerin

Sehr geehrter Herr Gölz,

anbei sende ich Ihnen meine Bewerbungsunterlagen für die auf der Jobbörse der Arbeitsagentur ausgeschriebene Ausbildungsstelle zur Feinwerkmechanikerin.
Über Ihre Rückmeldung freue ich mich sehr.

Mit freundlichen Grüßen

Celina Wagner

M3 E-Mail-Bewerbung von Celina

Du füllst die Online-Bewerbung direkt auf der Seite des Unternehmens aus. Hier kannst du dich registrieren und bekommst einen Zugang zum geschützten Bereich. Am Ende deiner Eingaben erhältst du meist eine Vorschau. Hier solltest du unbedingt deine Angaben noch einmal auf Richtigkeit überprüfen. Ist alles richtig, vergiss nicht, deine Bewerbung abzusenden.
Tipp: Drucke dir die Bewerbung für deine Unterlagen aus oder speichere sie ab.

M4 Die Online-Bewerbung

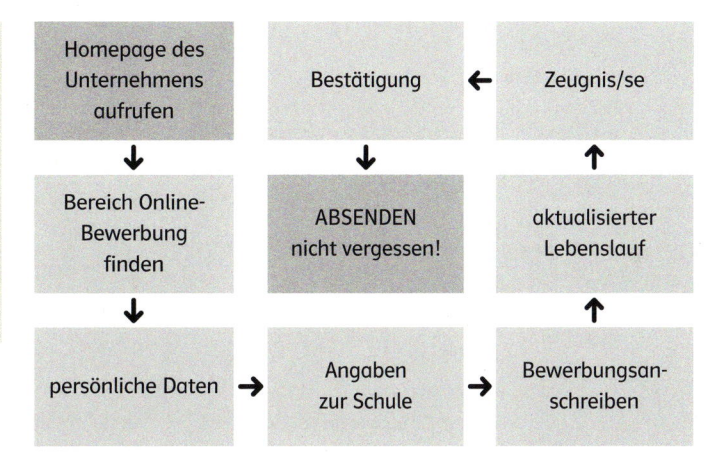

Homepage des Unternehmens aufrufen → Bestätigung ← Zeugnis/se
↓ ↓ ↑
Bereich Online-Bewerbung finden → ABSENDEN nicht vergessen! ← aktualisierter Lebenslauf
↓ ↑
persönliche Daten → Angaben zur Schule → Bewerbungsanschreiben

M5 Wie fülle ich eine Online-Bewerbung aus?

Merke
- In deine Bewerbungsmappe gehören Lebenslauf, Zeugnisse und Anlagen, wie z. B. Praktikumsbescheinigungen.
- Das Anschreiben kommt auf die Bewerbungsmappe.
- Deine Bewerbungsmappe sollte ordentlich, fehlerfrei und vollständig sein.

Aufgaben

1 a) Ermittle die richtige Reihenfolge der Kärtchen in **M1** und notiere dir die Abfolge.
b) Vergleicht eure Ergebnisse.

2 a) Nenne die drei häufigsten Bewerbungsformen.
b) Beschreibe, welche Bewerbungsform dir am leichtesten und welche dir am schwersten fällt. Begründe.

3 a) Erläutere, in welchen sozialen Netzwerken du unterwegs bist und warum.
b) Untersuche, wer alles Zugang zu deinen Bildern und Posts hat.
c) Erkläre, welche Bilder oder Posts im Internet schädlich und welche förderlich sind.

4 a) Aktualisiere deine Bewerbungsunterlagen. Kopiere, scanne und speichere sie gut ab: Lebenslauf, Zeugnisse/Zertifikate, Praktikumsbescheinigungen, weitere Nachweise, …
b) Vergleicht eure Unterlagen und arbeitet heraus, welche Fähigkeiten ihr mit euren Nachweisen belegen könnt.

Wortspeicher
– die Anlagen
– die Bewerbungsformen
– die Bewerbungsunterlagen
– der erste Eindruck

Anschreiben XXL

Welche Stärken habe ich?
Was erwartet das Unternehmen von mir?
Warum möchte ich Mechatroniker werden?
Warum sollte der Personaler sich für mich entscheiden?
Welche Erfahrungen bringe ich aus meinen Praktika mit?
Warum möchte ich in diesem Unternehmen meine Ausbildung machen?

M1 Bevor Benjamin sein Anschreiben verfasst, macht er sich einige Gedanken.

---

die Konkurrenz
Wettkampf. Gemeint sind hier andere Bewerberinnen und Bewerber.

Benjamin hat bereits mehrere Praktika als Mechatroniker in verschiedenen Unternehmen absolviert. Sein Entschluss steht fest: „Ich mache eine Ausbildung zum Mechatroniker." Dieser Ausbildungsberuf steht allerdings in der Hitliste von Jungen ganz oben. „Du wirst nicht der einzige Bewerber sein, zieh' dich warm an. Die Konkurrenz ist groß", bemerkt seine Freundin Maja schmunzelnd.

Mache gute Werbung für dich

Wenn ein Unternehmen Auszubildende sucht, dann erhalten die **Personalverantwortlichen** meist eine große Anzahl von Bewerbungen. Auch wenn sehr schnell alle unpassenden Bewerbenden aussortiert sind, bleibt für dich noch genügend Konkurrenz übrig. Verkaufe dich deshalb bestmöglich und begründe gut, welchen Nutzen du diesem Unternehmen bringen kannst. Stelle im Anschreiben deine Person überzeugend dar. Erkläre, was dich deutlich von anderen Bewerbenden unterscheidet. Formuliere dein Anschreiben dazu selbst und nutze Musterformulare nur als Hilfe.

Zeige, was in dir steckt

Du überlegst, wie du deine Bewerbungsunterlagen „tunen" kannst? Das gelingt dir gut durch ein **Motivationsschreiben**, die sogenannte „dritte Seite". Auf ihr hast du die Möglichkeit, dich sehr wirksam zu präsentieren. Sie bietet Platz, um all die Dinge aufzuschreiben, die nicht in Anschreiben und Lebenslauf passen. Hier kannst du klar herausstellen, warum gerade du besonders gut für diese Ausbildungsstelle in diesem Unternehmen geeignet bist.

> **TIPP**
> *Korrekte Rechtschreibung, Zeichensetzung und Grammatik – diese Dinge sind von großer Bedeutung in deinem Bewerbungsanschreiben! Lasse es daher am besten von jemandem Korrektur lesen. Schreibe freundlich und stelle dein Anliegen sachlich sowie selbstbewusst dar.*

Dein Start in das Berufsleben – und wir suchen genau DICH!

Du hast Interesse an Automobilen, besitzt technisches Verständnis und handwerkliches Geschick, zeigst Spaß an Technik, Mechanik und Elektronik, bist motiviert, zuverlässig sowie zielstrebig und arbeitest gerne im Team?! Dann bist du genau richtig bei uns! Bewirb dich um einen Ausbildungsplatz als **Mechatroniker/in**.
Richte deine schriftliche Bewerbung per E-Mail oder auch per Post an:
Autohaus „Grüne Luft"
Personalverantwortliche – Judith Air
Karlstr. 30, 76543 Aussicht
Deine Ausbildung beginnt am 1. September 20..

M 2 Ausschreibung eines Ausbildungsplatzes

Deine Checkliste für das Bewerbungsanschreiben
- Name, Straße mit Hausnummer, Telefonnummer und E-Mail-Adresse
- Absenderort und Datum
- Name des Unternehmens, Name der Ansprechperson, Adresse der Firma (ohne Telefonnummer und E-Mail-Adresse)
- Betreffzeile (fett schreiben)
- Anredeformel (möglichst mit Namen)
- Grund der Bewerbung
- Begründung des Berufswunsches (Berufsbild und Wunschbetrieb)
- Grußformel mit handschriftlicher Unterschrift
- Verweis auf Anlagen (Zeugnisse, Portfolio)

M 3 Checkliste für dein Bewerbungsanschreiben

Starker Job

Mechatroniker/in
„Ich baue aus mechanischen, elektrischen und elektronischen Bestandteilen komplexe mechatronische Systeme. Dazu muss ich Schaltpläne und Konstruktionszeichnungen lesen und Anlagen überprüfen. Ah, da kommt Kundschaft! Ich habe die Klimaanlage ihres Autos überprüft."

Merke
- Personalverantwortliche entscheiden oft in Sekunden, ob du für die Firma geeignet bist.
- Das Bewerbungsanschreiben ist die Plattform für deine Stärken und Interessen.
- Im Motivationsschreiben erläuterst du, warum gerade du für den Ausbildungsplatz geeignet bist.

Aufgaben

1 Beschreibe mithilfe von **M 1**, welche Gedanken sich Benjamin vor seiner Bewerbung macht.

2 Welche Überlegungen werden dir bei deiner Bewerbung durch den Kopf gehen? Nenne sie und ergänze die Gedankenwolken.

3 Laotse, ein chinesischer Philosoph, hat einmal gesagt: „Wer kein Ziel hat, kann auch keines erreichen." Erkläre, was dieses Zitat mit deinem Bewerbungsanschreiben zu tun hat.

4 Erstelle für deinen Wunschberuf in deiner Lieblingsfirma ein Bewerbungsanschreiben (→ **M 3**).

5 Gestalte ein Motivationsschreiben, in dem du verdeutlichst, dass nur du für diesen Ausbildungsplatz geeignet bist.

6 Überprüft gegenseitig eure Schreiben auf Fehler. Verwendet dazu den Duden.

7 Stelle dir vor, du bist die/der Personalverantwortliche des Unternehmens, bei dem du dich bewirbst.
a) Entwickle einen Fragenkatalog zur Vorbereitung auf das Bewerbungsgespräch mit dir.
b) Bewerte die Wichtigkeit deiner Fragen, indem du sie mit *, ** oder *** kennzeichnest.
c) Notiere dir dazu, welche Fehler dein/e Bewerber/in nicht machen darf.

Wortspeicher
- die Checkliste
- das Motivationsschreiben
- die/der Personalverantwortliche

Lebenslauf XXL

M1 Hat Benjamin an alles gedacht?

Benjamin hat in seinen Bewerbungen für die Praktika als Mechatroniker immer wieder seine Lebensläufe optimiert. Der Lebenslauf zur Bewerbung soll als eine Art „Visitenkarte" möglichst übersichtlich, lückenlos und fehlerfrei gestaltet sein. Auch für dich hat er nun einen besonderen Stellenwert.

Mache auf dich aufmerksam
Dein Lebenslauf ist die Eintrittskarte zum Vorstellungsgespräch und genauso wichtig wie dein Anschreiben. Oft ist er die erste Seite, die sich Personalverantwortliche ansehen. Überschreibe nicht einfach die Kopie eines veralteten Lebenslaufs, sondern richte ihn genau auf die jeweilige Bewerbung aus. Das **Layout** sollte übersichtlich und optisch ansprechend sein, Schriftart ebenso wie Schriftgröße gut lesbar. Hebe wichtige Angaben besonders hervor.

Lass keine Lücken
Ordne deine Textbausteine chronologisch an und achte darauf, dass es keine **zeitlichen Lücken** gibt. Beginne bei den Angaben zu deiner Schulausbildung mit der Grundschule. Achte darauf, dass du die Bezeichnung der Schule, die Zeiträume und die Schulorte vollständig angibst.

Wähle gut aus
Überlege: Welche deiner Erfahrungen, Fähigkeiten und Fertigkeiten passen besonders gut zu dieser Ausbildungsstelle? Gib auch nur die Hobbys, Interessen und Praktika an, mit denen du Punkte sammeln kannst.

Mit oder ohne Bewerbungsbild?
In Deutschland ist ein Bild bei einer Bewerbung kein Muss mehr. Trotzdem wollen viele Unternehmen wissen, wer sich bei ihnen bewirbt. Triff selbst die Entscheidung, ob und mit welchem Bild du deine Bewerbung versiehst. Das sollte dann aber bitte nicht das coolste aus deinem Social-Media-Account sein!

Chronologische Lebensläufe
Chronologische Lebensläufe lassen sich leicht nachvollziehen, da sie den zeitlichen Verlauf von der Vergangenheit bis zur Gegenwart wiedergeben. Beginne also mit den Dingen, die zuerst passiert sind, und ergänze dann in zeitlicher Abfolge die weiteren Etappen deines Lebens.

---

die Visitenkarte
kleine Karte mit Namen einer Person und weiteren Daten, die einen ersten guten Eindruck hinterlassen soll

chronologisch
nach zeitlicher Abfolge sortiert

Deine Checkliste für den Lebenslauf
- ✓ Überschrift „**Lebenslauf**"
- ✓ **Angaben zur Person** (Vor- und Zuname, Adresse, Telefonnummer, E-Mail-Adresse, Geburtsdatum und -ort, Staatsangehörigkeit)
- ✓ **Bildungsweg** (Schulart und -ort, Zeit, angestrebter Schulabschluss)
- ✓ **Praxiserfahrungen/Praktika** (Unternehmen und Ort, Zeit, Berufsbild)
- ✓ **Kenntnisse und Fähigkeiten** (Sprachen, Computer, etc.)
- ✓ **Hobbys und Interessen** (Vereinsmitgliedschaft, Arbeitsgemeinschaften, Lieblingsfächer, etc.)
- ✓ **außerschulisches Engagement** (Nachbarschaftshilfe oder Ehrenämter)
- ✓ **Datum** (aktuell)
- ✓ **Unterschrift** (handschriftlich Vor- und Zuname)

M2 Checkliste für deinen Lebenslauf

Leitfaden zum Allgemeinen Gleichbehandlungsgesetz (AGG)
Studien haben ergeben, dass in der ersten Stufe bei Bewerbungsverfahren die Wahrscheinlichkeit hoch ist, dass einzelne Gruppen von Bewerbenden benachteiligt werden. Internationale Erfahrungen wie aus Schweden, Großbritannien und der Schweiz sowie ein deutsches Pilotprojekt haben gezeigt, dass durch anonymisierte Bewerbungen eine wirkliche Chancengleichheit garantiert werden kann. Personalverantwortliche treffen ihre Auswahl zum ersten Gespräch, indem sie vorab kein Foto, keine persönlichen Daten, keine Auskunft über Alter, Geschlecht, Herkunft, usw. erhalten. Die Antidiskriminierungsstelle des Bundes erstellte für Unternehmen dazu einen Leitfaden, der als Unterstützung dienen kann.

M3 Anonyme Bewerbung – Vorteil und Nachteil

> *TIPP*
> *Nimm einen Abschluss-Check vor:*
> *✓ Rechtschreibung*
> *✓ Grammatik*
> *✓ Ausdruck*
> *✓ Sauberkeit des Dokuments*

Merke
- In einem Lebenslauf werden die wichtigsten Daten einer Person schriftlich aufgelistet.
- In Bewerbungen wird der Lebenslauf meist in tabellarischer Form dargestellt.
- Ein Lebenslauf stellt einen wichtigen Teil der Bewerbungsmappe dar.

Aufgaben

1 Beschreibe mithilfe von **M1**, welche Gedanken sich Benjamin zu seinem Lebenslauf macht.

2 Nenne die Überlegungen, die dir durch den Kopf gehen, wenn du an deinen Lebenslauf denkst. Ergänze die Gedankenwolken.

3 Erstelle für dein Wunschberufsbild in deiner Lieblingsfirma einen chronologischen Lebenslauf nach der Checkliste (→**M2**).

4 Gestalte für deinen Lebenslauf ein Layout, das ihn zu einem besonderen Hingucker macht.

5 Erkläre, welche Vor- und Nachteile anonyme Bewerbungen haben (→**M3**).

6 a) Erstellt eine Negativ-Tippbox: Welche fünf Fehler dürfen im Lebenslauf nicht passieren?
b) Erklärt bei jedem Tipp: Warum ist er ein „Einladungskiller"?

7 Stelle dir vor, du bist die/der Personalverantwortliche des Unternehmens, bei dem du dich bewirbst. Bewerte deinen Lebenslauf. Kennzeichne grün, was dir gut gelungen ist, und rot, was du noch verbessern solltest.

8 Organisiert einen Galeriegang innerhalb der Klasse mit euren Lebensläufen. Bewertet den besten Lebenslauf mit einem Punkt. Formuliert jeweils, warum dieser Lebenslauf für euch ein besonderer ist.

Wortspeicher
– das Bewerbungsbild
– das Layout
– die zeitlichen Lücken

Online-Bewerbung

M1 Eine Online-Bewerbung ausfüllen

die Registrierung
Aufnahme, Eintragung

seriös
vertrauenswürdig wirkend

Es ist dir bei deinen Recherchen zum Thema „Bewerbung" sicherlich auch schon aufgefallen: Die klassische Bewerbung mit einer Mappe aus Papier stirbt aus. Lehrstellen- und Stellenangebote werden heute überwiegend im Internet angezeigt. Die meisten Unternehmen veröffentlichen ihre Stellenangebote auf der eigenen Homepage sowie zusätzlich über soziale Netzwerke oder Online-Jobbörsen. Viele Großunternehmen verzichten komplett auf Papierbewerbungen. Sie bieten für Interessierte auf ihrer Unternehmenswebsite ausgewählte Formulare an, die die/der Berwerbende ausfüllen muss. Anschließend kann man seine Bewerbungsunterlagen hochladen. Das spart Zeit und Kosten. Hier erfährst du nun, was du bei einer Online-Bewerbung beachten musst.

1. Schritt: Gute Vorbereitung
Lege dir alle Unterlagen bereit, die du auch per Post oder per E-Mail an ein Unternehmen versendest. Dazu gehören das Anschreiben, der Lebenslauf, deine Zeugnisse und – wenn du dich dafür entscheidest – ein digitales Bewerbungsfoto.
Bringe alles ins PDF-Format, damit du diese Dateien ohne Probleme hochladen oder übertragen kannst.

2. Schritt: Richtig registrieren
Gehe nun auf die Website deines Wunschunternehmens und rufe die Informationen zu Karriere bzw. Berufsausbildung auf. Wähle deinen Wunschausbildungsplatz aus. Meist gelangst du dann über einen Button „Bewerben" oder „Jetzt bewerben" mit einem Klick zur Registrierung. Trage dort alle Angaben ein, die das Unternehmen von dir wünscht. Achtung! Die Pflichtfelder mit einem Sternchen (*) musst du unbedingt ausfüllen! Schreibe deinen Namen und deine E-Mail-Adresse richtig, damit die Antwort des Unternehmens dich auch erreichen kann.

3. Schritt: Bewerbung hochladen
Verschaffe dir nun einen Überblick, welche Unterlagen du hochladen musst. Gib allen Dateien einen passenden Namen, wie z.B. „Anschreiben_Berufsbild_Name" oder „Lebenslauf_Name". Häufig gibt es auch ein sogenanntes „freies Feld", in das du dein Bewerbungsschreiben direkt hineinschreiben kannst.

4. Schritt: Bewerbung überprüfen
Zum Schluss überprüfst du alle hochgeladenen Dokumente noch einmal gründlich auf Richtigkeit und Vollständigkeit. Achte auch darauf, dass du dein Anschreiben an die richtige Ansprechperson gerichtet hast. Verwende unbedingt eine seriöse E-Mail-Adresse, am besten nach diesem Muster: vorname.nachname@domain.de .

> **TIPP**
> *Vor der unmittelbaren Bewerbungsphase solltest du überprüfen, ob deine PDF-Dateien korrekt erstellt sind und alle wichtigen Informationen enthalten. Wenn du unvollständige Bewerbungsunterlagen verschickst, kannst du fast schon sicher mit einer Ablehnung rechnen.*

METHODE

5. Schritt: Bewerbung absenden
Wenn du alle Dokumente überprüft und alle Felder richtig ausgefüllt hast, schicke deine Bewerbung ab. Per Mail erhältst du in der Regel eine Eingangsbestätigung.

6. Schritt: Antwort abwarten
Wie lange du auf eine Antwort warten musst, hängt vom Unternehmen ab. Es kann wenige Tage, aber auch mehrere Wochen dauern, da Betriebe, die Online-Bewerbungen anbieten, meist sehr viele Bewerbungen erhalten. Bei manchen Unternehmen kannst du ebenfalls online den **Status** deiner Bewerbung kontrollieren. Logge dich dazu mit deinen Zugangsdaten ein. Dann kannst du sehen, ob deine Bewerbung bereits bearbeitet worden ist. Rufe auch immer regelmäßig deine E-Mails ab und kontrolliere deinen Spamfilter, damit du keine Nachricht oder gar ein Vorstellungsgespräch verpasst.

> **TIPP**
> Achtung: Folgende Fehler dürfen dir bei deiner Online-Bewerbung nicht passieren:
> - Unvollständigkeit der Angaben und Anlagen
> - orthografische Fehler (Tippfehler)
> - unseriöse E-Mail-Adresse
> - Abkürzungen im Text

1. Schritt: Gute Vorbereitung
- Bewerbungsunterlagen bereitlegen
- alle Unterlagen ins PDF-Format bringen

↓

2. Schritt: Richtig registrieren
- Kontaktdaten auf der Website richtig eintragen

↓

3. Schritt: Bewerbung hochladen
- Dateien mit Namen versehen
- Dateien hochladen bzw. „freies Feld" ausfüllen

↓

4. Schritt: Bewerbung überprüfen
- Tippfehler aufspüren
- Vollständigkeit prüfen
- seriöse E-Mail-Adresse verwenden

↓

5. Schritt: Bewerbung absenden
- Bewerbung abschicken
- Eingangsbestätigung erhalten

↓

6. Schritt: Antwort abwarten
- E-Mail-Posteingang und Spamfilter regelmäßig kontrollieren
- Status der Bearbeitung abrufen

M 2 To-do-Liste für deine Online-Bewerbung

der Status
Zustand, Lage

Aufgaben

1 Nenne mindestens drei Vorteile, die die Online-Bewerbung sowohl für dich als auch das Unternehmen mit sich bringt.

2 Auch bei Online-Bewerbungen passieren Fehler. Ein paar davon siehst du oben im Tippkasten aufgelistet. Finde drei weitere Fehler, die dir bei der Online-Bewerbung nicht passieren dürfen.

3 a) Erstelle dir eine seriöse E-Mail-Adresse.
b) Vergleicht eure E-Mail-Adressen und erklärt euch gegenseitig, warum bei Bewerbungen Seriosität gefragt ist.

4 Fertige eine Tippliste zur Online-Bewerbung an. Erkläre, warum gerade deine Tipps wichtig sind.

5 Erläutere, warum viele Unternehmen mittlerweile ausschließlich Online-Bewerbungen anbieten.

6 Überprüfe, welche Bewerbungsmöglichkeiten deine Wunschunternehmen anbieten.

Einstellungstest und Vorstellungsgespräch

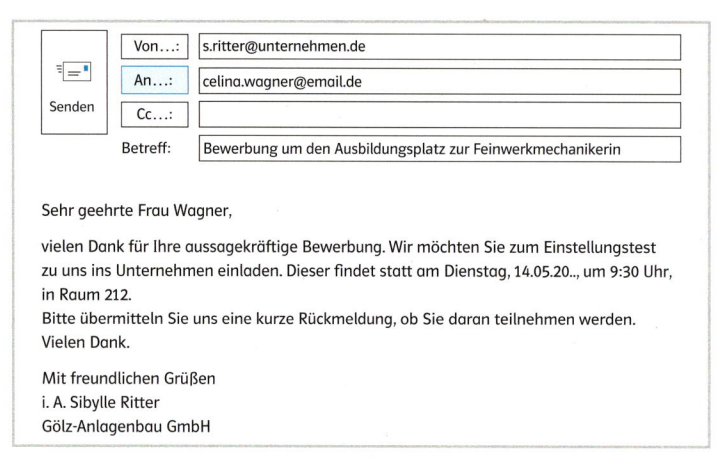

Von…: s.ritter@unternehmen.de
An…: celina.wagner@email.de
Cc…:
Betreff: Bewerbung um den Ausbildungsplatz zur Feinwerkmechanikerin

Sehr geehrte Frau Wagner,

vielen Dank für Ihre aussagekräftige Bewerbung. Wir möchten Sie zum Einstellungstest zu uns ins Unternehmen einladen. Dieser findet statt am Dienstag, 14.05.20.., um 9:30 Uhr, in Raum 212.
Bitte übermitteln Sie uns eine kurze Rückmeldung, ob Sie daran teilnehmen werden. Vielen Dank.

Mit freundlichen Grüßen
i. A. Sibylle Ritter
Gölz-Anlagenbau GmbH

M1 Einladung zum Einstellungstest

Celina hat eine Einladung zu einem **Einstellungstest** erhalten (→ **M1**). Soll sie sich freuen oder traurig sein?
Eine Einladung zu einem Einstellungstest ist ein gutes Zeichen, d.h., dass das Unternehmen deine Bewerbung interessant findet und dich besser kennenlernen möchte. Du hast also den ersten Schritt geschafft. Celina sollte dem Unternehmen antworten, ob sie am Test teilnehmen wird oder nicht.

Einstellungstests unterscheiden sich
Immer mehr Unternehmen laden ihre Bewerberinnen und Bewerber zu Einstellungstests ein, um sich zusätzlich zu den Schulnoten einen eigenen Eindruck über das Leistungsvermögen zu verschaffen. Die Tests unterscheiden sich von Unternehmen zu Unternehmen und von Branche zu Branche. Das heißt, dass bei kaufmännischen Berufen der Schwerpunkt der Tests eher in Mathematik und Deutsch liegt, in handwerklichen Berufen eher auf technischem Verständnis und praktischen Aufgaben.

Was wird in Einstellungstests abgefragt?
Hier können Aufgaben zum Allgemeinwissen, zu Kenntnissen in Deutsch, Englisch und Mathematik, logischem Denken, technischem Verständnis und zur räumlichen Vorstellung gestellt werden. Für die Beantwortung hast du nur eine bestimmte Zeit zur Verfügung, die oft sehr knapp bemessen ist. Manche Unternehmen führen auch sogenannte Assessment-Center (→ **M3**) durch.

Tipps zum Einstellungstest
- Übe im Vorfeld Einstellungstests.
- Schau dir regelmäßig Nachrichtensendungen an oder lies Tageszeitungen, denn vielleicht musst du auch Fragen zu aktuellen Themen beantworten.
- Informiere dich rechtzeitig über den Anfahrtsweg und sei pünktlich (mit Puffer).
- Wenn du krank bist, sage ab.
- Trage die Kleidung, die du auch bei einem Vorstellungsgespräch anziehen würdest.
- Lies dir die Aufgaben genau durch und frage nach, wenn du etwas nicht verstehst.
- Bearbeite zuerst die Aufgaben, die dir leichtfallen.
- Arbeite ordentlich, aber zügig. Manche Tests sind so gestaltet, dass du nicht alle Aufgaben schaffen kannst.
- Lass den Kopf nicht hängen, wenn es beim ersten Einstellungstest nicht klappt.

M2 Tipps für den Einstellungstest

Was ist ein Assessment-Center?
Das Wort „to assess" kommt aus dem Englischen und bedeutet: einschätzen, bewerten, beurteilen.
Was ist das?
Ein Auswahlverfahren, in dem die Bewerberinnen und Bewerber beobachtet und beurteilt werden. Wer hier besonders gut war, wird zum Vorstellungsgespräch eingeladen.
Wie geht das?
Die Bewerbenden müssen Einzel-, Partner- und Gruppenaufgaben lösen. Dabei werden sie von mehreren Personen des Unternehmens beobachtet.
Tipp: Auch in den Pausen und beim Essen wird dein Verhalten beobachtet.
Was sind typische Aufgaben?
Rollenspiele, Konfliktgespräche, Diskussionen führen, Präsentationen zu vorgegebenen Themen. Es können aber auch ganz praktische Aufgaben sein.

M3 Assessment-Center

Einladung zum Vorstellungsgespräch

Eine Einladung zu einem **Vorstellungsgespräch** bedeutet, dass das Unternehmen Interesse an dir hat. Im Gespräch möchte man dich besser kennenlernen und prüfen, ob du für den Ausbildungsplatz geeignet bist und zum Unternehmen passt.

Um einen guten ersten Eindruck zu machen, solltest du dich auf jedes Vorstellungsgespräch gründlich vorbereiten und während des Gesprächs auf ein höfliches Verhalten und Auftreten achten – damit steigen deine Chancen auf einen Ausbildungsplatz.

> *TIPP*
> *So verhältst du dich beim Vorstellungsgespräch richtig:*
> - *Klopfe an und warte, bis du hereingebeten wirst.*
> - *Gib die Hand (fester Händedruck) und schau deinem Gegenüber in die Augen.*
> - *Nimm erst Platz, wenn dir einer angeboten wird.*
> - *Sei nett und höflich.*
> - *Kaue keinen Kaugummi.*
> - *Lasse dein Gegenüber ausreden.*
> - *Höre gut zu.*
> - *Bedanke dich beim Abschied für das Gespräch.*

Vorbereitung auf das Gespräch	Begrüßung, Einleitung des Gesprächs, Smalltalk	Vorstellung des Betriebs / der ausgeschriebenen Stellen / der Anwesenden	Fragen an die Bewerberin bzw. den Bewerber, eigene Fragen stellen	Verabschiedung	Rückmeldung des Unternehmens
	ca. 2–5 Minuten	ca. 5–10 Minuten	ca. 15–20 Minuten	ca. 2 Minuten	ca. 14 Tage später

M 4 Phasen eines Vorstellungsgesprächs

Vorbereitung auf ein Vorstellungsgespräch
- Bestätige deine Einladung schriftlich.
- Sei unbedingt pünktlich. Suche vorher die Anfahrt heraus. Plane einen Puffer für Verspätungen ein.
- Sage ab, falls du krank bist.
- Kleide dich angemessen, nicht zu fein, nicht zu lässig.
- Lies dir deine Bewerbung mindestens noch einmal durch.
- Sammle Informationen über den Ausbildungsberuf und das Unternehmen (Homepage).
- Schreibe deine Fragen an das Unternehmen auf. Stelle keine Fragen, die auf der Homepage bereits beantwortet werden. Sinnvolle Fragen könnten sein:
  - Wie viele Auszubildende werden dieses Jahr eingestellt?
  - In welchen Abteilungen werde ich eingesetzt?
  - Wann und wo findet der Berufsschulunterricht statt?

Merke
- Auf Einstellungstests und Vorstellungsgespräche kannst du dich gut vorbereiten.
- Eine Liste von typischen Fragen im Vorstellungsgespräch kann dir helfen.

Aufgaben

1 a) Nennt mögliche Gründe, warum größere Unternehmen oft Einstellungstests durchführen.
b) Erklärt, warum Unternehmen unterschiedliche Einstellungstests nutzen.

2 a) Nenne Unterschiede zwischen Einstellungstest und Assessment-Center.
b) Analysiere den Tipp in **M 3**: „Auch in den Pausen und beim Essen wird dein Verhalten beobachtet."

3 Erkläre, wie du dich gut auf ein Vorstellungsgespräch vorbereitest.

4 Entwickle sinnvolle Fragen, die du dem Unternehmen im Vorstellungsgespräch stellen könntest, und notiere diese.

Wortspeicher
– *der Einstellungstest*
– *das Vorstellungsgespräch*

Bewerbungssituationen simulieren

M1 Bewerbende beim Einstellungstest

Simulation
simulare (lat.)
= nachahmen

Auf den Seiten 54/55 habt ihr einige Informationen zu Einstellungstests und Vorstellungsgesprächen erhalten. Schaut euch diese Seiten noch einmal an, bevor ihr mit der Simulation von **Bewerbungssituationen** startet.

Thema Einstellungstest

1. Einstellungstest erkunden und üben
Um Bewerbungssituationen zu simulieren, benötigt ihr erst einige Informationen, in diesem Fall zu Einstellungstests. Die Aufgaben in einem Einstellungstest können zum Allgemeinwissen, zu Kenntnissen in Deutsch, Englisch und Mathematik, logischem Denken, technischem Verständnis und zur räumlichen Vorstellungskraft sein. Für die Beantwortung steht dir meist nur eine knappe Zeit zur Verfügung: Das Unternehmen möchte sehen, wie du unter Stress und **Zeitdruck** arbeitest. Suche im Internet nach verschiedenen Einstellungstests und übe dich an diesen.

2. Einstellungstest erstellen
Nachdem du dich nun an einigen Einstellungstests ausprobiert und ein Gefühl für die Fragen und Bereiche entwickelt hast, ist es an der Zeit, einen eigenen Einstellungstest zu entwickeln. Trage Fragen aus unterschiedlichen Bereichen zusammen oder erfinde eigene Fragen und notiere diese am PC. Dein Einstellungstest sollte insgesamt ca. 15 Minuten dauern. Sammle also Fragen, die in dieser Zeit zu beantworten sind. Schreibe die jeweiligen Bereiche über deine Fragen, z. B. Fragen zum Allgemeinwissen, zum logischen Denken usw. Außerdem musst du Platz für Antworten lassen. Viel Spaß!

3. Lösungen notieren
Da ihr später in Partnerarbeit eure Einstellungstests austauscht und gegenseitig kontrolliert, musst du natürlich auch die richtigen Antworten zu deinen Fragen wissen. Notiere sie dir.

4. Einstellungstest durchführen
Nun ist es soweit: Tauscht in Partnerarbeit eure Einstellungstests aus und bearbeitet diese. Stoppt dabei die Zeit, damit ihr sie tatsächlich in nur 15 Minuten bearbeitet. Wenn ihr eine Frage nicht beantworten könnt, geht zur nächsten Aufgabe weiter, um keine Zeit zu verlieren. Viel Erfolg!

5. Einstellungstest kontrollieren
Wenn ihr fertig seid, tauscht die Tests wieder zurück und kontrolliert diese gegenseitig. Nutzt hierfür eure zuvor notierten Lösungen. Wie viele Fragen wurden richtig und wie viele falsch beantwortet?

6. Einstellungstests besprechen
Besprecht nun mit eurer Partnerin bzw. eurem Partner die richtigen Lösungen. Gebt euch Tipps, wie ihr zu einem richtigen Ergebnis kommt. Lasst euch Zeit, denn jede Frage kann euch tatsächlich in einem richtigen Einstellungstest begegnen.

7. Einstellungstests der ganzen Klasse
Jetzt könnt ihr eure Tests mit weiteren Mitlernenden austauschen, bearbeiten und gegenseitig kontrollieren. Viel Erfolg!

Thema Vorstellungsgespräch

1. Suche im Internet nach typischen Fragen von Vorstellungsgesprächen und notiere diese.
2. Überlege dir passende Antworten und schreibe diese ebenfalls auf.
3. Stelle dir nun vor, du bist Chefin bzw. Chef eines Unternehmens und suchst nach geeigneten Auszubildenden. Notiere weitere Fragen, die du von deiner/deinem zukünftigen Mitarbeitenden beantwortet haben möchtest.
4. Überlege dir eine passende Reihenfolge der Fragen für das Vorstellungsgespräch und notiere sie dir. Denke daran, nach jeder Frage Platz zu lassen, denn du musst mitschreiben, was die Bewerberin bzw. der Bewerber antwortet.
5. Führt nun das Vorstellungsgespräch mit einer Partnerin bzw. einem Partner durch und schreibt die Antworten mit.
6. Gebt euch Feedback, was ihr gut fandet und was noch verbesserungswürdig war.

das Feedback
jemandem eine Rückmeldung, z. B. zum Verhalten der Person, geben

Guten Tag, Frau Neumann,
was möchte ein Betrieb mit folgenden Fragen herausfinden?

1. Warum haben Sie sich bei uns beworben?
2. Wieso sollten wir gerade Ihnen den Ausbildungsplatz geben?
3. Welches sind Ihre Lieblingsfächer in der Schule?
4. Wo liegen Ihre Stärken und Schwächen?
5. Wie sehen Sie Ihre berufliche Zukunft?

a) Mit der Frage möchten wir herausfinden, ob du Interesse für die Fächer zeigst, die für den Beruf wichtig sind.

b) Mit der Frage möchten wir herausfinden, ob du dich gut einschätzen kannst und deine Stärken zum Beruf passen.

c) Mit der Frage möchten wir herausfinden, ob du dich gut über den Betrieb informiert hast oder nur irgendeinen Ausbildungsplatz suchst.

d) Mit der Frage möchten wir herausfinden, ob du längerfristig Interesse an dem Beruf hast.

e) Mit der Frage möchten wir herausfinden, wie du dich deiner Meinung nach von anderen Bewerbenden unterscheidest.

M2 Es gibt Fragen, die häufig in Vorstellungsgesprächen vorkommen. Marie möchte wissen, was die Betriebe mit diesen Fragen herausfinden wollen, und fragt bei der Unternehmerin, Frau Neumann, nach.

Merke
- Bewerbungssituationen zu simulieren, kann dir helfen, dich auf reale Situationen im Bewerbungsverfahren vorzubereiten.

Aufgaben

1. Bearbeitet die Aufgaben zum Einstellungstest sowie zum Vorstellungsgespräch und simuliert beide Situationen.

2. Recherchiere nach weiteren Einstellungstests im Internet und bearbeite diese. Schreibe dir auch jeweils die Internetseite auf, damit du die Tests jederzeit wiederfindest.

3. a) Ordne die Antworten von Frau Neumann den Fragen von Marie (→ M2) zu.
b) Vergleicht eure Zuordnungen.

4. Analysiere folgende Fragen von Bewerbenden im Vorstellungsgespräch:
- Was stellt das Unternehmen eigentlich her?
- Wie sind die Übernahmechancen nach der Ausbildung?
- Wie viele Urlaubstage habe ich?
- Wie viel Geld verdiene ich?
- Darf ich während der Ausbildung Fortbildungen machen?

Wortspeicher
– *die Bewerbungssituation*
– *der Zeitdruck*

Telefontraining

M1 Anele fragt telefonisch bei einem Unternehmen nach.

Du suchst einen Praktikumsplatz oder möchtest dich zu einer Ausbildungsstelle erkundigen? Dann ist ein perfektes Telefongespräch ein wahrer Türöffner! Damit das gelingt, überlege dir vorher gut, was und wie du es sagen möchtest. Ein Gespräch mit einer oder einem Personalverantwortlichen ist kein gemütliches Schwätzchen wie mit Bekannten. Sei also vorbereitet! Eine solche telefonische Bewerbung lässt sich gut in einem Rollenspiel üben. Also, probiere aus, ob du wirklich weißt, wie es geht, denn du weißt ja:
Der Schlüssel zum Erfolg heißt „üben".
Los geht's!

1. Schritt: Gute Vorbereitung mit Checkliste
Überlege dir, welche Informationen du dem Unternehmen geben und welche du von ihm erhalten möchtest. Formuliere das Ziel deines Telefonats. Informiere dich im Internet über dein Wunschunternehmen. Halte dein Bewerbungsanschreiben, deinen Lebenslauf sowie Stift und Papier für Notizen bereit. Notiere dir, was du besonders gut kannst und worin du Schwächen hast.

2. Schritt: Erst Theorie, dann Praxis
Sammelt in Partnerarbeit alle Punkte, die für euch bei der Durchführung einer telefonischen Bewerbung für einen Praktikumsplatz oder eine Ausbildungsstelle wichtig sind, und notiert diese auf Kärtchen. Legt eine sinnvolle Reihenfolge fest. Überlegt euch die Begrüßung, die Formulierung eures Anliegens, wie ihr eure Fragen einbinden wollt und die Verabschiedungsform.

Bausteine für eine telefonische Bewerbung um ein Praktikum oder einen Ausbildungsplatz

Gesprächseinstieg
Guten Tag, ich heiße ....
und interessiere mich für ein Praktikum/eine Ausbildungsstelle in Ihrem Unternehmen. Können Sie mir bitte sagen, an wen ich mich deswegen wenden kann?

Gesprächshauptteil – Variante a
Guten Tag, Frau/Herr ....,
ich bin Schüler/in der 8./9. Klasse der Gemeinschaftsschule/Realschule/Hauptschule
....
Im Rahmen der Beruflichen Orientierung habe ich im Frühjahr/Sommer/Herbst/Winter die Möglichkeit, ein einwöchiges/zweiwöchiges Praktikum zu machen. Das möchte ich gerne in Ihrem Unternehmen absolvieren. Können Sie mir einen Platz anbieten?

Gesprächshauptteil – Variante b
Guten Tag, Frau/Herr ....
Ich bin Schüler/in der Klasse 8/9 der Gemeinschaftsschule/Realschule/Hauptschule
.... und suche ab Herbst 20.. einen Ausbildungsplatz zur/zum ....
Sehr gerne möchte ich eine Ausbildung in Ihrem Unternehmen machen. Bieten Sie Ausbildungsmöglichkeiten an und welche Bedingungen sollte ich erfüllen?

Gesprächsabschluss
Herzlichen Dank für das Gespräch und Ihre Informationen. An wen darf ich meine Bewerbung senden?
Ich freue mich auf das Bewerbungsgespräch. Auf Wiederhören.

M2 Bausteine für eine telefonische Bewerbung

METHODE

3. Schritt: Rollen verteilen
Einigt euch, wer die Rolle der/des Anrufenden und wer die Position der/des Personalverantwortlichen übernimmt und bereitet euch auf das Gespräch vor. Die übrige Klasse bereitet sich auf die Beobachtung vor.

4. Schritt: Richtig positionieren
Positioniert euch so, wie ihr der/dem Personalverantwortlichen gegenübertreten möchtet. Setzt euch bequem auf einen Stuhl oder stellt euch hin, denn das gibt mehr Sicherheit. Ihr fühlt euch besser und euer Gegenüber wird es spüren. Sorgt für Ruhe.

5. Schritt: Treffende Worte finden
Stimmt euch positiv. Sprecht mit freundlicher und deutlicher Stimme. Macht zwischendurch eine Pause, damit euer Gegenüber Zeit für eine Antwort erhält. Macht euch Notizen zum Gesprächsverlauf. Falls ihr etwas nicht versteht oder es euch zu schnell geht, dann bittet um Wiederholung. Die Bausteine für eine telefonische Bewerbung (→ M2) helfen euch.

6. Schritt: Gespräch auswerten
Am Ende des Gesprächs reflektieren zuerst die aktiv Teilnehmenden den Gesprächsverlauf. Anschließend teilen die Beobachtenden ihre Eindrücke mit. Gemeinsam wird eine Tippliste erstellt. Wechselt dann die Rollen.

---

1. Schritt: Gute Vorbereitung mit Checkliste
- Informationen zum Unternehmen recherchieren
- Lebenslauf und Anschreiben bereitlegen
- Schwächen und Stärken notieren

↓

2. Schritt: Erst Theorie, dann Praxis
- Kriterien des Gesprächs sammeln
- Reihenfolge während des Telefonats festlegen

↓

3. Schritt: Rollen verteilen
- Bewerber/in bestimmen
- Personaler/in festlegen
- Beobachter/innen einteilen

↓

4. Schritt: Richtig positionieren
- gute Sitz- oder Stehposition einnehmen
- ruhige Umgebung schaffen

↓

5. Schritt: Treffende Worte finden
- positive Einstellung
- freundliche Stimme
- Sprechpausen einlegen
- unterstützende Hilfskärtchen verwenden

↓

6. Schritt: Gespräch auswerten
- Selbstreflexion der Bewerbenden
- Einschätzung der Beobachtenden
- Tippliste erstellen

M3 To-do-Liste für dein Telefontraining

Aufgaben

1 Nenne drei Vorteile, die eine telefonische Bewerbung sowohl dir als auch dem Unternehmen bietet.

2 Beschreibe fünf Fehler, die dir bei einer telefonischen Bewerbung nicht passieren dürfen.

3 Erstelle eine zweispaltige Tabelle. Trage in die linke Spalte alle Fragen ein, die dir ein/e Personalverantwortliche/r am Telefon stellen könnte. In die rechte Spalte kommen die Fragen, die du hast, wenn du dich zu einem Praktikum oder einer Ausbildungsstelle im Unternehmen telefonisch erkundigst.

4 Entwickelt aus der Tabelle ein Telefongespräch, in dem ihr euch in einem fiktiven Unternehmen nach einem Ausbildungsplatz erkundigt, und spielt es nach.

5 Gestaltet eine Tippliste mit den zehn besten Ratschlägen für eine erfolgreiche Telefonbewerbung.

6 Reflektiert euer Telefonat. Schreibt eine Kurznachricht an eure/n Freund/in.

Mein „Plan B"

1. Du weißt schon ganz genau, was du werden möchtest?
2. Du hast dich schon beworben und eine Zusage für einen Ausbildungsplatz in deinem absoluten **Wunschberuf** oder einer weiterführenden Schule erhalten?
3. Deine Noten sind hervorragend und deinem mittleren Schulabschluss steht nichts im Wege?

Glückwunsch, das sind richtig gute Nachrichten. Doch viele von euch können diese drei Fragen (noch) nicht mit „Ja" beantworten. Daher solltet ihr immer einen **„Plan B"** haben.

> *Hat man einen „Plan B", bedeutet dies, dass man eine Alternative bzw. eine weitere Möglichkeit in der Hinterhand hat, falls der eigentliche Plan („Plan A") nicht gelingen sollte.*

die Alternative
die Wahl zwischen zwei Möglichkeiten

Für Alternativen offenbleiben

Es gibt viele Gründe, warum der Traum vom Wunschberuf platzen kann. Hier kann die Gesundheit ebenso eine Rolle spielen wie der Schulabschluss, das Alter, das Angebot an Ausbildungsplätzen in der näheren Umgebung oder fehlerhafte und unvollständige Bewerbungsunterlagen (→ **M1 – M3**). Zum Glück gibt es in Deutschland vielfältige Berufswahlmöglichkeiten und somit einige Alternativen, wenn es mit dem „Traumberuf" nicht klappt.

Alternativen finden

Überlege in Ruhe, wie du Alternativen zu deinem Wunschberuf finden kannst.

- **Einen anderen Betrieb finden:**
  Hast du dich nur bei einem oder zwei Betrieben beworben, dann mache dich auf deinen „Wunschberuf" ausbilden. Das erhöht auf jeden Fall deine Chancen.

- **Ausbildung später beginnen:**
  Die Zeit bis zum Ausbildungsbeginn kannst du mit einer freiwilligen Arbeit oder einem Praktikum überbrücken. Vielleicht findest du durch ein Praktikum auch eine echte Alternative zu deinem bisherigen Berufswunsch. Auch ein Freiwilliges Soziales Jahr (FSJ) kann durchaus sinnvoll sein und deine Chancen auf einen Ausbildungsplatz erhöhen.

- **Ausbildung an einem anderen Ort machen:**
  Wenn es in deiner Nähe keinen Ausbildungsplatz gibt, musst du einen längeren Fahrtweg in Kauf nehmen. Du könntest auch umziehen. Erkundige dich, ob du dann ein Anrecht auf finanzielle Unterstützung hast. Es kann auch sein, dass du einen Ausbildungsplatz findest, die zuständige Berufsschule aber weiter weg ist.

Alternative Berufe finden

Hier können dir die Seiten „BERUFENET" und „planet-beruf.de" der ↗ Bundesagentur für Arbeit helfen.

„Ich wollte schon immer Tierpfleger werden. Das Praktikum war auch super. Leider gibt es in der näheren Umgebung keine Ausbildungsplätze. Jetzt muss ich einen ‚Plan B' entwickeln."

M1 Aslan, 16 Jahre

„Mein Traumberuf ist Zahntechnikerin. Im Praktikum habe ich dann aber festgestellt, dass ich gegen einige Materialien im Labor allergisch bin. Jetzt suche ich mir eine gute Alternative."

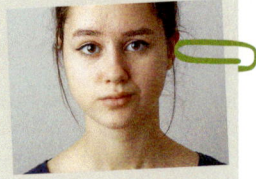

M2 Elena, 17 Jahre

„Ich möchte nach dem Hauptschulabschluss Industriemechaniker werden und habe schon 22 Bewerbungen geschrieben. Leider habe ich nur Absagen erhalten. Was ist nur los?"

M 3 Marcel, 15 Jahre

„Eigentlich wollte ich Mediengestalterin Bild und Ton werden. Aber die Unternehmen stellen vor allem Auszubildende mit Hochschulreife oder Studienabbrecher ein. Da habe ich keine Chancen mit meinem mittleren Schulabschluss."

M 4 Jana, 16 Jahre

Nur Absagen auf deine Bewerbungen?
- Überprüfe deine Bewerbungsunterlagen, ob sie fehlerhaft oder unvollständig sind. Besser noch, lasse sie überprüfen.
- Erfüllst du auch wirklich alle Anforderungen des Berufes?
- Falls du keine Ausbildungsstelle mehr findest, denke über eine ↗ Qualifizierungsmaßnahme nach. Erkundige dich bei der Berufsberatung.

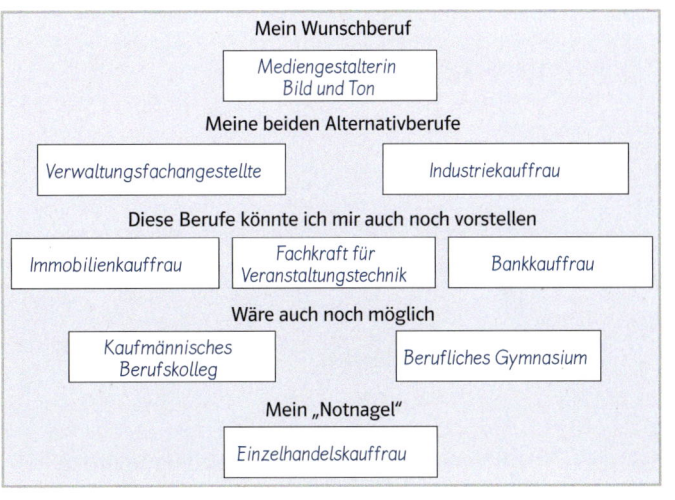

Mein Wunschberuf
Mediengestalterin Bild und Ton

Meine beiden Alternativberufe
Verwaltungsfachangestellte *Industriekauffrau*

Diese Berufe könnte ich mir auch noch vorstellen
Immobilienkauffrau *Fachkraft für Veranstaltungstechnik* *Bankkauffrau*

Wäre auch noch möglich
Kaufmännisches Berufskolleg *Berufliches Gymnasium*

Mein „Notnagel"
Einzelhandelskauffrau

M 5 Janas ausgefüllter „Alternativen-Diamant"

Merke
- Alternative Berufswünsche erhöhen deine Chancen, einen Ausbildungsplatz zu finden.
- Einen „Plan B" solltest du von Anfang an mitplanen, falls „Plan A" nicht funktioniert.

Aufgaben

1 a) Nenne die Gründe, die gegen den Wunschberuf der Jugendlichen (→ **M1**, **M2**, **M4**) sprechen.
b) Beschreibe, welche Möglichkeiten Aslan, Elena und Jana haben.
c) Analysiere, woran es liegen könnte, dass Marcel (→ **M3**) noch keine Zusage für einen Ausbildungsplatz erhalten hat.

2 a) Arbeite heraus, wie der „Plan B" von Marcel (→ **M3**) aussehen könnte.
b) Vergleicht eure Ideen.

3 a) Arbeite heraus und begründe, welche Berufe für Aslan, Elena und Jana (→ **M1**, **M2**, **M4**) noch infrage kommen.
b) Vergleicht eure Ergebnisse.

4 a) Falls es mit deiner Ausbildungsstelle nicht klappt, erkläre, welche schulischen Möglichkeiten es für dich gibt (vgl. → S. 34/35).

5 a) Beschreibe deinen Wunschberuf und nenne mögliche Alternativberufe.
MB b) Recherchiere im BERUFENET nach geeigneten Alternativberufen für dich und vergleiche mit deinen Ergebnissen aus Aufgabe 5 a).

6 a) Gestalte einen eigenen „Alternativen-Diamanten" (→ **M5**).
b) Vergleicht eure Diamanten und beurteilt gegenseitig, ob die Alternativen für euch passen könnten.

Wortspeicher
– der „Plan B"
– der Wunschberuf

2 Mein Weg in die Arbeitswelt

Auf einen Blick

Anschlüsse nach der Schule
- weiterführende Schule
- duale Berufsausbildung
- schulische Berufsausbildung
- Berufsfachschule
- Freiwilligendienst

Bewerbungsformen
- schriftliche Bewerbung
- E-Mail-Bewerbung
- Online-Bewerbung

Alternativen finden/„Plan B"
- anderer Ort
- anderer Zeitpunkt
- anderer Beruf
- Unterstützung nutzen, z. B. Berufsberatung, Internet

Mein Weg in die Arbeitswelt

Bewerbungsunterlagen
- Anschreiben
- Lebenslauf
- Anlagen
- evtl. Deckblatt

Stellenanzeigen
- Jobbörse der Bundesagentur für Arbeit
- Homepages der Unternehmen
- Ausbildungsbörsen der Kammern
- Zeitungen

Bewerbungsverfahren
- Einstellungstest
- Vorstellungsgespräch
- Assessment-Center

M1 Diese Begriffe solltest du kennen

Wiederholen

1 → S. 36/37
a) Nenne verschiedene Freiwilligendienste.
b) Begründe, warum Freiwilligendienste deine Chancen auf dem Arbeitsmarkt erhöhen können.
c) Erkläre den Begriff „schulische Ausbildung".

2 → S. 60/61
a) Erkläre, warum Lucas (→ M2) einen „Plan B" braucht.
b) Nenne Möglichkeiten dafür.

3 → S. 42/43
a) Erläutere, welche Möglichkeiten es gibt, um an freie Ausbildungsstellen zu kommen.
b) Lies dir die Stellenanzeige (→ M3) durch und arbeite alle für die Bewerbung wichtigen Informationen heraus.
c) Recherchiere im Internet nach Stellenanzeigen für deinen Wunschberuf und formuliere ein Bewerbungsanschreiben.

4 → S. 46–59
Ordne den jeweiligen Phasen des Bewerbungsverfahrens (→ M4) die Begriffe a) – z) zu.

a) schriftliche, E-Mail- oder Online-…
b) Berufliches Gymnasium
c) Muss- und Kann-Anforderungen
d) aussagekräftige Be …
e) Zeugnisse
f) Zweiter Bildungsweg
g) Einzel- und Gruppenaufgaben
h) pünktlich sein
i) Lehrstellenbörsen der Kammern
j) fehlerfrei und vollständig
k) Ausbildungsvertrag
l) „Alternativen-Diamant"
m) Lebenslauf
n) Zeitung, Homepages von Unternehmen
o) Praktikumsbescheinigungen
p) ordentliche Kleidung
q) einen anderen Beruf suchen
r) Fragen zum Allgemeinwissen
s) Berufskolleg
t) Anschreiben
u) „Warum haben Sie sich bei uns beworben?"
v) Jobbörse der Bundesagentur für Arbeit
w) Absender und Empfänger
x) Fragen an das Unternehmen
y) handschriftliche Unterschrift/en
z) ein- bis dreitägiges Praktikum

"Hallo, ich bin Lucas. Ich habe mich für eine Ausbildung zum Dachdecker beworben, aber leider lässt die Zusage nun schon lange auf sich warten …"

M 2 Lucas macht sich Sorgen.

Ausbildung Chemielaborant (m/w/d) bei ChemieProfiS Karlsruhe

Du hast ein großes Interesse an chemischen Prozessen und Zusammenhängen? Handwerkliches Geschick und analytisches Denken gehören zu deinen Stärken? Dann suchen wir genau dich!

Das bringst du mit:
Einen mittleren Schulabschluss mit guten Noten in den naturwissenschaftlichen Fächern, Interesse an der Arbeit in einem großen Unternehmen der Chemiebranche, Sorgfalt, Geschicklichkeit, Teamfähigkeit und ein hohes Verantwortungsbewusstsein.
Von Vorteil wäre, wenn du bereits ein Praktikum im Chemiebereich absolviert hast.

Wir bieten dir:
- ✓ attraktive Ausbildungsvergütung und tolle Azubi-Projekte
- ✓ vielseitige Aufgaben in allen relevanten Abteilungen
- ✓ individuelle Unterstützung durch Paten und Ausbildungsbeauftragte
- ✓ intensive Prüfungsvorbereitung
- ✓ gute Übernahmechancen

Bei Interesse bewirb dich mit einer aussagekräftigen Bewerbung (Anschreiben, Lebenslauf, die letzten beiden Zeugnisse, Zertifikate) **bis zum 01.03. 20..**, per E-Mail an **sandra.mader@chemieprofis.de**. Frau Mader, unsere Ausbildungsleiterin, freut sich über viele Bewerbungen – nur Mut!

Weitere Informationen zu unserem Unternehmen findest du auf unserer Homepage.

M 3 Stellenanzeige: Ausbildung zum Chemielaboranten (m/w/d)

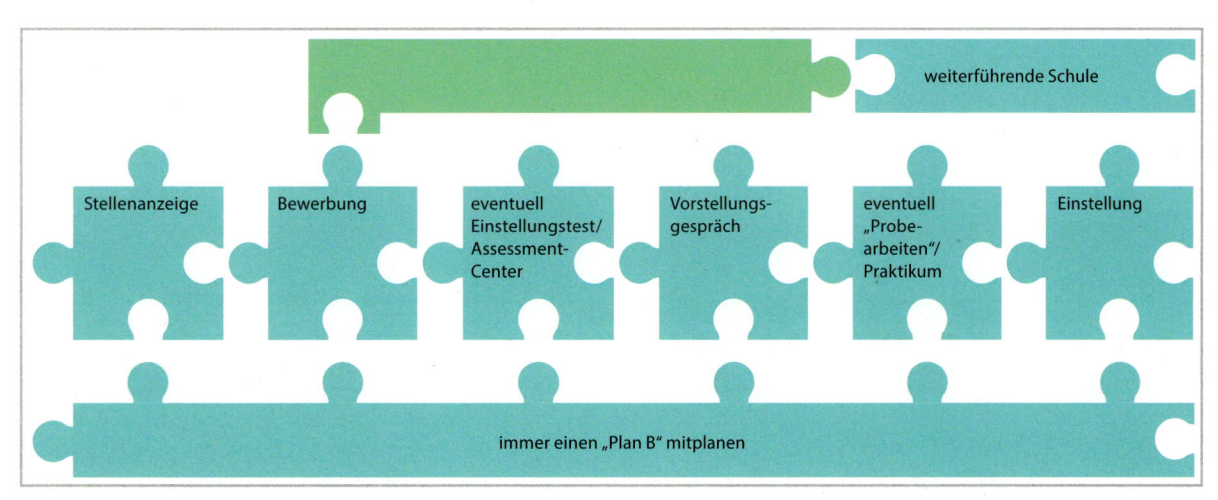

Phasen eines Bewerbungsverfahrens (Puzzleteile):
- Stellenanzeige
- Bewerbung
- eventuell Einstellungstest/Assessment-Center
- Vorstellungsgespräch
- eventuell „Probearbeiten"/Praktikum
- Einstellung
- weiterführende Schule
- immer einen „Plan B" mitplanen

M 4 Phasen eines Bewerbungsverfahrens

2 Mein Weg in die Arbeitswelt

Projektarbeit im Fach WBS

In der Projektarbeit setzt ihr euch mit einem wirtschaftlichen Thema auseinander, das ihr gemeinsam in der Gruppe bearbeitet. Ihr lernt, wie man eine Thematik inhaltlich strukturiert, die einzelnen zusammenhängenden Themenbereiche bearbeitet und die Ergebnisse gemeinsam als Gruppe präsentiert. Das von euch gewählte Thema muss das Fach Wirtschaft, Berufs- und Studienorientierung (WBS), ein weiteres Unterrichtsfach sowie eine Leitperspektive umfassen.

M1 Zusammenarbeit im Projekt

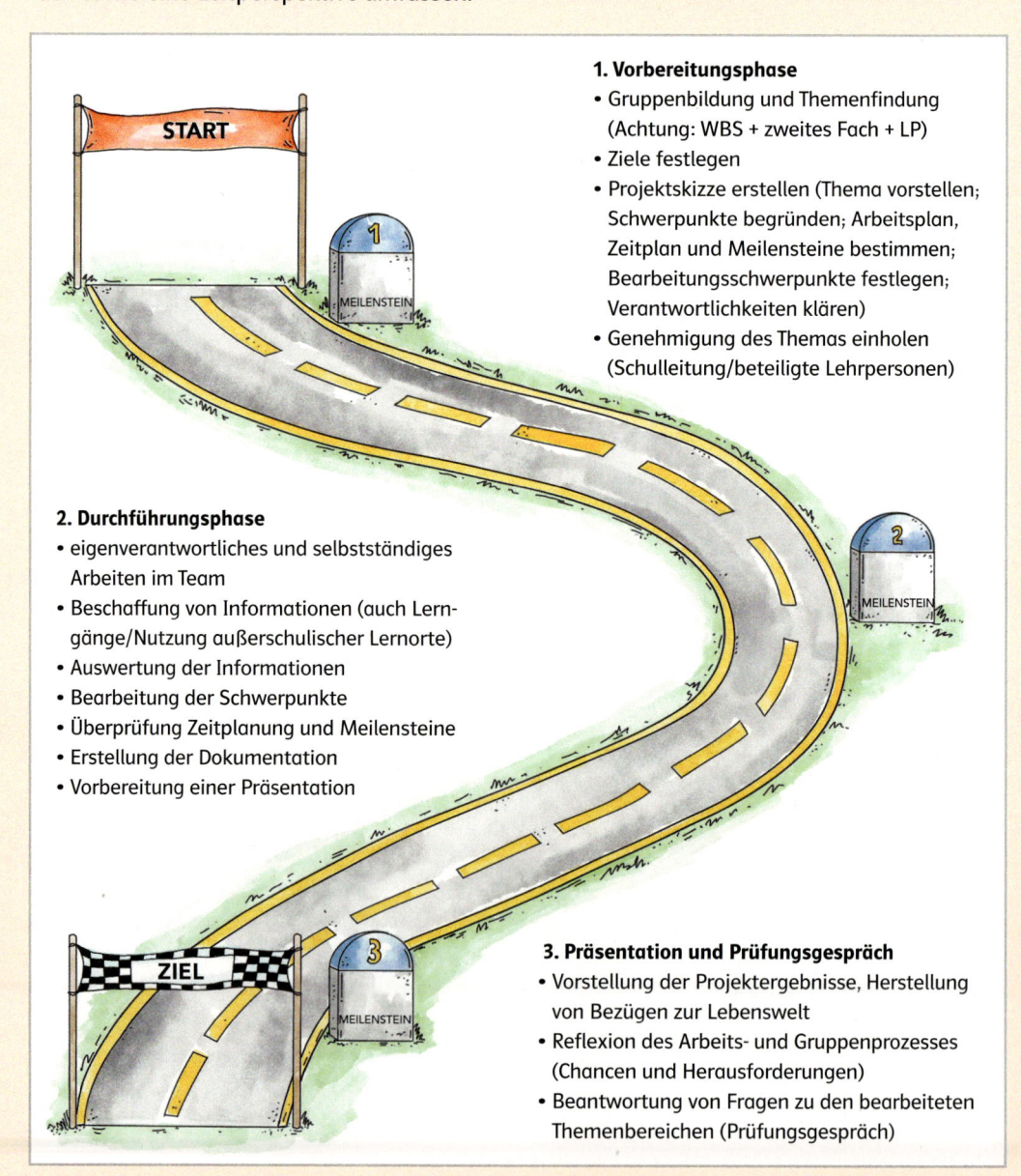

1. Vorbereitungsphase
- Gruppenbildung und Themenfindung (Achtung: WBS + zweites Fach + LP)
- Ziele festlegen
- Projektskizze erstellen (Thema vorstellen; Schwerpunkte begründen; Arbeitsplan, Zeitplan und Meilensteine bestimmen; Bearbeitungsschwerpunkte festlegen; Verantwortlichkeiten klären)
- Genehmigung des Themas einholen (Schulleitung/beteiligte Lehrpersonen)

2. Durchführungsphase
- eigenverantwortliches und selbstständiges Arbeiten im Team
- Beschaffung von Informationen (auch Lerngänge/Nutzung außerschulischer Lernorte)
- Auswertung der Informationen
- Bearbeitung der Schwerpunkte
- Überprüfung Zeitplanung und Meilensteine
- Erstellung der Dokumentation
- Vorbereitung einer Präsentation

3. Präsentation und Prüfungsgespräch
- Vorstellung der Projektergebnisse, Herstellung von Bezügen zur Lebenswelt
- Reflexion des Arbeits- und Gruppenprozesses (Chancen und Herausforderungen)
- Beantwortung von Fragen zu den bearbeiteten Themenbereichen (Prüfungsgespräch)

M2 Fahrplan Projektprüfung

PROJEKT

Auswirkungen der Digitalisierung auf die Arbeitswelt (Ethik, BTV)

Berufsbilder im Wandel (Geschichte, BO)

Ist die klassische Bewerbung noch zeitgemäß? (Deutsch, MB)

Löhne und Gehälter im Zeitvergleich (Mathe, VB)

Bedingungsloses Grundeinkommen – Motivation zur Selbstverwirklichung oder Verführung zum Nichtstun? (Gemeinschaftskunde, PG)

Berufs- und Arbeitswelt im Wandel

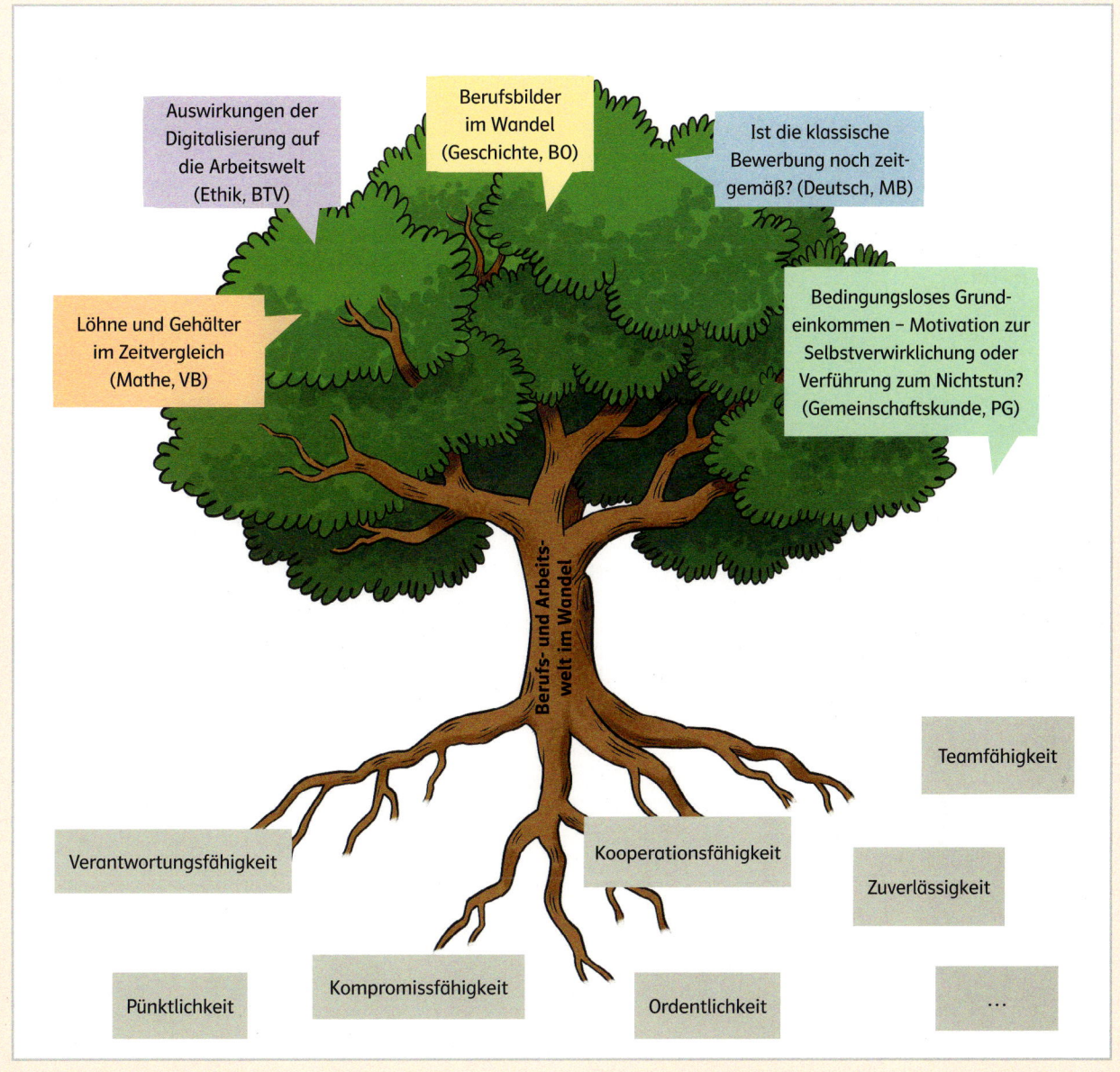

- Teamfähigkeit
- Verantwortungsfähigkeit
- Kooperationsfähigkeit
- Zuverlässigkeit
- Pünktlichkeit
- Kompromissfähigkeit
- Ordentlichkeit
- …

M 3 Ideenbaum

Aufgaben

1 Beschreibt die Inhalte und Ziele der Projektarbeit.

2 Erstellt eine Mindmap zu einem Thema aus dem Ideenbaum. Entwickelt dazu einen Projektfahrplan (→ M 2).

3 Entwickelt im Team eigene Projektideen zu Themenbereichen aus eurem WBS-Unterricht.

a) Nennt dazu passende weitere Unterrichtsfächer sowie die dazugehörigen Leitperspektiven.
b) Erklärt die Wahl eurer Leitperspektive.

3

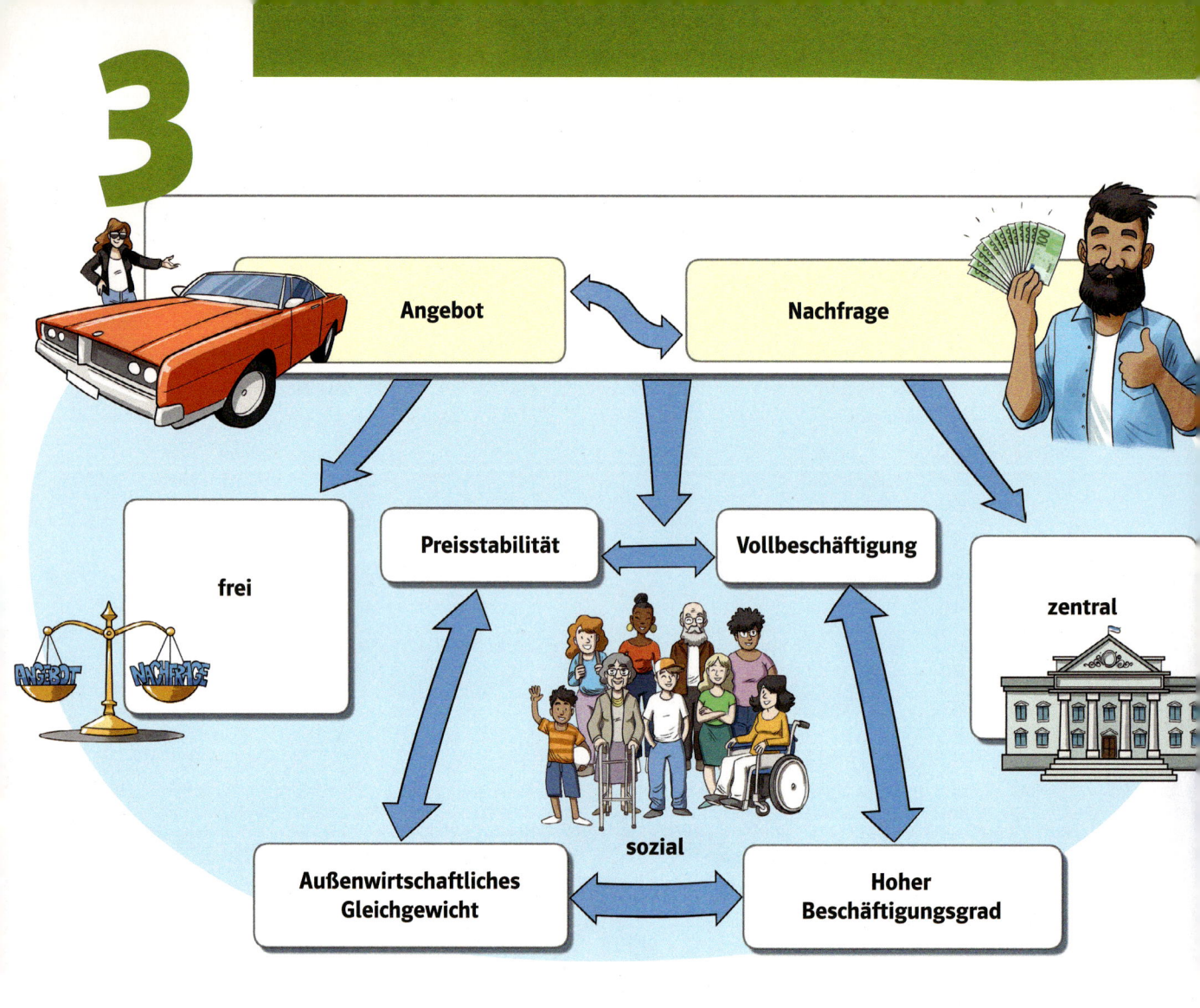

Angebot ⇄ Nachfrage

frei

Preisstabilität ⇄ Vollbeschäftigung

zentral

Außenwirtschaftliches Gleichgewicht ⇄ Hoher Beschäftigungsgrad

sozial

Wirtschaft in Deutschland

Täglich benutzt du viele unterschiedliche Dinge: Das beginnt morgens mit Zahnpasta, Duschgel und Handtuch, geht über deine Kleidung und den Schulrucksack bis hin zu Fahrrad, Bus oder Bahn, um in die Schule zu kommen. Alle diese Dinge werden von Wirtschaftsunternehmen hergestellt. Die Wirtschaft ist ein sehr komplexes System und kluges Handeln ist in diesem wichtig. Darum wurden in der Vergangenheit und werden auch noch heute Vorschläge von erfahrenen Ökonomen erarbeitet, wie man die Wirtschaft erfolgreich lenken kann.

Ich werde …

- beschreiben, wie verschiedene Wirtschaftsordnungen funktionieren.
- erklären, wie ein Konjunkturzyklus verläuft.
- erläutern, welche Möglichkeiten der Staat hat, auf den wirtschaftlichen Ablauf einzuwirken.
- begründen, warum die Soziale Marktwirtschaft Chancen ermöglicht, aber auch Grenzen ausweist.

Was denkst du?

- Wirtschaftswunder und „Vater der Sozialen Marktwirtschaft": Was hat Ludwig Erhard damit zu tun?
- Ein Markt braucht Regeln – wozu?
- Die Konjunktur gleicht einer Achterbahn – warum?
- Die großen Fragen der Wirtschaft: Was wird wo, wie und für wen produziert?

Freie Marktwirtschaft

M1 So funktioniert die Freie Marktwirtschaft.

das Kartell
Mehrere rechtlich und wirtschaftlich unabhängige Unternehmen sprechen sich ab, v.a. bzgl. ihrer Verkaufspreise.

der Missstand
ein schlechter Zustand, der nicht der Erwartung, den Gesetzen oder bestimmten Vorschriften entspricht

das Lohndumping
Für eine Vollzeitbeschäftigung werden Löhne vereinbart, die unterhalb des Existenzminimums bzw. des tariflichen Niveaus der Branche liegen.

Die ↗ Freie Marktwirtschaft ist geprägt durch privates Eigentum an Produktionsfaktoren, wie z. B. Betriebe oder Maschinen. Auf dem Markt bestimmen Angebot und Nachfrage den Preis. Die Marktteilnehmenden handeln absolut frei, staatliche Eingriffe in die Wirtschaft werden abgelehnt. Die Unternehmen treffen selbst ihre Entscheidungen über Produktion, Preis und Löhne, um höchstmögliche ↗ Gewinne zu erzielen. Es herrscht völlige **Konsumfreiheit**, d.h., jede und jeder entscheidet, wie viel, wann, wie oft und in welcher Menge gekauft wird.

Das spricht dafür
In der Freien Marktwirtschaft trifft der Staat keine volkswirtschaftlichen Entscheidungen. Die Unternehmen entscheiden selbst, was und wie viel sie produzieren und zu welchem Preis sie ihre Waren und Dienstleistungen anbieten. Wenn die Nachfrage nach bestimmten Gütern steigt, wird mehr produziert. Werden diese Güter oder eine bestimmte Dienstleistung nicht mehr nachgefragt, so geht die Produktion zurück. Auch die Konsumierenden (Haushalte, Arbeitnehmende) treffen ihre eigenen Entscheidungen. Sie bestimmen selbst, für wen sie arbeiten oder was sie kaufen. Es besteht vollständige **Gewerbe- und Vertragsfreiheit**.

Das spricht dagegen
Kleine oder schwach entwickelte Betriebe haben es meist schwer, im ständigen Konkurrenzkampf zu bestehen. Große Unternehmen besitzen viel Macht und bauen diese zu riesigen Konzernen oder Kartellen mit dem Ziel aus, das ↗ **Monopol** über den Verkauf von Waren und Dienstleistungen zu besitzen. Schwankungen in der wirtschaftlichen Entwicklung ziehen soziale Ungerechtigkeit und gesellschaftliche Missstände nach sich. Wirtschaftlich und sozial Schwache werden stark benachteiligt (Arbeitslosigkeit, Lohndumping), da es keine Gesetze und Regeln gibt, die Schutz bieten und Ungerechtigkeiten verhindern.

Nachtwächterstaat

Nachtwächter ist ein mittelalterlicher Beruf. Der Nachtwächter sorgte nachts für Sicherheit und Ordnung in den Städten. Aber was hat das mit dem Staat zu tun? Der Begriff ↗ „Nachtwächterstaat" geht auf den Gründer des Allgemeinen Deutschen Arbeitervereins (ADAV) Ferdinand Lassalle (1825–1864) zurück. Er warf dem Staat vor, dass er nur die öffentliche Sicherheit gewährleistet und das private Eigentum schützt, alles andere aber ohne Vorschriften und Gesetze lässt. Der Staat zieht also nur im Notfall die Bremse, wenn die Sicherheit oder das Privateigentum gefährdet sind.

„Wenn jeder an sich selbst denkt, ist an alle gedacht."

M 2 Adam Smith (1723–1790)

Woher die Idee kommt

Der schottische Philosoph Adam Smith hat in seinem weltweit bekannten Werk „Wohlstand der Nationen" die Idee der ↗ unsichtbaren Hand entwickelt. Smith war der Meinung, dass sich das Wohl der gesamten Gesellschaft automatisch entwickelt, wenn die einzelnen Menschen im Wirtschaftsgeschehen nur an ihren eigenen Vorteil denken und sich um ihn bemühen. Es entsteht das Gefühl, dass eine unsichtbare Hand im Hintergrund Angebot und Nachfrage regelt. Der Reichtum eines Landes bestand für ihn nicht im Geld, sondern in der Produktion, denn die Teilung von Arbeit hat den Tausch von Gütern und Dienstleistungen zur Folge. Der Tausch wird auf dem Markt durch den Preis reguliert.

Merke
- Markt und Preise regulieren sich selbst durch Angebot und Nachfrage.
- Durch uneingeschränkten Wettbewerb besteht die Gefahr der Monopol- und Kartellbildung.
- Der Staat übernimmt lediglich die Rolle eines „Nachtwächters".

Aufgaben

1 Beschreibe, was man unter Freier Marktwirtschaft versteht.

2 M1 zeigt dir die Abläufe auf dem Markt in der Freien Marktwirtschaft.
a) Nenne die einzelnen Bereiche.
b) Beschreibe, was jeweils in ihnen abläuft.

3 Erkläre, wann und warum man vom „Nachtwächterstaat" spricht.

4 Nehmt mittels eines Gedankenexperiments abwechselnd die Rolle
- einer/eines Unternehmenden und
- einer/eines Arbeitnehmenden ein.
Erläutert euch gegenseitig die Vor- und Nachteile dieser Wirtschaftsordnung.

5 Analysiert, was Adam Smith unter der „unsichtbaren Hand" versteht.

6 Erklärt die Begriffe „Gewerbefreiheit" und „Vertragsfreiheit".

7 Stellt an zwei selbst gewählten Beispielen dar, welche Folgen die „Freiheiten" für die Marktteilnehmenden haben.

8 Beurteilt das Zitat von Adam Smith (→ M 2).

9 a) Vergleicht die drei Wirtschaftsordnungen (→ S. 68–73) miteinander. Erstellt dazu eine Tabelle. Berücksichtigt:
- die jeweiligen Begründer und ihre Grundidee,
- die Rolle des Staates,
- die Rolle der Unternehmenden,
- die Rolle der Konsumierenden,
- das Eigentum an Produktionsmitteln,
- die Festlegung der Preise
- die Vorteile und Nachteile.

b) Beurteilt und bewertet diese Wirtschaftsordnungen.

Wortspeicher
- die Gewerbefreiheit
- die Konsumfreiheit
- das Monopol
- die Vertragsfreiheit

Soziale Marktwirtschaft

M1 So funktioniert die Soziale Marktwirtschaft.

Die ↗ Soziale Marktwirtschaft hat zum Ziel, einen möglichst hohen Wohlstand für die Gesellschaft zu erreichen und gleichzeitig alle bestmöglich sozial abzusichern. Die Marktwirtschaft garantiert allen Marktteilnehmenden (z. B. Unternehmen, Haushalten) völlige Freiheit am Markt. So können die Unternehmen selbst entscheiden, was und wie viel sie produzieren und zu welchem Preis sie es anbieten. Sie stehen im ständigen Wettbewerb und werben um die Gunst der Marktteilnehmenden. Die Konsumierenden bestimmen selbst, wie viel und was sie verbrauchen. Der Staat greift durch Gesetze regulierend ein, wenn die Marktwirtschaft zu sozialen Ungerechtigkeiten führt.

die Konjunkturschwankungen
Schwankungen im Tempo von wirtschaftlichen Entwicklungen

regulieren
steuern, regeln, ordnen

Das spricht dafür
Funktionierender Wettbewerb, rechtsstaatlich gesicherte Freiheit, wirtschaftliche Freiheit und gesicherter sozialer Fortschritt – das sind die Grundsäulen der Sozialen Marktwirtschaft. Der Staat schützt den Wettbewerb. So wird verhindert, dass Unternehmen ihre Preise absprechen und Kartelle bilden. Durch staatliche Maßnahmen werden Konjunkturschwankungen ausgeglichen. In auftragsschwachen Zeiten springt der Staat ein und gleicht die mangelnde private Nachfrage durch **Staatsaufträge** aus (z. B. Schulneubau, Ausbau digitaler Netze). Im Konjunkturhoch drosselt der Staat den Markt und wirkt z. B. durch **Steuererhöhungen** dämpfend. Wer in Not gerät, bekommt Hilfe von der Gemeinschaft. Arbeitnehmende und finanziell Schwache schützt der Staat durch ein soziales Netz, wie z. B. ↗ Arbeitslosengeld, ↗ Bürgergeld oder ↗ Elterngeld. Zudem übernimmt der Staat Aufgaben, die der Markt kaum oder gar nicht anbietet, z. B. im Straßenbau, und legt Gesetze, z. B. zum Klimaschutz, fest.

Das spricht dagegen
Ein Sozialstaat wird durch Steuern und Abgaben finanziert. Jedes Jahr gibt der deutsche Staat viel Geld aus, um die Lebensrisiken der Bürgerinnen und Bürger ab-

zusichern. Dazu zählen Ausgaben für die gesetzlichen Sozialversicherungen, Sozialausgaben (wie z. B. Wohngeld) und Kosten für die Sozialfürsorge (Sozial- und Jugendhilfe).

Woher die Idee kommt

Die Soziale Marktwirtschaft wurde 1949 nach dem Zweiten Weltkrieg entwickelt. Federführend waren Alfred Müller-Armack, der damalige Staatssekretär im Wirtschaftsministerium, und Ludwig Erhard, der erste Bundeswirtschaftsminister der Bundesrepublik Deutschland. Sie wollten die Vorteile der Freien Marktwirtschaft erhalten, ihre Nachteile verringern und mit der sozialen Gerechtigkeit verbinden.

„Ziel der Sozialen Marktwirtschaft ist es, auf der Basis der Wettbewerbswirtschaft die freie Initiative mit einem gerade durch die marktwirtschaftliche Leistung gesicherten sozialen Fortschritt zu verbinden."

M 2 Alfred Müller-Armack (1901–1978)

„Solche ‚Wohltat' muss das Volk immer teuer bezahlen, weil kein Staat seinen Bürgern mehr geben kann, als er ihnen vorher abgenommen hat – und das auch noch abzüglich der Kosten einer zwangsläufig immer mehr zum Selbstzweck ausartenden Sozialbürokratie."
(Rundfunkansprache am 13.01.1958)

M 3 Ludwig Ehrhard (1897–1977)

Merke
- Der Staat schafft einen rechtlichen Rahmen, in dem sich wirtschaftliche Betätigung abspielen kann.
- Das Ziel besteht in größtmöglichem Wohlstand bei bestmöglicher sozialer Absicherung.
- Der Staat greift regulierend in das Wirtschaftsgeschehen ein.

Aufgaben

1 Beschreibe, was man unter Sozialer Marktwirtschaft versteht.

2 M 1 zeigt dir die Abläufe auf dem Markt in der Sozialen Marktwirtschaft.
   a) Nenne die einzelnen Bereiche.
   b) Beschreibe, was jeweils in ihnen abläuft.
   c) Benenne die Gemeinsamkeiten.

3 Erkläre, wann und warum der Staat in das Wirtschaftsgeschehen eingreift.

4 BTV Nehmt mittels eines Gedankenexperiments die Rolle
   - eines Gewinnenden und
   - eines Verlierenden der Gesellschaft ein.
   Erläutert euch gegenseitig die Vor- und Nachteile dieser Wirtschaftsordnung.

5 Analysiert die Aussagen von Alfred Müller-Armack (→ M 2) und Ludwig Erhard (→ M 3). Welche Bedeutung haben sie für euch und die Gemeinschaft?

6 a) BNE MB Informiere dich im Internet über die Initiative Neue Soziale Marktwirtschaft (kurz: INSM).
   b) Nimm kritisch Stellung zur Forderung der INSM, das Rentenniveau nicht anzuheben, weil dies hohe Mitnahmeeffekte zugunsten nicht bedürftiger Rentnerinnen und Rentner verursache und, wegen der hohen Kosten, ein solcher Anstieg des Rentenniveaus auf Kosten der jungen Generation gehe.
   MB c) Diskutiert über die weiteren Forderungen der INSM. Recherchiert online.

7 a) BTV Vergleicht die drei Wirtschaftsordnungen (→ S. 68–73) miteinander. Erstellt dazu eine Tabelle. Berücksichtigt:
   - die jeweiligen Begründer und ihre Grundidee,
   - die Rolle des Staates,
   - die Rolle der Unternehmenden,
   - die Rolle der Konsumierenden,
   - das Eigentum an Produktionsmitteln,
   - die Festlegung der Preise sowie
   - die Vorteile und Nachteile.
   b) Beurteilt und bewertet diese Wirtschaftsordnung aus eurer Sicht.

Wortspeicher
– der Staatsauftrag
– die Steuererhöhung

Zentralverwaltungswirtschaft

M1 So funktioniert die Zentralverwaltungswirtschaft.

Im System der Zentralverwaltungswirtschaft, auch ↗ Zentrale Planwirtschaft genannt, werden alle Vorgänge in der Wirtschaft zentral vom Staat nach einem Plan gesteuert. Das Eigentum der Produktionsfaktoren liegt in den Händen der Gesellschaft. Man unterscheidet ↗ staatliches und ↗ genossenschaftliches Eigentum voneinander. Eine staatliche Planungsbehörde bestimmt die gesamte Produktion, die Verteilung der Güter und Dienstleistungen und legt außerdem die Preise dafür fest. Sie erstellt vorausschauend Pläne, meist **Fünfjahrespläne**, und muss schätzen, was die Bevölkerung in diesem Zeitraum vermutlich benötigen wird. Dann berechnet sie, welche Güter und Dienstleistungen hergestellt oder beschafft werden müssen, um alle ausreichend versorgen zu können.

Das spricht dafür
In der **Planwirtschaft** gibt es keine sichtbaren Konjunkturschwankungen. Die Unternehmen müssen keine selbstständigen Entscheidungen treffen, da der Staat ihnen vorgibt, was und wie viel sie zu produzieren haben. Die Preise richten sich nicht nach Angebot und Nachfrage. Sie werden einheitlich festgelegt. So hat die Butter z. B. überall denselben Preis. Gleichzeitig schaut der Staat danach, dass die Grundversorgung, z. B. mit Wohnraum, Lebensmitteln und Konsumgütern, sicher und zu günstigen Preisen möglich ist. Sichtbare Arbeitslosigkeit gibt es nicht, da der Staat die Vergabe von Arbeitsplätzen vollständig übernimmt und jede Arbeitskraft verplant. Alle bekommen Zugang zu den staatlichen Sozialeinrichtungen, wie Kinderkrippe, Kindergarten, Ärzten und Krankenhäusern, Schulen und Kulturhäusern. Ziel ist eine gerechte Verteilung aller Ressourcen auf die Gesellschaft.

Was spricht dagegen
Angebot und Nachfrage bestimmen nicht die Produktion. Fehler in der Vorausschau und in der Planung führen zu teilweise riesigen **Versorgungslücken**. Staatliche Vorgaben verhindern Innovationen und Leistungsanreize. Selbst wenn ein Bäckerei-Betrieb ger-

---

die Ressourcen
In der Wirtschaft sind damit Produktionsfaktoren wie Geld, Arbeitskraft, Materialien oder Technologie gemeint.

die Innovation
Einführung von etwas Neuem

ne mehr oder eine neue Brotsorte anbieten möchte, dann kann er es nicht, da ihm die Zutaten in der entsprechenden Menge nicht zur Verfügung stehen. Wer von der Schule abgeht, kann sich nicht frei für einen Beruf entscheiden, da nur ausgebildet wird, was auch gebraucht wird. Arbeitskräfte haben keine freie Arbeitsplatzwahl.

Woher die Idee kommt

„Sozialismus" ist ein Begriff für Ideen und politische Strömungen, die zu Beginn des 19. Jahrhunderts entstanden sind. Ziel ist soziale Gleichheit und Gerechtigkeit für alle. Das Privateigentum an Produktionsmitteln wird abgeschafft und in Volkseigentum umgewandelt. Karl Marx (1818–1883) und Friedrich Engels (1820–1895) begründeten den wissenschaftlichen Sozialismus und entwickelten ein Konzept für eine Planwirtschaft. Heute gibt es nur in wenigen Ländern eine Zentralverwaltungswirtschaft, z. B. in Kuba oder Nordkorea.

„Jeder nach seinen Fähigkeiten, jedem nach seinen Bedürfnissen."

M2 Karl Marx (1818–1883)

Merke
- Die Produktionsmittel befinden sich in der Hand des Staates.
- Der Staat hat die vollkommene Kontrolle über Planung und Lenkung der Produktion.
- Die Produktion erfolgt meist nach Fünfjahresplänen, die Preise werden staatlich festgelegt.

Aufgaben

1 Beschreibe, was man unter Zentralverwaltungswirtschaft versteht.

2 M1 zeigt dir die Abläufe auf dem Markt in der Zentralverwaltungswirtschaft.
 a) Nenne die einzelnen Bereiche.
 b) Beschreibe, was jeweils in ihnen abläuft.
 c) Benenne die Gemeinsamkeiten.

3 Erkläre, welche Aufgaben der Staat und die „staatliche Plankontrolle" einnehmen.

4 Nehmt mittels eines Gedankenexperiments die Rolle
- einer/eines Unternehmenden und
- einer/eines Arbeitsnehmenden ein.

Erläutert euch gegenseitig die Vor- und Nachteile dieser Wirtschaftsordnung.

5 Analysiert, warum in dieser Wirtschaftsordnung die Privatinitiative eher gebremst wird. Sucht dazu ein Beispiel.

6 „Ohne Konkurrenz und Streben nach Gewinn kann sich eine Gesellschaft viel harmonischer entwickeln." Nehmt Stellung zu dieser Aussage.

7 Stellt an zwei selbst gewählten Beispielen dar, welche Folgen die Zentrale Planwirtschaft für die Teilnehmenden am Markt hat.

8 Beurteilt das Zitat von Karl Marx unter **M2**.

9 a) Vergleicht die drei Wirtschaftsordnungen (S. 68–73) miteinander. Erstellt dazu eine Tabelle. Berücksichtigt:
- die jeweiligen Begründer und ihre Grundidee,
- die Rolle des Staates,
- die Rolle der Unternehmenden,
- die Rolle der Konsumierenden,
- das Eigentum an Produktionsmitteln,
- die Festlegung der Preise sowie
- die Vorteile und Nachteile.

b) Beurteilt und bewertet diese Wirtschaftsordnung aus eurer Sicht.

Wortspeicher
- der Fünfjahresplan
- die Planwirtschaft
- die Versorgungslücke

Im Gruppenpuzzle Experte werden

Im Gruppenpuzzle lernt ihr, wie wichtig der Beitrag aller ist, damit das Gesamtwerk gelingt. Damit eure Stammgruppe ein Wirtschaftsproblem bearbeiten kann, ist es notwendig, dass ihr zunächst in Expertengruppen Wissen zu Teilthematiken erarbeitet. Über dieses berichtet ihr dann in eurer Stammgruppe. Eure Einzelberichte fasst ihr zusammen und löst das Problem. Also – los geht's!

1. Schritt: Stammgruppe bilden
Teilt euch in Gruppen mit mindestens drei und höchstens fünf Lernenden ein. Lest den Arbeitsauftrag, schaut die Materialien an und besprecht die einzelnen Aufgabenbereiche. Legt fest, wer zu welchem Teil die Expertin oder der Experte wird.

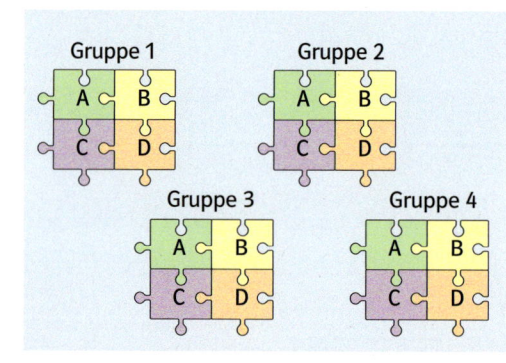

M1 Phase 1: Stammgruppen bilden

2. Schritt: Expertenwissen aneignen
Findet euch in den Expertengruppen zusammen. Zunächst bearbeitet ihr die Materialien allein. Lest z. B. die Texte oder wertet die Diagramme und Bilder aus. Bearbeitet dann in der Expertengruppe die Arbeitsaufträge. Notiert eure Ergebnisse so, dass ihr sie verständlich in eurer Stammgruppe wiedergeben könnt. Eine Stichpunktsammlung zur Thematik ist eine wichtige Hilfe.

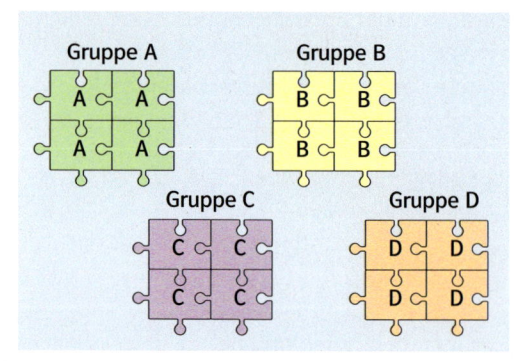

M2 Phase 2: Expertengruppen bilden

3. Schritt: Expertenwissen weitergeben
Kehrt in eure Stammgruppe zurück und berichtet, was ihr in der Expertengruppe zu eurer Teilthematik erarbeitet habt. Einigt euch, wer mit welchen Informationen beginnt, und legt die weitere Reihenfolge der Berichterstattung fest. Verwendet für die Informationen eure Stichpunkte und weitere Materialien, die euch die Erklärung erleichtern. Beantwortet alle Fragen, die in der Gruppe im Anschluss gestellt werden.

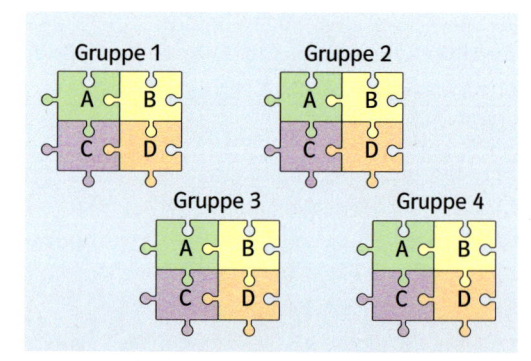

M3 Phase 3: Teilnehmende der Expertengruppe informieren in der Stammgruppe

METHODE

4. Schritt: Stammgruppe erstellt Ergebnis
Ihr habt alle Ergebnisse aus den Teilbereichen angehört und alle offenen Fragen beantwortet. Erstellt nun ein zusammenfassendes Ergebnis zum Eingangsarbeitsauftrag. Wählt eine anschauliche Darstellung für die Präsentation in eurer Klasse oder gestaltet einen Galeriegang. Plakate, Bilder oder Grafiken mit kurzen Stichpunkten oder Überschriften eignen sich dazu.

5. Schritt: Präsentation im Plenum
Einigt euch mit den anderen Gruppen, wie ihr die Ergebnisse präsentieren möchtet. Wählt Präsentierende für einen Ergebnisbericht im Plenum. Bei gleichen Arbeitsaufträgen aller Gruppen eignet sich ein Galeriegang. Dazu werden alle Ergebnisse wie in einer Galerie ausgestellt und jede bzw. jeder kann sich selbstständig informieren. Aus jeder Gruppe verbleibt eine Schülerin bzw. ein Schüler am eigenen Ergebnis und beantwortet die Fragen der „Betrachtenden".

6. Schritt: Reflexion zum Gruppenpuzzle
Reflektiert den Verlauf des Gruppenpuzzles. Nennt die Vor- und Nachteile dieser Methode. Zieht Schlussfolgerungen aus den aufgetretenen Schwierigkeiten, damit euer Lernerfolg beim nächsten Mal größer ist.

1. Schritt: Stammgruppe bilden
- Arbeitsgruppen bilden
- Materialien sichten
- Teilthemen und Aufgaben verteilen

↓

2. Schritt: Expertenwissen aneignen
- Themen bearbeiten
- Austausch in den Expertengruppen
- Arbeitsergebnis festhalten

↓

3. Schritt: Expertenwissen weitergeben
- Einzelberichte in der Stammgruppe
- Klärung offener Fragen

↓

4. Schritt: Stammgruppe erstellt Ergebnis
- Präsentationsform festlegen
- Ergebnisse zusammenfassen

↓

5. Schritt: Präsentation im Plenum
- Vorstellung des Gesamtergebnisses im Plenum

↓

6. Schritt: Reflexion zum Gruppenpuzzle
- Selbsteinschätzung der Gruppen
- Reflexion des Lernfortschritts
- Tippliste für die Zukunft erstellen

M 4 To-do-Liste für euer Gruppenpuzzle

Aufgaben

1 Führt in eurer Klasse ein Gruppenpuzzle zum Thema „Wirtschaftsordnungen" durch. Die Expertengruppen beschäftigen sich mit folgenden Teilthemen:
- Freie Marktwirtschaft,
- Soziale Marktwirtschaft sowie
- Zentralverwaltungswirtschaft.

2 Erstellt einen Galeriegang, um eure Ergebnisse zu präsentieren.

3 Wählt aus jeder Gruppe eine Sprecherin bzw. einen Sprecher, die bzw. der mögliche Fragen zum Ergebnis beantwortet.

4 Bewertet die Ergebnisse der „Gegengruppen" jeweils mit zwei Klebepunkten:
- grün – für die beste Darstellung,
- blau – für den besten Inhalt.
Begründet eure Entscheidung.

5 Reflektiert euren Lernfortschritt, der durch die Methode „Gruppenpuzzle" erfolgt ist. Bezieht euch dabei auf:
- Mehrwert an Wissen,
- Methodenkompetenz sowie
- Sozialverhalten.

Regeln des Wettbewerbs

M1 Karikatur zum Bundeskartellamt

Du hast bereits drei Marktformen kennengelernt und weißt, dass der freie Wettbewerb durch Monopole beeinflusst werden kann. Der Wettbewerb ist für eine Volkswirtschaft sehr wichtig, damit sie einerseits funktioniert, andererseits sich durch Innovation weiterentwickelt. Deswegen ist es für die Bundesregierung ein wichtiges Ziel, den Wettbewerb sicherzustellen.

Das Bundeskartellamt

Das ↗ Bundeskartellamt hat seinen Sitz in Bonn. Als unabhängige Wettbewerbsbehörde hat es die Aufgabe, den Wettbewerb in Deutschland zu schützen. Es wird dann aktiv, wenn es um Wettbewerbsbeschränkungen, wie z. B. Preisabsprachen, geht, die sich auf ganz Deutschland auswirken können. Mögliche Maßnahmen des Bundeskartellamtes sind **Kartellverbot**, **Missbrauchsaufsicht** und **Fusionskontrolle**. Die Arbeit des Bundeskartellamtes wird durch das Gesetz gegen Wettbewerbsbeschränkungen legitimiert. In bestimmten Fällen findet auch das europäische Wettbewerbsrecht Anwendung.

Gesetz gegen Wettbewerbsbeschränkungen (GWB)

Dieses Gesetz gibt es schon seit 1957. Bis heute wird es immer wieder fortgeschrieben oder erneuert. Wesentliche Kernsäulen dieses Gesetzes sind:

Das Kartellverbot
- Verbot von Preisabsprachen oder anderer wettbewerbsbeschränkender Vereinbarungen zwischen Unternehmen, deren Ziel Verhinderung, Einschränkung oder Verfälschung des Wettbewerbs ist
- Verfolgung illegaler Kartelle und Bestrafung verantwortlicher Personen und Unternehmen

Die Missbrauchsaufsicht
- Verhinderung der marktbeherrschenden Stellung eines oder weniger Unternehmen
- Kontrolle von Unternehmen mit wirtschaftlicher Machtstellung
- Verhinderung von Missbrauch bei Marktmachtstellung

Die Fusionskontrolle
- Prüfung von Unternehmenszusammenschlüssen
- Verhinderung der Zusammenschlüsse von Unternehmen wegen daraus folgender erheblicher Wettbewerbsbehinderung

---

legitimiert
rechtmäßig anerkannt

EXTRA

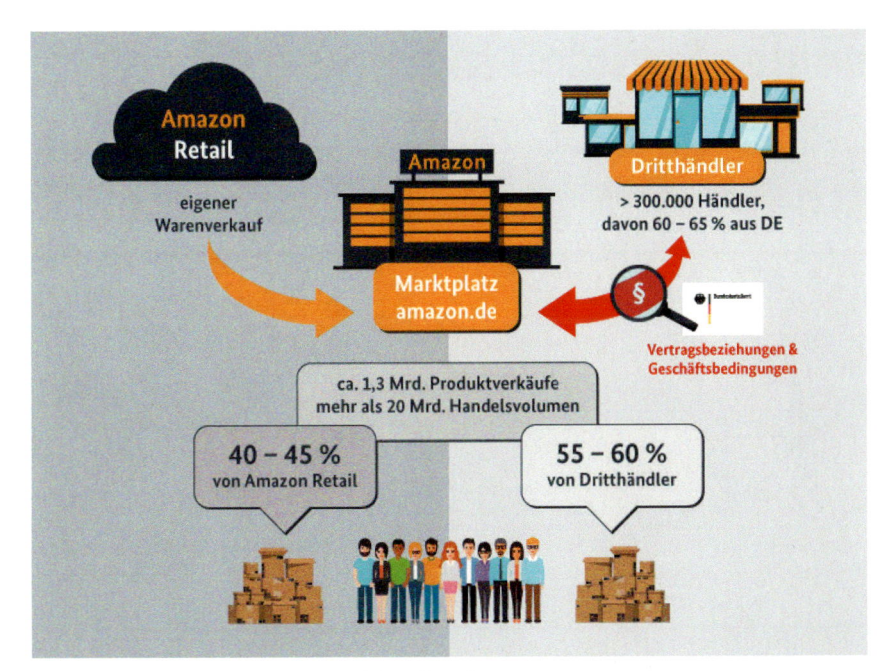

der Retail
Einzelhandel

M 2 Beispiel: Amazon und die Handelstreibenden

Im November 2018 leitete das Bundeskartellamt ein Verfahren gegen das Unternehmen Amazon ein. Der Grund dafür waren viele Beschwerden von Handeltreibenden wegen des Verdachts auf Missbrauch von Geschäftsbedingungen und Benachteiligungen gegenüber Handelstreibenden auf dem deutschen amazon.de-Marktplatz. Amazon änderte am Ende des Verfahrens 2018 seine Geschäftsbedingungen.

Andreas Mundt, Präsident des Bundeskartellamtes: *„Zur Beendigung unseres Verfahrens wird Amazon seine Geschäftsbedingungen für die auf dem Marketplace tätigen Händler für den deutschen Marktplatz amazon.de, für alle europäischen Marktplätze (amazon.co.uk, amazon.fr, amazon.es, amazon.it) sowie weltweit für alle seine Online-Marktplätze einschließlich der amerikanischen und asiatischen Marktplätze anpassen."*

Merke
- Das Bundeskartellamt ist verantwortlich für die Durchsetzung von Regeln im Wettbewerb.
- Das Gesetz gegen Wettbewerbsbeschränkungen enthält u. a. das Kartellverbot, die Missbrauchsaufsicht und die Fusionskontrolle.

Aufgaben

1 Nenne die Aufgaben des Bundeskartellamtes.

2 a) Erkläre die wichtigsten Ziele des „Gesetzes gegen Wettbewerbsbeschränkungen".
b) Begründe die Notwendigkeit dieses Gesetzes.

3 Analysiere die Karikatur in **M 1**.

4 a) Erklärt die Stellung der Handelstreibenden bei Amazon (→ **M 2**).
b) Recherchiert, welche Bedingungen Amazon durch das Verfahren für die Handelstreibenden geändert hat.

Wortspeicher
- das Bundeskartellamt
- die Fusionskontrolle
- das Kartellverbot
- die Missbrauchsaufsicht

Prinzipien der Sozialen Marktwirtschaft

M1 Soziale Gerechtigkeit

Seit der „Wirtschaftswunderzeit" in den 1950er-Jahren benutzen wir den Begriff „Soziale Marktwirtschaft" für die Wirtschaftsordnung in Deutschland. Was heißt das und welche Grundsätze prägen das System? Welche Prinzipien machen die „Soziale Marktwirtschaft" so beweglich in ihrer Funktion?

Prinzipien
In der Bundesrepublik Deutschland werden bei jeder wirtschafts- und sozialpolitischen Entscheidung drei grundlegende Prinzipien berücksichtigt:
- das **Wettbewerbsprinzip**,
- das **Marktkonformitätsprinzip** sowie
- das **Sozialprinzip**.

Wettbewerbsprinzip
Hinter diesem Prinzip steht der Wille zur Aufrechterhaltung und Förderung des Wettbewerbs. Wettbewerb soll so gestaltet sein, dass er einerseits Vorteile für jede Einzelne und jeden Einzelnen und andererseits auch Vorteile für die Gemeinschaft bringen, wie z. B. die Steigerung des Wohlstands oder die Wahl- und Handlungsfreiheit.

Marktkonformitätsprinzip
Der Staat hat unterschiedliche Möglichkeiten, in den Markt einzugreifen. Das Prinzip der Marktkonformität besagt, dass staatliche Maßnahmen dann marktkonform sind, wenn sie mit der marktwirtschaftlichen Ordnung im Einklang sind, also das Zusammenspiel von Angebot und Nachfrage nicht stören, sondern fördern, wie Gesetze zur Wettbewerbssicherung. Das Gegenteil tritt dann ein, wenn staatliche Maßnahmen den Marktmechanismus stören, wie z. B. der Höchstpreis für Gas.

Sozialprinzip
Das Sozialprinzip gewährleistet die soziale Sicherheit und Gerechtigkeit. Als zentrale Zielsetzung des Sozialstaates lässt sich dieses Prinzip nicht fest definieren, sondern muss immer wieder der wirtschaftlichen und sozialen Entwicklung der Gesellschaft angepasst werden, wie z. B. der ↗ Mindestlohn.

Nicht alle drei Prinzipien können immer gleichermaßen Berücksichtigung finden. Welches Prinzip stärker gewichtet wird, wird in der Politik entschieden.

Soziales im Grundgesetz
Die **Sozialstaatlichkeit** ist im Grundgesetz an zwei Stellen definiert, im Artikel 20 Abs. 1: *„Die Bundesrepublik Deutschland ist ein demokratischer und sozialer Bundesstaat."* und in Artikel 28 Absatz 1: *„Die verfassungsmäßige Ordnung in den Ländern muss den Grundsätzen des republikanischen, demokratischen und sozialen Rechtsstaates im Sinne dieses Grundgesetzes entsprechen."*

EXTRA

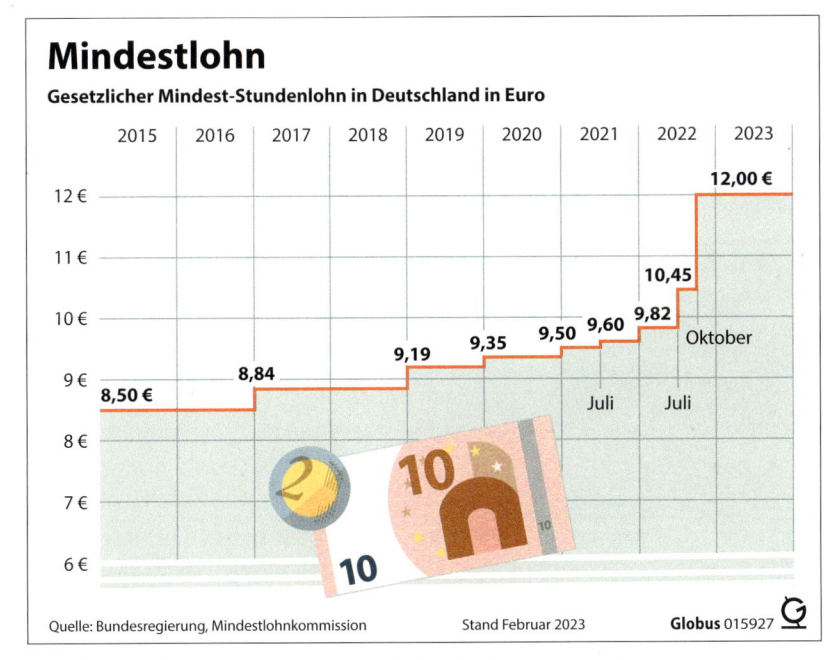

Mindestlohn
Gesetzlicher Mindest-Stundenlohn in Deutschland in Euro

- 2015: 8,50 €
- 2016: 8,84 €
- 2017: 8,84 €
- 2018: 9,19 €
- 2019: 9,19 €
- 2020: 9,35 € / 9,50 €
- 2021: 9,60 € / 9,82 € (Juli)
- 2022: 10,45 € (Juli) / 12,00 € (Oktober)
- 2023: 12,00 €

Quelle: Bundesregierung, Mindestlohnkommission — Stand Februar 2023 — Globus 015927

M 2 Die Entwicklung des Mindestlohns in Deutschland seit 2015

Die konkreten sozialen Aufgaben des Staates sind nicht definiert. Als der Parlamentarische Rat am 8. Mai 1949 das Grundgesetz verabschiedete, sollte kein festgeschriebenes Modell des Sozialstaates festgelegt werden, sondern die Ausgestaltung dessen sollte in den Händen des Gesetzgebers verbleiben.

Merke
- Wettbewerbsprinzip, Marktkonformitätsprinzip und Sozialprinzip sind Prinzipien der Sozialen Marktwirtschaft.
- Die drei Prinzipien finden in der politischen Praxis, je nach Wichtigkeit, die entsprechende Berücksichtigung.
- Das Grundgesetz bestimmt die Sozialstaatlichkeit der Bundesrepublik Deutschland.

Aufgaben

1 Beschreibe die Prinzipien der Sozialen Marktwirtschaft.

2 Erkläre, warum nicht immer alle Prinzipien gleichermaßen Beachtung finden (können).

3 Analysiere die Karikatur in **M1**.

4 Erörtere an einem Beispiel, dass das Sozialprinzip eine stärkere Gewichtung in der politischen Praxis erhalten hat.

5 a) Beschreibe die Entwicklung des Mindestlohns in **M 2**.
b) Der Mindestlohn wurde 2015 in der Bundesrepublik Deutschland eingeführt und hat sich bis heute kontinuierlich verändert. Erläutere.
c) Begründe, warum die Festlegung des Mindestlohns Einfluss auf den Wettbewerb in Deutschland hat.

6 Die größten Herausforderungen in der Zukunft sind der technische Fortschritt, der demografische Wandel, die Digitalisierung, der Klimaschutz und der globale Wettbewerb. Entwickle eine Vision für die Zukunft der Sozialen Marktwirtschaft.

Wortspeicher
- das Marktkonformitätsprinzip
- das Sozialprinzip
- die Sozialstaatlichkeit
- das Wettbewerbsprinzip

Inklusion am Arbeitsplatz

M1 Menschen mit Einschränkungen haben ein Anrecht auf Teilhabe.

Robin wurde mit dem Downsyndrom geboren: Bei ihm ist das 21. Chromosom dreimal statt zweimal vorhanden. Das hatte Auswirkungen auf seine körperliche und geistige Entwicklung. Daher wird Robin Zeit seines Lebens auf Unterstützung von anderen Menschen angewiesen sein. Bei der Berufswahl bleiben ihm viele Wege versperrt, da vermutlich nur wenige Arbeitgebende Robin eine Ausbildung anbieten können – oder wollen.

die Rehabilitation
Wiedereingliederung einer Person in die Gesellschaft

Gewinnmaximierung über alles?
Unternehmen, die dauerhaft erfolgreich sein wollen, müssen sich vor allem am wirtschaftlichen Erfolg messen lassen. Bei der Personalauswahl würden zu viel Freiheit und fehlende sozialpolitische Regelungen dazu führen, dass Menschen ohne Einschränkungen bevorzugt würden. Von ihnen erwartet man im Vergleich zu Menschen mit Einschränkungen eine produktivere Arbeitsweise, höhere Belastbarkeit und weniger Ausfallzeiten.

produktiv
nutzbringend, erfolgreich

SGB regelt sozialen Ausgleich
Um dieser Benachteiligung entgegenzuwirken, hat der Gesetzgebende die zugrundeliegenden ↗ Menschenrechte in Gesetze und Maßnahmen zu deren Umsetzung gefasst. Sie stehen gebündelt im **Sozialgesetzbuch** (kurz SGB). Staatliche Hilfen, die aus Steuermitteln finanziert werden, müssen gesetzlich fixiert sein, um die Gleichbehandlung aller Menschen in Deutschland sicherzustellen und ihnen einen ↗ Rechtsanspruch zu ermöglichen.

Betreuung, Arbeitsmittel und mehr
Unternehmen, die schwerbehinderte Menschen beschäftigen, können hierfür einen finanziellen Ausgleich beantragen. Das Unternehmen leistet einen wertvollen Beitrag zur gesellschaftlichen **Teilhabe** und erhält eine faire Unterstützung von der Gesellschaft zurück. Werden besondere Arbeitsmittel benötigt (z. B. ein Bürostuhl) oder die Räumlichkeiten des Betriebs an die Bedürfnisse von Mitarbeitenden mit Einschränkungen angepasst (z. B. barrierefreies WC), können ebenfalls Hilfeleistungen beantragt werden.

Neuntes Buch SGB
Rehabilitation und Teilhabe
von Menschen mit Behinderungen

§ 154
(1) Private und öffentliche Arbeitgeber mit jahresdurchschnittlich monatlich mindestens 20 Arbeitsplätzen […] haben auf wenigstens 5 Prozent der Arbeitsplätze schwerbehinderte Menschen zu beschäftigen. […]

§ 160
(1) Solange Arbeitgeber die vorgeschriebene Zahl schwerbehinderter Menschen nicht beschäftigen, entrichten sie für jeden unbesetzten Pflichtarbeitsplatz für schwerbehinderte Menschen eine Ausgleichsabgabe.

M2 Auszug aus dem Sozialgesetzbuch

Neuntes Buch SGB für Menschen mit Behinderungen
Das SGB unterteilt sich in mehrere Bücher. Im neunten SGB (römisch: IX) (→ **M 2**) ist geregelt, welche Förderung Menschen mit einer Behinderung (oder von Behinderung bedrohte Menschen) erhalten können. Sie sollen ebenso die Chance erhalten, selbstbestimmt zu leben und gleichberechtigt an der Gesellschaft teilzuhaben.

Inklusion: ein Menschenrecht

Die UN-Behindertenrechtskonvention verpflichtet die Staaten dazu, für Menschen mit Einschränkungen die bestehenden Menschenrechte zu gewährleisten (= ↗ Inklusion). Unter anderem geht es um gerechte Arbeitsbedingungen und gleichen Lohn. Auch Menschen mit Einschränkungen haben das Recht, dort zu arbeiten, wo Menschen ohne Einschränkung arbeiten.

Starker Job

Heilerziehungspfleger/in

„In der 10. Klasse habe ich ein Praktikum bei der Lebenshilfe gemacht. Die Arbeit dort hat mir so gut gefallen, dass ich nach meinem Realschulabschluss eine Ausbildung zum Heilerziehungspfleger begonnen habe. Einige, die mit mir zusammen arbeiten, haben eine Ausbildung zur/ zum Alten- oder Krankenpfleger/in gemacht. Heute begleite ich Menschen mit Behinderung bei der Bewältigung ihres Alltags. Ich bin überzeugt, dass jeder Mensch einen inklusiven Platz in der Gesellschaft finden kann und man auch von Unternehmen erwarten sollte, hierzu einen Beitrag zu leisten. Jeder Mensch ist wertvoll!"

---

inklusiv
eingeschlossen, einbezogen, mitgerechnet

Merke
- Unternehmerisches Handeln kann zu Zielkonflikten führen – wirtschaftliche Zwänge gefährden Benachteiligte.
- Im Arbeitsrecht zeigt sich, dass die Freiheit der bzw. des Einzelnen mit der Gesellschaft vermittelt werden muss.
- Menschenrechte, Gesetze und sozialpolitische Maßnahmen verstärken die Inklusion in der Gesellschaft.

Aufgaben

1 a) Beschreibe mit eigenen Worten, warum Robin schlechte Chancen am Arbeitsmarkt hat.
b) Nenne vier verschiedene Formen von körperlichen und/oder geistigen Einschränkungen, die du kennst, und finde hierzu Berufsfelder, die für diese Zielgruppen infrage kämen.
c) Nenne je ein lebensnahes Beispiel für Unterstützungsleistungen, die du als Arbeitgeberin oder Arbeitgeber für benachteiligte Mitarbeitende beantragen könntest.

2 a) Robin wurde eingestellt. Arbeitet mögliche Folgen für ein Unternehmen heraus, das nun jedoch keine finanzielle Unterstützung vom Staat erhält. Wie könnte sich dies eventuell auswirken?
b) Begründet unter Anwendung von § 154 SGB IX (→ **M 2**), ab welcher Zahl an Mitarbeitenden ein Unternehmen einen Menschen mit Schwerbehinderung beschäftigen muss.

3 a) Recherchiert im Internet, ab wann ein Mensch als schwerbehindert gilt.

4 a) Informiert euch über das Thema „Kündigungsschutz von Menschen mit Schwerbehinderung" und erläutert in wenigen Sätzen, welche Besonderheiten ein Betrieb bei einer Kündigung beachten muss.
b) Erörtert folgende Aussage eines Unternehmers erst für euch und diskutiert anschließend in der Klasse: „Die Regelungen des SGB IX sind im doppelten Sinne eine Behinderung. Wir, als global handelndes Unternehmen, müssen mit Wettbewerbenden mithalten, die solche Regeln nicht befolgen müssen. Die Abgaben sorgen für einen erheblichen Nachteil am Standort Deutschland und gehören abgeschafft!"

Wortspeicher
- die Inklusion
- das Sozialgesetzbuch
- die Teilhabe

3 Wirtschaft in Deutschland

Das konjunkturelle Auf und Ab

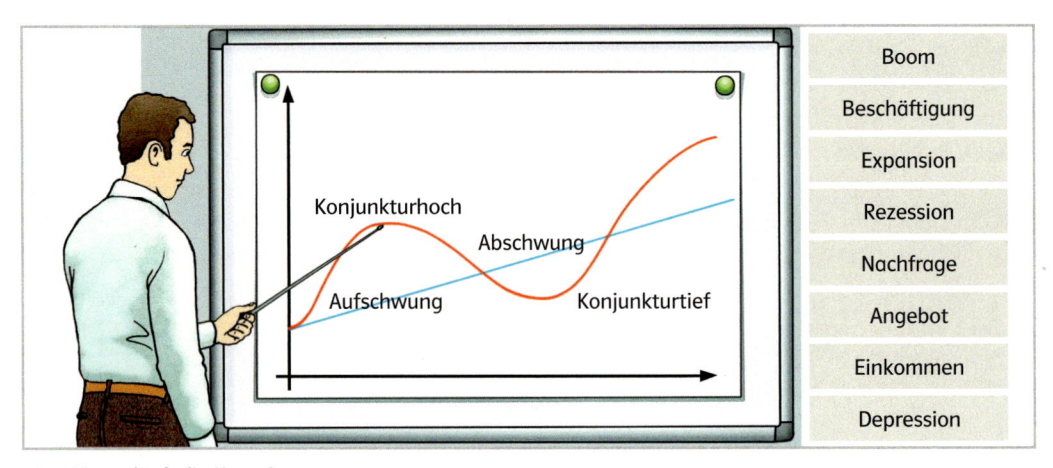

M1 Wie verläuft die Kurve?

Boom
Beschäftigung
Expansion
Rezession
Nachfrage
Angebot
Einkommen
Depression

M2 Ganz schön sportlich, oder?!

„So langsam könnte die ↗ Konjunktur mal wieder in Schwung kommen!", sagt Selis Vater beim Abendessen. „Vor ein paar Jahren haben wir noch jede Menge Überstunden machen müssen, weil die Auftragsbücher so voll waren. Aber in den letzten Monaten ist die Nachfrage ganz schön zurückgegangen. Hoffentlich müssen wir nicht in Kurzarbeit …" Seli überlegt, ob sie sich Sorgen machen muss.
Die Wirtschaftsleistung eines Landes vollzieht sich nicht immer gleichmäßig. Mal ist sie stärker, dann wieder schwächer. Das hat Auswirkungen auf die Lebensweise aller Verbrauchenden, so auch auf uns.

Im Aufschwung heißt es Expansion
Während der Expansion geht es so richtig ab in der Wirtschaft. Der Auftragsberg wird größer, Maschinen und Personal sind verstärkt im Einsatz. Die Unternehmen stellen vermehrt Arbeitskräfte ein. Allerdings steigen auch die Preise, denn wer gut verdient, denkt eher über ein neues Auto oder einen Urlaub nach.

In der Hochkonjunktur steckt der Boom
Im Boom muss ein Unternehmen überlegen, ob es neue Maschinen und Anlagen kauft, denn die vorhandenen sind völlig ausgelastet. Die Arbeitslosigkeit geht stark zurück. Wer arbeiten möchte, findet eine Beschäftigung. Die Produktion läuft so gut, dass die Gewerkschaften höhere Löhne mit den Arbeitgebenden aushandeln. Die Nachfrage nach Gütern steigt ebenso wie die Preise.

Beim Abschwung geht es in die Rezession
Der Markt ist satt, der Boom zu Ende. Die Auftragsbücher werden dünner, die Unternehmen bearbeiten weniger Aufträge, die Produktion geht zurück. Jetzt wird überlegt, welche Maschinen nicht mehr gebraucht werden. Auch immer weniger Mitarbeitende werden benötigt, es wird über vorzeitigen Ruhestand und Entlassungen diskutiert. Durch die zurückgehende Nachfrage nach Gütern und Dienstleistungen sinken die Preise. Es geht sozusagen „richtig bergab" mit der Wirtschaft. Manchmal greift in diese

---

die Kurzarbeit
vorübergehende Verringerung der regelmäßigen Arbeitszeit in einem Betrieb aufgrund eines erheblichen Arbeitsausfalls

82

Phase der Staat ein. Das hängt immer davon ab, wie stark die Rezession ist.

Im Konjunkturtief steckt die Depression

Die Auftragsbücher sind erschreckend leer, die Unternehmen haben nicht mehr genügend Arbeit. Kurzarbeit und Entlassungen stehen auf der Tagesordnung. Die Einkommen sinken. Manche Unternehmen geraten in die Insolvenz. Die Menschen sparen. Neuanschaffungen und die Aufnahme von Krediten werden zurückgestellt. Die Preise sinken stark. Die Menschen konsumieren weniger und hoffen, dass die Talfahrt weitergeht und Waren und Dienstleistungen immer billiger werden.

Der Konjunkturzyklus – eine runde Sache?

Auch ein Tief der Konjunktur dauert nicht ewig. Die Menschen stellen fest, dass die Preise nicht mehr fallen. Dadurch steigt die Nachfrage wieder und mit ihr die Produktion. Der **Konjunkturzyklus** startet erneut und beginnt wieder mit dem Aufschwung. Der Ablauf wiederholt sich meistens nach vier bis sieben Jahren.

„Phasenbegleitung"

Die Phasen der Konjunktur verlaufen nicht störungsfrei. Saisonale Schwankungen und strukturelle Veränderungen stören den Kurvenverlauf.
Saisonale Schwankungen sind Ereignisse, die alljährlich wiederkehren. In den Sommermonaten hat z. B. der Tourismus am Bodensee Hochsaison, im Frühling steigen die Erntehelferzahlen auf den Erdbeer- und Spargelfeldern. Im Winter dagegen ruht die Baubranche, wenn durch frostige Temperaturen keine Arbeit möglich ist.
Strukturelle Veränderungen prägen langfristig die Wirtschaftsentwicklung in Regionen. Ein Beispiel dafür ist das Wegfallen bestimmter Industrien (z. B. Textilindustrie) oder das „Sterben" von kleineren Geschäften durch den Internethandel.

die Insolvenz
Zahlungsunfähigkeit, solvere (lat.) = zahlen

Merke

- Der Konjunkturzyklus besteht aus vier Phasen (Aufschwung, Konjunkturhoch, Abschwung, Konjunkturtief).
- Konjunkturphasen haben Auswirkungen auf Nachfrage, Produktion, Preise, Beschäftigung und Einkommen.
- Die Vergabe von staatlichen Aufträgen oder Steuern kann wirtschaftliche Schwankungen ausgleichen.

Aufgaben

1 Nenne und beschreibe die vier Phasen der Konjunktur.

2 Erläutere, was ein Konjunkturzyklus ist.

3 Ordne den vier Phasen in **M1**
- die Begriffe von der rechten Seite und
- die Bilder aus **M2** zu.

4 (VB) Erklärt euch gegenseitig, wie sich Güterangebot, Güternachfrage, Beschäftigung und Einkommen in den vier Phasen verhalten.

5 a) Arbeitet heraus, zu welcher Phase die Äußerungen von Selis Vater passen.
b) Begründet euer Ergebnis.

6 Erläutert, welcher Zusammenhang zwischen Wirtschaftswachstum und Arbeitslosigkeit besteht.

7 (BTV) Vergleicht die einzelnen Phasen der Konjunktur und beurteilt die sich daraus ergebenden Folgen für die Verbrauchenden, die Erwerbstätigen und den Staat.

8 Überprüft, in welcher Phase der Konjunktur sich Deutschland momentan befindet.

Wortspeicher
– der Boom
– die Depression
– die Expansion
– der Konjunkturzyklus
– die Rezession

Der Staat steuert

Das magische Viereck der Wirtschaftspolitik in Deutschland

Wirtschaftswachstum in Prozent: 2018 +1,0 %; 19 +1,1; 20 −3,7; 21 +2,6; 2022 +1,8

Saldo der Leistungsbilanz in Milliarden Euro: 2018 268 Mrd. €; 19 284; 20 240; 21 279; 2022 162

Arbeitslosigkeit in Prozent*: 2018 5,2 %; 19 5,0; 20 5,9; 21 5,7; 2022 5,3

Preisanstieg in Prozent: 2018 +1,8 %; 19 +1,4; 20 +0,5; 21 +3,1; 2022 +6,9

ZIELE: Angemessenes Wachstum, Außenwirtschaftliches Gleichgewicht, Vollbeschäftigung, Preisstabilität

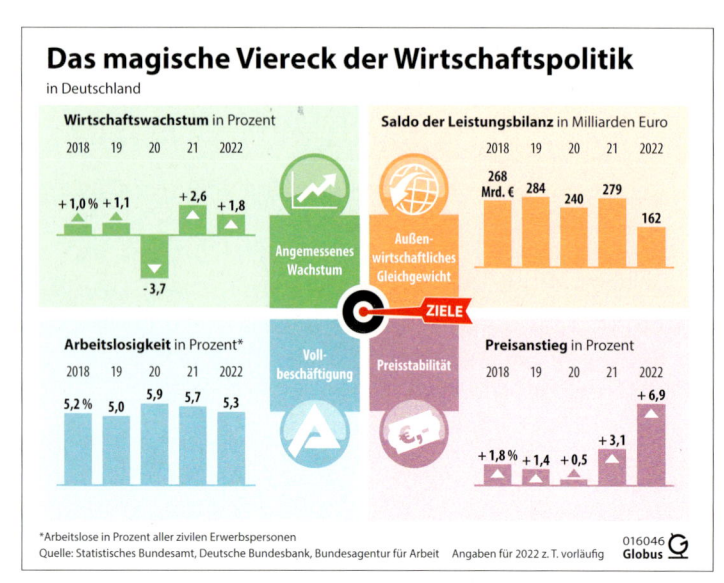

*Arbeitslose in Prozent aller zivilen Erwerbspersonen
Quelle: Statistisches Bundesamt, Deutsche Bundesbank, Bundesagentur für Arbeit   Angaben für 2022 z. T. vorläufig
016046 Globus

M1 Das magische Viereck (Stand: 2022)

das magische Viereck
Man spricht von einem magischen Viereck, weil es Zauberei wäre, wenn man alle wirtschaftspolitischen Ziele gleichzeitig erreichen würde. Es gibt Ziele, die nicht gemeinsam zu erreichen sind. Das nennt man auch „Zielkonflikt". Auf der anderen Seite gibt es Ziele, die sich gegenseitig ergänzen. Hier spricht man von „Zielharmonie".

Die wirtschaftliche Entwicklung in Deutschland verläuft nicht immer gleichmäßig. Der Konjunkturzyklus ist von vielen Faktoren beeinflusst, die Schwankungen verursachen. 1967 wurde im ↗ Stabilitätsgesetz festgelegt, dass der Staat die folgenden vier wirtschaftspolitischen Ziele ständig im Auge behalten muss.

Das angemessene Wirtschaftswachstum
Von einem stetigen und angemessenen Wirtschaftswachstum spricht man, wenn das BIP (Bruttoinlandsprodukt) jährlich um etwa 3 % gegenüber dem Vorjahr steigt. Zu heftige Schwankungen sollen im Wachstum nicht auftreten. Das Verhältnis zwischen der Wirtschaftsleistung und den Schulden des Staates und der Haushalte muss so sein, dass die Zinsen den Staat und die dort lebenden Menschen nicht überfordern.

Die Vollbeschäftigung
Von der Vollbeschäftigung spricht man, wenn die durchschnittliche ↗ Arbeitslosenquote nicht höher als 3 % liegt. Eine gewisse Arbeitslosigkeit gibt es immer, z.B. aufgrund von Konjunkturschwankungen, saisonalen Schwankungen (z.B. keine Erntearbeit im Winter) oder politischen Entscheidungen (z.B. Abschalten von Kernkraftwerken).

Das außenwirtschaftliche Gleichgewicht
Wenn der Wert von Waren und Dienstleistungen bei den Ein- und Ausfuhren (Import und Export) etwa gleich groß ist, spricht man von einem außenwirtschaftlichen Gleichgewicht. In Deutschland orientiert man sich an 2 % (innerhalb der EU: 4 %). Seit der Jahrtausendwende hat Deutschland die Grenze von 2 % überschritten. 2022 lag der Exportüberschuss bei 79,7 Milliarden Euro. Bei langfristigen Exportüberschüssen besteht die Gefahr, dass sich Länder, die viel importieren müssen, überschulden oder gar zahlungsunfähig werden.

Die Preisstabilität
Ist die ↗ Inflationsrate nicht größer als 2 %, dann spricht man von Preisstabilität. Das ↗ Statistische Bundesamt (Destatis) ermittelt alljährlich diesen Wert mithilfe des „Warenkorbs". Es erfasst regelmäßig aus ca. 750 verschiedenen Waren und Dienstleistungen die Preisveränderungen. Wichtig sind dabei Produkte, die wir täglich brauchen. Mehr zum Thema Inflation erfährst du auf den Seiten 86/87.

Der Staat steuert
Zu den wichtigsten Zielen der Wirtschaftspolitik gehört, dass das Wirtschaftswachstum stabil verläuft. Kommt es im Verlauf der Konjunkturphasen zu extremen Schwankungen, dann greift der Staat mit seiner Geld- und Steuerpolitik ein. Dabei kann man zwischen angebotsorientierter (→ M 2) und nachfrageorientierter (→ M 3) Wirtschaftspolitik unterscheiden. Die Angebotspolitik will vor allem die Angebotsbedingungen verbessern. Die Nachfragepolitik will vor allem die Nachfrage, z.B. nach bestimmten Produkten, beeinflussen.

wirtschaftspolitische Maßnahmen (z. B. Absenken von Unternehmenssteuern) → höhere Investitionen von Unternehmen → Produktionsbedingungen sowie internationale Wettbewerbsfähigkeit verbessert → Steigerung der Beschäftigung → mehr Einkommen bei den privaten Haushalten

M 2 Beispielhafte Wirkungskette für angebotsorientierte Wirtschaftspolitik

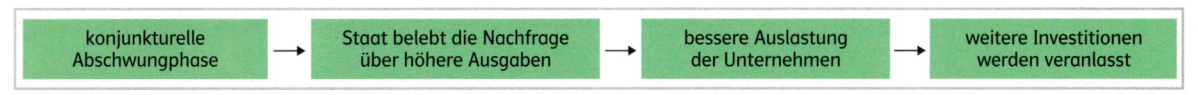

konjunkturelle Abschwungphase → Staat belebt die Nachfrage über höhere Ausgaben → bessere Auslastung der Unternehmen → weitere Investitionen werden veranlasst

M 3 Beispielhafte Wirkungskette für nachfrageorientierte Wirtschaftspolitik

Der Staat kurbelt an
Ist die Wirtschaft in einer Depression, muss der Staat Entscheidungen treffen, die die Konjunktur wieder in Schwung bringen. Er kann:
- verstärkt staatliche Aufträge vergeben (z. B. Bau von Turnhallen),
- Steuersenkungen vornehmen (z. B. KFZ-Steuer) oder
- Sozialversicherungsbeiträge senken (z. B. Rentenversicherung).

Der Staat bremst
In der Hochkonjunktur (Boom) wächst die Wirtschaft stark. Unternehmen haben volle Auftragsbücher, es herrscht Vollbeschäftigung. Die Nachfrage nach Gütern und Dienstleistungen steigt, weil die Menschen gut verdienen und sich ihre Wünsche leichter erfüllen können. Doch mit der wachsenden Nachfrage steigen auch die Preise. Um sie zu regulieren, hat der Staat folgende Möglichkeiten:
- staatliche Aufträge werden gekürzt (z. B. der Bau von Straßen),
- Sozialversicherungsbeiträge werden erhöht (z. B. Arbeitslosenversicherung),
- Steuern für Haushalte und Unternehmen werden erhöht (z. B. Mehrwertsteuer).

Merke
- Die Ziele der staatlichen Wirtschaftspolitik sind im Stabilitätsgesetz formuliert.
- Das magische Viereck wird gekennzeichnet durch Zielharmonien und Zielkonflikte.
- Der Staat wirkt durch verschiedene Maßnahmen auf die Wirtschaftsschwankungen ein.

Aufgaben

1 Beschreibe die vier Ecken des magischen Vierecks und stelle einen Zusammenhang zwischen ihnen her.

2 Vergleiche in **M1** die Entwicklung der vier wirtschaftspolitischen Ziele von 2018 bis 2022. Was stellst du fest?

3 Erkläre, wann man von „Zielharmonie" bzw. „Zielkonflikt" spricht.

4 Erklärt euch gegenseitig den Unterschied zwischen der angebots- und der nachfrageorientierten Wirtschaftspolitik. Nehmt dabei auch die Wirkungsketten **M 2** und **M 3** zur Hilfe.

5 Erläutert, wie und wann der Staat in die Konjunktur eingreift.

6 BNE Die nächste Depression kommt bestimmt. Sucht euch ein Beispiel, wie ihr als Staat in die Konjunktur eingreifen möchtet. Gestaltet ein Plakat mit der entsprechenden Wirkungskette.

Wortspeicher
- das außenwirtschaftliche Gleichgewicht
- die Preisstabilität
- das magische Viereck
- die Vollbeschäftigung
- das Wirtschaftswachstum

Inflation – Preise außer Kontrolle?

M1 Preisentwicklung beim Einkauf

die Inflation
inflatio (lat.) = das Anschwellen, das Aufblähen

der Indikator
eine Messgröße, die Aussagen über Entwicklungen oder Situationen im Allgemeinen erlaubt

Rufus steht an der Schulbäckerei. Doch sein Geld reicht nicht, weil der Preis für seine Frühstücksbrezel schon wieder gestiegen ist. Dabei hatte er sich gestern erst gefreut, dass die Zinsen für sein Erspartes auf der Bank endlich wieder höher werden. „Wir haben eben Inflation", sagt Malia zu ihm. Rufus runzelt fragend die Stirn. Was meint Malia?

Preise ändern sich

In einer Marktwirtschaft ändern sich ständig die Preise. Mal gehen sie hoch, dann fallen sie wieder. Kommt es aber zu einem allgemeinen Preisanstieg, d.h., alles wird teurer, dann sinkt insgesamt die Kaufkraft des Geldes und man spricht von einer Inflation.

Preiseänderungen ermitteln

Das Statistische Bundesamt ermittelt allmonatlich den **Verbraucherpreisindex** (VPI) mithilfe eines „Statistischen Warenkorbs". Er enthält Waren und Dienstleistungen, die private Haushalte für ihre Konsumzwecke kaufen. Der VPI zeigt die Preisentwicklung im Vergleich zum gleichen Monat im Vorjahreszeitraum an. Er ist ein Indikator für die Preisstabilität. Die Prozentangabe des VPI wird **Inflationsrate** genannt. Beträgt die Inflationsrate nicht mehr als 2 %, dann spricht man von stabilen Preisen. Steigen die Preise über einen andauernden Zeitraum stetig und das Geld verliert seinen Wert, nennt man dies Inflation. Ist der VPI längerfristig

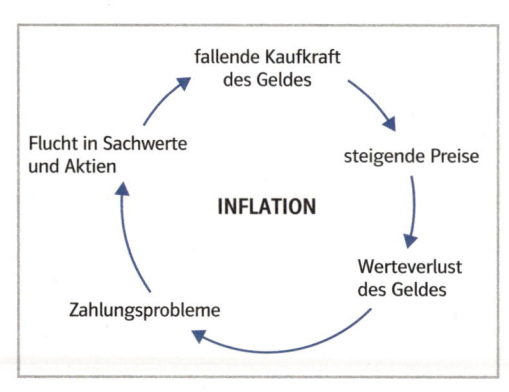

INFLATION: fallende Kaufkraft des Geldes → steigende Preise → Werteverlust des Geldes → Zahlungsprobleme → Flucht in Sachwerte und Aktien

M2 Kreislauf der Inflation

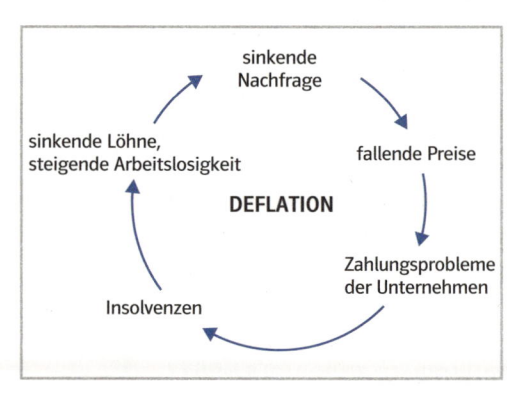

DEFLATION: sinkende Nachfrage → fallende Preise → Zahlungsprobleme der Unternehmen → Insolvenzen → sinkende Löhne, steigende Arbeitslosigkeit

M3 Kreislauf der Deflation

unter dem Vorjahreswert, spricht man von einer **Deflation**: Der Geldwert steigt, Waren und Dienstleistungen werden billiger.

Das Stabilitätsgesetz als Hilfe

Nach dem ↗ Wirtschaftswunder in den 1960er-Jahren waren in Deutschland die Zahl der Arbeitslosen und die Preise für Waren und Dienstleistungen stark angestiegen. Der Lohnzuwachs blieb demgegenüber aber gering. Es kündigte sich zum ersten Mal nach dem Zweiten Weltkrieg ein wirtschaftlicher Rückgang an. Am 10. Mai 1967 verabschiedete der Deutsche Bundestag daher das „Gesetz zur Förderung der Stabilität und des Wachstums der Wirtschaft".
Mit diesem Gesetz sollten die vier Ziele Vollbeschäftigung, Preisstabilität, außenwirtschaftliches Gleichgewicht und angemessenes Wirtschaftswachstum erreicht werden. Man spricht bis heute vom „magischen Viereck" (→ Seite 84/85). Mit Programmen zur Konjunktur und dem **Stabilitätsgesetz** sollte die anhaltende Wirtschaftskrise überwunden werden.

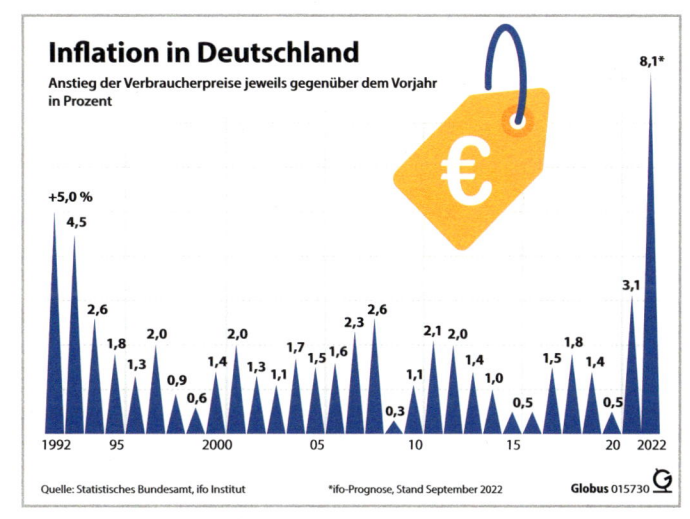

M 4 Inflationsentwicklungen in Deutschland

Merke
- Bei einer Inflation fällt der Wert des Geldes, das Preisniveau für Güter und Dienstleistungen steigt.
- Eine Deflation entsteht, wenn die Geldmenge geringer ist als die angebotene Gütermenge.
- Das Stabilitätsgesetz enthält Regelungen zur Förderung der Stabilität und des Wachstums der Wirtschaft.

Aufgaben

1 Nenne die Merkmale einer Inflation und die einer Deflation.

2 Erkläre, wie der Verbraucherpreisindex entsteht. Beziehe **M 1** mit ein.

3 a) Beschreibt mithilfe von **M 2** und **M 3** an je einem Beispiel, wie Inflation und Deflation entstehen.
b) Stellt dar, welche Auswirkungen Inflation und Deflation auf Verbrauchende, Arbeitende und Unternehmen haben.

4 Erläutert die Rolle des Stabilitätsgesetzes.

5 a) Analysiert die Inflationsentwicklung in Deutschland mithilfe von **M 4**.
b) Begründet die hohe Inflationsrate im Jahr 2022.

6 Recherchiere im Internet, in welchem Zusammenhang der Leitzins der Europäischen Zentralbank (EZB) mit der Inflation steht. Beurteile.

Wortspeicher
– die Deflation
– die Inflationsrate
– das Stabilitätsgesetz
– der Verbraucherpreisindex

3 Wirtschaft in Deutschland

Preisbildung im Modell

M1 Preise verändern sich

Du hast bereits gelernt, dass der Preis eines Produkts durch das Verhältnis von **Angebot** und **Nachfrage** in einem Markt beeinflusst wird (→ **M1**). Doch wie genau lässt sich der optimale Preis bestimmen, zu dem alle Anbietenden ihre Waren mit Gewinn verkaufen und alle Käuferinnen und Käufer ihre Bedürfnisse erfüllen können?

Das Marktmodell
Um diese Frage zu beantworten, haben die Wirtschaftswissenschaften ein Modell entwickelt, das sogenannte Marktmodell. Im Marktmodell ist der Markt das zentrale Element: Hier treffen Angebot und Nachfrage aufeinander. Das Verhältnis zwischen Angebot und Nachfrage bestimmt den Preis:
- Kostet z. B. ein Kugel Eis 1 €, ist die Nachfrage groß: Viele Menschen stehen bei der Eisdiele Schlange. Bei einem Preis von 3 € sind weniger Menschen bereit oder in der Lage, sich eine Kugel Eis zu kaufen. Die Nachfrage lässt also nach, wenn der Preis zu hoch ist, und umgekehrt.
- Ein besonderes Eis am Stiel liegt plötzlich im Trend und die Nachfrage steigt. Die Menschen sind bereit, einen höheren Preis zu zahlen. Entsprechend steigt das Angebot, denn nun wollen weitere Anbieter an dem höheren Preis verdienen.

Angebot und Nachfrage im Gleichgewicht
Diese Zusammenhänge lassen sich auch in einem **Preis-Mengen-Diagramm** grafisch darstellen (→ **M2**). Die beiden Kurven zeigen an, wo sich Angebot und Nachfrage treffen. Am Schnittpunkt befinden sich sowohl Preis als auch Menge im Gleichgewicht. Der **Gleichgewichtspreis** ist der optimale Preis: Bei diesem Preis erhalten alle Menschen, die den Preis zahlen möchten, auch das gewünschte Produkt. Auf der anderen Seite können auch alle Anbieter, die das Produkt zu diesem Preis anbieten, ihre Angebotsmenge verkaufen. Diese optimale Menge wird im Modell als Gleichgewichtsmenge bezeichnet.

Grenzen des Modells
Die Preisbildung im Modell stößt in der Realität an Grenzen, denn das Modell geht von bestimmen Annahmen aus:
- Alle Marktteilnehmenden haben einen vollständigen Überblick über Angebot und Nachfrage.
- Die angebotenen Produkte und Dienstleistungen sind komplett gleichartig.
- Alle Marktteilnehmenden handeln und entscheiden vernünftig (rational).

EXTRA

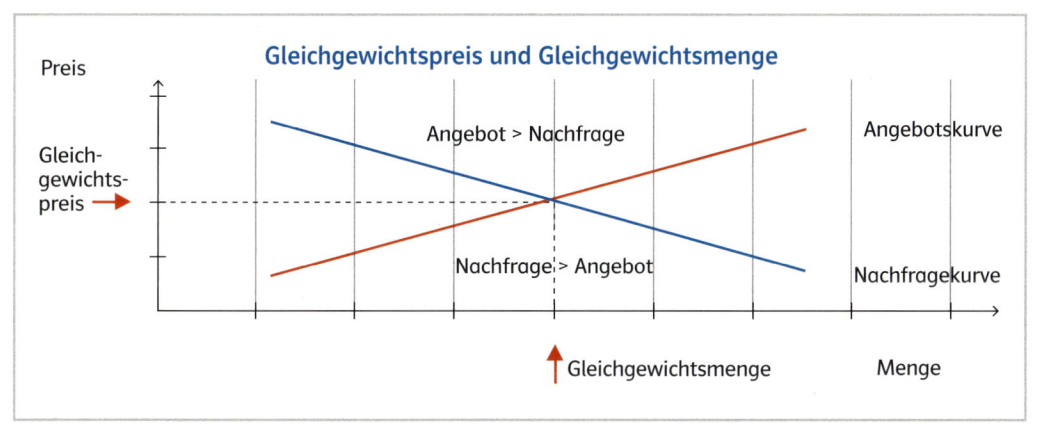

M2 Das Preis-Mengen-Diagramm: Wo sich Angebot und Nachfrage schneiden, entsteht ein Gleichgewicht.

Diese Annahmen zeigen, dass das Marktmodell die Preisbildung stark vereinfacht darstellt, denn die Wirklichkeit sieht in der Regel anders aus. So entscheiden wir uns häufig für teure Markenprodukte, obwohl es günstigere Produkte mit gleicher Qualität gibt.

M3 Rosen am Valentinstag

Merke
- Auf dem Markt bildet sich der Preis aus dem Verhältnis von Angebot und Nachfrage.
- Der Gleichgewichtspreis ist der Preis, bei dem Angebot und Nachfrage übereinstimmen.

Aufgaben

1 Vergleiche die Situationen in →**M1**. Beschreibe jeweils, was den Preis beeinflusst.

2 a) Bilde die beiden Situationen (→**M1**) in einem vereinfachten Preis-Mengen-Diagramm ab, d. h. ohne konkrete Zahlenwerte.
b) Erkläre an dem Beispiel, wie sich der Gleichgewichtspreis mithilfe des Preis-Mengen-Diagramms ermitteln lässt.

3 Rosen kosten am Valentinstag häufig mehr als im übrigen Jahr.
a) Stelle die Preisentwicklung vereinfacht (d. h. ohne konkrete Zahlenwerte) in einem Preis-Mengen-Diagramm dar.
b) Beurteilt die Preisentwicklung.

4 Findet weitere Beispiele dafür, welche die Grenzen des Preisbildungs-Modells belegen.

Wortspeicher
– das Angebot
– der Gleichgewichtspreis
– die Nachfrage
– das Preis-Mengen-Diagramm

3 Wirtschaft in Deutschland

Das BIP – ein Maß für Wohlstand

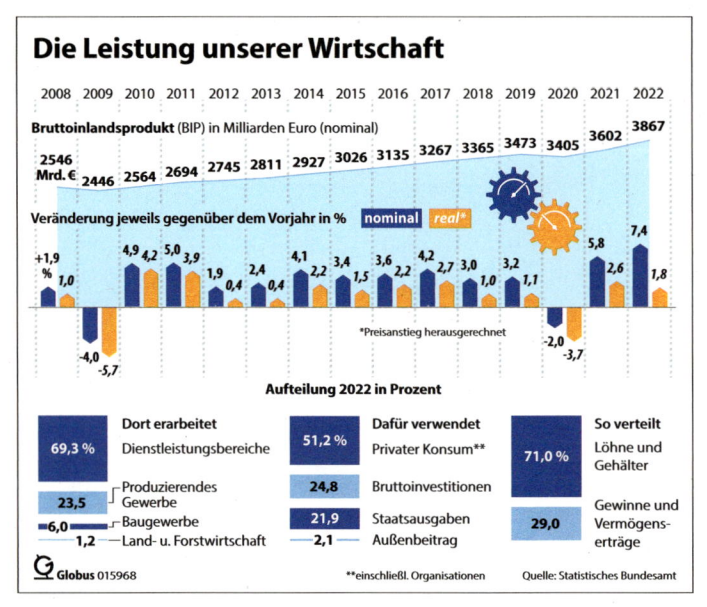

Die Leistung unserer Wirtschaft

Bruttoinlandsprodukt (BIP) in Milliarden Euro (nominal)

Jahr	2008	2009	2010	2011	2012	2013	2014	2015	2016	2017	2018	2019	2020	2021	2022
Mrd. €	2546	2446	2564	2694	2745	2811	2927	3026	3135	3267	3365	3473	3405	3602	3867

Veränderung jeweils gegenüber dem Vorjahr in % (nominal / real*)

Jahr	nominal	real
2008	+1,9	1,0
2009	-4,0	-5,7
2010	4,9	4,2
2011	5,0	3,9
2012	1,9	0,4
2013	2,4	0,4
2014	4,1	2,2
2015	3,4	1,5
2016	3,6	2,2
2017	4,2	2,7
2018	3,0	1,0
2019	3,2	1,1
2020	-2,0	-3,7
2021	5,8	2,6
2022	7,4	1,8

*Preisanstieg herausgerechnet

Aufteilung 2022 in Prozent

Dort erarbeitet:
- 69,3 % Dienstleistungsbereiche
- 23,5 % Produzierendes Gewerbe
- 6,0 % Baugewerbe
- 1,2 % Land- u. Forstwirtschaft

Dafür verwendet:
- 51,2 % Privater Konsum**
- 24,8 Bruttoinvestitionen
- 21,9 Staatsausgaben
- 2,1 Außenbeitrag

So verteilt:
- 71,0 % Löhne und Gehälter
- 29,0 Gewinne und Vermögenserträge

**einschließl. Organisationen
Quelle: Statistisches Bundesamt
Globus 015968

M1 Das BIP in Bewegung

---

das nominale BIP
Summe aller Güter und Dienstleistungen, ohne dabei den Einfluss von Preisveränderungen zu berücksichtigen

das reale BIP
umfasst das nominale BIP, bereinigt um den Einfluss von Preisveränderungen

„Das BIP hat im letzten Jahr wieder zugenommen", freut sich der Berichterstatter an der Börse. Auch Tekins Eltern freuen sich, als sie die Nachrichten hören: „Die Wirtschaft wächst!" „Wachsen? Was wird denn da größer?", fragt sich Tekin.

Was ist das BIP?
Unter dem **Bruttoinlandsprodukt (BIP)** versteht man die Summe aller Güter und Dienstleistungen, die innerhalb einer bestimmten Zeit, meist eines Jahres, in einer Volkswirtschaft, z. B. Deutschland, hergestellt werden. Das BIP gibt als Indikator Hinweise auf die wirtschaftliche Leistung eines Landes. Erhöht sich das BIP im Vergleich zum Vorjahr, dann sprechen wir von Wirtschaftswachstum, ist es niedriger, von Wirtschaftsabschwung.

Wie entsteht das BIP?
Zum BIP tragen alle ↗ Wirtschaftsbereiche in unterschiedlichem Umfang bei (→ **M2**). Dabei spielen die Land- und Forstwirtschaft sowie die Fischerei prozentual immer weniger eine Rolle. In den letzten Jahren hat der **Dienstleistungsbereich** seinen Beitrag stark erhöht.

Wie berechnet man das BIP?
Dein Fahrrad, deine neue Jeans, dein Besuch im Kino oder dein Friseurbesuch – den Wert all dieser Güter und Dienstleistungen rechnet man zusammen, um das BIP zu ermitteln. Aufpassen muss man, dass keine Position doppelt berechnet wird. Sogenannte Vorleistungen, wie der Wert von Schrauben oder Kabeln, die bereits für das BIP erfasst in deinem Fahrrad stecken, müssen also davon abgezogen werden.

Wofür wird das BIP verwendet?
Das erwirtschaftete BIP wird zum größten Teil von den privaten Haushalten, wie z. B. auch deiner Familie, verbraucht. Der Staat gibt ebenfalls Geld aus, denn er baut Straßen und Fahrradwege oder bezahlt Lehrkräfte in Schulen (→ **M1**).

Wie entwickelt sich das BIP weiter?
Die Entwicklung des BIP verläuft nicht immer gleich. Als in Deutschland nach dem Zweiten Weltkrieg alles zerstört war und wieder aufgebaut werden musste, stieg das BIP jährlich sehr stark (z. B. 1951 über 20 %). In den letzten zwanzig Jahren hat sich die jährliche Steigerung des nominalen BIP um

2–4 % eingependelt. Das ist normal, denn der Erfolg lässt sich nur schwer steigern, wenn eine Volkswirtschaft bereits einen hohen Stand erreicht hat.

Zeigt das BIP den Wohlstand an?
Angenommen, wir verteilen alle erarbeiteten Werte der Güter und Dienstleistungen gleichmäßig auf die Bevölkerung, dann nennt man das das BIP pro Kopf.
Ist dieser Wert sehr hoch, dann spricht man von einem hohen Lebensstandard, und man könnte schlussfolgern, dass es allen gut geht. Die Erfahrungen zeigen jedoch, dass dies noch gar nichts über die wirkliche Verteilung aussagt.

Was bleibt unberücksichtigt im BIP?
In der Regel wird nur der Nutzen gemessen, den ein Gut erzeugt, und nicht der Schaden, den es anrichtet. Wenn ein Auto produziert wird, dann wird der Preis in das BIP eingerechnet, denn der Kauf des Autos lässt das BIP wachsen. Autos mit Verbrennungsmotoren stoßen jedoch viele Schadstoffe in die Luft aus, die für die Erderwärmung verantwortlich sind und den Klimawandel so beschleunigen. Was für die Wirtschaft gut ist, kann also für die Umwelt ziemlich schädlich sein – und damit auch wieder Kosten verursachen.

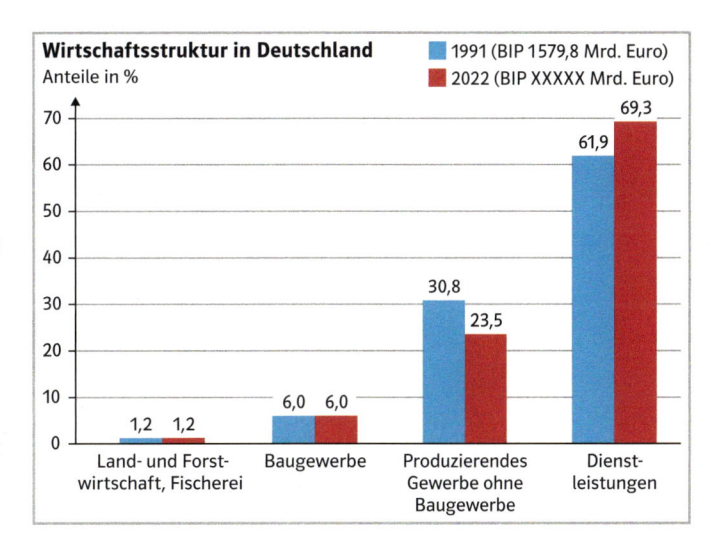

Wirtschaftsstruktur in Deutschland
Anteile in %
- 1991 (BIP 1579,8 Mrd. Euro)
- 2022 (BIP XXXXX Mrd. Euro)

Bereich	1991	2022
Land- und Forstwirtschaft, Fischerei	1,2	1,2
Baugewerbe	6,0	6,0
Produzierendes Gewerbe ohne Baugewerbe	30,8	23,5
Dienstleistungen	61,9	69,3

M 2 Das BIP in Deutschland 1991 und 2022

Merke
- Mit dem Bruttoinlandsprodukt (BIP) kann man die wirtschaftliche Leistung eines Landes messen.
- Im BIP wird der Wert der erwirtschafteten Güter und Dienstleistungen ausgedrückt.
- Als alleiniger Wohlstandsanzeiger hat das BIP Grenzen.

Aufgaben

1 Beschreibe, was das BIP ist.

2 Nenne für die Begriffe „Güter" und „Dienstleistungen" je drei Beispiele.

3 Erklärt euch gegenseitig, warum man das BIP auch als „Indikator der Wirtschaft" bezeichnet.

4 Analysiert **M 1** und **M 2**.
BO a) Arbeitet heraus, in welchen Bereichen das BIP entsteht.
b) Vergleicht die unterschiedlichen Anteile der Bereiche und ihre Veränderungen zwischen 1991 und 2022.
c) Begründet, warum der Beitrag von Land- und Forstwirtschaft relativ klein ist.
d) Erläutert, wie das BIP verwendet wird.

5 Kritische Stimmen behaupten, das BIP sei kein Messwert für Wohlstand. Beurteilt.

6 Gestaltet eine Mindmap, aus der hervorgeht, welche Grenzen das BIP hat.

7 Recherchiert im Internet, welchen Wert das BIP aktuell hat. Bewertet.

Wortspeicher
- das Bruttoinlandsprodukt (BIP)
- der Dienstleistungsbereich

3 Wirtschaft in Deutschland

Wohlstandsindikatoren im Vergleich

M1 Yvest macht sich Sorgen.

Das BIP ist nicht alles
Positive Ergebnisse setzt man mit Wohlstand, Gewinn und Zufriedenheit gleich. Ein Kritikpunkt am BIP besteht darin, dass auch die Erlöse, z. B. aus Schwarzarbeit und Drogenhandel, in die Erfassung mit einfließen, ohne die Kosten zu berücksichtigen, die durch Drogenmissbrauch entstehen. Unbezahlte Haushaltstätigkeiten und ehrenamtliche Arbeit werden dagegen nicht erfasst und die Verteilung des Wohlstands und auch die Frage nach der Anwendung von Menschenrechten finden im BIP keine Berücksichtigung.

„Schau, wie die Preise steigen. Bestimmt steigt bald auch die Arbeitslosigkeit", sagt Yvest. „Du jammerst auf hohem Niveau. Wir leben doch absolut im Wohlstand. Verringere du lieber deinen ↗ ökologischen Fußabdruck, damit unser Wohlstand nicht gefährdet wird und uns erhalten bleibt!", antwortet seine Freundin Panya. Yvest denkt: „Was bedeutet für dich denn Wohlstand, woran erkenne ich ihn – und was hat das mit meinem ökologischen Fußabdruck zu tun?"

Human-Development-Index (HDI)
Der HDI ist ein ↗ **Wohlstandsindikator** der Vereinten Nationen. Er basiert nicht nur auf dem BIP, sondern bezieht in seine Messung zum BIP Lebenserwartung, Bildung und Lebensstandard mit ein. Der HDI zeigt die Position eines Landes im Vergleich mit anderen Ländern an und wird im Zahlenwert zwischen 0 und 1 angegeben (→ **M2**). Je näher das Land an die Ziffer 1 kommt, desto höher ist das Entwicklungsniveau.

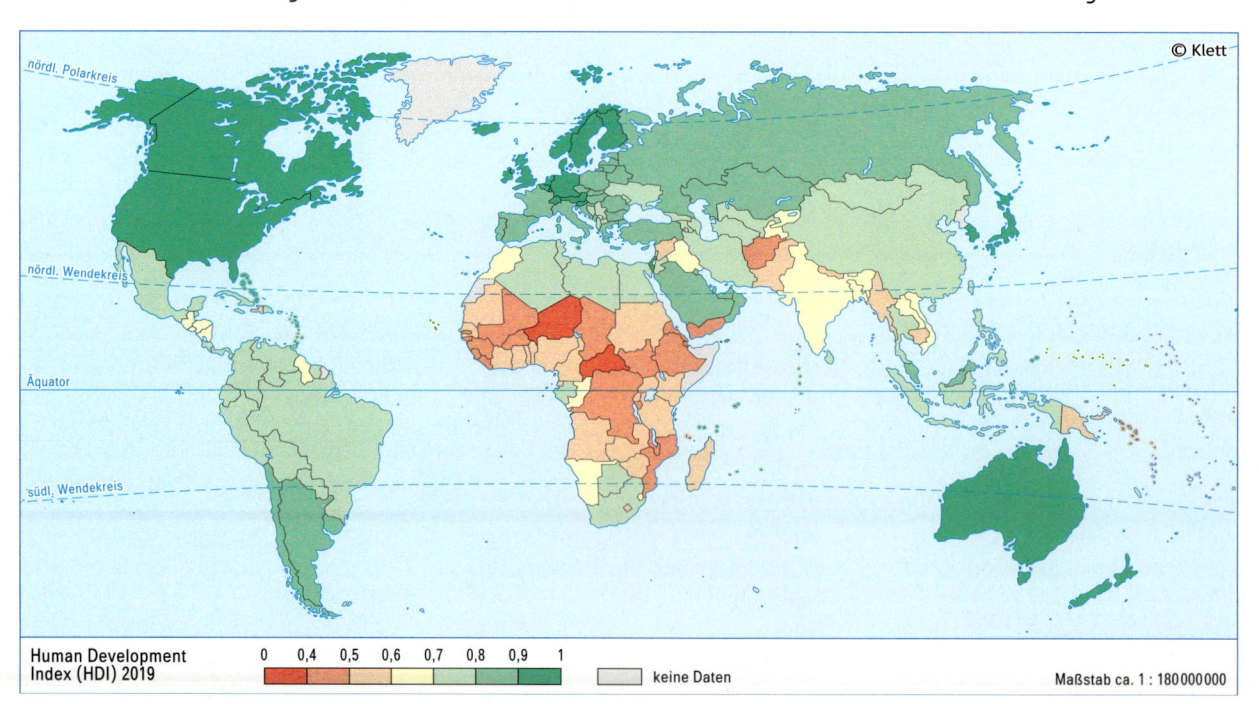

M2 Human-Development-Index weltweit

Es werden dabei Länder mit hohem, mittlerem und schwachem Entwicklungsniveau unterschieden.

Happy-Planet-Index (HPI)
Der HPI wurde 2006 von der britischen New Economics Foundation (NEF) als „Headline-Indikator" für den gesellschaftlichen Fortschritt entwickelt. Er drückt aus, wie sich die Lebenserwartung und die subjektive Zufriedenheit der Menschen eines Landes im Verhältnis zu ihrem Ressourcenverbrauch (ökologischer Fußabdruck) darstellt.

Better-Life-Index (BLI)
Geld allein macht nicht glücklich. Das berücksichtigt man in der Messung des BLI. Die Organisation für wirtschaftliche Zusammenarbeit und Entwicklung (OECD) orientiert sich bei der Messung am Wohlergehen der Menschen. Sie berücksichtigt dabei elf Themengebiete: Wohnverhältnisse, Einkommen, Beschäftigung, Gemeinsinn, Bildung, Umwelt, Zivilengagement, Gesundheit, Lebenszufriedenheit, Sicherheit und Work-Life-Balance.

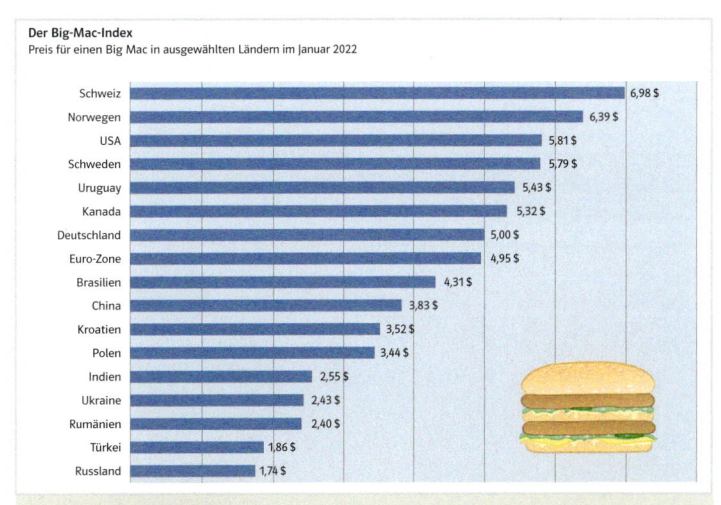

Der Big-Mac-Index
Preis für einen Big Mac in ausgewählten Ländern im Januar 2022

- Schweiz: 6,98 $
- Norwegen: 6,39 $
- USA: 5,81 $
- Schweden: 5,79 $
- Uruguay: 5,43 $
- Kanada: 5,32 $
- Deutschland: 5,00 $
- Euro-Zone: 4,95 $
- Brasilien: 4,31 $
- China: 3,83 $
- Kroatien: 3,52 $
- Polen: 3,44 $
- Indien: 2,55 $
- Ukraine: 2,43 $
- Rumänien: 2,40 $
- Türkei: 1,86 $
- Russland: 1,74 $

Der Big-Mac-Index
Dieser Indikator wurde 1986 von der britischen Wochenzeitung „The Economist" erfunden. Er gibt an, wie lange man in einem Land oder in einer Stadt durchschnittlich arbeiten muss, um einen Big Mac kaufen zu können.

M 3 Big-Mac-Index

Merke
- Ein Wohlstandsindikator ist eine Messgröße für den Wohlstand eines Landes.
- Der Human-Development-Index erfasst neben dem BIP auch die Lebenserwartung und den Bildungsgrad der Menschen.
- Lebenszufriedenheit, Lebenserwartung und der ökologische Fußabdruck werden im Happy-Planet-Index ausgedrückt.

Aufgaben

1 Nenne Faktoren, die für dich Wohlstand beschreiben.

2 Erkläre, woran man Wohlstand erkennt.

3 a) Vergleiche zwei ausgewählte Wohlstandsindikatoren.
b) Nenne die Vor- und Nachteile, den Wohlstand über diese Indikatoren zu messen.

4 a) Erläutert **M 3**.
b) Recherchiert, wie hoch aktuell der durchschnittliche Reallohn in den einzelnen Ländern ist.
c) Überprüft, wie lange dort gearbeitet werden muss, um sich einen Big Mac kaufen zu können.
d) Erklärt, was dieser Index über Wohlstand ausdrückt.

5 Analysiert **M 2**.

6 Entwickelt einen eigenen Wohlstandsindikator, stellt diesen der Klasse vor und bewertet die beste Idee.

Wortspeicher
– der Better-Life-Index
– der Happy-Planet-Index
– der Human-Development-Index
– der Wohlstandsindikator

Partizipationsmöglichkeiten

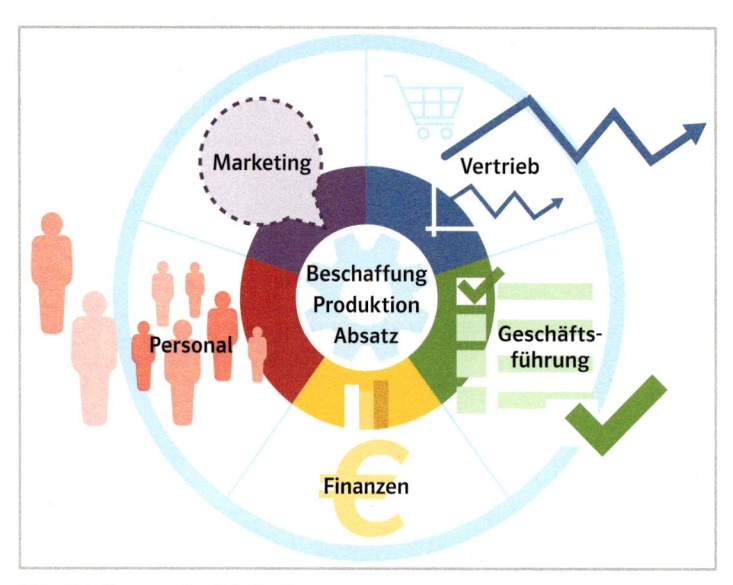

M1 Abteilungen der Schülerfirma

Die Achtklässlerin Aileen (A) trifft auf dem Pausenhof ihren großen Bruder Tarek (T). Er geht in die 10. Klasse. Am Bäckerstand fällt Aileen ein Plakat auf:

> **Mehr Mitbestimmung?**
> Dann bist du hier genau richtig!
>
> Unsere Schülerfirma sucht neue Mitarbeiterinnen und Mitarbeiter. Interesse? Dann besuche uns jetzt im Büro der Schülerfirma.
>
> Wir freuen uns auf dich!

M2 Plakat der Schülerfirma

Mitbestimmen? Aber gerne!

A: „Tarek, schau mal! Sie suchen wieder neue Mitarbeitende für die **Schülerfirma**. Ich will doch schon so lange mehr an unserer Schule mitbestimmen. Was denkst du?"

T: „Wenn du dir mehr **Mitbestimmung**, also Partizipation, wünschst, dann ist die Schülerfirma genau das Richtige für dich! Letztes Jahr habe ich doch auch daran teilgenommen. Jetzt muss ich mich aber auf den Abschluss vorbereiten und brauche die Zeit zum Lernen. In der Schülerfima war ich in der Finanzabteilung. Neben der Preisfestlegung unserer Produkte hatte ich immer alle Einnahmen und Ausgaben im Blick. Das war sehr spannend und hat viel Spaß gemacht."

A: „Das klingt ja interessant. Aber Finanzen liegen mir nicht so. Ich verkaufe lieber."

T: „Das ist doch gut. Du kannst deine Stärken in der Marketing- oder Vertriebsabteilung unter Beweis stellen. Dabei kannst du entweder Unternehmen als Sponsoren gewinnen oder aber das Produkt unter die Leute bringen."

A: „Das klingt nach viel Verantwortung. Kann ich denn in der Schülerfirma auch wirklich mitbestimmen?"

T: „Ja, das musst du sogar. Als Teil einer Schülerfirma hast du in allen Bereichen ein Mitspracherecht. Dann hast du zwar viel Veranwortung, aber schließlich willst du ja mit deiner Beteiligung und Mitwirkung auch etwas bewegen. Das ist nun einmal eine gewisse Verpflichtung. Die Teilnahme an einer Schülerfirma ist für alle perfekt, die an ihrer Schule mitbestimmen wollen."

A: „Danke, Tarek. Dann werde ich mich mal schnell im Büro melden!"

Was bedeutet Partizipation?

Über die Teilnahme an einer Schülerfirma hat man die Möglichkeit, an der eigenen

M 3 Partizipation

Demonstrieren für den Klimawandel
„Fridays for Future" ist eine populäre Form der Partizipation. Insbesondere Kinder und Jugendliche sind aufgefordert, für den Klimaschutz zu demonstrieren. Kritisiert wird daran, dass diese **Demonstrationen** häufig am Freitagvormittag innerhalb der Schulzeit stattfinden und durch die Teilnahme die Schulpflicht verletzt wird.

M 4 Fridays for Future

Schule mitzubestimmen, also zu partizipieren. Das bedeutet, dass man sich aktiv und maßgeblich an allen Entscheidungen innerhalb der Firma beteiligt. Auch außerhalb der Schule gibt es Möglichkeiten zu partizipieren.

Partizipationsmöglichkeiten
Partizipation findet in Organisationen, Verbänden, Parteien oder anderen Interessengruppen statt. Im Fokus stehen der Austausch gemeinsamer Werte und Erfahrungen und die Umsetzung und Entwicklung von Interessen. Um das geplante Vorhaben zu realisieren, gilt es, Verantwortung zu übernehmen, um erfolgreich zu sein.

Digital partizipieren
Onlinepetitionen sind eine Form der digitalen Partizipation. Dabei sammeln Menschen im Internet Unterschriften, um auf politische oder gesellschaftliche Anliegen aufmerksam zu machen, z. B. beim Straßenausbau oder Naturschutz. Da sich mit Onlinepetitionen schnell viele Menschen erreichen lassen, sind sie ein wichtiges Instrument, um Veränderungen in der Gesellschaft anzustoßen.

Merke
- Die Teilnahme an einer Schülerfirma ermöglicht die Mitbestimmung auf verschiedenen Ebenen und Bereichen.
- Partizipation bedeutet, sich aktiv an Entscheidungen zu beteiligen und für seine Interessen einzustehen.

Aufgaben

1 Beschreibe, was mit dem Begriff „Partizipation" gemeint ist.

2 a) Nenne Möglichkeiten der Mitbestimmung auf Schulebene.
b) Beschreibe an einem Beispiel, wie du in deiner Schule mitbestimmen kannst.

3 Erläutere an je einem Beispiel, welche Möglichkeiten der Mitbestimmung in den einzelnen Abteilungen einer Schülerfirma bestehen.

4 a) Erläutere, was man unter einer Onlinepetition versteht.
MB
b) Recherchiert eine aktuelle Onlinepetition, die ihr unterstützen möchtet, und macht dafür Werbung in eurer Schule.

5 Lehrerverbände lehnen es ab,
BTV dass die Schulpflicht zugunsten politischer Aktionen – etwa im Rahmen eines sogenannten Klimastreiks – aufgehoben wird. Bewerte diese Position.

6 Beurteile die verschiedenen Möglichkeiten zur Partizipation für Jugendliche.

Wortspeicher
– die Demonstration
– die Mitbestimmung
– die Onlinepetition
– die Schülerfirma

Karikaturen-Rallye

M1 Karikatur 1

M2 Karikatur 2

die Karikatur
caricare (lat.) = überladen

Karikaturen zeigen in komischer Weise gesellschaftliche Situationen, die auch dich im ersten Moment schmunzeln lassen. Karikaturen sind mehr als nur witzige Bilder, denn die Zeichnerin oder der Zeichner möchte auf bestimmte Probleme aufmerksam machen. Karikaturen versteht ihr nur, wenn ihr das notwendige Hintergrundwissen zur Thematik habt. Versucht es einfach! So geht es:

1. Schritt: Karikaturen-Rallye vorbereiten
Wählt fünf bis sechs Karikaturen zu einem Themenbereich aus und hängt sie gut verteilt in eurem Klassenzimmer auf. Dann teilt ihr die Klasse in so viele Stammgruppen, wie ihr Karikaturen aufgehängt habt. Jede Gruppe platziert sich an einer Karikatur.

2. Schritt: Karikaturen betrachten
In einem vorher vereinbarten zeitlichen Rahmen (z. B. drei Minuten) betrachtet jede Gruppe die Karikatur und löst den ersten Arbeitsauftrag (→ Aufgabe 1). Danach wandern die Gruppen im Uhrzeigersinn zur nächsten Karikatur. Der 2. Schritt ist beendet, wenn alle Gruppen alle Karikaturen gesehen und Aufgabe 1 bearbeitet haben.

3. Schritt: Karikaturen analysieren
Im nächsten Schritt werden die Karikaturen abgehängt und jede Stammgruppe zieht verdeckt eine der Karikaturen. Die Stammgruppen bearbeiten nun jeweils den zweiten Arbeitsauftrag (→ Aufgabe 2).

4. Schritt: Ergebnisse vortragen
Nun stellt jede Gruppe ihre Ergebnisse im Plenum vor. Dabei visualisiert ihr eure Aussagen. Besonders geeignet ist z. B. eine Mindmap. Beantwortet im Anschluss die offenen Fragen.

M3 Karikatur 3

METHODE

M 4 Karikatur 4

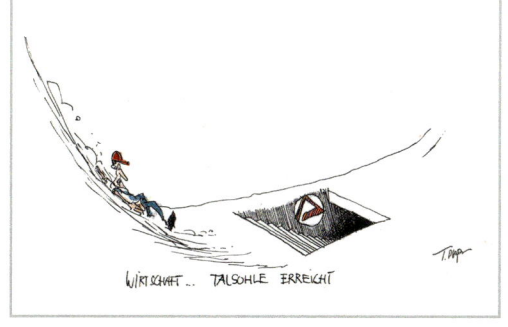

M 5 Karikatur 5

Leitfaden zur Auswertung einer Karikatur

1. Karikatur beschreiben
Beschreibe, was du siehst. Welche Personen und Situation sind dargestellt?

2. Thema erkennen
Nenne das Ereignis oder Problem, das hier gemeint ist.

3. Sachverhalt erarbeiten
Trage zusammen, was du über das Thema weißt.

4. Symbole deuten
Beschreibe, wie die Karikaturistin bzw. der Karikaturist z. B. Personen darstellt und welche Stilmittel sie bzw. er dafür verwendet, z. B. Übertreibung, Verfremdung, Witz, Humor, usw.

5. Aussage ergründen
Stelle fest, welche Aussage die Zeichnerin bzw. der Zeichner machen möchte. Wen greift sie bzw. er an? Wen unterstützt sie bzw. er? Welche Gründe wird sie bzw. er dazu haben?

6. Nimm Stellung
Beurteile, ob aus deiner Sicht die Aussage der Karikatur zutrifft. Begründe deine Meinung.

7. Titel geben
Gib der Karikatur eine Überschrift oder einen Titel, der aus deiner Sicht passt.

M 6 Leitfaden zur Auswertung einer Karikatur

1. Schritt: Karikaturen-Rallye vorbereiten
- Karikaturen auswählen
- Stammgruppen bilden
- Startposition festlegen

↓

2. Schritt: Karikaturen betrachten
- Karikaturen ansehen
- Aufgabe 1 lösen
- Karikaturenwechsel im Uhrzeigersinn

↓

3. Schritt: Karikaturen analysieren
- Stammgruppe zieht eine Karikatur
- Analyse nach Aufgabe 2

↓

4 Schritt: Ergebnisse vortragen
- Präsentation der einzelnen Karikaturen im Plenum
- Beantwortung möglicher Fragen

M 7 To-do-Liste für eure Karikaturen-Rallye

Aufgaben

1 Nenne die Situation oder Problematik, auf die die Karikatur aufmerksam macht. Notiere dir zu allen Karikaturen (→ **M 1** – **M 5**) ein paar Stichpunkte.

2 Bearbeitet die von euch gezogene Karikatur nach dem „Leitfaden zur Auswertung einer Karikatur" (→ **M 6**).

3 Präsentiert euer Ergebnis im Plenum. Wählt hierfür eine passende Darstellungsform.

4 Erklärt, wie ihr zu eurem Ergebnis gekommen seid.

5 Recherchiert nach weiteren Ereignissen in der Wirtschaft und untersucht, ob es dazu Karikaturen gibt.

6 Gestaltet eine eigene Karikaturen-Rallye.

3 Wirtschaft in Deutschland

Auf einen Blick

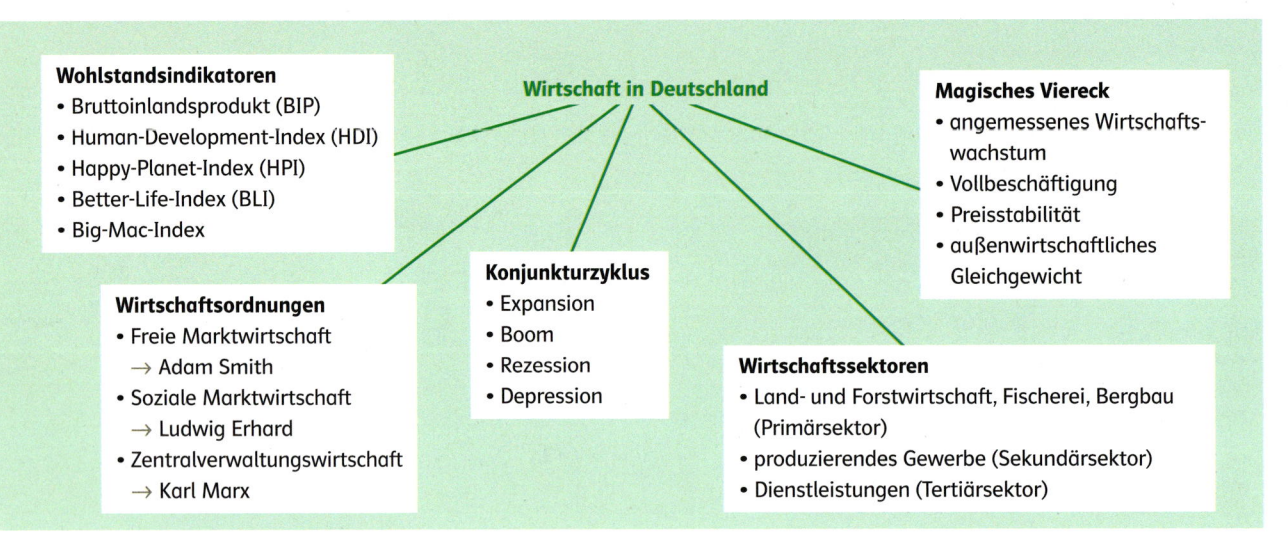

Wirtschaft in Deutschland

Wohlstandsindikatoren
- Bruttoinlandsprodukt (BIP)
- Human-Development-Index (HDI)
- Happy-Planet-Index (HPI)
- Better-Life-Index (BLI)
- Big-Mac-Index

Wirtschaftsordnungen
- Freie Marktwirtschaft
  → Adam Smith
- Soziale Marktwirtschaft
  → Ludwig Erhard
- Zentralverwaltungswirtschaft
  → Karl Marx

Konjunkturzyklus
- Expansion
- Boom
- Rezession
- Depression

Magisches Viereck
- angemessenes Wirtschaftswachstum
- Vollbeschäftigung
- Preisstabilität
- außenwirtschaftliches Gleichgewicht

Wirtschaftssektoren
- Land- und Forstwirtschaft, Fischerei, Bergbau (Primärsektor)
- produzierendes Gewerbe (Sekundärsektor)
- Dienstleistungen (Tertiärsektor)

M1 Diese Begriffe solltest du kennen.

Wiederholen

1 S. 68–95
Im Gitter (→ **M4**) sind zehn Begriffe aus diesem Kapitel versteckt.
a) Finde sie und schreibe sie untereinander auf.
b) Wähle fünf Begriffe aus und färbe sie ein.
c) Erkläre deine ausgewählten Begriffe in Form einer Definition.

2 S. 68–73
Wir unterscheiden die „Freie Marktwirtschaft", die „Soziale Marktwirtschaft" und die „Zentralverwaltungswirtschaft".
a) Erkläre, worin sich diese drei Marktformen unterscheiden und wie stark die Rolle des Staates jeweils ist.
b) In der Bundesrepublik Deutschland leben wir in der „Sozialen Marktwirtschaft". Begründe.
c) Entwickle Ideen, wie man die „Soziale Marktwirtschaft" noch gerechter gestalten kann.

3 S. 76/77
a) Kartelle passen nicht zur „Sozialen Marktwirtschaft". Erläutere.
b) Mehr als die Hälfte der aufgedeckten Kartellfälle wurden durch Kronzeugen initiiert, also durch Firmenmitarbeitende, die von geheimen Absprachen Kenntnis hatten. Entwickle eine Idee, was Firmen tun, damit z. B. Preisabsprachen geheim bleiben.

4 S. 82/83
Ordne den Konjunkturphasen (Expansion, Boom, Rezession und Depression) jeweils ihre deutsche Bezeichnung (Konjunkturtief, Konjunkturhoch, Abschwung, Aufschwung) sowie zwei der folgenden Aussagen zu:
- Die Zahl der Aufträge in der Produktion steigt.
- Die Unternehmen investieren nicht mehr.
- Die Löhne und Gehälter steigen.
- Zahlreiche Unternehmen melden Insolvenz an.
- Die Unternehmen entlassen Mitarbeitende.
- Die Preise sinken.
- Die Nachfrage nach Gütern steigt.
- Die Auftragsbücher der Unternehmen sind voll.

TRAINING

5 → S. 78–87
a) Analysiere die Karikatur in **M 3**.
b) Erkläre, was passiert, wenn in unserem Land dieser Anhänger abgekoppelt wird.
c) Begründe deine Aussagen.

6 → S. 84/85
a) Das magische Viereck wird immer magisch bleiben, denn Zielkonflikte und Zielharmonien werden sich immer gegenseitig bedingen. Erkläre diese Problematik an zwei Beispielen.
b) Beurteile die Aussage: „Die Konjunktur in Deutschland verläuft unabhängig von der wirtschaftlichen Entwicklung anderer Länder."

7 → S. 78/79
Wettbewerbsprinzip, Sozialprinzip und Marktkonformitätsprinzip prägen die „Soziale Marktwirtschaft". Erkläre.

8 → S. 90–93
a) Vergleiche den BIP der Länder in **M 2**.
b) Begründe die unterschiedlichen Werte.

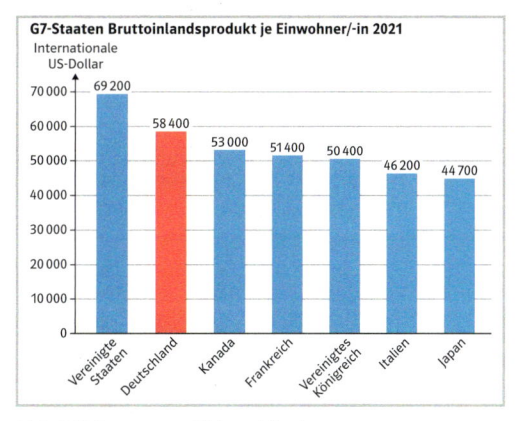

M 2 BIP in ausgewählten Ländern

(G7-Staaten Bruttoinlandsprodukt je Einwohner/-in 2021, Internationale US-Dollar: Vereinigte Staaten 69 200; Deutschland 58 400; Kanada 53 000; Frankreich 51 400; Vereinigtes Königreich 50 400; Italien 46 200; Japan 44 700)

c) Erkläre, was das BIP über Wohlstand aussagt.
d) Nenne alternative Indikatoren für Wohlstand und vergleiche ein Beispiel mit dem BIP.

9 → S. 94/95
„Die Schulpflicht soll aufgehoben werden, wenn man während der Unterrichtszeit demonstrieren möchte." Bewerte diese Aussage.

M 3 Karikatur (Reiner Schwalme)

M 4 Gitterrätsel

3 Wirtschaft in Deutschland

Bedingungsloses Grundeinkommen

Erstellt eine Projektarbeit zum Thema „Bedingungsloses Grundeinkommen". Wählt dazu ein weiteres Fach (z. B. GK) und eine Leitperspektive (z. B. PG), die zu dieser Thematik passen.

1. Vorbereitungsphase

M1 Gedankenwolken zum Thema

Gruppenmitglieder (Vorname, Name):
1. Emir Yildirim
2. Olga Schwarz
3. Kaya Celan
4. Theresa Erb
5. Sunny Hofmeier

Beteiligte Fächer
WBS und Gemeinschaftskunde

Berücksichtigte Leitperspektive
☐ BNE ☐ BTV ☒ PG
☐ BO   ☐ MB   ☐ VB

Klassenstufe: 9
Schuljahr: 20../20..

Projektthema
Bedingungsloses Grundeinkommen – Motivation zur Selbstverwirklichung oder Verführung zum Nichtstun?

Kurzbeschreibung des Projekts
- Einführung Definition
- Bedingungsloses Grundeinkommen in Deutschland und anderen Ländern
- Pro Bedingungsloses Grundeinkommen
- Kontra Bedingungsloses Grundeinkommen
- Finanzierung
- Durchführung einer Umfrage
- Zusammenfassung und Fazit
- Fazit der Arbeit in der Gruppe (Reflexion)

M2 Ausgefüllter Genehmigungsantrag

PROJEKT

2. Durchführungsphase

- ✓ Organisiert euch im Team und arbeitet eigenverantwortlich.
- ✓ Recherchiert nach Informationen zu eurem Arbeitspaket. Wertet diese strukturiert aus. Was sind die zentralen Inhalte?
- ✓ Plant frühzeitig die Durchführung eurer Umfrage (Fragebogen, Zeitpunkt, Aufgabenverteilung, Auswertung).
- ✓ Überprüft regelmäßig eure Zeitplanung und die vereinbarten Meilensteine. Das Tagesprotokoll hilft euch dabei.
- ✓ Überlegt euch, wie ihr eure Ergebnisse präsentieren wollt:
  – als Plakat?
  – per PowerPoint?
  – mit einem Produkt?
- ✓ Bereitet eure Präsentation sorgfältig vor:
  – Erstellt Redekärtchen und übt eure Präsentation vor dem Spiegel.
  – Sprecht euch in der Gruppe ab. Verteilt die Präsentationsanteile und achtet darauf, dass eure Präsentation einen roten Faden hat und keine Dopplungen enthält.
  – Plant die einzelnen Schritte: Wie ist die Reihenfolge eurer Präsentation? Wer übernimmt die Einleitung? Wie sehen die Übergänge aus? Wer verabschiedet?
- ✓ Fasst eure Ergebnisse in einer schriftlichen Dokumentation zusammen.

M3 Checkliste Projektarbeit

3. Präsentation und Prüfungsgespräch

1. Vorstellung der Projektergebnisse, Herstellung von Bezügen zur Lebenswelt

2. Reflexion des Arbeits- und Gruppenprozesses (Chancen und Herausforderungen)

3. Beantwortung von Fragen zu den bearbeiteten Themenbereichen (Prüfungsgespräch)

TIPP
Während der Präsentation:
- ✓ *Ergebnisse flüssig vortragen*
- ✓ *Fachbegriffe richtig verwenden*
- ✓ *Redekärtchen nur als Unterstützung*

M4 So klappt's bei der Präsentation!

Aufgaben

1 a) Was fällt euch zu dem Thema ein? Entwickelt mithilfe von **M1** eine Gedankenwolke, in der ihr alle Ideen sammelt.
MB b) Recherchiert dazu auch im Internet.

2 Erstellt aus diesen Gedanken eine Strukturskizze. Bringt dazu die gesammelten Ideen in eine logische Reihenfolge. Definiert Arbeitspakete, die ihr arbeitsteilig bearbeitet.

3 Erstellt den Antrag für die Genehmigung (→ **M2**) eures Themas.

4 Führt die Projektarbeit durch. **M3** hilft euch dabei.

5 Präsentiert eure Ergebnisse (→ **M4**).

Wirtschaft in der EU

Der Handel mit Waren und Dienstleistungen hat in den letzten Jahrzehnten stark zugenommen. Von besonderer Bedeutung für Deutschland ist der Wirtschaftsraum der Europäischen Union (EU), einer Gemeinschaft von 27 Staaten mit rund 450 Millionen Menschen. Die europäische Wirtschaftspolitik und das Handeln vieler Staaten, Unternehmen und Organisationen betreffen auch dein Leben.

Ich werde ...

- die wirtschaftlichen Ziele und Merkmale der Europäischen Union beschreiben.
- die Freiheiten des europäischen Binnenmarkts erläutern.
- analysieren, welche Möglichkeiten und Grenzen es für die EU-Mitgliedsstaaten gibt, mit Herausforderungen, z.B. auf dem Arbeitsmarkt, umzugehen.
- am Beispiel von Schokolade das Spannungsverhältnis zwischen individuellem Nutzen und globaler Verantwortung erläutern.

Was denkst du?

- Bringt der freie Warenverkehr nur Vorteile mit sich?
- Welche Rolle spielt der Euro für unsere Wirtschaft?
- Was verbindest du persönlich mit Europa?

4 Wirtschaft in der EU

Willkommen in der Gemeinschaft

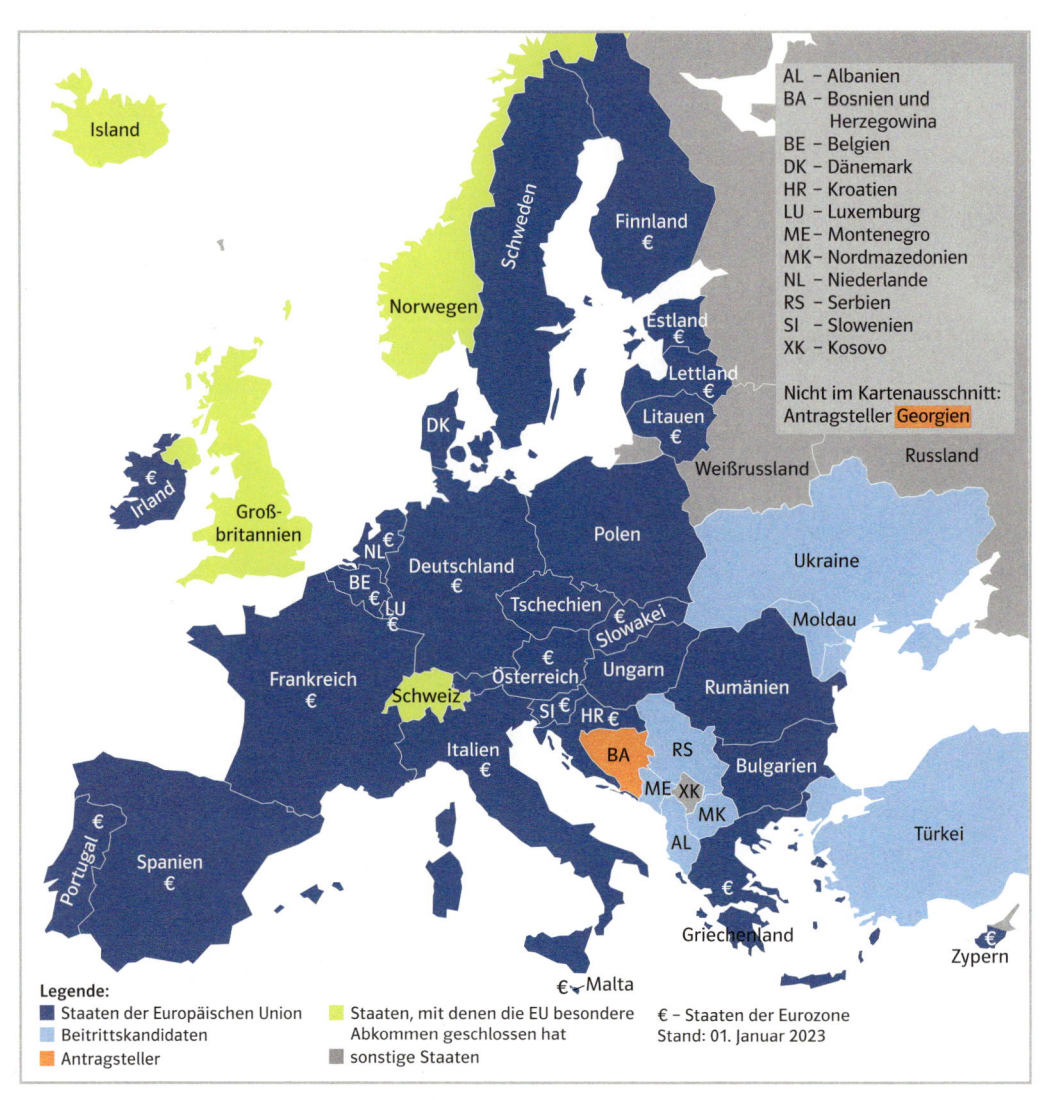

M1 Die 27 Staaten der Europäischen Union (Stand 2023)

Deutschland ist ein eigenständiger Staat, es ist aber auch Mitglied der ↗ Europäischen Union (EU) – einer Gemeinschaft von 27 Staaten.

Die Ziele der Europäischen Union

Die wirtschaftliche Zusammenarbeit der Mitgliedsstaaten steht seit Jahrzehnten im Vordergrund der EU-Politik. Der wirtschaftliche Wohlstand aller Menschen in der EU soll durch gemeinsames wirtschaftliches Handeln in einer **Wirtschaftsunion** gestärkt werden. Ein Ziel ist auch eine einheitliche Währung (Währungsunion).

Den **Euro** haben aber noch nicht alle Staaten der EU eingeführt (→ **M1**). Seit einigen Jahren streben die Staaten der EU auch eine gemeinsame Außen- und Sicherheitspolitik an.

Investitionen – in die Zukunft

Die Coronapandemie 2020–2023 hat zu einer Wirtschaftskrise geführt – viele Menschen in der EU wurden arbeitslos. Die EU-Kommission als „Regierung" der EU hat daher das Finanzpaket „Next Generation EU" beschlossen, um den betroffenen Staaten zu helfen. Dieses hat sie mit einem Klimapaket

---

die Währungsunion bezeichnet die Gesamtheit von Ländern, die eine einheitliche gemeinsame Geld- und Währungspolitik betreiben

verknüpft, damit die EU bis 2050 klimaneutral werden kann.

Nicht (mehr) dabei
Die Schweiz, Norwegen und Island waren noch nie Mitglieder der EU. Sie haben aber viele Regelungen der EU übernommen und können so am Warenaustausch zu den gleichen Bedingungen teilnehmen wie die EU-Staaten. Großbritannien ist nach einem Volksentscheid 2016 im Januar 2020 aus der EU ausgetreten (↗ Brexit).

Wer bestimmt in der EU?
Diese Frage ist nicht einfach zu beantworten. An der Spitze steht der Europäische Rat, der aus den Staats- und Regierungschefs aller 27 Mitgliedsstaaten besteht. Die Europäische Kommission entwickelt Vorschläge und führt die beschlossenen Maßnahmen durch. Das vom Volk direkt gewählte Europäische Parlament beschließt zusammen mit dem Ministerrat EU-Gesetze und den ↗ EU-Haushalt.

Wofür gibt die EU Geld aus?
Alle Mitgliedsstaaten finanzieren die EU je nach Größe ihrer Wirtschaftskraft mit. Im so-

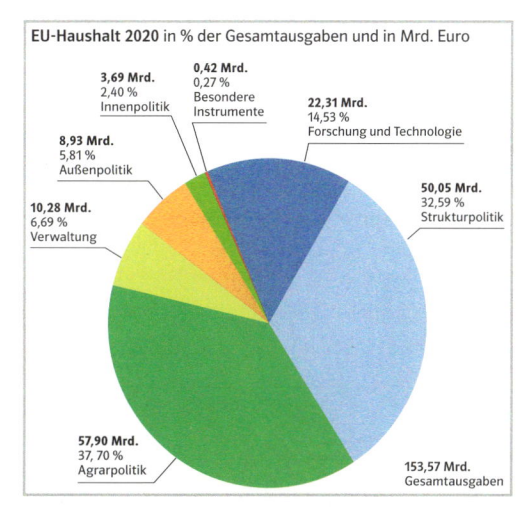

EU-Haushalt 2020 in % der Gesamtausgaben und in Mrd. Euro

- 3,69 Mrd. 2,40 % Innenpolitik
- 0,42 Mrd. 0,27 % Besondere Instrumente
- 22,31 Mrd. 14,53 % Forschung und Technologie
- 8,93 Mrd. 5,81 % Außenpolitik
- 10,28 Mrd. 6,69 % Verwaltung
- 50,05 Mrd. 32,59 % Strukturpolitik
- 57,90 Mrd. 37,70 % Agrarpolitik
- 153,57 Mrd. Gesamtausgaben

M 2 Mehrjähriger Finanzrahmen 2021–2027 der EU

genannten Mehrjährigen Finanzrahmen ist festgelegt, für welche Bereiche die EU in den Jahren 2021 bis 2027 Geld ausgibt (→ **M 2**). Ein großer Teil fließt dabei in die wirtschaftliche Förderung von weniger entwickelten Regionen und in die Agrarpolitik. Weitere wichtige Schwerpunkte sind der Klimaschutz und die Digitalisierung. Auch Austauschprogramme wie **Erasmus** sollen ausgebaut werden, um jungen Menschen die Chance zu geben, im Ausland zu studieren oder zu arbeiten.

der Mehrjährige Finanzrahmen der langfristige Haushalt der EU, gilt aktuell von 2021 bis 2027

Merke
- Die Europäische Union (EU) ist eine Vereinigung von aktuell 27 Staaten (Stand 2023).
- Nicht alle Staaten Europas haben den Euro als Währung.
- Die EU kann Maßnahmen beschließen, die die Mitgliedsstaaten umsetzen müssen.

Aufgaben

1 a) Listet EU-Staaten auf, die nicht den Euro als Landeswährung haben (→ **M 1**).
b) Überlegt und recherchiert, warum (noch) nicht alle EU-Staaten den Euro eingeführt haben.

2 a) Erläutere den Aufbau und die Verteilung der EU-Finanzen (→ **M 2**).
b) Sammelt Beispiele für die verschiedenen Bereiche der EU-Ausgaben.

c) Nimm Stellung zu folgender Aussage: „Es ist nicht gut, dass die deutsche Wirtschaft Regeln und Gesetze umsetzen muss, die für die gesamte EU beschlossen wurden."

3 Recherchiert Projekte, die durch die EU in eurer Heimatregion gefördert wurden oder werden.

4 Schreibe einen kurzen Aufsatz über das, was du mit der Europäischen Union verbindest.

5 Recherchiere, welche Chancen das Programm Erasmus+ für Lernende in Europa bietet.

Wortspeicher
- das Erasmus-Programm
- der Euro
- die Wirtschaftsunion

4 Wirtschaft in der EU

Der europäische Binnenmarkt

Freier Personenverkehr
- Keine Kontrollen an den Grenzen zwischen den EU-Ländern – dafür finden verstärkte Kontrollen an den Außengrenzen der EU statt.
- Einreise- und Asylgesetze sind vereinheitlicht.
- EU-Bürger/innen dürfen sich in jedem Land der EU niederlassen und auch in jedem Land arbeiten.

das Asyl
Zufluchtsort; das Recht auf Asyl für Menschen, die vor Gewalt, Terror oder Krieg fliehen, ist Teil des europäischen Rechts

Freier Dienstleistungsverkehr
- Alle EU-Bürger/innen und alle Unternehmen dürfen ihre Dienstleistungen in jedem EU-Land anbieten.
- Die Märkte für Energie, Transport und Telekommunikation (z. B. Post, Telefon, Internet) stehen allen europäischen Unternehmen offen.
- Die Banken- und Versicherungsaufsicht ist harmonisiert.

Freier Warenverkehr
- Im grenzüberschreitenden Warenverkehr werden keine ↗ Zölle mehr erhoben, Grenzkontrollen entfallen.
- Die EU-Staaten erkennen gegenseitig ihre Normen und Vorschriften an. In der EU produzierte Produkte können in jedem EU-Land verkauft werden.
- Die Steuersysteme sollen vereinheitlicht werden.

Freier Kapitalverkehr
- Vereinheitlichungen im Geld- und Kapitalverkehr:
Alle Bürger/innen und alle Unternehmen können Geld in jedem EU-Land anlegen oder leihen und sich die jeweils günstigsten Bedingungen heraussuchen.
- Es wird ein gemeinsamer Finanzmarkt angestrebt.
- Der Wertpapierhandel wird vereinheitlicht.

M1 Die vier Freiheiten in der Europäischen Union

Der gemeinsame Markt – ein schwieriger Prozess

Im ↗ EU-Binnenmarkt, dem gemeinsamen Wirtschaftsraum der Europäischen Union, gelten für alle Personen und Unternehmen vier große **Grundfreiheiten** (→ M1, M2). Jede Person, jedes Unternehmen kann überall in der EU einkaufen, Waren und Dienstleistungen anbieten, arbeiten, leben und reisen. Auch kann sich jedes Unternehmen in jedem EU-Land um öffentliche Aufträge, z. B. beim Schulbau oder Straßenbau, bewerben.

Das klingt einfach. Es war aber schwer zu verwirklichen, weil die Gesetze und Regelungen aller EU-Staaten angeglichen werden mussten. 1987 wurde der EU-Binnenmarkt von den damaligen EU-Staaten beschlossen und 1992 eingerichtet. Immer wieder wurden aber Ergänzungen nötig. So sorgte beispielsweise die EU seit 2008 schrittweise dafür, dass die im Heimatland geltenden Handytarife überall in der EU gelten.

Polnischer Busunternehmer: „Durch den Binnenmarkt gibt es jetzt auf unseren Reisen nach Spanien keine Wartezeiten an den Grenzen mehr."

Junger portugiesischer Bauingenieur: „Wir haben viele Aufträge in Frankreich. In meinem Heimatland gibt es zu wenig Arbeit für unser Bauunternehmen."

Niederländischer Unternehmer: „Mit den preiswerten Angeboten, z. B. aus Polen oder Ungarn, können wir nicht konkurrieren. Wir verlieren Aufträge."

Deutsche Studierende: „Wir waren – unterstützt durch das Programm Erasmus+ der EU – zu einem Auslandssemester in Italien."

Deutsches Rentnerpaar: „Wir können Geld zu höheren Zinsen bei einer italienischen Bank anlegen – bei gleicher Sicherheit wie in Deutschland."

Dänische Reisebuchautorin: „Endlich gilt mein Mobilfunktarif überall in der EU."

Betriebsratsmitglied in Deutschland: „Die mögliche Verlagerung von Betriebsstätten nach Rumänien macht unseren Beschäftigten Angst."

M 2 Meinungen zum Binnenmarkt

Starker Job

Groß- und Außenhandelskauffrau/-kaufmann
„Ich habe häufig Onlinekontakt mit unseren Lieferanten in Osteuropa. Meistens sprechen wir Englisch. Diese Gespräche sind super interessant. Ich hoffe, dass ich einmal vor Ort mit den Partnerunternehmen in Tschechien und in der Slowakei verhandeln kann. Vorher gehört aber Buchführung zum Pflichtprogramm in der Ausbildung."

Merke
- Der Europäische Binnenmarkt wurde 1992 eingerichtet.
- Im Europäischen Binnenmarkt gelten vier Grundfreiheiten: freier Warenverkehr, freier Personenverkehr, freier Dienstleistungsverkehr und freier Kapitalverkehr.
- Der Europäische Binnenmarkt hat neben vielen Gewinnenden auch Verlierende.

Aufgaben

1 Beschreibe den Prozess, der zur Bildung des EU-Binnenmarktes geführt hat.

2 Führt ein Gruppenpuzzle durch (→ S. 74/75). Jede Gruppe notiert Informationen und Beispiele zu einer der vier Grundfreiheiten der EU (→ M 1). Präsentiert eure Ergebnisse in der Klasse.

3 a) Ordne die Aussagen aus **M 2** den vier Freiheiten zu (→ **M 1**).
b) Die Personen aus **M 2** haben Vor- und Nachteile durch den EU-Binnenmarkt. Erörtert, welche Gründe es dafür geben könnte.

4 Bewerte, welche Bedeutung der EU-Binnenmarkt für dein späteres Berufsleben haben könnte. **BO**

5 „In der EU sollten an allen Grenzen wieder Passkontrollen eingeführt werden." Führt eine Pro-und-Kontra-Diskussion.

Wortspeicher
– der EU-Binnenmarkt
– die Grundfreiheiten

Arbeiten in Europa

die Jugendarbeitslosenquote
Prozentualer Anteil von Jugendlichen, die keine Arbeit finden, bezogen auf alle Jugendlichen, die dem Arbeitsmarkt zur Verfügung stehen. Nicht berücksichtigt werden Studierende und Jugendliche an Schulen.

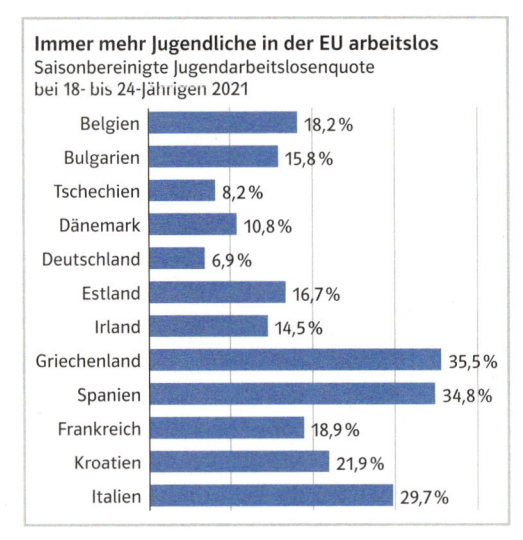

Immer mehr Jugendliche in der EU arbeitslos
Saisonbereinigte Jugendarbeitslosenquote bei 18- bis 24-Jährigen 2021

- Belgien: 18,2 %
- Bulgarien: 15,8 %
- Tschechien: 8,2 %
- Dänemark: 10,8 %
- Deutschland: 6,9 %
- Estland: 16,7 %
- Irland: 14,5 %
- Griechenland: 35,5 %
- Spanien: 34,8 %
- Frankreich: 18,9 %
- Kroatien: 21,9 %
- Italien: 29,7 %

M1 Jugendarbeitslosigkeit in der EU (Quelle: Eurostat)

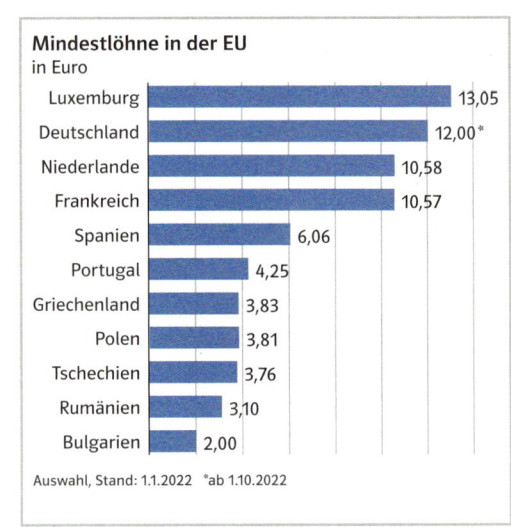

Mindestlöhne in der EU
in Euro

- Luxemburg: 13,05
- Deutschland: 12,00*
- Niederlande: 10,58
- Frankreich: 10,57
- Spanien: 6,06
- Portugal: 4,25
- Griechenland: 3,83
- Polen: 3,81
- Tschechien: 3,76
- Rumänien: 3,10
- Bulgarien: 2,00

Auswahl, Stand: 1.1.2022 *ab 1.10.2022

M2 Mindestlöhne in der EU (Quelle: WSI-Mindestlohnbericht 2022)

Jaako aus Finnland und Liljana aus Bulgarien arbeiten bei der EU-Kommission in Brüssel. Bei dieser großen Behörde mit mehr als 30 000 Beschäftigten haben sie eine gut bezahlte Arbeit. Vielen jungen Menschen in der EU geht es nicht so gut.

Jugendarbeitslosigkeit
In der EU waren 2020 besonders viele junge Menschen zwischen 18 und 24 Jahren arbeitslos (→ **M1**). In Deutschland sind dies vor allem junge Menschen ohne Schulabschluss oder Ausbildung. **Fachkräfte** werden gesucht. Vor allem in Handwerksberufen gibt es viele Stellenangebote und freie Ausbildungsplätze. In anderen Staaten dagegen, z. B. in Spanien oder Griechenland, finden auch gut ausgebildete junge Menschen keine Arbeit.
Die EU versucht, die Jugendarbeitslosigkeit in diesem Ländern mit Maßnahmen wie z. B. der „Beschäftigungsiniative für junge Menschen" gezielt zu bekämpfen. Die Initiative fördert z. B. die Finanzierung von Ausbildungsplätzen, Praktika oder Fortbildungen.

Gesetzlicher Mindestlohn
Einen einheitlichen EU-weiten Mindestlohn gibt es nicht. Die Höhe variiert stark in den einzelnen Ländern (→ **M2**). In Deutschland wurde der Mindestlohn ab Oktober 2022 auf 12 Euro angehoben.

Arbeitskräfte in Deutschland gesucht
Der offene Arbeitsmarkt der EU führt dazu, dass junge gut ausgebildete Arbeitskräfte aus anderen Ländern in Deutschland Arbeit suchen und finden (→ **M3**). Deutschland benötigt in verschieden Bereichen Fachkräfte, z. B. im Handwerk oder in der Altenpflege. Dazu sollen die Einwanderungsregeln nach Deutschland verbessert werden.
Aber auch viele ungelernte Arbeitskräfte kommen nach Deutschland. Sie arbeiten z. B. als Reinigungskräfte oder befristet als **Saisonarbeitskräfte** bei der Ernte. Zwar erhalten sie in Deutschland nur den gesetzlichen Mindestlohn, dieser ist aber wesentlich höher als in den meisten anderen EU-Staaten (→ **M2**). Vielfach werden Saisonarbeitskräfte jedoch von deutschen Betrieben in schlecht ausgestatteten Sammelunterkünften untergebracht, für die sie Miete bezahlen müssen. Auch wurden in den vergangenen Jahren häufig die Arbeitsbedingungen für diese Menschen in den Medien kritisiert.

Maria: „Mein Traum war es immer, auf Dächern zu arbeiten. In Portugal habe ich trotz eines guten Schulabschlusses weder einen Ausbildungsplatz noch einen Job bekommen. In Deutschland habe ich die Chance erhalten, eine Ausbildung zu machen. Jetzt arbeite ich als Dachdeckerin für ein Unternehmen in Stuttgart."
Maria aus Portugal arbeitet in Stuttgart.

Lana: „Über eine Freundin bin ich vor drei Jahren zu dem Job als Erntehelferin gekommen. Ich arbeite vier Monate auf einem großen Bauernhof im Kraichgau. Damit kann ich unser Familieneinkommen in Rumänien verbessern. Auf meine kleinen Kinder passt in dieser Zeit meine Mutter auf."
Lana aus Rumänien arbeitet im Kraichgau.

Lena: „Über ein polnisches Unternehmen wurde ich nach Deutschland vermittelt. Ich arbeite als häusliche Pflegekraft für eine 85-jährige Frau in Freiburg. Ich wohne in ihrer Wohnung und bin 24 Stunden am Tag für sie verantwortlich. Ihre Kinder wohnen in Norddeutschland. Sie ist noch relativ fit für ihr Alter. Deshalb ist der Job nicht so anstrengend wie bei vielen meiner Kolleginnen, die sehr viel stärker beansprucht werden. Trotzdem bin ich sehr froh, wenn ich nach drei Monaten Arbeit wieder zurück in meine Heimat nach Polen gehe."
Lena aus Polen arbeitet in Freiburg.

Marius: „Für mich ging ein Traum in Erfüllung. Ich kann als Ingenieur bei einem großen Unternehmen in dem Land arbeiten, in dem ich so gerne Urlaub mache. Perfekt ist dort die Zusammenarbeit in einem multinationalen Team."
Marius aus Deutschland arbeitet in Toulouse (Frankreich).

M 3 Vielfältiges Arbeiten in Europa

Merke
- Die Höhe der Jugendarbeitslosigkeit ist in den einzelnen EU-Staaten sehr unterschiedlich.
- Höhere Löhne und Arbeitsangebote führen zu Wanderbewegungen innerhalb der EU.

Aufgaben

1 a) Analysiere das Diagramm **M1**. Gehe dabei auch auf die Lage der einzelnen Länder auf einer Europakarte (→ S. 104) ein.
b) Beschreibe, welche Folgen es für ein EU-Land haben kann, wenn die Jugendarbeitslosigkeit sehr hoch ist (→ **M1**).

2 a) Stellt Vermutungen an, warum die Mindestlöhne in der EU so unterschiedlich sind (→ **M2**).
b) Erörtert, warum kein einheitlicher Mindestlohn in der EU eingeführt wird.

3 a) Recherchiert weitere Programme der EU gegen Jugendarbeitslosigkeit.
b) „Jeder junge Mensch hat die Möglichkeit, in Europa Arbeit zu finden." Bewertet diese Aussage.

4 Erläutere, warum die Zuwanderung von Fachkräften nach Deutschland vereinfacht werden soll.

5 a) Erklärt, warum viele Arbeitskräfte aus EU-Staaten in Deutschland bei der Ernte helfen oder in der Pflege arbeiten (→ **M2, M3**).
b) Vergleicht die Situationen der vier Personen in **M3**.

6 Versetze dich in die Lage eines jungen Menschen aus einem EU-Land mit hoher Arbeitslosigkeit und niedrigen Löhnen. Beschreibe in einem Tagebucheintrag, was für und was gegen eine Auswanderung nach Deutschland spricht.

Wortspeicher
- die Fachkräfte
- die Jugendarbeitslosigkeit
- die Saisonarbeitskräfte
- die Zuwanderung

4 Wirtschaft in der EU

Die globalisierte Schokolade

Der Weg von der Kakaobohne zur Schokolade

Anbau und Ernte → Zwischenhandel → Export → Kakaoverarbeitung → Schokoladenherstellung → Einzelhandel → Konsumierende

M1 Lieferkette von Schokolade

Einen Kakao zum Frühstück, ein Stück Schokolade als Nervennahrung – viele Menschen genießen aus der Kakaobohne hergestellte Lebensmittel. Am Beispiel der Verarbeitung und Vermarktung von Kakao wird deutlich, wer die Nutznießenden im Welthandel sind.

Die Kakaoernte – mit Kinderarbeit

Am 12. Juni 2020 berichtete die Tagesschau, dass mehr als 2,2 Millionen Kinder auf Kakaoplantagen in Ghana und an der Elfenbeinküste (Côte d'Ivoire) arbeiten. Diese beiden westafrikanischen Staaten sind die Hauptanbaugebiete für Kakao. Mehr als 60 Prozent der Kakaobohnen werden hier geerntet. Viele Kinder gehen zwar zur Schule, arbeiten danach aber auf den Plantagen. Diese Arbeit ist nicht ungefährlich. Da die Kakaopflanze sehr empfindlich ist, werden Pestizide eingesetzt, die die Pflanzen vor Schädlingsbefall schützen sollen. Viele dieser Pestizide sind in Europa zum Schutz der Gesundheit seit Jahren verboten. In Westafrika werden sie aber noch angewandt. Die Kinder sind diesen gefährlichen Stoffen ausgesetzt.

Kakaoverarbeitung

Drei Unternehmen beherrschen die Kakaoverarbeitung auf der Welt: Barry Callebaut (Schweiz), Cargill (USA) und Olam (Singapur). Sie verarbeiten weltweit die Kakaobohnen zu Halbfertigprodukten wie Kakaobutter oder Kakaopulver. Nur ein kleiner Teil wird in den westafrikanischen Herkunftsländern verarbeitet. Die Kakaobäuerinnen und -bauern bekommen einen geringeren Anteil vom Verkaufspreis als die Herstellenden der Halbfertigprodukte (→ **M 2**). Eine Kakaobauernfamilie erzielt nur ein Einkommen von ca. 180 Euro monatlich. Ein existenzsicherndes Einkommen in Ghana wäre doppelt so hoch.

Schokoladenherstellung

Aus den Halbfertigprodukten produzieren Schokoladenherstellende z. B. Schokoladentafeln, Schokoaufstriche, Kakaogetränke. Sechs Unternehmen hatten hier 2019 zusammen einen Anteil von mehr als 40 Prozent: Mars (USA), Mondelēz (USA), Nestlé (Schweiz), Ferrero (Italien), Hershey (USA) und Lindt (Schweiz). Sie erhalten mehr als ein Drittel des Verkaufspreises von Schokoladenprodukten. Davon wird ein bedeutsamer Teil (8 Prozent) in Marketingmaßnahmen (z. B. Werbung) gesteckt. Ein großer Schweizer Schokoladenhersteller machte 2021 bei einem Umsatz von 4,6 Milliarden Euro einen Nettogewinn von 495 Millionen Euro.

Einzelhandel

Der Einzelhandel erhält zwar einen großen Teil des Verkaufserlöses, allerdings bleibt ihm nur ein Gewinn von ca. 4 Prozent des Umsatzes.

Fairer Handel

Kakao gehört nach Kaffee und vor Bananen zu den umsatzstärksten Produkten im **fairen Handel**. Anbietende Unternehmen wollen durch eine gerechtere Entlohnung die Menschen im Kakaoanbau, z. B. in Westafrika,

---

die bzw. der Nutznießende
jemand, der einen Nutzen hat, ohne hierfür eine Gegenleistung zu erbringen

das Pestizid
Pflanzenschutzmittel, wird zum Schutz von Pflanzen und Pflanzenerzeugnissen eingesetzt

das Halbfertigprodukt
ein Produkt, das noch weiterverarbeitet werden muss, bevor daraus ein Produkt für den Konsum wird

M 2 Wertschöpfungskette von Schokolade

stärker am wirtschaftlichen Erfolg von Schokoladenprodukten beteiligen. Dies ist auch im Interesse der Schokolade produzierenden Firmen. Den Bäuerinnen und Bauern soll dadurch ein verlässliches Einkommen gesichert werden, ohne Kinderarbeit.
Fairhandelsorganisationen wollen aber darüber hinaus die Lebens- und Arbeitsbedingungen der im Kakaoanbau Tätigen nachhaltig verbessern, z. B. durch einen geringeren Einsatz von Pestiziden, basierend auf dem Wissen der Menschen in Westafrika. Nur so kann auf Dauer verhindert werden, dass die Bäuerinnen und Bauern andere Pflanzen anbauen und so den Schokolade poduzierenden Unternehmen die Rohstoffe fehlen. Langfristig sinnvoll ist ebenso eine stärkere Beteiligung der Menschen in den Kakaoanbaugebieten an der **Wertschöpfungskette**, z. B. durch eine vermehrte Ansiedlung von Kakao verarbeitenden Betrieben in Staaten wie Ghana. Nur wenige Unternehmen wollen dies aber zurzeit.
Der Kauf von Schokolade aus fairem Handel unterstützt die Menschen in den Kakaoanbaugebieten und verbessert ihre wirtschaftliche Situation.

Merke
- **Die Lieferkette Kakao zeigt beispielhaft die unterschiedliche Beteiligung der Menschen an der globalen Wertschöpfungskette.**
- **Die Verbesserung der Arbeits- und Lebensbedingungen der Menschen im Kakaoanbau ist das Ziel von Organisationen im „fairen Handel".**

Aufgaben

1 Beschreibe die Lieferkette von Schokolade in eigenen Worten (→ **M 1**).

2 Begründet, warum so viele Kinder im Kakaoanbau arbeiten.

3 a) Analysiere die Wertschöpfungskette von Schokolade (→ **M 2**).
b) Erkläre den Begriff „Wertschöpfungskette" in eigenen Beispielen.

4 a) Recherchiert die Preise für herkömmliche Schokolade und Fair-Trade-Schokolade in verschiedenen Supermärkten.
b) Nehmt Stellung zu der Aussage: „Fairtrade ist immer wesentlich teurer."
c) Schreibt eure Meinung auf: „Ich würde … Schokolade kaufen, weil …"

5 Diskutiert an weiteren globalen Produkten (z. B. T-Shirts, Schuhe, Smartphones), welche Verantwortung jede und jeder Einzelne für die Arbeitsbedingungen in der Welt übernehmen kann.

Wortspeicher
- der faire Handel
- die Lieferkette
- die Wertschöpfungskette

4 Wirtschaft in der EU

Ein Mystery lösen

M1 Schokolade im Sonderangebot

Maja und Amar gehen gemeinsam in die Stadt, um für das Schulfest einzukaufen. Sie wollen Schoko-Muffins backen, weshalb sie nun ausreichend Schokolade einkaufen müssen. „Wir gehen in den Supermarkt – dort gibt es immer Sonderangebote. So können wir sparen und richtig viel Schokolade einkaufen", sagt Maja. Amar schüttelt den Kopf. „Ich hätte wissen müssen, dass du nur wieder an den Preis denkst. Hast du schon einmal darüber nachgedacht, dass diese billige Produktion meist dazu führt, dass die armen Menschen leer ausgehen, die für die entsprechende Ernte verantwortlich sind?"

1. Schritt: Fall und Leitfrage kennen
In Kleingruppen lest ihr die Einstiegsgeschichte und sammelt alle Informationen zu diesem spannenden Fall. Dann geht ihr der Leitfrage auf die Spur.

> **Leitfrage:** Warum kann Enam aus Ghana wegen eines Stuttgarter Schokoladensonderangebotes nicht zur Schule gehen?

M2 Exemplarische Leitfrage

2. Schritt: (Fall-)Kärtchen erfassen
Lest alle Informationen auf den Kärtchen, die ihr zum Fall bekommen habt, sehr genau. Entscheidet gemeinsam über die Kärtchen, die euch keinen Nutzen zur Lösung des Falles bringen. Sortiert diese aus und legt sie zunächst zur Seite.

3. Schritt: Fall konstruieren
Ordnet die übrigen Kärtchen so, dass sie eine logische Reihenfolge in euren Fall bringen. Manchmal können auch mehrere Kärtchen für eine Folge verantwortlich sein oder verschiedene Auswirkungen haben. Überprüft noch einmal, ob ihr doch von den aussortierten Kärtchen noch einzelne für die Lösung des Falls benötigt. Fertigt dazu eine Skizze an (→ **M 4**).

4. Schritt: Leitfrage bearbeiten
Nun habt ihr gemeinsam eure Kärtchen gelegt und könnt den Fall lösen. Beantwortet die Leitfrage schriftlich. Begründet, wie ihr zu eurem Ergebnis gekommen seid.

5. Schritt: Ergebnis präsentieren
Stellt euch im Plenum eure gefundenen Lösungen zur Leitfrage gegenseitig vor. Wählt dazu eine/n Sprecher/in eurer Gruppe aus. Erklärt euch, wie ihr vorgegangen seid und das Mystery gelöst habt.

6. Schritt: Lösungen vergleichen
Vergleicht euer Ergebnis mit denen der anderen Gruppen. Sucht gemeinsam eine Begründung, warum mehrere Lösungen (Ergebnisse) richtig sein können.

> Mystery kommt aus dem Englischen und hat mehrere Bedeutungen, wie Rätsel, Geheimnis oder Krimi. Wenn du dich also mit einem Mystery beschäftigst, dann geht es um das Aufdecken von Zusammenhängen und das Enthüllen von Verbindungen. Du lernst mit einem Mystery komplexe Fragen unserer globalen Welt kennen, die dir auch in deinem Alltag begegnen können.

M3 Was ist ein Mystery?

METHODE

M 4 Legebeispiele für die Mystery-Kärtchen

1. Schritt: Fall und Leitfrage kennen
- Einstiegsgeschichte lesen
- Leitfrage verstehen

↓

2. Schritt: (Fall)Kärtchen erfassen
- Kärtchen lesen
- eventuell Karten aussortieren

↓

3. Schritt: Fall konstruieren
- Kärtchen ordnen und in logischen Zusammenhang bringen
- Gründe notieren

↓

4. Schritt: Leitfrage bearbeiten
- Frage schriftlich beantworten
- Lösungsweg begründen

↓

5. Schritt: Ergebnis präsentieren
- Präsentation im Plenum
- Lösungsweg erklären

↓

6. Schritt: Lösungen vergleichen
- Ergebnisse der Gruppen vergleichen
- Erkenntnisse ableiten

M 5 To-do-Liste für dein Mystery

Aufgaben

1 BNE BTV VB Sammelt möglichst viele Informationen zur Einstiegsgeschichte sowie zur dazugehörigen Leitfrage und schreibt sie jeweils getrennt auf kleine Kärtchen oder nutzt die Mystery-Kärtchen, die euch eure Lehrkraft zur Verfügung stellt.

2 Nennt die Schwierigkeiten, die bei der Bewältigung der Aufgabe aufgetreten sind, und wie ihr sie bewältigt habt.

3 Erklärt, in welchen Schritten ihr zu eurer Lösung gekommen seid.

4 Erstellt eine Regelübersicht zum Umgang mit großen Informationsmengen.

5 Erklärt, welche Aussagen auf den Mystery-Kärtchen Gründe und welche Auswirkungen für den Fall beschrieben haben.

6 Erläutert, welche Gründe es für euch gab, einzelne Kärtchen auszusortieren.

7 Beurteilt euer Vorgehen zum Fall und zur Beantwortung der Leitfrage.

8 Bewertet die Beiträge eurer Gruppenmitglieder. Verteilt dazu 20 Sternchen unter euch und bestimmt, wer den größten Anteil an eurem Gruppenergebnis hat.

9 Entwickelt Ideen, welche Maßnahmen ihr als Teilnehmer/innen einer Weltkonferenz ergreifen würdet.

4 Wirtschaft in der EU

Auf einen Blick

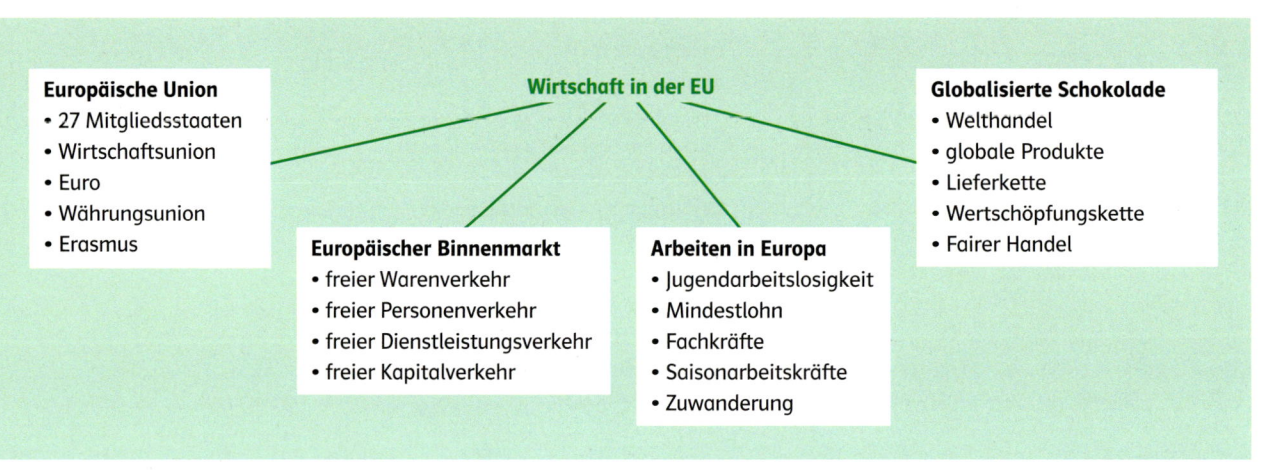

Wirtschaft in der EU

Europäische Union
- 27 Mitgliedsstaaten
- Wirtschaftsunion
- Euro
- Währungsunion
- Erasmus

Europäischer Binnenmarkt
- freier Warenverkehr
- freier Personenverkehr
- freier Dienstleistungsverkehr
- freier Kapitalverkehr

Arbeiten in Europa
- Jugendarbeitslosigkeit
- Mindestlohn
- Fachkräfte
- Saisonarbeitskräfte
- Zuwanderung

Globalisierte Schokolade
- Welthandel
- globale Produkte
- Lieferkette
- Wertschöpfungskette
- Fairer Handel

M1 Diese Begriffe solltest du kennen.

Wiederholen

1 S. 104–109

a) Finde heraus, welche der folgenden Aussagen richtig sind. Die Buchstaben in Klammern hinter den richtigen Antworten ergeben richtig sortiert ein Lösungswort.

b) Begründe bei den nicht richtigen Aussagen, weshalb sie nicht stimmen, und berichtige sie.

1. Nur ein Teil der europäischen Staaten ist Mitglied in der EU. (O)
2. In den EU-Ländern ist der Euro automatisch Zahlungsmittel. (T)
3. Norwegen ist kein Mitglied der EU. (E)
4. Die Zahlungen zur Finanzierung des EU-Haushalts sind für alle Mitgliedsstaaten gleich hoch. (I)
5. Maßnahmen für den Klimaschutz spielen im EU-Haushalt für die Jahre 2021 bis 2027 keine besondere Rolle. (N)
6. Überall in der EU gelten die Handytarife, die man im Heimatland abgeschlossen hat. (U)
7. Die Jugendarbeitslosenquote unterscheidet sich in den EU-Staaten stark. (R)
8. In allen EU-Staaten ist der Mindestlohn gleich hoch. (S)
9. Mit dem Erasmus-Programm werden Maßnahmen für den Ausbau des Warenverkehrs gefördert. (N)

2 S. 106/107

a) Nenne die vier Grundfreiheiten des europäischen Binnenmarkts.

b) Ordne die folgenden Beispiele jeweils einer Grundfreiheit zu. Manchmal sind auch mehrere Grundfreiheiten möglich.

A Lieferung einer Online-Bestellung aus Frankreich
B IT-Entwicklerin aus der Slowakei, die bei einem deutschen Unternehmen arbeitet
C Geld bei einer dänischen Bank anlegen
D Erntehelfer aus Bulgarien
E Erdbeeren aus Spanien
F Kauf eines Hauses in Italien und Umzug dorthin
G Fernbus-Unternehmen aus Luxemburg, das Fahrten in Deutschland anbietet
H Beauftragung eines österreichischen Unternehmens mit dem Bau einer Brücke in Baden-Württemberg
I Bezahlung eines Sessels, der aus Portugal geliefert wird

M2 Luis aus Barcelona arbeitet in Baden-Baden.

PREISAUFSCHLÜSSELUNG EINES T-SHIRTS

€29 PREIS EINES T-SHIRTS

#	Kategorie	%	€
8	Zahlung an Arbeitende	0,6 %	€0,18
7	Fixkosten	0,9 %	€0,27
6	Profit Liefernde in Bangladesch	4 %	€1,15
5	Zwischenhandelnde	4 %	€1,20
4	Transportkosten	8 %	€2,19
3	Materialkosten	12 %	€3,40
2	Profit der Marke	12 %	€3,61
1	Handelsspanne	59 %	€17,00

Quelle: Clean Clothes Campaign

M3 Wer verdient wie viel an einem T-Shirt?

„Im letzten Jahr arbeitete ich als Näherin in einer Fabrik. Ich sollte 1.800 Toko (ca. 18 €) im Monat bekommen, aber ich bekam nur zwischen 1.400 und 1.600 Toko. Die Überstunden haben sie nie bezahlt. Dabei war das eigentlich ausgemacht. Meistens habe ich von 7 bis 19 Uhr gearbeitet, aber manchmal auch bis 22 Uhr. Einige von uns Näherinnen arbeiten auch in der Nacht. Ich habe kürzlich sechs Nächte hintereinander mit einer kleinen Ruhepause gearbeitet. Mein Magen und meine Augen schmerzten vor Anstrengung. Ich war den ganzen Tag lang todmüde. Für jeden Fehler wurden wir bestraft und beleidigt."

M4 Suhada (29 Jahre) aus Bangladesch

3 → S. 108/109

Luis hat seine Heimatstadt Barcelona in Spanien verlassen, um in Deutschland einen Job als Elektriker anzunehmen.

a) Vermute, welche Gründe Luis (→ **M2**) dazu bewogen haben könnten, nach Deutschland zu ziehen.
b) Erkläre, warum die Einwanderung von Spanien nach Deutschland so einfach möglich ist.
c) Erörtere, ob du dir vorstellen kannst, dein Land zu verlassen, um in einem anderen EU-Land zu arbeiten und zu leben.

4 → S. 110/111

a) Berechne die Kosten, die bei der Produktion und dem Vertrieb eines T-Shirts entstehen, das im Handel 10 € kostet (→ **M3**).
b) Erörtere, wer bei dieser Wertschöpfungskette gewinnt und wer verliert.

5 → S. 110/111

a) Beschreibe Suhadas Arbeitsbedingungen (→ **M4**).
b) Erläutere, was du als Konsumentin oder als Konsument tun kannst, um Suhadas Arbeitsbedingungen zu verbessern.
c) Timo behauptet: „Wir können Suhada nicht helfen. Die Herstellenden machen doch eh nur das, was sie wollen." Nimm Stellung zu Timos Aussage.

4 Wirtschaft in der EU

Jedes Jahr ein neues Smartphone?

Erstellt eine Projektarbeit zum Thema „Jedes Jahr ein neues Smartphone?" Wählt dazu ein weiteres Fach (z. B. AES, Geo) und eine Leitperspektive (z. B. BNE), die zu dieser Thematik passt.

1. Vorbereitungsphase

M1 Wie viele Smartphones gibt es bei dir zu Hause?   **M2** Faktencheck

Begriffe in M2: Fakten zum Verkauf und Besitz; faire Smartphones; Produktion und Wertschöpfungskette; Rohstoffe; Kinderarbeit; Auswirkungen auf die Umwelt

---

Gruppenmitglieder (Vorname, Name):
1. Lena Mayer
2. Emre Kacan
3. Natalija Rosovic
4. Liyana Binici
5. Jakob Groß

Beteiligte Fächer
WBS, AES

Berücksichtigte Leitperspektive
[X] BNE   [ ] BTV   [ ] PG
[ ] BO   [ ] MB   [ ] VB

Klassenstufe: 9
Schuljahr: 20../20..

Projektthema
Jedes Jahr ein neues Smartphone?

Kurzbeschreibung des Projekts
- Fakten zum Verkauf und Besitz von Smartphones in Deutschland
- Darstellung der Wertschöpfungskette eines Smartphones (Rohstoffe, Produktion, Arbeitsbedingungen weltweit)
- Auswirkungen auf die Umwelt
- Durchführung einer Umfrage
- Expertenbefragung
- Zusammenfassung und Fazit
- Fazit der Arbeit in der Gruppe (Reflexion)

M3 Ausgefüllter Genehmigungsantrag

2. Durchführungsphase

- ✓ Organisiert euch im Team und arbeitet eigenverantwortlich.
- ✓ Recherchiert nach Informationen zu eurem Arbeitspaket. Wertet diese strukturiert aus. Was sind die zentralen Inhalte?
- ✓ Plant frühzeitig den Besuch eurer Expertenbefragung! Bereitet diese gut vor: Terminvereinbarung, Fragen, Rollenverteilung, eventuell Anreiseplanung
- ✓ Überprüft regelmäßig eure Zeitplanung und die vereinbarten Meilensteine. Das Tagesprotokoll hilft euch dabei.
- ✓ Überlegt euch, wie ihr eure Ergebnisse präsentieren wollt:
  - als Plakat?
  - per PowerPoint?
  - mit einem Produkt?
- ✓ Bereitet eure Präsentation sorgfältig vor:
  - Erstellt Redekärtchen und übt eure Präsentation vor dem Spiegel.
  - Sprecht euch in der Gruppe ab und achtet darauf, dass eure Präsentation einen roten Faden hat und keine Dopplungen enthält.
  - Plant die einzelnen Schritte: Wie ist die Reihenfolge eurer Präsentation? Wer übernimmt die Einleitung? Wie sehen die Übergänge aus? Wer verabschiedet?
- ✓ Fasst eure Ergebnisse in einer schriftlichen Dokumentation zusammen.

M 4 Checkliste Projektarbeit

3. Präsentation und Prüfungsgespräch

1. Vorstellung der Projektergebnisse, Herstellung von Bezügen zur Lebenswelt

2. Reflexion des Arbeits- und Gruppenprozesses (Chancen und Herausforderungen)

3. Beantwortung von Fragen zu den bearbeiteten Themenbereichen (Prüfungsgespräch)

TIPP
Während der Präsentation:
- ✓ Ergebnisse flüssig vortragen
- ✓ Fachbegriffe richtig verwenden
- ✓ Redekärtchen nur als Unterstützung

M 5 So klappt's bei der Präsentation!

Aufgaben

1 a) Was fällt euch zu dem Thema ein? Entwickelt mithilfe von **M 1** eine Gedankenwolke, in der ihr alle Ideen sammelt.
b) Recherchiert dazu auch im Internet.

2 Erstellt aus diesen Gedanken eine Strukturskizze. Bringt dazu die gesammelten Ideen in eine logische Reihenfolge. Definiert Arbeitspakete, die ihr arbeitsteilig bearbeitet.

3 Erstellt den Antrag für die Genehmigung (→ **M 3**) eures Themas.

4 Führt die Projektarbeit durch. **M 4** hilft euch dabei.

5 Präsentiert eure Ergebnisse (→ **M 5**).

5

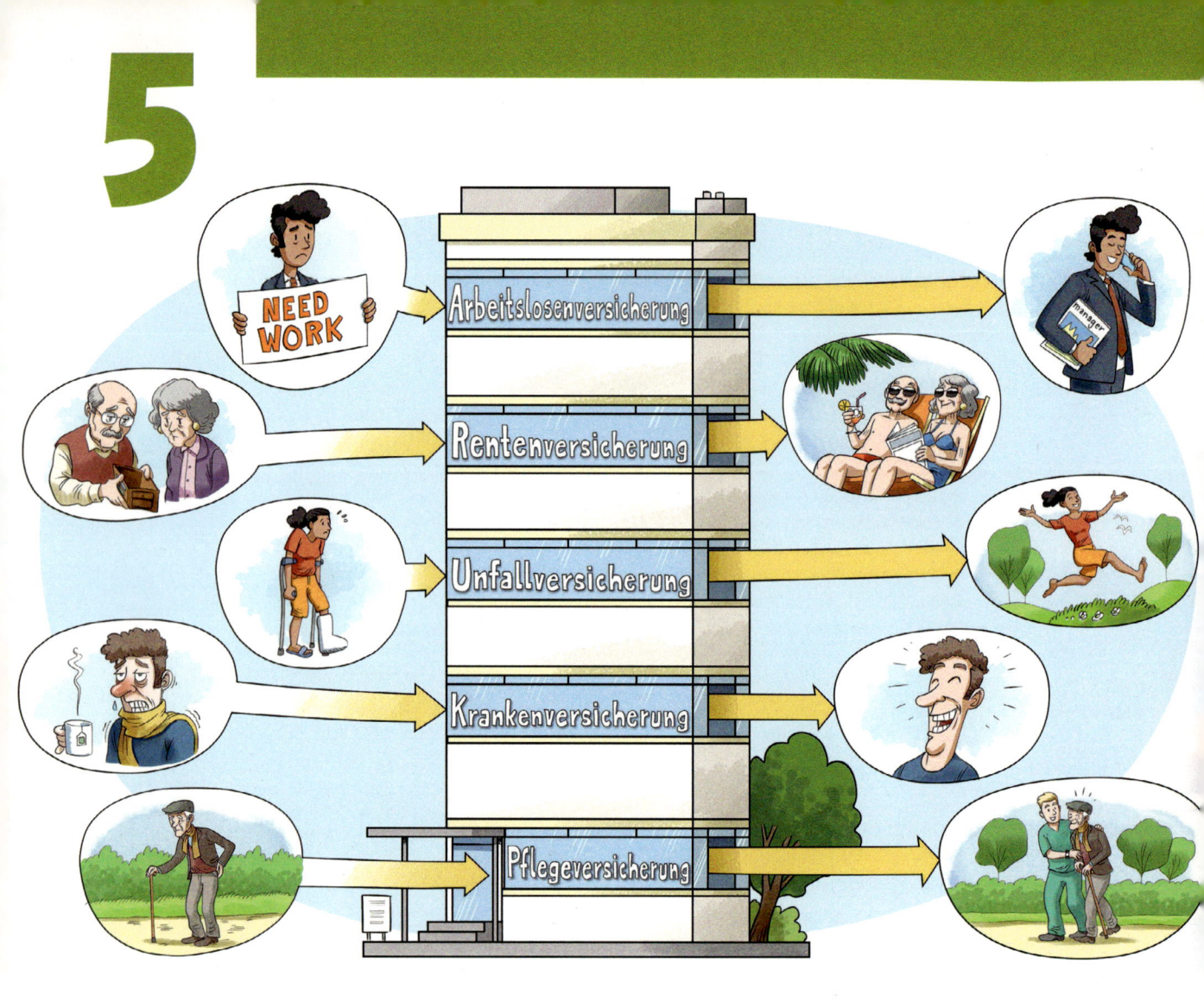

Welche Risiken versichern?

Dein Alltag birgt viele Risiken. Egal ob Sportverletzung, Krankheit oder ein kaputtes Handy-Display – oft wünschst du dir Sicherheit oder Begleichung eines entstandenen Schadens. Versicherungen – etwa deine Krankenversicherung – bieten Schutz. Eine Versicherung bedeutet, dass das Risiko jeder und jedes Einzelnen finanziell durch die Beiträge vieler getragen wird. Doch gegen welche Risiken sollte man sich sinnvollerweise versichern und wie? Darum geht es in diesem Kapitel.

Ich werde …

- das Versicherungsprinzip und seinen historischen Zusammenhang erläutern.
- sinnvolle Versicherungen den verschiedenen Lebensphasen zuordnen.
- das Sozialversicherungssystem darstellen und seine Finanzierung erklären.
- gesetzliche und freiwillige Versicherungen vergleichen.
- Versicherungsprodukte beurteilen und Empfehlungen entwickeln.

Was denkst du?

- Versicherungen werben mit Schutz in allen Lebenslagen. Doch sind sie für dich da, wenn es darauf ankommt?
- Versicherungen – dein Rettungsschirm! Fangen sie dich auf oder lassen sie dich fallen?
- Was verSICHERN dir Versicherungen bei Vertragsabschluss und wie kannst du dich im Vorfeld darauf vorbereiten?
- Versicherungen = ein Spiel mit dem Risiko, das man nur gewinnt, indem man es verliert?

5 Welche Risiken versichern?

Versicherungen – Erfindung der Neuzeit?

M1 Das Versicherungsprinzip

M2 König Hammurabi

Tabea und Angelo unterhalten sich: „Versicherungen? Moderne Erfindungen, um den Menschen das Geld aus der Tasche zu ziehen!", meint Tabea. Angelo erwidert: „Mit einer Versicherung versuchen Menschen schon lange, private Risiken und deren Folgen abzudecken, um sich vor Unsicherheiten zu schützen. Das kostet eben Geld." Versicherungen, wie wir sie heute kennen, entstanden in der Vergangenheit. Liegt Tabea mit ihrer Annahme falsch?

Zurück in die Antike

Bereits 3000 vor Christus kamen die Menschen in Griechenland dem Verständnis der heutigen Versicherung sehr nahe. Schiffseigentümer konnten vor der Reise ein Seedarlehen aufnehmen. Ging ein Schiff oder dessen Fracht im Sturm verloren, musste das Darlehen nicht zurückgezahlt werden. Erreichten Schiff und Ware wohlbehalten ihr Ziel, so musste der Handelstreibende neben dem Darlehen auch hohe Zinsen zurückzahlen. Etwa 1700 vor Christus erließ der babylonische König Hammurabi ein Gesetz, dass Verluste durch Überfälle auf Handelskarawanen gemeinsam von allen Mitreisenden übernommen werden. Im alten Rom gründeten die Ärmsten eine gemeinsame Sterbekasse, um ihre Bestattungen zu finanzieren.

Erste Lebens- und Sachversicherung

Im Mittelalter entstanden die sogenannten **Gilden**. Sie bestanden aus Kauf- und Handwerksleuten, die sich gegenseitige Hilfe und Schutz versprachen, etwa zum sicheren Warentransport sowie zur Unterstützung bei Unglücken. Durch immer mehr **Schadensfälle**, insbesondere durch Großbrände in den Städten, funktionierte diese gegenseitige Versicherung nicht mehr. So entstand der Gedanke einer öffentlichen Versicherung, der Feuerkasse. Sie wurde erstmals 1666 in London und ein Jahr später in Hamburg gegründet.

Versicherung in der Moderne

Die ↗ Industrialisierung veränderte im 19. Jahrhundert die Arbeitswelt, auch in Deutschland. Unter Reichskanzler Otto von Bismarck wurden Gesetze zum Schutz vor Alter, Unfällen Krankheiten und ↗ Invalidität beschlossen. Das ist der Grundgedanke des **Sozialstaates**, wie er heute vorliegt. 1883 verabschiedete der deutsche Reichstag das Gesetz zur Krankenversicherung, 1884 das Gesetz zur Unfallversicherung und 1889 das Invaliditäts- und Altersversicherungsgesetz.

Einer für alle und alle für einen

Der Staat konnte damals nicht allein die Kosten übernehmen, die durch Schadensfälle entstanden. Daher teilten sich Arbeitnehmende und Arbeitgebende die Beiträge. Auch bei heutigen Versicherungen werden Risiken gemeinsam getragen: Das **Risiko** der bzw. des Einzelnen wird durch die Beiträge von vielen abgesichert.

---

die Invalidität
Wenn Arbeitnehmende aus gesundheitlichen Gründen keiner beruflichen Tätigkeit mehr nachgehen können, spricht man von Invalidität.

das Darlehen
Ähnlich wie beim Kredit ist damit eine geliehene Geldsumme gemeint. Darlehen werden im Vergleich zum Kredit häufig über eine längere Zeit abgeschlossen.

Die größten Ängste der Deutschen
Von je 100 Befragten in Deutschland haben so viele große Angst vor:

Angst	%
steigenden Lebenshaltungskosten	67
unbezahlbarem Wohnen	58
schlechterer Wirtschaftslage	57
Steuererhöhungen, Leistungskürzungen durch Corona	52
Kosten für Steuerzahler durch EU-Schuldenkrise	51
Naturkatastrophen	49
weltweit autoritären Herrschern, die immer mächtiger werden	47
Klimawandel	46
Überforderung des Staates durch Geflüchtete	45
Überforderung der Politiker/innen	44
Schadstoffen in Nahrungsmitteln	44
Krieg mit deutscher Beteiligung	42
Pflegefall im Alter	41
sinkendem Lebensstandard im Alter	38
Terrorismus	37

repräsentative Umfrage unter rund 2400 Personen ab 14 Jahren vom 13. Juni bis 23. August 2022 mit vorgegebenen Antworten   Quelle: R+V Versicherung

M 3 Versicherung gegen die Angst

Angst? Versicherungen helfen!
Die Versicherungswirtschaft des 21. Jahrhunderts unterliegt einem stetigen Wandel. Digitalisierung, Naturkatastrophen, längere Lebenserwartung und verschiedene Lebensmodelle sind nur einige Beispiele der zukünftigen Herausforderungen. Diese unvorhersehbaren Veränderungen erzeugen Ängste in der Bevölkerung. Versicherungsunternehmen nutzen diese Unsicherheit und bieten entsprechende Versicherungen an.

Merke
- Das Risiko einer bzw. eines Einzelnen wird durch die Beiträge von vielen abgesichert.
- Verpflichtende Versicherungen sind ein wichtiges Merkmal des Sozialstaates.
- Versicherungen müssen sich an künftige Herausforderungen anpassen.

Aufgaben

1 BTV a) „Einer für alle und alle für einen." Beschreibe in einem Satz, was du mit diesem Spruch verbindest.
b) Begründe, was das mit der Versicherungswelt zu tun hat.

2 PG a) Nenne Gründe, weshalb Menschen schon früher den Wunsch nach Absicherung hatten.
b) „Menschen haben das Grundbedürfnis nach Schutz und Sicherheit." Erkläre, wie Versicherungen dies nutzen.

3 Erläutere das Versicherungsprinzip anhand von **M1**.

4 a) Erstellt einen Zeitstrahl mit den wichtigsten Eckdaten zur Geschichte der Versicherung.
b) Erklärt, warum sich Versicherungen stetig verändern müssen.
c) BNE Diskutiert, vor welchen Herausforderungen Versicherungen zukünftig stehen.

5 a) Arbeite die wichtigsten Informationen aus **M3** heraus.
b) „Versicherungen spielen mit der Angst der Menschen." Bewerte diese Aussage.

Wortspeicher
- die Gilde
- das Risiko
- der Schadensfall
- der Sozialstaat

5 Welche Risiken versichern?

Gegen jedes Risiko versichern?

M1 Unfälle sind hier nicht so selten!

Yashar schaut ein Fahrradrennen im Fernsehen. In einer Werbepause wirbt sein Lieblingsfahrer für eine Unfallversicherung. Yashar fragt sich, ob er diese Versicherung auch braucht oder was sich sonst noch alles versichern lässt.

Risiken lauern überall
Im Alltag ist man ständig gewissen Risiken ausgesetzt. Versicherungen werben damit, sich gegen alle möglichen Risiken abzusichern. Niemand kann sich jedoch vor allen Risiken schützen, da die Kosten hierfür viel zu hoch wären. Je nach Lebenssituation müssen Kosten und Nutzen verglichen werden. Deshalb muss man sich in jeder Lebensphase immer wieder den Fragen stellen: Was kann mir passieren und was kann ich versichern?

Das Modell der Lebensphasen
Im Dschungel der Versicherungen kann das **Modell der Lebensphasen** (→ M 2) Orientierung bieten. Es bietet Empfehlungen, welche Versicherungen in welcher Lebensphase sinnvoll sind. Das Modell zeigt, welche typischen Risiken es in welcher Lebensphase gibt. Diese Lebensphasen sind nicht zwangsläufig an ein bestimmtes Alter gebunden. Zudem durchlaufen nicht alle Menschen diese Phasen gleichermaßen (z. B. Heirat). Auch die Verbraucherzentrale kann bei der Auswahl des passenden Versicherungsschutzes helfen.

Jetzt schon ans Alter denken?
Insbesondere junge Menschen müssen sich frühzeitig mit ihrer privaten **Altersvorsorge** auseinandersetzen. Neben der gesetzlichen Rentenversicherung gibt es zahlreiche Möglichkeiten, um einer möglichen **Altersarmut** vorzubeugen. Je früher man in die eigene Altersvorsorge investiert, desto geringer das Risiko, im Alter von der Armut betroffen zu sein.

Armut? Auch in Deutschland!
Jedes fünfte Kind in Deutschland ist armutsgefährdet. Laut des Armutsberichts von 2022 leben insgesamt rund 14 Millionen Menschen in Deutschland in relativer Armut. Die

---

die relative Armut
Sie liegt vor, wenn man weniger als 60 % des durchschnittlichen Einkommens einer Bevölkerung zur Verfügung hat. Im Gegensatz dazu steht die absolute Armut: Aus materieller Sicht können menschliche Grundbedürfnisse (z. B. nach Nahrung) nicht befriedigt werden.

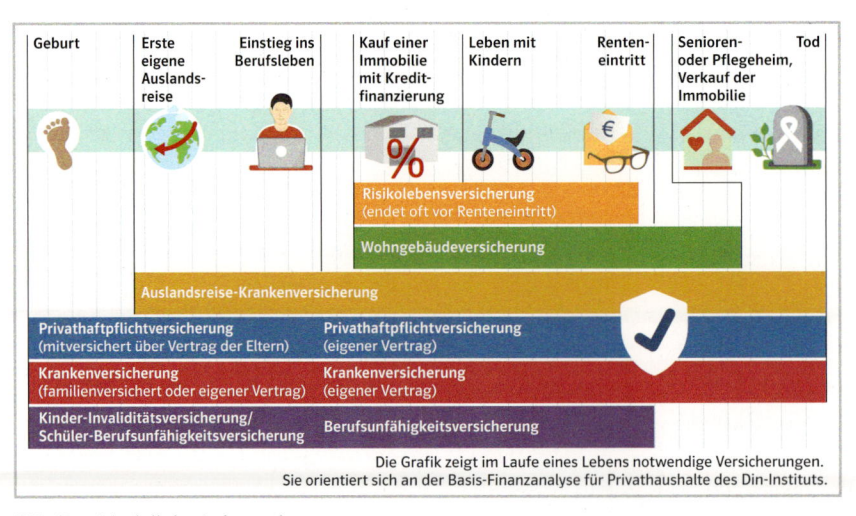

Geburt	Erste eigene Auslandsreise	Einstieg ins Berufsleben	Kauf einer Immobilie mit Kreditfinanzierung	Leben mit Kindern	Renteneintritt	Senioren- oder Pflegeheim, Verkauf der Immobilie	Tod
			Risikolebensversicherung (endet oft vor Renteneintritt)				
			Wohngebäudeversicherung				
	Auslandsreise-Krankenversicherung						
Privathaftpflichtversicherung (mitversichert über Vertrag der Eltern)			Privathaftpflichtversicherung (eigener Vertrag)				
Krankenversicherung (familienversichert oder eigener Vertrag)			Krankenversicherung (eigener Vertrag)				
Kinder-Invaliditätsversicherung/ Schüler-Berufsunfähigkeitsversicherung			Berufsunfähigkeitsversicherung				

Die Grafik zeigt im Laufe eines Lebens notwendige Versicherungen. Sie orientiert sich an der Basis-Finanzanalyse für Privathaushalte des Din-Instituts.

M 2 Das Modell der Lebensphasen

Alterndes Deutschland

Auf 1000 Bürgerinnen und Bürger im erwerbsfähigen Alter von 20 bis 66 Jahren kommen laut Prognose so viele 67-Jährige und Ältere (Altenquotient)

- 2018: 305
- 2020: 313
- 2030: 392
- 2040: 467
- 2050: 468
- 2060: 502

Prognose: Variante 2 der 14. koordinierten Bevölkerungsvorausberechnung (moderate Entwicklung von Geburtenrate, Lebenserwartung und Wanderung)
Quelle: Institut der deutschen Wirtschaft, Statistisches Bundesamt

M 3 Alterndes Deutschland

Die Probleme der Rentenversicherung

Rentner je 100 Beitragszahlenden*
- 2021: 53
- 2035 (Prognose): 69

	Beitragssatz zur Rentenversicherung	Renteneintrittsalter	Rentenbezugsdauer	Rentenniveau Höhe der Rente im Verhältnis zum Bruttoeinkommen
1960	14,0 %	64,7 Jahre	9,9 Jahre	53,2 %
2021/2022	18,6 %	64,1 Jahre	20,5 Jahre	49,4 %

*Rentnerquotient **geschätzt
Stand 2022; 1960: Angaben für Westdeutschland
Quelle: Deutsche Rentenversicherung, BMAS

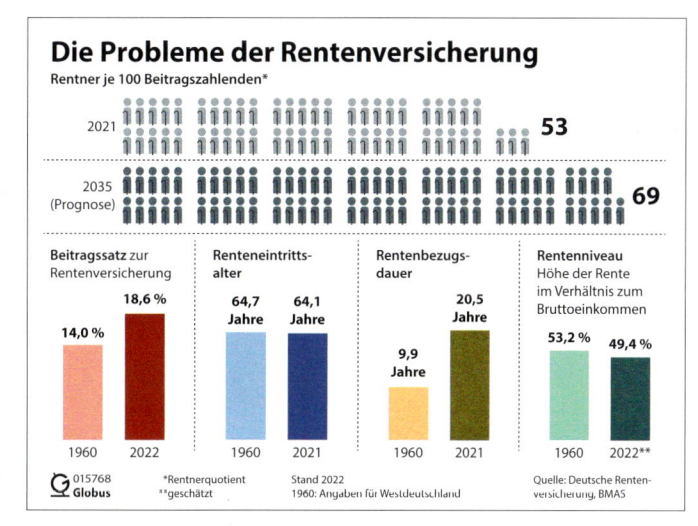

M 4 Zukünftige Probleme der Rentenversicherung

Altersarmut

Das Risiko, von Armut betroffen zu sein, steigt mit zunehmendem Alter: Je älter man wird, desto wahrscheinlicher sind Arztbehandlungen, während das Einkommen gleichzeitig sinkt. Ein anderes Problem ist der demografische Wandel: Die Menschen werden älter und beziehen so länger Rente. Zugleich zahlen weniger Berufstätige in die gesetzliche Rentenkassen ein.

Gründe hierfür sind vielfältig. Dazu zählen beispielsweise der Verlust des Arbeitsplatzes, unvorhersehbare Krankheiten, Unfälle oder die Inflation. Besonders aber die Altersarmut wird zunehmend zum Problem.

Merke
- Das Modell der Lebensphasen zeigt, welche Risiken man absichern kann.
- Die Finanzierung der Rentenversicherung ist durch den demografischen Wandel gefährdet.
- Es ist wichtig, auch privat für das Alter vorzusorgen.

Aufgaben

1 a) Nenne Versicherungen, die dir im Alltag begegnen.
b) Welche Risiken birgt dein Alltag? Erläutere drei Situationen genauer.
c) „Je älter man wird, desto höher die Risiken im Leben". Bewerte, ob diese Behauptung zutrifft.

2 a) Recherchiert, welche Versicherungen die Verbraucherzentrale empfiehlt.
b) Erstellt aus eurem Ergebnis eine Übersicht.

3 a) Nennt weitere Faktoren für Armut.
b) Führt ein Schreibgespräch zur Aussage: „Armut kann jede und jeden treffen."

4 a) Teilt M 3 und M 4 untereinander auf. Analysiert jeweils die in der Grafik dargestellte Entwicklung.
b) Erläutert den Zusammenhang der Grafiken.
c) Beurteilt die Auswirkungen auf das Sozialsystem.

5 a) Diskutiert, was passieren kann, wenn man nicht versichert ist.
b) Wovon ist es abhängig, welche Versicherungen jemand abschließt? Veranschauliche deine Aussage mit Beispielen.

Wortspeicher
- die Altersarmut
- die Altersvorsorge
- das Modell der Lebensphasen

Versicherungen im Vergleich

M1 Die Gesundheitskarte

Beim Arztbesuch zeigst du deine Gesundheitskarte vor. Sie gibt Auskunft über deine Krankenversicherung. Doch ist es Pflicht, krankenversichert zu sein? Und wenn das so ist: Gibt es noch mehr Versicherungen, die verpflichtend sind?

Was muss, was kann?

Im Wesentlichen kann man zwischen **Pflichtversicherungen** und **freiwilligen Versicherungen** unterscheiden. Pflichtversicherungen sind für alle Beschäftigten verpflichtend. Freiwillige Versicherungen können selbst gewählt werden. Die fünf gesetzlich festgelegten Pflichtversicherungen bilden die Säulen unseres **Sozialversicherungssystems**.

1. Die gesetzliche Krankenversicherung (GKV)

Die Aufgaben der gesetzlichen Krankenkassen ist es, dafür zu sorgen, dass die Gesundheit der versicherten Personen erhalten bleibt, verbessert oder wiederhergestellt wird. Arbeitgebende und Arbeitnehmende teilen sich die Versicherungskosten, die abhängig vom Einkommen sind. Es gibt auch ↗ private Krankenversicherungen.

2. Die gesetzliche Unfallversicherung (UV)

Eine Unfallversicherung sorgt für Absicherung bei Unfällen, die während der Arbeit oder auf dem Weg zur/von der Arbeit passieren. Die bzw. der Arbeitgebende trägt 100 % der Beitragskosten. Diese richten sich nach der Höhe des Einkommens der Versicherten und der Unfallgefahr des Berufes.

3. Die gesetzliche Arbeitslosenversicherung (AV)

Die Arbeitslosenversicherung ist verpflichtend für alle angestellten Beschäftigten. Wer arbeitslos wird, wird dadurch während der Suche nach einem neuen Arbeitsplatz unterstützt.

4. Die gesetzliche Pflegeversicherung (PV)

Die Pflegeversicherung deckt Leistungen im Falle der Pflegebedürftigkeit ab. Insbesondere mit steigendem Alter wird der Bedarf an Pflege und Betreuung immer höher. Privat Krankenversicherte müssen eine private Pflegeversicherung abschließen.

5. Die gesetzliche Rentenversicherung (RV)

Im Rentenalter haben Arbeitnehmende einen Anspruch auf Rentenzahlungen für sich und ihre Hinterbliebenen. Die Höhe der Altersversorgung richtet sich nach der Anzahl der geleisteten Arbeitsjahre und den gezahlten Beiträgen.

Gesetzliche Versicherungen
Beitragssätze gemessen am Bruttoverdienst in Prozent

	Arbeitgeberanteil	Arbeitnehmeranteil
Arbeitslosenversicherung	1,2 %	1,2 %
Pflegeversicherung*	1,525	1,525/1,875
Krankenversicherung (geringerer Anteil z. B. für Selbstständige ohne Anspruch auf Krankengeld)	7,0/7,3	7,0/7,3
Zusatzbeitrag Krankenvers.**	0,65	0,65
Rentenversicherung (höherer Anteil für knappschaftliche Rentenversicherung)	9,3/15,4	9,3

* Kinderlose zahlen einen erhöhten Beitrag; Sachsen abweichend
** Durchschnitt 2022

dpa•104207 Quelle: Bundesministerium für Gesundheit, Techniker Krankenkasse

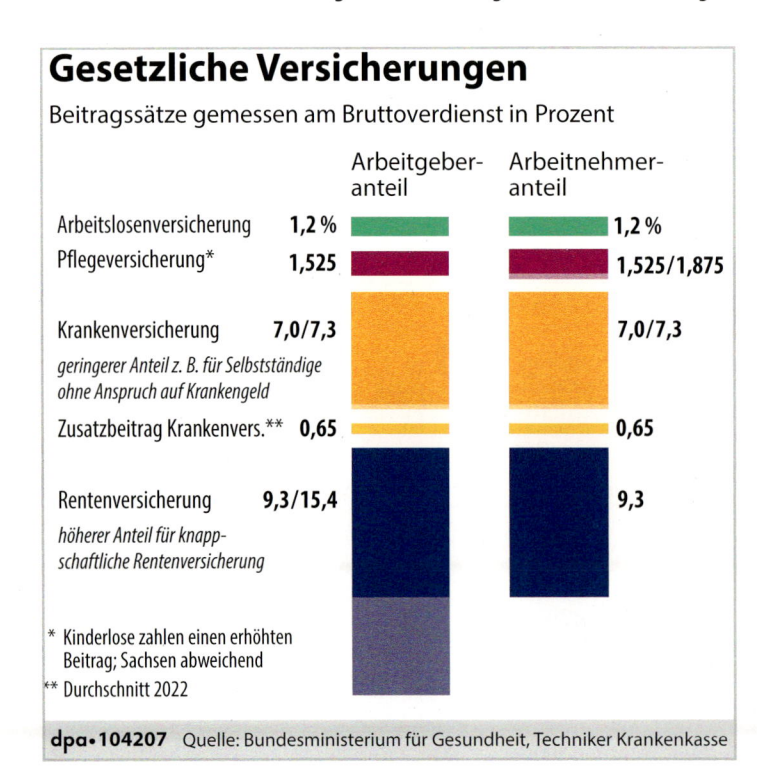

M2 Wer zahlt wie viel?

Das Solidaritätsprinzip

Das Sozialversicherungssystem handelt nach dem Solidaritätsprinzip. Das bedeutet, alle in Deutschland arbeitenden Personen haben die Pflicht, einen festgelegten prozentualen Teil ihres Einkommens in die gesetzlichen Pflichtversicherungen einzuzahlen (→ **M 2**).

Der Sozialstaat als Schutzfunktion

Die gesetzlichen Versicherungen basieren auf dem Grundgesetz: In Artikel 20 wird die Bundesrepublik Deutschland als demokratischer und sozialer Rechtsstaat definiert. Dieser erfüllt durch die gesetzlichen Sozialversicherungen seine Schutzfunktion und sorgt für einen gerechten Ausgleich zwischen sozial Stark- und Schwachgestellten.

Freiwillige Versicherungen

Neben den gesetzlich festgelegten Versicherungen können Privathaushalte weitere Versicherungen abschließen, je nach individuellen Risiken. Man nennt sie auch **Individualversicherungen** (z. B. Haftpflichtversicherung). Das Angebot ist riesig, daher muss man gut prüfen, welche Auswahl wirklich sinnvoll ist.

Starker Job

Versicherungskauffrau/-kaufmann

„Versicherbar ist eigentlich alles. Ich bearbeite gerade Schadensmeldungen in der Haftpflichtabteilung. Da gibt es die unglaublichsten Geschichten! Oft müssen wir daher genau nachfragen. In einer anderen Abteilung werden Rentenversicherungen bearbeitet – das sind dann eher Geldanlagen. Drei Monate lang war ich mit zwei Kollegen des Vertriebs unterwegs. Sie verkaufen unsere „Produkte", also die Versicherungsverträge. Beratung ist dabei das A und O, aber natürlich geht es am Ende auch darum, dass die Beratenen eine Versicherung bei uns abschließen."

das Solidaritätsprinzip

Die Mitglieder einer definierten Solidargemeinschaft gewähren sich gegenseitig Hilfe und Unterstützung. Dabei gilt: Je höher das Einkommen, desto höher der Beitrag ins System.

Merke

- Man unterscheidet zwischen (freiwilligen) Individual- und Pflichtversicherungen.
- Die gesetzlichen Versicherungen bilden die fünf Säulen des Sozialversicherungssystems.
- Versicherungen finanzieren sich durch das Solidaritätsprinzip.

Aufgaben

1 a) Worin besteht der Unterschied zwischen gesetzlichen und freiwilligen Versicherungen? Vergleiche.
MB b) Recherchiere weitere freiwillige Versicherungen.
c) Erstelle eine Übersicht, welche freiwilligen Versicherungen für dich sinnvoll erscheinen.

2 a) Stellt das Sozialversicherungssystem mit seinen fünf Säulen grafisch dar.

BTV b) Deutschland ist ein Sozialstaat und erfüllt eine Schutzfunktion. Erläutert, was man darunter versteht.
BTV c) Erklärt das Solidaritätsprinzip der Krankenversicherung und bewertet mögliche Konsequenzen für die Zukunft.

3 Herr Wasiljew erhält als Dachdecker monatlich 3.000 € Lohn (brutto). Berechne mit **M 2**, wie viel Euro ihm jeweils für die Kranken-, Renten-, Arbeitslosen- und Pflegeversicherung abgezogen werden.

4 Recherchiere weitere Ausbildungsberufe im Berufsfeld der Versicherungen.
MB BO

5 VB Diskutiert, welche Versicherungen ihr für wichtig haltet. Bezieht dabei auch die Vorstellungen eurer persönlichen Zukunft mit ein.

Wortspeicher

- die freiwillige Versicherung
- die Individualversicherung
- die Pflichtversicherung
- das Sozialversicherungssystem

5 Welche Risiken versichern?

Wann haftet die Haftpflicht?

M1 Ein Displaybruch ist schnell passiert.

M2 Die Police gibt Auskunft über die Leistungen einer Versicherung.

die Police
Versicherungsschein, der über alle Vertragsinhalte informiert

die Selbstbeteiligung
Eigenanteil im Schadensfall, der von den Versicherungsnehmenden bezahlt werden muss

die Dritte Partei
Im Schadensfall gibt es drei Parteien: Versicherung, Versicherte und Geschädigte. Unter der „Dritten Partei" versteht man die Geschädigten, die nicht identisch sein dürfen mit den Versicherten.

Mariella hat zum 16. Geburtstag ein neues Smartphone bekommen. Kaum ausgepackt, will ihr kleiner Bruder ein Foto mit dem neuen Gerät machen. Schon ist es passiert: Das Smartphone rutscht ihm aus der Hand und fällt auf den Fliesenboden. Das Displayglas ist komplett gesprungen. Mariellas Mutter beruhigt: „Diesen Schaden übernimmt die Haftpflichtversicherung!" Stimmt das?

Das übernimmt die Haftpflicht
Die Familie prüft in ihrer Versicherungspolice (→ **M2**) die Leistungsinhalte. Darin steht, dass Kosten für die Reparatur oder die Wiederbeschaffung übernommen werden, wenn es sich nicht um ein Eigenverschulden handelt. Außerdem muss das beschädigte Gerät einer Dritten Partei gehören. Im Kleingedruckten entdecken sie allerdings den Hinweis, dass Schäden innerhalb der Familie als Eigenschäden gewertet werden und vom Versicherungsschutz ausgenommen sind.

> **TIPP**
> *Ist die Selbstbeteiligung höher, zahlst du normalerweise weniger für deine Versicherung. Die Höhe der Summe sollte an das persönliche Risiko angepasst sein. Ist die Selbstbeteiligung höher als der Zeitwert des Gerätes, ist es sinnvoller, die Kosten selbst zu tragen. Es gibt auch Versicherungen ohne Selbstbeteiligung. Für diese ist die Prämie allerdings höher.*

Schaden frisst Rabatt
In der Police steht weiter, dass der Versicherungsnehmende im Schadensfall eine **Selbstbeteiligung** in Höhe von 300 Euro übernehmen muss. Ebenso erhöht sich anschließend die **Versicherungsprämie**, also der monatliche Beitrag.

Zusatzversicherung fürs Smartphone
In Mariellas Fall leistet die Haftpflichtversicherung keinen Schadensersatz. Die Familie muss die Kosten für die Reparatur selbst übernehmen. Mariellas Mutter überlegt, zusätzlich zur Haftpflichtversicherung nun auch eine Handyversicherung abzuschließen. Diese würde Schäden wie Displaysprünge übernehmen. Auch hier gilt, Kosten und Nutzen zu vergleichen und das eigene Risiko abzuwägen.

> Eine Auswertung der GDA (Gemeinsame Deutsche Arbeitsschutzstrategie von Bund, Bundesländern und Trägern der gesetzlichen Unfallversicherung) hat ergeben, dass von 2 000 gemeldeten Schäden an Smartphones und Tablets mehr als die Hälfte nicht plausibel sind und sich nicht wie geschildert ereignet haben können.

M3 Geräteschäden

Schaden = Schaden?
Die Haftpflichtversicherung unterscheidet im Schadensfall zwischen Personen-, Sach- und Vermögensschäden.

Die Gliedertaxe

Nach einem Unfall legen die privaten Versicherungen den Invaliditätsgrad eines Unfallopfers anhand der Gliedertaxe fest. Von diesem Grad hängt ab, wie viel die Versicherung zahlt.

Invaliditätsgrad bei Verlust oder Funktionsunfähigkeit folgender Organe **in Prozent**

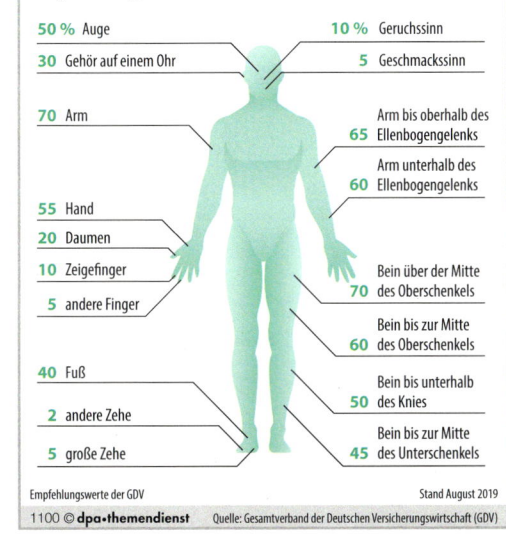

- 50 % Auge
- 30 Gehör auf einem Ohr
- 70 Arm
- 55 Hand
- 20 Daumen
- 10 Zeigefinger
- 5 andere Finger
- 40 Fuß
- 2 andere Zehe
- 5 große Zehe
- 10 % Geruchssinn
- 5 Geschmackssinn
- 65 Arm bis oberhalb des Ellenbogengelenks
- 60 Arm unterhalb des Ellenbogengelenks
- 70 Bein über der Mitte des Oberschenkels
- 60 Bein bis zur Mitte des Oberschenkels
- 50 Bein bis unterhalb des Knies
- 45 Bein bis zur Mitte des Unterschenkels

Empfehlungswerte der GDV — Stand August 2019
1100 © dpa•themendienst — Quelle: Gesamtverband der Deutschen Versicherungswirtschaft (GDV)

M 4 Was ist mein Körper wert?

Als Tamerlan mit dem Fahrrad eine Kreuzung überquert, biegt ein Autofahrer rechts ab, ohne zu schauen, und rammt ihn. Er stürzt. Sein Fahrrad ist verbogen und sein Fuß gebrochen. Außerdem sind Hose und Jacke beschädigt. Zum Glück trug Tamerlan einen Fahrradhelm.

M 5 Schadensfall

- **Personenschaden:** Er liegt vor, wenn eine Person verletzt wird, ihre Gesundheit geschädigt wird oder sie infolgedessen verstirbt.
- **Sachschaden:** Darunter versteht man die Beschädigung oder Vernichtung von Gegenständen, allerdings keinen Diebstahl oder Verlust.
- **Vermögensschaden:** Davon spricht man, wenn aus schuldhaftem Verhalten ein finanzieller Schaden entsteht.

die Gliedertaxe
Glieder = Körperglieder wie Arme, Beine, aber auch Organe und Sinne; Taxe = Gebühr

der Invaliditätsgrad
gibt an, in welchem Maß man dauerhaft körperlich oder geistig eingeschränkt und damit leistungsunfähig ist

Merke
- In der Versicherungspolice stehen die Leistungen, die die Versicherung abdeckt.
- Ein Schaden wird nur übernommen, wenn er einer Dritten Partei entsteht.
- Man unterscheidet zwischen Personen-, Sach- und Vermögensschäden.

Aufgaben

1 [VB] a) Nenne Gründe, warum Menschen eine Haftpflichtversicherung abschließen sollten.
b) Verfasse ein Schreiben der Versicherung, in dem du begründest, warum Mariellas Displayschaden nicht ersetzt wird.

2 [MB] a) Informiert euch im Internet über Handyversicherungen. Wählt zwei Angebote aus und vergleicht die Tarife nach Preis, Leistungen, Mindestlaufzeit, Selbstbeteiligung.
b) Bewertet: Ist eine Handyversicherung eine sinnvolle Ergänzung der Haftpflichtversicherung?

3 a) Begründe, wann eine hohe, eine niedrige oder gar keine Selbstbeteiligung sinnvoll ist.
b) Erkläre, warum es bei kleinen Schäden sinnvoller ist, sie selbst zu bezahlen.

4 a) Beschreibe die Unterschiede zwischen den drei dargestellten Schadensarten und nenne je ein Beispiel dazu.
b) Beurteile, welche Schadensart im Fallbeispiel (→ M 5) vorliegt und wer den Schaden begleichen muss.
c) Erkläre, warum eine Haftversicherung nicht nur für den Einzelnen, sondern auch für das gesellschaftliche Zusammenleben wichtig ist.

5 [BTV] Analysiert, ob die Festlegung einer Gliedertaxe (→ M 4) sinnvoll ist. Diskutiert.

Wortspeicher
– die Selbstbeteiligung
– die Versicherungsprämie

Wie finanzieren sich Versicherungen?

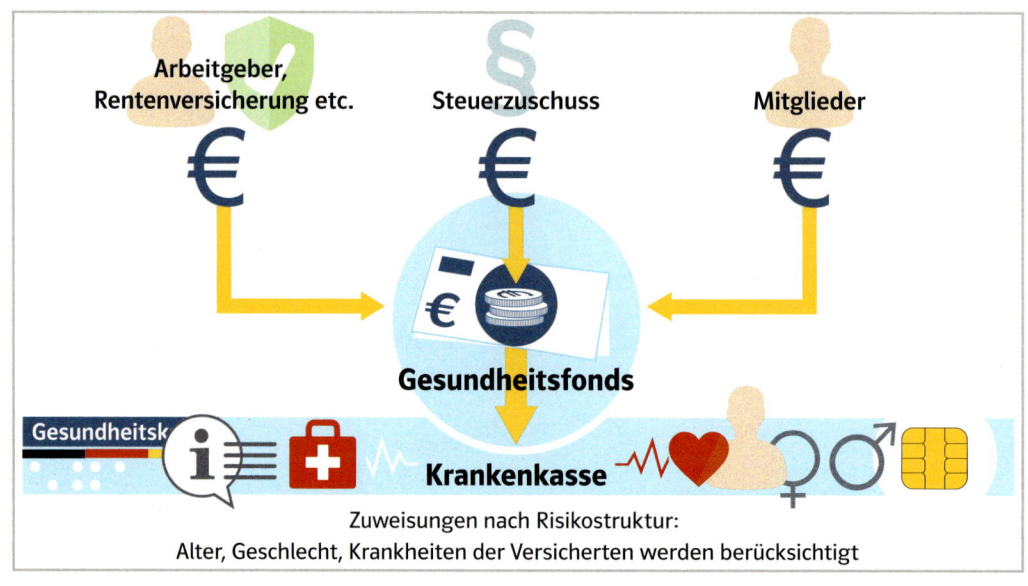

M1 Wie finanziert sich ein Schadensfall?

Toni liest in den sozialen Medien, dass die Beine seines Lieblingsfußballers Cristiano Ronaldo mit 140 Millionen Euro versichert sind. „Kaum zu glauben", denkt er sich. Die Beine der Sängerin Mariah Carey sollen sogar 750 Millionen Euro wert sein. Den Versicherungswünschen der Stars sind keine Grenzen gesetzt. Es muss sich nur eine private Versicherung finden, die einen solchen Schutz anbietet. Toni fragt sich, wie eine solche Versicherung es finanzieren kann, wenn sich Ronaldo wirklich das Bein verletzt. Und wie sieht es bei gesetzlichen Krankenkassen aus – wenn etwa Toni selbst eine Operation bräuchte?

Alles fließt in einen Topf

Mit Einführung des **Gesundheitsfonds** im Jahr 2009 wurde die Finanzierung der gesetzlichen Krankenkassen umgestaltet. In diesen Fonds fließen die Versicherungsbeiträge der Arbeitgebenden, der Versicherten und der Sozialversicherungsträger.

Der Staat zahlt mit

Der Staat gibt zusätzlich einen jährlichen **Bundeszuschuss**. Diesen jährlichen Zuschuss finanziert er aus Steuern. 2022 lag der Bundeszuschuss zum Gesundheitsfonds bei insgesamt rund 28,5 Milliarden Euro. Die gesetzlichen Krankenkassen erhalten dann aus diesem Fonds eine einheitliche **Kopfpauschale** pro versicherte Person. Hinzu kommen Zu- und Abschläge in Abhängigkeit von Alter, Geschlecht und den individuellen Risiken der bzw. des jeweiligen Versicherten. Sind bei einer Kasse viele ältere und kranke Menschen versichert, erhält sie also mehr

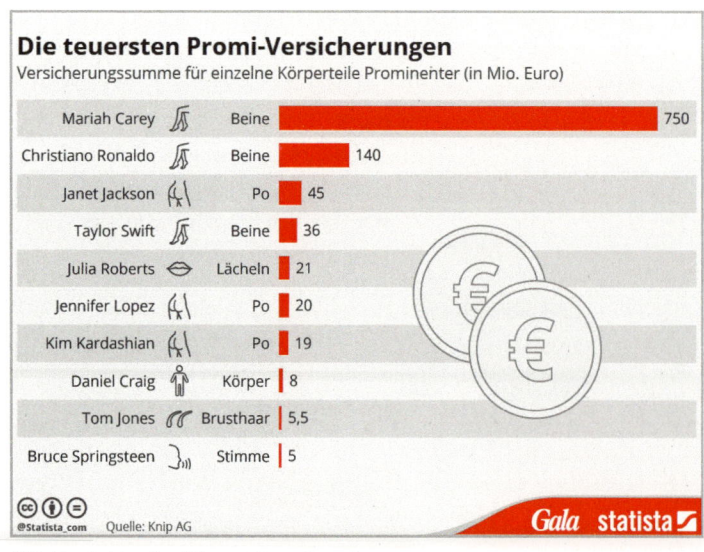

Die teuersten Promi-Versicherungen
Versicherungssumme für einzelne Körperteile Prominenter (in Mio. Euro)

Person	Körperteil	Summe
Mariah Carey	Beine	750
Christiano Ronaldo	Beine	140
Janet Jackson	Po	45
Taylor Swift	Beine	36
Julia Roberts	Lächeln	21
Jennifer Lopez	Po	20
Kim Kardashian	Po	19
Daniel Craig	Körper	8
Tom Jones	Brusthaar	5,5
Bruce Springsteen	Stimme	5

Quelle: Knip AG / Gala / statista

M2 So viel ist der Körper eines Promis wert.

Geld aus dem Gesundheitsfonds als eine Kasse mit eher jüngeren und gesunden Versicherten.

Sinnvoll ist nur die Hälfte

Hast du Angst, von Außerirdischen entführt zu werden oder in ein Funkloch zu geraten? Nicht nur Stars sichern Seltsames für den Fall der Fälle ab. Viele private Zusatzversicherungen werben mit den außergewöhnlichsten Policen. Doch warum gibt es solche Versicherungen? Die Versicherungsunternehmen nehmen durch diese Beiträge enorme Summen ein. Der Schadensfall dagegen tritt so gut wie nie ein. Dadurch erzielen die Versicherungsunternehmen hohe Gewinne. Also finanzieren sich private Versicherungsunternehmen teilweise durch ihre Zusatzversicherungen.

Top 5 „Verrückte Versicherungen"

Platz 1: Außerirdischen-Versicherung
Wer von Außerirdischen unfreiwillig entführt wird und es lebend zurückschafft, erhält 1.000 Euro.

Platz 2: Funkloch-Versicherung
Nicht erreichbar für 48 Stunden, weil man im Funkloch steckt? Mit einem Jahresbeitrag von 12 Euro kann man sich dagegen absichern.

Platz 3: Geplatzte Hochzeit
Wer vor dem Altar stehengelassen wird, erhält 100 Euro von dieser Versicherung. Der jährliche Beitrag liegt bei 12 Euro.

Platz 4: Alkoholverbot-Versicherung
Wer Angst vor einem Alkoholverbot hat, kann sich mit 12 Euro im Monat dagegen absichern und erhält im Falle eines Falles 500 Euro.

Platz 5: Fahrstuhl-Versicherung
Jede bzw. jeder Deutsche bleibt in 102 Jahren einmal im Fahrstuhl stecken. Für 12 Euro im Jahr wird jedes Steckenbleiben mit 75 Euro entschädigt.

M 3 Verrückte Versicherungen

Merke
- Der Gesundheitsfonds sichert die Finanzierung gesetzlicher Krankenkassen.
- Der Staat unterstützt dies durch Steuerzuschüsse und eine Kopfpauschale.
- Versicherungen bieten häufig Zusatzversicherungen an, um Gewinne zu erzielen.

Aufgaben

1 a) Beschreibe in eigenen Worten, was man unter der „Kopfpauschale" versteht.
b) Erläutere, warum Krankenkassen junge und gesunde Menschen bevorzugen.

2 a) Recherchiere, wie viel Euro man in Deutschland durchschnittlich für seine Versicherungen im Jahr bezahlt.
b) Vergleiche die Summe mit dem Jahresbetrag, den deine Eltern für ihre Versicherungen bezahlen.

3 Toni bricht sich das Bein und muss operiert werden. Erklärt mithilfe von **M1**, wie die gesetzliche Krankenkasse seine Operation finanziert.

4 Analysiere die Grafik **M2**. Welche Gemeinsamkeiten stellst du fest?

5 Gestaltet ein Plakat, auf dem ihr eine innovative Versicherung vorstellt, und präsentiert euer Ergebnis der Klasse.

6 a) Bewerte die Versicherungen in **M3**.
b) Beurteile, warum es solche Versicherungen gibt:
- aus der Sicht des Versicherungsunternehmens und
- aus der Sicht der Versicherten.

7 Diskutiert, wie Versicherungsbetrug ablaufen kann.

Wortspeicher
– der Bundeszuschuss
– der Gesundheitsfonds
– die Kopfpauschale

5 Welche Risiken versichern?

Von Fall zu Fall verschieden

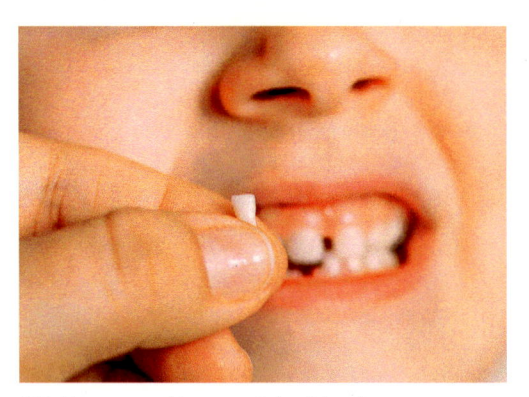

M1 Ein ausgeschlagener Schneidezahn

Schulwegunfall – Wie sind Schulkinder versichert?
Unfälle, die auf dem Hin- und Rückweg in die Schule, bei Ausflügen, in Schullandheimen und während des Aufenthaltes in der Schule passieren, sind durch die gesetzliche Unfallversicherung abgedeckt.

M2 Wenn auf dem Schulweg was passiert

Malika stürzt beim Nachhauseweg vom Gitarrenunterricht, weil sie beim Blick auf das Smartphone eine Bordsteinkante übersehen hat. Ein Schneidezahn ist abgebrochen. „Zum Glück bist du privat unfallversichert! Also kommt für sämtliche Kosten die Versicherung auf", sagt ihre Mutter. Nachdem sie beim Zahnarzt waren, melden sie den **Unfallhergang** ihrer Unfallversicherung per E-Mail (→ **M 4**).

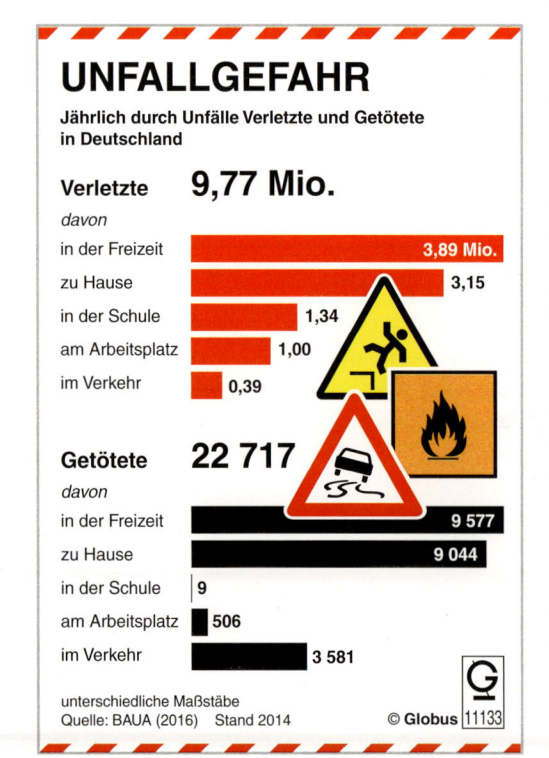

Wo sollte man aufpassen?
Obwohl die Familie unzählige Formulare ausfüllt, kommt wenig später das Ablehnungsschreiben der Versicherung per E-Mail. „Da müssen wir Einspruch einlegen und den Unfall genauer schildern!", sagt Malikas Vater.
Bei einer Unfallmeldung muss auf kritische Formulierungen geachtet werden. Eine ungeschickte Wortwahl oder eine unklare Erläuterung des Unfallhergangs können dazu führen, dass man keinen Schadensersatz erhält. Gegen eine Ablehnung können Versicherte Einspruch einlegen, um noch eine Chance auf Schadensbegleichung zu haben. Diesen Aufwand betreibt nur ein Bruchteil aller Versicherten – zum Vorteil der Versicherungsunternehmen.

Zahlt die Versicherung?
Die Gründe für die Ablehnung einer Schadensregulierung sind vielfältig und von Fall zu Fall verschieden. Dies liegt auch an den unterschiedlichen Interessen von Versicherungsunternehmen und Versicherten. Erstere wollen wirtschaftlich handeln und Gewinne erzielen. Versicherte dagegen wollen Schadensersatz erhalten. Dieser **Interessenskonflikt** führt häufig zu einem strittigen Versicherungsfall.

UNFALLGEFAHR
Jährlich durch Unfälle Verletzte und Getötete in Deutschland

Verletzte	9,77 Mio.
davon	
in der Freizeit	3,89 Mio.
zu Hause	3,15
in der Schule	1,34
am Arbeitsplatz	1,00
im Verkehr	0,39

Getötete	22 717
davon	
in der Freizeit	9 577
zu Hause	9 044
in der Schule	9
am Arbeitsplatz	506
im Verkehr	3 581

unterschiedliche Maßstäbe
Quelle: BAUA (2016) Stand 2014
© Globus 11133

M 3 Wo passieren die meisten Unfälle?

EXTRA

Von:	FamilieKovalenko@greenmail.de
An:	info@accidenthappens.de
Betreff:	Unfallhergang unserer Tochter Malika Kovalenko

Sehr geehrtes Team der AccidentHappens,
hiermit melden wir einen Unfall unserer Tochter Malika Kovalenko. Er ereignete sich heute gegen 16 Uhr. Sie ist auf dem Nachhauseweg gestolpert und hat sich den Schneidezahn abgebrochen. Wir bitten um Schadensersatz, wie im Kostenvoranschlag unseres Zahnarztes angegeben.
Mit freundlichen Grüßen
Familie Kovalenko

Sehr geehrte Familie Kovalenko,
damit wir den Unfallhergang prüfen können, füllen Sie bitte die beigefügten Formulare aus. Bitte beachten Sie, dass es sich nur dann um einen Unfall handelt, wenn etwas plötzlich von außen auf den Körper einwirkt und unfreiwillig zu einer Gesundheitsschädigung führt.
Mit freundlichen Grüßen
AccidentHappens

Sehr geehrte Familie Kovalenko,
nach Prüfung Ihrer Unterlagen müssen wir die Schadensregulierung leider ablehnen. Es handelt sich hierbei nicht um einen Unfall gemäß den Unfallversicherungsbedingungen.
Mit freundlichen Grüßen
AccidentHappens

M4 E-Mail-Verkehr mit der Versicherung

Gesetzliche Unfallversicherung
In Deutschland gibt es jährlich etwa 9 Millionen Unfälle. Nur wenige davon sind ein Fall für die gesetzliche Unfallversicherung. Nur wenn der Unfall während der Arbeit passiert oder es sich um einen Wegeunfall handelt, springt die gesetzliche Umfallversicherung ein.

Merke
- Ob die Versicherung zahlt, hängt von der „richtigen" Beschreibung ab.
- Die gesetzliche Unfallversicherung greift nur bei Unfällen am Arbeitsplatz und Wegeunfällen.

Aufgaben

1 Nenne Beispiele für folgende Begriffe der Unfalldefinition: „von außen", „unfreiwillig", „Gesundheitsschaden".

2 VB Der Unfallhergang in **M4** wurde lückenhaft formuliert. Verfasse eine neue Unfallmeldung, indem du die Hinweise des Versicherungsunternehmens beachtest.

3 BTV a) Teilt die Rollen eines Versicherungsunternehmens und einer bzw. eines Versicherten auf.
b) Charakterisiert jeweils die Interessen, die ihr vertretet.
c) Vergleicht eure Interessen, indem ihr Gemeinsamkeiten und Unterschiede herausarbeitet.

4 MB Arbeitnehmende sind über die Arbeitgebenden gesetzlich unfallversichert. Recherchiere, über wen du als Schülerin bzw. Schüler gesetzlich unfallversichert bist und wie du im Schadensfall vorgehen musst.

5 a) Arbeite mithilfe von **M3** heraus, in welchen Bereichen die häufigsten Unfälle passieren.
b) Erkläre Gründe für dein Ergebnis.

6 BTV Warum sollten sich Menschen überhaupt noch versichern? Bewertet diese Aussage.

> **Wortspeicher**
> – der Interessenskonflikt
> – der Unfallhergang

5 Welche Risiken versichern?

Welche Versicherung nach der Schule?

M1 Welchen Versicherungsschutz braucht Loris?

Loris (17) besucht die 10. Klasse einer Realschule. In wenigen Monaten beginnt seine Ausbildung zum Zimmerer in einem anderen Ort. Deshalb muss er bei seinen Eltern ausziehen. Außerdem hat er sich für die Führerscheinprüfung angemeldet und will ein Auto kaufen, wenn er 18 Jahre alt wird. Welchen Versicherungsschutz braucht Loris demnächst und was muss er beachten?

Was habe ich, was brauche ich?
Bei der Auswahl von Versicherungen sollte man nach dem **GAU-Prinzip** vorgehen (**g**rößter **a**nzunehmender **U**nfall). Auch das Lebensphasenkonzept (→ S. 122) hilft dir abzuwägen, welcher Versicherungsschutz zu deiner Risikosituation passt. Vor Abschluss einer Versicherung musst du außerdem prüfen, ob du gegen gewisse Risiken bereits versichert bist. Andernfalls riskierst du eine unnötige ↗ Doppelversicherung.

Wo kann ich mich informieren?
Man muss genau hinsehen, wer einen berät.
- Versicherungsvertreter bieten Versicherungen des Unternehmens an, für das sie tätig sind.
- Versicherungsmakler bieten dagegen Produkte mehrere Versicherungsunternehmen an. Beide verfolgen das Ziel, möglichst viele Versicherungen zu verkaufen. Je mehr Verträge sie abschließen, desto höher ist ihre Provision.
- Versicherungsberater verdienen rein durch ihre Beratung, ob eine Versicherung abgeschlossen wird oder nicht.

Unabhängige Beratung – aber wie?
Auch Vergleichs- und Suchportale im Internet sind nicht immer unabhängig. Um einen möglichst guten und unabhängigen Überblick zu bekommen, helfen die Tests der **Verbraucherzentrale** und der ↗ Stiftung Warentest (Finanztest). Sie testen und vergleichen Versicherungsprodukte verschiedener Anbietender.

Der Blick in die Finanzen
Bevor du eine Versicherung abschließt, musst du wissen, ob du sie überhaupt bezahlen kannst. Erstelle einen Haushaltsplan, der deine Ein- und Ausgaben zusammenstellt.

Bevor du unterschreibst
Vor dem Vertragsabschluss solltest du die Versicherungsbedingungen und -leistungen im Verhältnis zu den Kosten sorgfältig prüfen. Unterschreibe nicht sofort! Lass dir Zeit. Versicherungsverträge bestehen oft aus mehreren Seiten und sind schwer verständlich. Informiere dich bei Unklarheiten. Nach Abschluss kannst du innerhalb von 14 Tagen ohne Angabe von Gründen den unterschriebenen Vertrag widerrufen.

Rechte und Pflichten
Der Abschluss des **Versicherungsvertrags** ist an Rechte und Pflichten gebunden. Dein wichtigstes Recht ist es, Versicherungsleistungen im Schadensfall zu erhalten, wie sie im Vertrag festgelegt sind. Außerdem hast du jederzeit das Recht, dich über das Versicherungsunternehmen zu beschweren. Du hast insbesondere die Pflicht, die vereinbarte Prämie zu bezahlen. Außerdem musst du vor Vertragsabschluss persönliche Angaben, z. B. zu Krankheiten, wahrheitsgemäß machen.

---

widerrufen
von einem Vertrag zurücktreten

die Doppelversicherung
zwei oder mehrere Versicherungen, die dasselbe Risiko abdecken

die Provision
Zahlung für die Vermittlung oder das Abschließen von Verträgen

132

TIPP
Bei diesen Aussagen von Versicherungsvertretenden solltet ihr skeptisch werden und gut aufpassen, was sie euch anbieten:
- „Ich schaue mit Ihnen gerne mal alle bisherigen Versicherungsverträge durch."
- „90 Prozent der Menschen in Deutschland schützen sich und ihre Familie durch eine solche Versicherung."
- „Dieses Angebot mache ich nur heute."
- „Das kostet Sie nur einen Euro pro Tag."

Welche Versicherung brauche ich?
Übersicht über die wichtigsten Versicherungen für Auszubildende

Krankenversicherung
- Azubis müssen sich gesetzlich krankenversichern
- bei Wahl auf Leistungsunterschiede achten

Private Haftpflichtversicherung
- springt ein, wenn man anderen Schaden zufügt
- Azubis sind in ihrer ersten Ausbildung i. d. R. über die Haftpflichtversicherung der Eltern mitversichert*

Private Unfallversicherung
- greift bei unfallbedingter Arbeitsunfähigkeit
- ist weltweit und rund um die Uhr gültig
- Gesetzliche Unfallversicherung greift automatisch, wenn der Unfall am Arbeitsplatz oder auf dem Weg dorthin passiert

Berufsunfähigkeitsversicherung
- greift bei krankheits- oder berufsbedingter Arbeitsunfähigkeit
- je jünger der Versicherte, desto geringer die Beiträge
- Beiträge abhängig vom Berufszweig (z.B. zahlt Maurer-Azubi mehr als ein Bürokaufmann)

Hausratversicherung
- steht in der eigenen Wohnung hochwertige Ausstattung, ist eine eigene Hausratversicherung sinnvoll
- Azubis, die noch bei den Eltern wohnen oder nur vorübergehend ausziehen, bleiben mit ihrem Hausrat über den elterlichen Vertrag versichert (aber begrenzte Versicherungssumme)

Kfz-Versicherung
- Haftpflichtversicherung ist gesetzlich vorgeschrieben und kommt für alle Schäden eines Unfallgegners auf
- (Teil-)Kaskoversicherung reguliert die Schäden am eigenen Auto, z. B. Diebstahl, Vandalismus; Vollkaskoversicherung zahlt bei einem selbstverschuldeten Unfall auch die Schäden am eigenen Auto

Quelle: Verbraucherzentrale NRW und Hamburg, Bund der Versicherten   *meist bis 25 Jahre   © Globus 11639

M 2 Übersicht über für Auszubildende empfohlene Versicherungen

Merke
- Vor dem Abschließen einer Versicherung musst du den Versicherungsvertrag genau prüfen.
- Lass verschiedene Angebote durch unabhängige Institutionen vergleichen.
- Ein Versicherungsvertrag ist an Rechte und Pflichten gebunden.

Aufgaben

1 **a)** Nenne Möglichkeiten, wo du dich über Versicherungsprodukte informieren kannst.
b) Analysiere **M 2**.

2 **a)** Beschreibt euch gegenseitig den Unterschied zwischen Versicherungsvertretern, -maklern und -beratern.
b) Lest euch die Aussagen der Versicherungsvertretenden im Tippkasten durch. Erklärt euch gegenseitig, ob die Argumente stichhaltig sind.
c) Recherchiert, wie sich die Verbraucherzentrale und die Stiftung Warentest finanzieren.

d) Erstellt eine Checkliste, was Loris vor Versicherungsabschluss beachten sollte.

3 **a)** Erkundige dich bei deinen Eltern, welche Versicherungen sie haben.
b) Erstelle eine Übersicht, welche Versicherungen du persönlich hast.
c) Nenne die Schadensfälle, die in der Vergangenheit durch eure Versicherung beglichen wurden.

4 Bewerte das Zitat: „Das, was uns der Versicherungsagent bei Vertragsabschluss versichert, ist im Schadensfall gar nicht so sicher." (Siegfried Wache, *1951)

5 Welche Versicherungen sollte Loris (→ **M 1**) vor seiner Ausbildung abschließen? Entwickle auf Basis von **M 2** eine Empfehlung für ihn.

Wortspeicher
- das GAU-Prinzip
- die Verbraucherzentrale
- der Versicherungsvertrag

5 Welche Risiken versichern?

Unter einem Hut denken

„Unter einem Hut denken" ist eine Methode, die auf den Kreativitätsforscher Edward de Bono zurückgeht. Unser Denken verläuft nicht eindimensional. Unsere Überlegungen sind vielfältig und komplex, also facettenreich und bunt. Wenn wir denken, dann mischen wir häufig unsere Sichtweisen. Fakten und Gefühle geraten manchmal völlig durcheinander. Auch ihr steht schulisch oder privat immer wieder vor vielen verschiedenen Problemen. Jetzt lernt ihr eine Möglichkeit kennen, wie ihr diese erfolgreich und mit vielen Ideen lösen könnt.

1. Schritt: Vorbereitung treffen
Zur Durchführung dieser Methode in eurer Klasse benötigt ihr sechs Hütchen, die ihr leicht aus verschiedenfarbigem Papier (weiß, rot, schwarz, gelb, grün, blau) basteln könnt. Ihr könnt aber auch die Umrisse von Hüten ausschneiden und einfärben. Alternativ könnt ihr auch einfach große farbige Papp-Punkte nehmen.

2. Schritt: Problem formulieren
Worum geht es? Informiert euch zum Sachverhalt oder zur Streitfrage und fasst den aktuellen Stand zusammen. Schreibt die Problemstellung oder die zu klärende Frage gut sichtbar an die Tafel oder auf ein Plakat.

3. Schritt: Gruppen bilden
Teilt die Klasse in sechs Zufallsgruppen. Stellt euch etwa in der Reihenfolge eurer Hausnummern auf und zählt dann jeweils bis sechs ab. Alle Einser, Zweier, Dreier, usw. bilden eine Gruppe. Jede Gruppe erhält einen Hut, Umriss von einem Hut oder Punkt. Wählt aus, wer aus der Gruppe die Farbe verdeckt zieht.

4. Schritt: Denkweise notieren
Bestimmt in eurer Gruppe, wer die Denkweise auf „eurem" gezogenen Hut, dem Kärtchen oder Punkt notiert. Verwendet dazu jeweils die folgende Zuordnung:

Weiß (Fakten) – Rot (Gefühle) – Schwarz (Risiken) – Gelb (Chancen) – Grün (Ideen) – Blau (Kontrolle).

5. Schritt: Diskussionskreise bilden
Bildet zwei Stuhlkreise (einen inneren und einen äußeren). In den Innenkreis kommen sechs Stühle. Ein Mitglied aus jeder Gruppe nimmt dort Platz. Die übrigen Gruppenmitglieder bilden den Außenkreis. Idealerweise sitzt die Gruppe immer in der Nähe ihrer Farbe. Sie alle sind nun die Beobachtenden.

6. Schritt: Diskussion durchführen
Alle im Innenkreis Sitzenden setzen ihren Hut auf und bekommen eine Minute, um sich in die Rolle zu versetzen. Lost aus, wer mit der Diskussion zur Problemstellung oder Leitfrage beginnt. Dann geht es reihum. Die Huttragenden bleiben dabei konsequent in ihren Rollen.
Alternativ könnt ihr nach jeder Runde die Hüte im Uhrzeigersinn wandern lassen, sodass jede und jeder im Innenkreis einmal jede „Hutrolle" einnimmt.

7. Schritt: Beiträge beobachten
Die Personen im Außenkreis beobachten die Diskussion. Dazu ist es gut, wenn ihr Kriterien, wie z. B. Qualität der Argumente oder Körpersprache, festlegt. Macht euch auf jeden Fall Notizen, damit ihr nichts vergesst.

8. Schritt: Diskussion auswerten
Nach der Diskussion schließt sich die Auswertungsrunde an. Zuerst reflektieren die Agierenden aus dem Innenkreis den Verlauf der Diskussion und das Ergebnis. Dann kommen die Beobachtenden aus dem Außenkreis zu Wort. Bewertet die entstandenen Ideen und Vorschläge.

Edward de Bono wurde am 19. Mai 1933 auf Malta geboren. Er gilt als Lehrer für kreatives Denken. 1986 stellte er die Kreativitätstechnik „Denkhüte" zum ersten Mal vor.

METHODE

Weißer Hut (Fakten)
Ich orientiere mich an Zahlen und Fakten, bin sachlich und objektiv. → „Wir sollten erst die Zahlen ansehen."

Roter Hut (Gefühle)
Ich zeige starke Gefühle. Positive und negative Emotionen treiben mich an. → „Ich bin begeistert."

Schwarzer Hut (Risiken)
Ich bin Pessimist und sehe immer schwarz, erkenne alle Probleme. → „Das wird nicht funktionieren, weil …"

Gelber Hut (Chancen)
Ich bin Optimist, verbreite Hoffnung und positives Denken. → „Das wird uns allen nutzen, weil …"

Grüner Hut (Ideen)
Ich produziere neue Ideen und Vorschläge, suche nach alternativen Lösungen. → „Es wäre doch für alle super, wenn …"

Blauer Hut (Kontrolle)
Ich habe den Überblick, lenke das Geschehen und fasse die Ergebnisse zusammen. → „In vier Wochen schauen wir die Lösung noch einmal an und überprüfen sie."

M1 Hutvarianten – Welcher Hut darf es sein?

1. Schritt: Vorbereitung treffen
- sechs Hüte aus Papier basteln

↓

2. Schritt: Problem formulieren
- Informationen zum Sachverhalt einholen
- Streitfrage formulieren

↓

3. Schritt: Gruppen bilden
- sechs Gruppen bilden und Hüte auf Gruppen verteilen

↓

4. Schritt: Denkweise notieren
- Hut mit entsprechender Denkweise beschriften

↓

5. Schritt: Diskussionskreise bilden
- Innenkreis für sechs Teilnehmende bilden
- Außenkreis für Beobachtende bilden

↓

6. Schritt: Diskussion durchführen
- Startfarbe bestimmen
- Diskussion im Kreis führen
- Runde 2–3 mal wiederholen

↓

7. Schritt: Beiträge beobachten
- Außenkreis beobachtet und erstellt Notizen

↓

8. Schritt: Diskussion auswerten
- Reflexion der Teilnehmenden aus dem Innenkreis
- Feedback der Beobachtenden
- Abschlussbewertung der entstandenen Ideen

M2 To-do-Liste für euer Denken unter dem Hut

Aufgaben

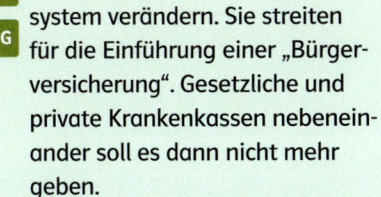

1 SPD, Grüne und Linke wollen in Deutschland das Gesundheitssystem verändern. Sie streiten für die Einführung einer „Bürgerversicherung". Gesetzliche und private Krankenkassen nebeneinander soll es dann nicht mehr geben.
a) Recherchiert und holt Informationen zum aktuellen Sachverhalt ein.
b) Beschreibt, worin die Hauptproblematik besteht.
c) Formuliert eine Streitfrage, die sich aus der aktuellen Diskussion ergibt.
d) Führt die Diskussion durch.
e) Erklärt und begründet, was für und was gegen eine „Bürgerversicherung" spricht.
f) Erstellt zu eurem Ergebnis ein Plakat.

2 Überprüft, ob euer Ergebnis Gemeinsamkeiten mit der aktuellen Diskussion der Parteien aufweist.

3 Entwickelt einen Vorschlag, wie ihr als Politikerinnen bzw. Politiker entscheiden würdet.

4 Schreibt ein Drehbuch, das euch hilft, die Diskussion um die „Bürgerversicherung" anschaulich in einer kurzen Szene zu spielen.

5 Welche Risiken versichern?

Auf einen Blick

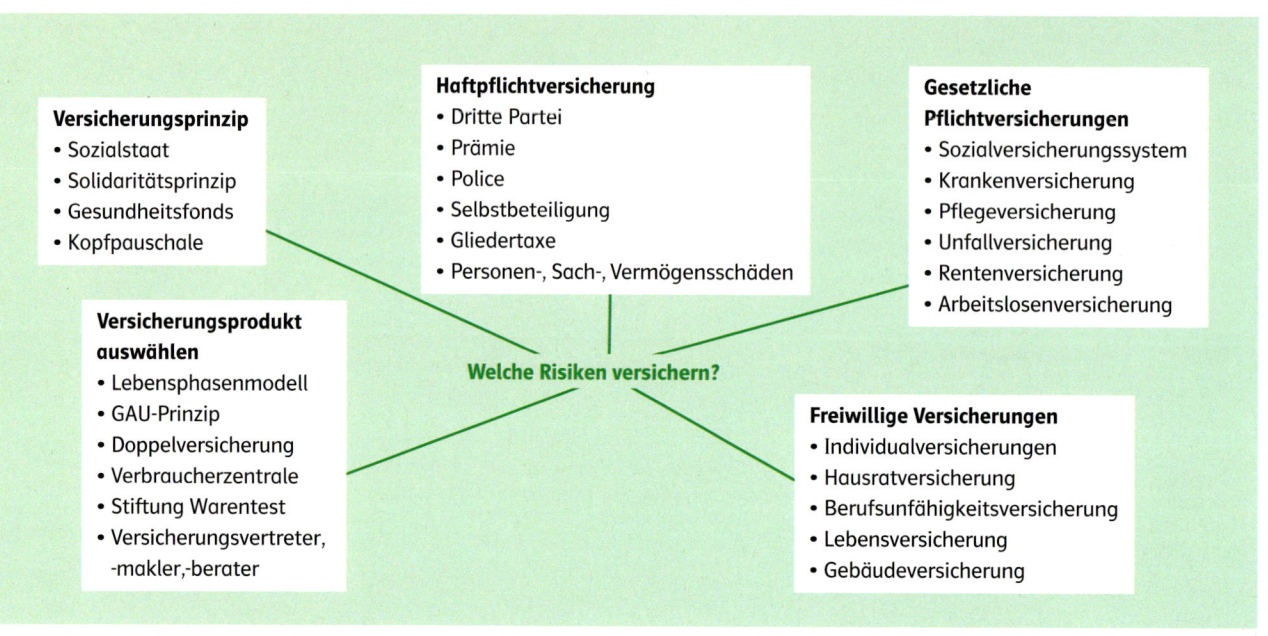

Versicherungsprinzip
- Sozialstaat
- Solidaritätsprinzip
- Gesundheitsfonds
- Kopfpauschale

Haftpflichtversicherung
- Dritte Partei
- Prämie
- Police
- Selbstbeteiligung
- Gliedertaxe
- Personen-, Sach-, Vermögensschäden

Gesetzliche Pflichtversicherungen
- Sozialversicherungssystem
- Krankenversicherung
- Pflegeversicherung
- Unfallversicherung
- Rentenversicherung
- Arbeitslosenversicherung

Versicherungsprodukt auswählen
- Lebensphasenmodell
- GAU-Prinzip
- Doppelversicherung
- Verbraucherzentrale
- Stiftung Warentest
- Versicherungsvertreter, -makler, -berater

Welche Risiken versichern?

Freiwillige Versicherungen
- Individualversicherungen
- Hausratversicherung
- Berufsunfähigkeitsversicherung
- Lebensversicherung
- Gebäudeversicherung

M1 Diese Begriffe solltest du kennen.

Wiederholen

1 S. 124/125
Übertrage die Tabelle in dein Heft.

verpflichtende Versicherung	freiwillige Versicherung

Ordne zu: Welche der folgenden Versicherungen ist verpflichtend, welche freiwillig?
- Krankenversicherung
- Haftpflichtversicherung
- Hausratversicherung
- Unfallversicherung
- Pflegeversicherung
- Lebensversicherung
- Arbeitslosenversicherung
- Rentenversicherung
- Fahrradversicherung

2 S. 126–133
Erstelle einen Versicherungsfall.
a) Beschreibe den Fall mit den W-Fragen:
  - Was ist passiert?
  - Wer war daran beteiligt?
  - Wo und wobei ist der Schaden entstanden?
  - Welcher Schaden ist eingetreten?
  - Wie groß ist der Schaden?
b) Nenne, welche Versicherung für den Schaden aufkommt.
c) Beurteile, ob die Versicherung sinnvoll und notwendig ist. Argumentiere mit dem GAU-Prinzip und dem Lebensphasenmodell.

3 S. 126–133
Versicherungsverträge haben oft mehrere Seiten und sind in unverständlicher Sprache verfasst. Erkläre, warum das so ist.

4 S. 132/133
Das Thema Versicherungen wirft viele Fragen auf (→ **M2**). Entwickle jeweils hilfreiche Antworten.

5 S. 132/133
Nehmt die Rolle eines Versicherungsvertreters und einer Person, die beraten wer-

M 2 Fragen zum Thema Versicherungen

Meine Kinder absolvieren im kommenden Jahr Berufspraktika. Welche Versicherung benötige ich da?

Ich bin unsicher, ob ich bei Versicherungen nicht verkehrt beraten werde. Auf was muss ich achten?

Ich finde meinen Versicherungsbeitrag teuer. Wie kann ich einen günstigeren ermitteln?

Welche Versicherungen sind denn außer den Pflichtversicherungen empfehlenswert?

den möchte, ein. Versucht, abwechselnd folgende Versicherungen zu verkaufen bzw. umgekehrt mit stichhaltigen Argumenten dagegenzuhalten:
- Versicherung gegen das Treten in Hundekot,
- Versicherung gegen einen Platten am Fahrrad,
- Versicherung gegen Regen im Urlaub.

6 S. 132/133
Analysiere die Karikatur (→ **M 3**).
a) Beschreibe alle Elemente.
b) Erkläre die Aussage der Karikatur.

M 3 „Sie sind jetzt gegen Brände, Überschwemmungen, Diebstahl, Krankheit, Unfälle und bei Todesfällen versichert sowie gegen alle Versuche meinerseits, Ihnen weitere Versicherungen zu verkaufen."
Karikatur (Vahan Shirvanian)

7 S. 122/123
Karim ist 23 Jahre alt und verheiratet. Er arbeitet als Schreiner, wohnt in einer Mietwohnung und hat ein Kind. Er hat bisher noch keine privaten Versicherungen abgeschlossen. Welche Versicherung empfiehlst du Karim und warum?

8 S. 130/131
„Versicherungsgesellschaften zögern eine Schadensbegleichung gezielt zu ihrem Vorteil heraus." Bewerte diese Aussage.

9 S. 120–133
Fertige ein Expertenquiz über Versicherungen an.
a) Überlege dir drei Fragen. Erstelle zu jeder Frage drei Antworten. Eine Antwort muss richtig sein, die anderen falsch. Gehe vor wie im Beispiel:

Frage 1
Welche Schadensarten lassen sich unterscheiden?

Antwort 1	Antwort 2	Antwort 3
Menschen-, Geräte- und Vermögensschäden	**Sach-, Personen- und Vermögensschäden**	Sach-, Geld- und Fahrzeugschäden

b) Tauscht eure Fragen in Form eines Kugellagers aus.

6

Unternehmen im Blick

Wusstest du, dass du jeden Tag mit Unternehmen zu tun hast? Ganz gleich, ob du eine Brezel kaufst oder dein Smartphone in die Hand nimmst – beides wurde von Unternehmen hergestellt. Die wirtschaftliche Stärke unseres Bundeslandes Baden-Württemberg beruht auf vielen Unternehmen und deren Beschäftigten. Vermutlich hast du das eine oder andere Unternehmen schon durch ein Praktikum kennengelernt. Vielleicht liegt in einem Unternehmen deine berufliche Zukunft?

Ich werde …

- erkennen, warum Unternehmen gegründet werden.
- erörtern, welche Ziele Unternehmen verfolgen.
- klären, weshalb Unternehmen erfolgreich sind oder nicht.
- erfahren, was es mit der Unternehmenskultur und dem Unternehmensimage auf sich hat.

Was denkst du?

- Unternehmen erwirtschaften Umsatz und Gewinn. Ist das nicht dasselbe?
- Der Staat beeinflusst Unternehmen in ihren Entscheidungen. Welche Folgen kann dies haben?
- Unternehmen tragen Verantwortung und müssen auch nachhaltig handeln. Warum ist das so?
- Unternehmen müssen sich auf globalen Märkten behaupten. Welche Chancen und Risiken birgt dies?

6 Unternehmen im Blick

Ich mach' mein (eigenes) Ding

Häufig beginnt es mit einer Idee, von der sich jemand Erfolg verspricht. Um diese **Geschäftsidee** in die Tat umzusetzen, gründen Menschen ihr eigenes **Unternehmen**.

Persönlichkeiten mit Profil
Gleich wirst du drei Personen kennenlernen. Auf den ersten Blick sind sie ganz unterschiedlich. Trotzdem haben sie eine Gemeinsamkeit: Sie sind alle Unternehmende.

---

das Marketing
Maßnahmen, um Produkte oder Dienstleistungen zu bewerben

der Absatz
Menge von verkauften Waren oder Dienstleistungen

Frau Dilyara, 25 Jahre
„Nach meinem Betriebswirtschaftslehre-Studium hatte ich überlegt, welche Richtung ich einschlagen könnte. Da ich über viele Erfahrungen im Bereich soziale Medien verfüge, kam mir das zuerst in den Sinn. Nun biete ich Social-Media-Marketing für Unternehmen an. Das bedeutet konkret, dass ich mir Gedanken darüber mache, wie Unternehmen die sozialen Medien zur Steigerung ihres Bekanntheitsgrades und auch ihres Absatzes einsetzen können. Bislang nutzen kleinere Unternehmen diese Möglichkeit noch eher selten. Aber es werden immer mehr. Meine Arbeit bereitet mir viel Freude, da ich kreativ sein kann. Außerdem bin ich bei meinen Arbeitszeiten sehr flexibel und genieße meine berufliche Unabhängigkeit. Ich verdiene jedoch noch nicht so viel, wie ich bei einer Festanstellung erhalten würde."

M1 Am Bildschirm

Frau Lainer, 40 Jahre
„Ursprünglich habe ich eine Ausbildung zur Frisörin absolviert. Das hat mir Freude bereitet, aber die Verdienstmöglichkeiten waren zu gering. Ich habe gekündigt und mein Hobby zum Beruf gemacht. Schon seit meiner Kindheit nähe ich gerne und dies wollte ich möglichst nachhaltig gestalten. Ich habe angefangen, aus den Airbags von Unfallfahrzeugen Taschen zu nähen. Zuerst habe ich die Airbag-Taschen nur für mich und meinen Freundeskreis genäht. Irgendwann kamen immer mehr Anfragen nach den Taschen, sodass ich meine Produktion ausweiten musste. Mittlerweile habe ich fünf Mitarbeitende in meinem Unternehmen und es läuft gut. Mein Einkommen ist durch die berufliche Neuorientierung deutlich gestiegen. Ich arbeite jedoch auch deutlich mehr. Wochenendarbeit ist bei mir keine Seltenheit."

M2 An der Nähmaschine

Herr Demirel, 55 Jahre
„Vor fast 40 Jahren habe ich meine Ausbildung zum Einzelhandelskaufmann begonnen. Nach der Ausbildung arbeitete ich über viele Jahre in der Herrenabteilung meines Ausbildungsbetriebs. Ein neuer Chef forderte von mir jedoch höhere Absatzzahlen durch den Verkauf günstigerer Kleidung. Diese kam aber bei der Kundschaft nicht an und ich musste um meinen Arbeitsplatz bangen. Um die Arbeitslosigkeit zu vermeiden, kündigte ich und eröffnete 2015 eine kleine Herrenboutique. Mein eigener Chef zu sein, bereitet mir viel Freude. Mit der Boutique habe ich mir einen Lebenstraum erfüllt. Die Gestaltungsmöglichkeiten sind viel größer als früher. Beispielsweise biete ich hochwertige Kleidung an und meine beiden Mitarbeitenden habe ich so ausgesucht, damit sie zu meinem Laden passen. Mein Kernanliegen ist und bleibt die kundenorientierte Beratung. Große Gewinne mache ich nicht – aber das Wichtigste ist: Es macht mir nach wie vor Spaß!"

M3 In der Boutique

Dazugehörig oder nicht?

Frau Dilyara, Frau Lainer und Herr Demirel sind Inhaberinnen bzw. Inhaber ihrer Unternehmen. Das trifft nicht auf alle Unternehmenden zu. Beispielsweise kann genauso eine Managerin oder ein Manager die Rolle einer **Führungskraft** übernehmen. Diese trifft man zumeist in größeren Unternehmen an, bei denen sie angestellt und manchmal auch beteiligt sind.

M 4 Lieferdienst

M 5 Nützliche App

M 6 Upcycling-Produkt

Merke
- Eine Geschäftsidee ist der Ausgangspunkt einer Unternehmensgründung.
- Es gibt vielfältige Motive, warum Menschen Unternehmen gründen.
- Das Unternehmertum birgt Chancen und Risiken.

Aufgaben

1 Nenne fünf Unternehmende oder Unternehmen, die du kennst.

2 a) Beschreibe die typischen Tätigkeiten der drei Unternehmenden (→ **M 1 bis M 3**). Nutze dafür ihre Aussagen und auch die Bilder.
BO b) Begründe, welches der drei Unternehmen am ehesten zu deinen Fähigkeiten passt.

3 a) Arbeite die Gründe heraus, weshalb die drei Personen (→ **M 1 bis M 3**) Unternehmende geworden sind.
b) Erkläre, welcher Grund aus Aufgabe a) für dich am überzeugendsten für eine Unternehmensgründung ist.

c) Vergleiche die Erfolgschancen der drei Unternehmenden miteinander. Leitfrage: Wer kann mit seinem Unternehmen in Zukunft am besten bestehen?

4 Bewerte die folgenden Aussagen:
- Jede bzw. jeder kann ein Unternehmen gründen!
- Es ist viel zu riskant, ein Unternehmen zu gründen.
- Unternehmende müssen rücksichtslos sein, denn sonst erreichen sie nichts.

Nutze dazu diese Satzanfänge:
- Ich halte das für richtig/falsch, weil …
- Mit dieser Meinung gehe ich mit/nicht mit, weil …

5 a) Wählt eine der folgenden Geschäftsideen aus:
- ein neuer Lieferdienst (**M 4**),
- eine nützliche App (**M 5**),
- ein Upcycling-Produkt (**M 6**).

b) Erstellt dazu ein überzeugendes Konzept in einer Kurzpräsentation.
c) Ermittelt die drei überzeugendsten Geschäftsideen eurer Klasse.

Wortspeicher
- die Führungskraft
- die Geschäftsidee
- das Unternehmen

Geht es nur um Gewinn?

Unternehmensziele

- umweltfreundliche Produkte
- Gewinn erzielen
- Marktanteil erhöhen

↔

- Arbeitsplätze schaffen
- Wettbewerbsfähigkeit
- Umsatz steigern

↔

- Innovationen schaffen
- Image steigern
- Mitarbeiter motivieren
- Kundenorientierung

M1 Unternehmensziele

Unternehmende versuchen, ihre Produkt- oder Geschäftsidee erfolgreich am Markt zu platzieren. Dabei müssen die Einnahmen mindestens die Ausgaben decken. Für die Weiterentwicklung bedarf es der Erwirtschaftung von Gewinn.

Vielfältige Unternehmensziele

Konzentrieren sich Unternehmende nur auf ein einziges Ziel, so können sie langfristig nicht erfolgreich sein. Ihre Mitbewerbenden werden sich früher oder später gegen sie durchsetzen. Folglich müssen Unternehmende immer mehrere Ziele gleichzeitig anpeilen. Diese werden wie folgt unterteilt:

1. Ökonomische Ziele

Unternehmende müssen den Einsatz ihrer Mittel genau planen und sorgfältig damit umgehen. Dabei berücksichtigen sie das ↗ Minimal- und Maximalprinzip.

2. Ökologische Ziele

Die natürliche Umwelt und deren Erhaltung ist ein sehr bedeutsames Ziel. Auch die Wirtschaft muss dies beachten, denn ohne eine intakte Umwelt wird beispielsweise die Gewinnung von Rohstoffen (z. B. Holz) erschwert. In Zeiten des Klimawandels erwartet auch die Gesellschaft immer stärker von den Unternehmen, dass sie umweltbewusst und nachhaltig handeln.

3. Soziale Ziele

Unternehmende tragen Verantwortung für ihre Mitarbeitenden und damit auch für die Gesellschaft. Wer Ausbildungsplätze anbietet, gibt jungen Menschen eine Chance, sichert sich künftige Mitarbeitende und trägt zur Stabilität der Wirtschaft bei. Ebenso wichtig für Unternehmen sind eine zufriedene Kundschaft sowie ein gutes Verhältnis zu Lieferfirmen, z. B. durch eine pünktliche und faire Bezahlung.

Nachhaltiges Handeln

Der Grundgedanke von ↗ Nachhaltigkeit besagt, dass nicht mehr verbraucht werden darf, als nachwachsen kann. Unternehmen handeln nachhaltig, wenn sie sowohl ökonomische als auch ökologische und soziale Ziele anpeilen (→ M2). Ökonomische Ziele verfolgen alle Unternehmen, weil sie nur so dauerhaft existieren können. Durch den Klimawandel wird aber auch ökologisches und soziales Handeln immer wichtiger. Oft ist es allerdings nicht einfach, für alle Ziele eine gute Lösung zu finden.

Folgen des Zusammenspiels

Wenn etwas besonders umweltfreundlich produziert wird, dann braucht man häufig hochwertige Rohstoffe oder ein aufwendiges Produktionsverfahren. Das Produkt wird teurer und dadurch verliert ein Unternehmen womöglich Käuferinnen und

---

der Gewinn
Überschuss nach Abzug aller Ausgaben von den Einnahmen

der Umsatz
verkaufte Menge · Preis

die Wettbewerbsfähigkeit
derzeitige Stellung und zukünftige Aussichten eines Unternehmens, einer Branche oder einer Volkswirtschaft im Wettbewerb an nationalen und internationalen Märkten

Käufer. Der Gewinn fällt geringer aus. Man spricht von einem **Zielkonflikt**.
Zielneutralität entsteht, wenn zwei Ziele erreicht werden und sie sich dabei weder positiv noch negativ aufeinander auswirken. Die Kundenorientierung kann beispielsweise gleichzeitig mit der Motivation der Mitarbeitenden verfolgt werden. Bei der **Zielharmonie** bedingen sich zwei Ziele positiv. Wenn ein Unternehmen ein Umsatzplus durch mehr Aufträge erzielt, so wird es dadurch auch neue Arbeitsplätze schaffen.

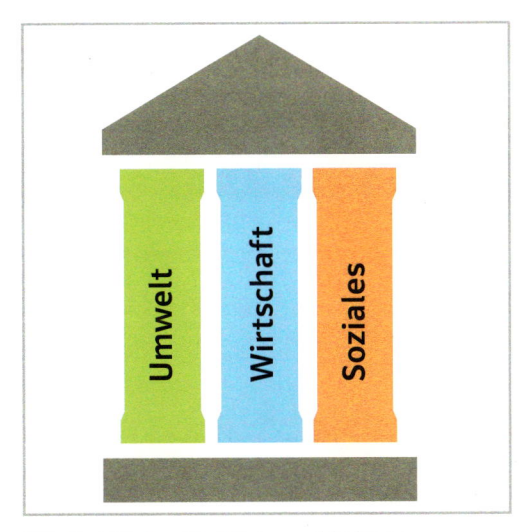

M 2 Drei-Säulen-Modell der nachhaltigen Entwicklung

Merke
- Unternehmen verdienen durch die Umsetzung erfolgreicher Ideen Geld.
- Um dieses Ziel zu erreichen, streben sie gewinnorientiertes Wirtschaften an.
- Unternehmensziele passen zueinander oder stehen im Konflikt.

Aufgaben

1 a) Ergänze **M1** um weitere Ziele von Unternehmen.
b) Fertige eine dreispaltige Tabelle an und ordne alle Ziele den Bereichen ökonomisch, ökologisch und sozial zu.
c) Vervollständige den Satz: „Unternehmen erzielen Gewinn, wenn …"

2 a) Erkläre unter Berücksichtigung von **M2**, weshalb Nachhaltigkeit für Unternehmen eine Herausforderung darstellt.
b) „Ich pflanze zwei bis drei Bäume vor dem Firmengebäude, beschäftige ein paar Azubis und dann läuft das schon mit der Nachhaltigkeit. Imagegewinn inklusive." Beurteile.
c) Recherchiert im Internet, was mit dem Begriff „Greenwashing" gemeint ist.

3 a) Bewerte die folgenden Beziehungen nach Zielharmonie, Zielneutralität und Zielkonflikt.
Beispiel 1: Gewinn erzielen und Innovationen schaffen
Beispiel 2: Lohnerhöhungen und Wettbewerbsfähigkeit
Beispiel 3: Kundenorientierung und Zahlungsfähigkeit
b) Überlegt euch zunächst allein eine weitere Beziehung und stellt sie euch gegenseitig als Aufgabe.
c) Erörtere, welche Ziele der Nachhaltigkeit dir bei deinen Konsumentscheidungen wichtig sind.

4 a) Gestalte einen Flyer, durch den du die Verbundenheit deiner Mitarbeitenden mit deinem Unternehmen steigern möchtest.
b) Präsentiert eure Ergebnisse und kürt die besten drei Flyer.

Wortspeicher
– die Zielharmonie
– der Zielkonflikt
– die Zielneutralität

Unternehmerische Verantwortung

die Ressourcen
für die Produkti... notwendige Mittel

M1 Das Spannungsfeld der unternehmerischen Verantwortung

Frau Wölpert (W), Unternehmerin, stellt sich heute den Fragen einer 10. Klasse (K).

K: Können Sie uns Beispiele für **unternehmerische Verantwortung** nennen?

W: Da gibt es viele. Zuallererst liegen mir meine Mitarbeiterinnen und Mitarbeiter am Herzen. Ihnen müssen sichere Arbeitsplätze geboten werden.
Auch gilt es, die Belegschaft immer wieder zu erweitern, indem für junge Menschen wie euch Ausbildungsplätze geschaffen werden.

Dafür ist es wichtig, das Unternehmen ständig weiterzuentwickeln. Es ist heutzutage gar nicht einfach, Arbeitsplätze zu besetzen, denn auch wir spüren den **Fachkräftemangel**.

K: Was können Sie für die Erhaltung der Umwelt tun?

W: Wir können sorgsam mit Ressourcen umgehen. Jede Einsparung schont die Umwelt und zudem Kosten.
Außerdem kaufen wir möglichst viele Teile von **Zulieferfirmen** aus der Region.
Dem Thema Umwelt widmen wir uns übrigens nicht nur rein aus eigenem Interesse. Es gibt eine Vielzahl von gesetzlichen Vorgaben zur Erreichung der Nachhaltigkeit. Nichtbeachtung wird bestraft.

K: Wo stoßen Sie als Unternehmerin an Grenzen?

W: Mein finanzieller Spielraum bei der Bank ist begrenzt. Somit ist es besser, eigene Gewinne in das Unternehmen zu investieren. Letztes Jahr haben wir beispielsweise eine neue Werkhalle errichtet. Der Platz auf dem Firmengelände ist aber leider nicht unendlich.

K: Sie haben Zulieferfirmen erwähnt. Wer ist von wem abhängig?

W: Wir sind gegenseitig abhängig, denn der eine kann ohne den anderen nicht existieren. Ich muss genau prüfen, mit wem wir zusammenarbeiten. Bei ausländischen Zulieferfirmen ist das gar nicht so einfach. Wie steht es um die Arbeitsbedingungen vor Ort? Werden die Menschen dort gut behandelt oder ausgebeutet? Werden die Arbeitsschutzmaßnahmen beachtet?
Wenn es nicht passt, dann ist es besser, die Zusammenarbeit zu beenden.

Fachkräftemangel in Deutschland

Anteil der offenen Stellen, für die im Dezember 2022 kein qualifizierter Bewerber gefunden wurde – nach Berufsbereichen, in Prozent

Berufsbereich	Anteil	Veränderung zu März 2020, in Prozent
Gesundheit und Soziales	56,0 %	+ 5,3
Bau und Architektur	55,2	+ 28,3
Naturwissenschaft, Geografie und Informatik	52,5	+ 57,7
Rohstoffgewinnung und Industrie	51,8	+ 33,8
Land- und Forstwirtschaft	40,7	+ 21,2
Buchhaltung, Recht und Verwaltung	34,6	+ 61,2
Verkehr, Logistik und Sicherheit	29,3	+ 14,8
Kaufmännische Dienstleistungen, Handel und Tourismus	27,7	+ 30,6
Gesellschafts- u. Wirtschaftswis., Medien, Kunst und Kultur	8,5	+ 12,6

Quelle: Kompetenzzentrum Fachkräftesicherung (KOFA)

M2 Fachkräftemangel nach Branchen

K: Wie erklären Sie sich ein positives oder negatives Image von Unternehmen?

W: Das hat viel mit der Wahrnehmung in der Öffentlichkeit zu tun. Dabei geht es um Dinge wie die Qualität von Produkten, um Erfolg und Misserfolg. Ist ein Unternehmen für einen Umweltskandal verantwortlich oder aufgrund der Gier seines Managements aufgefallen, dann schadet es sicher dem Image. Menschen erkennen schnell, ob **Imagepflege** nur eine Werbemaßnahme ist oder nicht. Auch der gesellschaftliche Wandel spielt hier eine Rolle. Ein Unternehmen, das heutzutage keine Möglichkeit für Homeoffice, also das Arbeiten von zuhause aus, anbietet, ist für viele junge Menschen nicht mehr attraktiv.

K: Was bedeutet für Sie ↗ **Unternehmenskultur**?

W: Sie begegnet euch schon, wenn ihr ein Unternehmen betretet. Werdet ihr freundlich begrüßt? Entscheidend ist, wie die Menschen miteinander umgehen. Ohne Unterstützung und Wertschätzung geht es nicht. Nach außen hin spielt Unternehmenskultur auch eine große Rolle. Das Thema Nachhaltigkeit ist in den letzten Jahren in der Gesellschaft immer wichtiger geworden. Das wirkt sich auch auf unsere Unternehmenskultur aus: Wir produzieren nicht nur möglichst ressourcenschonend, sondern achten auch im Unternehmen auf Nachhaltigkeit, z. B. durch Strom aus Solaranlagen auf unseren Gebäuden. Eine gute Unternehmenskultur wird mit **Wettbewerbsvorteilen** belohnt.

K: Haben Sie vielen Dank, Frau Wölpert.

Merke
- Unternehmen tragen Verantwortung für die Menschen, die Umwelt und auch für die Wirtschaft selbst.
- Die Unternehmenskultur gibt darüber Aufschluss, wie Unternehmen ticken.
- Unternehmen sind auf einen guten Ruf angewiesen, auch um Arbeitsplätze mit Fachkräften besetzen zu können.

Aufgaben

1 Nenne die unternehmerischen Möglichkeiten und Grenzen von Frau Wölpert. Fertige dazu eine zweispaltige Tabelle an.

2 a) Wähle aus beiden Spalten je ein Beispiel und stelle es wie folgt dar: … ist eine Möglichkeit/eine Grenze, weil …
b) Präsentiert einige Beispiele und diskutiert darüber, falls unterschiedliche Meinungen auftreten.

3 a) Analysiert das Diagramm **M 2**.
b) Sammelt Ideen, was Unternehmen tun können, um ihre Beschäftigten zu halten und neue Mitarbeitende zu finden.

4 a) Betrachte die Abbildung **M 1**.
b) Entwickle eine kurze Erklärung über die Aussage des Bildes.
c) Erörtert gemeinsam, welche Folgen es hat, wenn das Gleichgewicht außer Kontrolle gerät und eine Seite mehr Beachtung bekommt als die andere.

5 Bewertet gemeinsam diese Aussage: „Jedes Unternehmen ist selbst für sein Unternehmensimage verantwortlich!"

6 Arbeite heraus, inwiefern sich gesellschaftliche Entwicklungen auch auf Unternehmenskulturen auswirken.

Wortspeicher
- der Fachkräftemangel
- die Imagepflege
- die Unternehmenskultur
- die unternehmerische Verantwortung
- der Wettbewerbsvorteil
- die Zulieferfirmen

Von Erfolg und Misserfolg

M1 Nicht immer läuft alles glatt: Herr Zens und sein Geschäftspartner.

M2 Frau Stegmann hat sich ihren Traum erfüllt.

Fallbeispiel 1
Herr Zens (→ **M1**) hat seine Unternehmerzeiten schon hinter sich. Jetzt ist er wieder bei einem Unternehmen angestellt.

Start in eine rosige Zukunft?!
Der Jungunternehmer berichtet:
„Im Jahr 2010 beschloss der Bundestag die Förderung von Solaranlagen. Mein Schulfreund und ich waren uns sicher, dass sich nun viel mehr Menschen und Betriebe eine Solaranlage kaufen würden.
Gemeinsam träumten wir von einer rosigen Zukunft namens **Selbstständigkeit**. Unsere Geschäftsidee überzeugte die Bank und einem Kredit stand nichts mehr im Weg. Danach kündigte ich meine Anstellung als Industriekaufmann.

Risikoreiche Geschäfte
Für die vielen Ausgaben steckten wir unsere ganzen Ersparnisse in das Unternehmen. Der erste Auftrag ließ lange auf sich warten. Erst nach zwei Jahren glichen sich **Einnahmen** und **Ausgaben** aus. Um den Verkauf anzukurbeln, boten wir die Solaranlagen günstiger an als die anderen.
Dies brachte mehr Aufträge und wir fuhren unseren allerersten Gewinn ein. Davon gönnte sich jeder von uns einen teuren Sportwagen.

Der Traum platzt
Mein Schulfreund überredete mich, eine große Zahl von Solaranlagen zu einem besonders günstigen Preis zu kaufen. Ein halbes Jahr später folgte der Schock: Herstellende aus Asien boten ihre Solaranlagen noch billiger an als wir. Wir bekamen keine Aufträge mehr und dabei hatten wir noch nicht einmal die Großbestellung ganz bezahlt. Wir mussten die übrigen Anlagen weit unter Wert verkaufen. Der Traum vom Unternehmertum war ausgeträumt. Es blieb uns ein riesiger **Schuldenberg**, der immer noch nicht ganz abgetragen ist. Nun bin ich wieder bei einem kleinen Betrieb beschäftigt. Doch durch die Energiewende ist der Bedarf nach Solaranlagen größer als je zuvor. Ich überlege, ein neues Unternehmen zu gründen – diesmal mit dem Schwerpunkt auf kleinen Solaranlagen für den Balkon. Nur würde ich nie wieder ein so großes finanzielles Risiko eingehen wie damals."

Fallbeispiel 2
Frau Stegmann (→ **M2**) ist erst seit Kurzem Jungunternehmerin. Sie erzählt von ihrer bisherigen Erfolgsgeschichte.

Über die Ausbildung ins Unternehmen
„Seit meiner Kindheit faszinieren mich Fahrräder. Es war eine einfache Entscheidung, nach der Schule eine Ausbildung als Zweiradmechanikerin zu machen. Mein Ausbildungsbetrieb war ein kleines Fahrradgeschäft.
Nach der Ausbildung arbeitete ich noch ein paar Jahre dort. Obwohl mir die Arbeit Freude machte, kam bei mir der Wunsch auf,

mehr **Verantwortung** zu übernehmen. Anders ausgedrückt: Ich wollte beruflich auf eigenen Beinen stehen und eröffnete eine eigene Fahrradwerkstatt mit Laden.

Mit E-Bikes in die Zukunft

Durch meine vielen Kontakte in der Fahrradbranche war der Start erstaunlich leicht. Natürlich hatte ich mir im Vorfeld alles genauestens überlegt und wusste auch schon, was von der Kundschaft häufig nachgefragt wird und welche Anliegen sie haben.
Die steigende Nachfrage bei E-Bikes hat mir seitdem ordentlich Rückenwind verpasst. Manche Unternehmen bieten ja E-Bikes als Diensträder an.
Das Fahrrad hat eine große Zukunft vor sich. Noch sind viele Radwege, besonders in Großstädten, nicht so gut ausgebaut, aber das ändert sich langsam. Ich brauche jetzt neues Personal für mein Unternehmen."

> **Starker Job**
>
> **Industriekauffrau/-kaufmann**
> „Meine Hauptaufgabe besteht darin, die Verbindung zwischen unserer Produktion und der Kundschaft zu bilden. Kontakte gibt es auch regelmäßig mit Zulieferbetrieben. Dazu zählen auch Preisverhandlungen. Außerdem bin ich für den Auftragseingang verantwortlich, erstelle Rechnungen und Kostenpläne.
> Hin und wieder muss ich aber auch ins Lager oder in die Fertigungshalle, um mir einen Überblick über die Bestände zu verschaffen. Sorgfältigkeit bei der Arbeit wird bei mir ganz großgeschrieben. Das liegt daran, dass ich viele Dinge, wie zum Beispiel den Einkauf, planen und im Vorfeld mit der Produktion abstimmen muss. Sonst kommt es schnell zu Stockungen. Oh, da fällt mir ein, dass ich dringend einen Lieferanten anrufen muss. Ich brauche eine Information, wo denn die Teile geblieben sind, auf die wir schon seit gestern warten."

M3 Diagramm (Herr Zens / Frau Stegmann)

Merke
- Über Erfolg oder Misserfolg von Unternehmen entscheiden mehrere Faktoren.
- Schwierige Zeiten können Unternehmen nur überstehen, wenn sie wieder in die Erfolgsspur zurückkehren.
- Konjunktur und staatliche Maßnahmen wirken von außen auf Unternehmen ein und sind nicht beeinflussbar.

Aufgaben

1 Beschreibe, welche Eigenschaften Unternehmende haben sollten. Schreibe mindestens fünf auf.

2 Übertrage das Diagramm (→ M3) in dein Heft.
a) Arbeite die Eigenschaften von Herrn Zens und Frau Stegmann heraus und trage sie in dein erstelltes Diagramm ein. Notiere Gemeinsamkeiten in der Mitte.
b) Vergleicht eure Diagramme.
c) Überprüfe, ob die Eigenschaften aus Aufgabe 1 auf Frau Stegmann zutreffen oder nicht.
d) Begründe den Erfolg bzw. Misserfolg von Frau Stegmann und Herrn Zens.

3 Beurteile die Chancen von Herrn Zens' neuer Geschäftsidee. Finde Gründe, die dafür- oder dagegensprechen. Formuliere abschließend ein Urteil.

Wortspeicher
- die Ausgaben
- die Einnahmen
- der Schuldenberg
- die Selbstständigkeit
- die Verantwortung

Plötzlich Krise: Geschäftsmodelle ändern?

Dem Taxigewerbe brechen in der Coronakrise große Teile des Umsatzes weg. […]
Stuttgart – Dem Taxigewerbe ist mit Einsetzen der Coronakrise ein großer Teil der Fahrten weggebrochen. „Die Umsatzrückgänge betragen bis zu 85 Prozent. Trotzdem sind wir da. Das ist Daseinsvorsorge für die Bevölkerung. In der Krise beweist sich der Charakter", sagt Iordanis Georgiadis von der Stuttgarter Taxizentrale (Taz) mit einem Seitenhieb auf neue Mobilitätsanbieter, die vorwiegend zu lukrativen Zeiten und an bestimmten Orten unterwegs sind. Die Taxler versuchen, sich zu behelfen, so gut es geht. Dabei beschreiten sie auch neue Wege. „Wir bieten Einkaufsfahrten und Essensauslieferungen zu sehr schmalen Preisen an", so Georgiadis. Diese Fahrten werfen zwar keinen Gewinn ab, sollen aber zumindest kostendeckend sein und der Aufrechterhaltung des Systems dienen. Auch Krankenfahrten können und müssen weiter stattfinden. Vor allem die vielen Dialysepatienten können nicht einfach zu Hause bleiben. Doch gerade in diesem Bereich gibt es jetzt großen Ärger im Taxigewerbe. Grund ist ein Schreiben [einer Krankenkasse] an viele Versicherte im ganzen Land. […] Man erstatte nun auch Fahrtkosten [mit dem Privat-PKW] für Angehörige, Bekannte oder Nachbarn – wenn der Arzt einverstanden ist. […] Ein betroffener Taxifahrer, dem dadurch Fahrten weggebrochen sind, fährt schwere Geschütze auf. „Jetzt können wir den Laden vollends zumachen. Die ziehen einem das letzte Hemd auch noch aus", schimpft er. […]

M1 Plötzlich ist eine Krise da – ein Medienbericht vom 15.04.2020

2020 veränderte die Corona-Pandemie die Welt. Um die Ausbreitung des Virus zu verlangsamen, wurden umfangreiche Maßnahmen ergriffen: Ausgangssperren, Schließungen von Geschäften und Restaurants, Verbot von Versammlungen …
Aber es braucht kein Virus, um eine **Unternehmenskrise** auszulösen. Auch veränderte Kundenwünsche, neue Konkurrenz am Markt oder neue Gesetze können für ein einzelnes Unternehmen zu Existenznöten führen. Manchmal ist die Entwicklung auch gegenläufig (→ **M2**). Ein Teil des Marktes profitiert, der andere verliert.

profitieren
aus etwas einen Gewinn ziehen

rentabel
gewinnbringend, sich rentierend

die Restrukturierung
neue Ausrichtung eines Unternehmens, z. B. durch neue Verkaufsstrategien oder umfassend veränderte Arbeitsprozesse

Einzelhandelsumsatz im März 2020
Veränderungen zum Vorjahr

Textilien, Bekleidung, Schuhe, Lederwaren	−52,6 %
sonst. Einzelhandel (z. B. Waren-, Kaufhäuser)	−30,5 %
sonst. Einzelhandel (z. B. Fahrräder, Bücher)	−18,9 %
Einrichtung, Haushaltsgeräte, Baubedarf	−17,4 %
Einzelhandelsumsatz Gesamt	−2,8 %
Apotheken, kosmetische, pharmazeutische und medizinische Produkte	+7,0 %
Lebensmittel, Getränke, Tabakwaren	+8,9 %
Internet-, Versandhandel	+13,4 %

Quelle: Handelsblatt Research Institute, Destatis

M2 Coronakrise? – Das galt nicht für alle!

Eine Krise kann eine Chance sein
Unternehmensberater Andreas Franken erklärt: „Die Gründe für das Verharren im Alten sind menschlich. Denn einmal angenommene Denkstrukturen, Gewohnheiten und Vorstellungen verändern sich nicht so leicht, wenn man sich an sie gewöhnt hat. Die wenigsten Menschen, die sich in einem **Geschäftsmodell** komfortabel eingerichtet haben, sind bereit, ihren beruflichen Alltag völlig auf den Kopf zu stellen. […] Dieses Kleben an alten Geschäftskonzepten führt nicht selten in die Krise oder sogar in die Pleite. Die Liste der ehemals erfolgreichen und heute entweder weniger rentablen oder gar nicht mehr existierenden Unternehmen ist lang: Karstadt, Hertie, Quelle, Neckermann, Grundig, Loewe, Praktiker, Märklin und Schlecker sind nur einige wenige Beispiele dafür."
Wer mutig ist und neue Wege geht, kann aus einer Krise eine Chance zum Neuanfang machen. Von leichten Anpassungen an den Markt bis zur **Restrukturierung** des gesamten Konzeptes sind Lösungen denkbar. Hierfür gibt es zahlreiche Beispiele aus unterschiedlichen Branchen (→ **M3** – **M6**).

„Als wir die Innenräume unseres Restaurants wegen der Pandemie schließen mussten, blieb uns keine Wahl: Wir mussten uns etwas einfallen lassen, damit wir genügend verdienten. Deshalb haben wir den Gästen das Essen nach Hause und ins Büro geliefert. Jeden Tag ein anderes Mittagsmenü. Damit hielten wir uns so lange über Wasser, bis die Infektionszahlen sanken und wir wieder Gäste empfangen durften. Nun machen wir beides: außer Haus liefern und im Restaurant servieren."

M 3 Özlem (49 Jahre), Gastronomin

„Ich habe gemerkt, dass von Monat zu Monat weniger meiner Stammkunden gekommen sind. Irgendwann habe ich sie in der Stadt getroffen und sie gefragt, was los ist. Die meisten hatten ihre Ernährung umgestellt. Sie wollten weniger Fleisch und frittierte Produkte essen. Ich habe sofort gehandelt: Jetzt gibt es hausgemachte Salate, vegane Suppen oder fettarme Fischgerichte. Es klappte: Die Leute kamen zurück! Sie sind auch bereit, etwas mehr zu bezahlen als für Pommes frites und Bratwürste. Zum Glück habe ich sie rechtzeitig gefragt."

M 5 Markus (45 Jahre), Betreiber eines Imbisses

„Ich bin selbstständiger Fitnesstrainer und gab in mehreren Fitnessstudios Yoga-Training. Innerhalb kürzester Zeit wurden meine Kurse gestrichen, weil die Studios eigene Trainerinnen und Trainer eingestellt hatten. Als der erste Schock überwunden war, kam mir eine Idee: Ich eröffnete meine eigene Yoga-Schule! Dutzende meiner früheren Teilnehmerinnen und Teilnehmer kamen nun zu mir. Heute verdiene ich mehr als zuvor und bin sehr glücklich."

M 4 Asheed (25 Jahre), Yoga-Lehrer

„Wir haben bemerkt, dass weniger Menschen Lust auf schwere Motorräder haben. Die Verkaufszahlen brachen regelrecht ein. Dagegen erleben E-Fahrräder und E-Roller einen großen Boom. Innerhalb von zwei Monaten hatten wir ein komplett anderes Sortiment und machten Werbung dafür. Jetzt können wir uns vor Bestellungen kaum retten. Wäre ich bei Motorrädern geblieben, hätte ich längst schließen müssen."

M 6 Yelena (31 Jahre), Unternehmerin im Zweiradhandel

Merke
- In der Wirtschaft geht es nicht immer aufwärts, Krisen können plötzlich auftreten.
- Eine Krise sollte vom Unternehmen genutzt werden, um das Geschäftsmodell neu auszurichten.
- Krisen bieten Chancen, wenn von den Unternehmen die richtigen Maßnahmen ergriffen werden.

Aufgaben

1 Eine Café-Betreiberin verkündet: „Wir machen gerade eine Krise durch." Vermute, was sie meint.

2 Erkläre, was ein Geschäftsmodell ist.

3 a) Erläutert die ursprünglichen Geschäftsmodelle (→ M 3 – M 6).
b) Beschreibt die Lösungen, die gefunden wurden.

4 Erklärt die Probleme der Taxibranche (→ M 1).

5 Erläutere, weshalb eine Krise auch eine Chance sein kann.

6 Analysiert die Grafik (→ M 2) Welche Branche hat profitiert? Wer gehörte zu den Verlierenden?

7 a) Interviewt Geschäftsleute in eurer Stadt im Hinblick auf die „Coronakrise":
- Konnten sie ihr Geschäft durchgehend weiter betreiben?
- Welche Herausforderungen mussten sie bewältigen?

b) Präsentiert eure Ergebnisse.

Wortspeicher
- das Geschäftsmodell
- die Restrukturierung
- die Unternehmenskrise

6 Unternehmen im Blick

Insolvenz: „Wir müssen schließen!"

Nicht alle Unternehmen finden den Weg aus einer Krise heraus. In den Nachrichten tauchen regelmäßig Meldungen über Insolvenzen auf. Nach 2020 betraf dies den bekannten Warenhauskonzern GALERIA (Kaufhof/Karstadt). In Baden-Württemberg waren Filialen in Mannheim, Stuttgart, Bad Canstatt, Göppingen, Leonberg und Singen (→ M 2) betroffen. Der Konzern hat den Weg aus der Insolvenz heraus zunächst geschafft.

Zahlungsunfähig oder überschuldet

Ein Unternehmen gilt als insolvent, wenn es entweder zahlungsunfähig oder überschuldet ist. Wenn die Ausgaben höher sind als die Einnahmen und das Unternehmen zusätzliches Geld braucht, um weiter zu existieren, muss es bei Banken um einen Kredit bitten. Verweigert die Bank diesen Kredit, weil die Aussichten für das Unternehmen schlecht sind, wird das Unternehmen zahlungsunfähig. Eine Überschuldung liegt vor, wenn die Schulden eines Unternehmens höher sind als alle Vermögenswerte (z. B. Immobilien, Kontoguthaben oder Waren im Lager). In beiden Fällen müssen die Unternehmen zum Insolvenzgericht gehen und Insolvenz anmelden.

Wie läuft ein Insolvenzverfahren ab?

Eine Insolvenz muss noch nicht das Ende für ein Unternehmen sein. Das Ziel ist die **Sanierung** und Fortsetzung der Geschäfte. Bei einer Sanierung wird versucht, durch eine Insolvenzverwaltung gezielt Maßnahmen umzusetzen, um das Unternehmen wieder leistungsfähig zu machen. Zum Beispiel werden verlustbringende Geschäfte geschlossen und überflüssige Sachwerte wie Lagerhallen oder Fahrzeuge verkauft. Mit Gläubigern des Unternehmens wird um einen teilweisen Schuldenerlass verhandelt oder ein Teil der Belegschaft wird entlassen.

Insolvenzen gehören zur Marktwirtschaft

Zu einer funktionierenden Marktwirtschaft gehört, dass Unternehmen vom Markt verschwinden, die nicht mehr wirtschaftlich handeln können und deren Geschäftsmodell nicht mehr gefragt ist. Ursachen für Insolvenzen sind vielfältig (→ M 3). Am schwierigsten ist es für Angestellte, die ihre Jobs endgültig verlieren. Zumindest können sie kurzfristig auf staatliche Unterstützung setzen, wenn das Unternehmen nicht mehr zahlen kann. Für drei Monate wird ihnen ein sogenanntes **Insolvenzgeld** von der Bundesagentur für Arbeit gezahlt. Dafür wendet sich das Unternehmen direkt an die Bundesagentur und übermittelt alle Angaben der Beschäftigten.

Insolvenzen in Deutschland
Zahl der Unternehmensinsolvenzen

2012	13	14	15	16	17	18	19	20	21	2022
28 297	25 995	24 085	23 101	21 518	20 093	19 302	18 749	15 841	13 993	14 590

Alter der Unternehmen (2022) in %
- bis 3 Jahre: 23
- über 3 bis unter 8 Jahre: 26
- 8 Jahre und älter: 36
- keine Angaben: 15

Forderung der Gläubiger (2022) in %
- unter 50 000 Euro: 31
- 50 000 bis unter 250 000: 40
- 250 000 bis unter 1 Million: 19
- 1 Mio. und mehr: 10

Quelle: Statistisches Bundesamt / Globus 016101

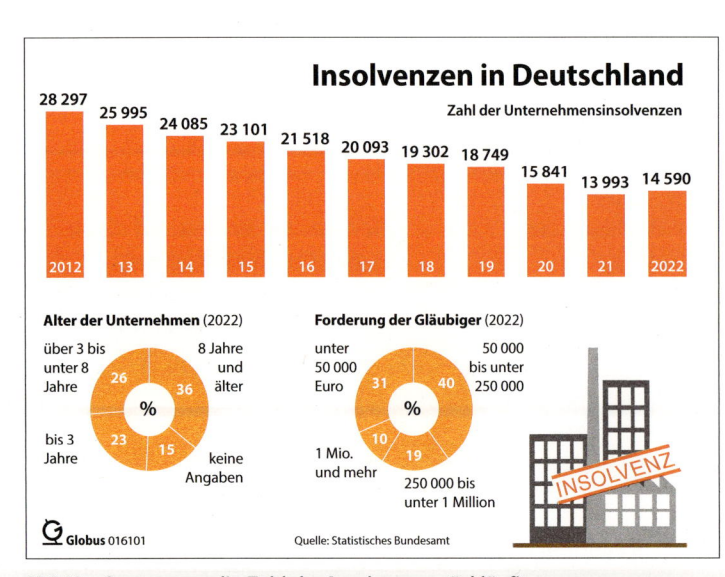

M1 Vor Corona war die Zahl der Insolvenzen rückläufig.

M2 Eine Filialschließung in Mannheim (Baden-Württemberg)

Hilfe für Angestellte: Kurzarbeitergeld

Wenn die Gefahr für eine Insolvenz plötzlich eintritt und voraussichtlich wieder gebannt werden kann, gibt es für Unternehmen weitere kosteneinsparende Möglichkeiten. Ein sehr wirksames Mittel ist Kurzarbeit. Beschäftigte können ohne Lohnzahlung freigestellt werden. Hierfür müssen Unternehmen mit der Bundesagentur für Arbeit in Kontakt treten und nachweisen, dass vorübergehend ein Teil der Geschäfte ausfällt. Für diese Zeit zahlt die Bundesagentur für Arbeit ein reduziertes Gehalt an die Angestellten.

Gäbe es diese Möglichkeit nicht, müssten die Unternehmen die Angestellten sofort entlassen, um nicht insolvent zu werden. Sobald die Krise vorüber ist, können die Angestellten wieder zu 100 % vom Unternehmen bezahlt werden und das Kurzarbeitergeld wird gestoppt.

Während der Coronakrise wurden bis zu 6 Millionen Arbeitsplätze durch diese Hilfe gesichert (→ **M 4**).

- zu kurzfristig angelegte Maßnahmen
- fehlende Kenntnis über eigene Zahlen
- mangelhafter Umgang mit Geldeingängen
- fehlendes Geld für Unternehmensfortsetzung
- fehlerhaftes Personalmanagement
- Fehlinvestitionen
- falsche Produktionsplanung
- verändertes Marktumfeld
- mangelhafter Führungsstil
- Kommunikationsprobleme

M 3 Die häufigsten Ursachen für Insolvenzen

Kurzarbeit in Deutschland
So viele Beschäftigte bezogen Kurzarbeitergeld

- Januar 2019: 42 Tsd.
- Dezember 2019: 97 Tsd.
- April 2020: 6,0 Mio.
- Oktober 2020: 2,0 Mio.
- Februar 2021: 3,3 Mio.
- März 2021 (Hochrechnung): 2,6 Mio.

Quelle: Bundesagentur für Arbeit

M 4 Staatlich finanzierte Kurzarbeit rettete Jobs.

Merke
- Gerät ein Unternehmen in Zahlungsschwierigkeiten, besteht die Gefahr einer Insolvenz.
- Ein Insolvenzverfahren soll das Unternehmen sanieren.
- Für Angestellte gibt es kurzfristige Hilfen in Form von Insolvenz- oder Kurzarbeitergeld.

Aufgaben

1 a) Erklärt, was mit der Filiale der Warenhauskette passiert ist (→ **M 2**).
b) Recherchiert, welche Filialen in Baden-Württemberg weiterhin geöffnet haben.
c) Stellt Vermutungen an, weshalb einige Filialen nicht mehr erfolgreich waren.

2 a) Berechne die jährliche Veränderung in Prozent (→ **M 1**).
b) Analysiere deine Ergebnisse.
c) Recherchiere auf den Internetseiten des statistischen Bundesamtes die Insolvenzen seit 2021.

3 Elenas Mutter ist besorgt: „Wir haben heute erfahren, dass unser Unternehmen Insolvenz anmeldet. Ich habe Angst um meinen Job!" Nehmt Stellung zu dieser Aussage.

4 a) Nenne die beiden Hilfsleistungen der Bundesagentur für Arbeit.
b) Begründe, warum der Staat diese Hilfsleistungen zahlt.

5 a) Recherchiert im Internet, welche Branchen und Berufsgruppen in der Coronakrise überdurchschnittlich von Kurzarbeit betroffen waren (→ **M 4**).
b) Nehmt Stellung zu der Aussage: „Die Kosten für das Kurzarbeitergeld sind viel zu hoch, das zahlen wir alles aus Steuern."

6 Recherchiert im Internet, was Auszubildende tun können, wenn ihr Unternehmen insolvent ist und schließen muss.

Wortspeicher
- das Insolvenzgeld
- das Insolvenzverfahren
- das Kurzarbeitergeld
- die Sanierung

Wie läuft es in der Schülerfirma?

zu erledigen	verantwortlich
Obst kaufen (Wochenmarkt oder Supermarkt?)	Marcel, Alessia
Flyer und Plakate als Werbung gestalten	Elena
Durchsage vor dem Verkauf machen	Pascal, Moris, Naime, Noa
fünf Messer, fünf Schneidebretter und drei Mixer organisieren	Daria
Preisschilder ausdrucken	Chris, Jule, Mona
Preis für einen Smoothie kalkulieren	Abil
Pappbecher kaufen (Menge?)	Yussif, Lene
Wechselgeld und zwei Kassen	Imani
Obst klein schneiden, mixen, in Becher gießen	Luis, Phil
???	

M1 To-do-Liste der Schülerfirma

M2 Besprechung innerhalb einer Schülerfirma: Wer übernimmt was?

Große Aufregung in der Schülerfirma „Powersaft". Nur noch eine halbe Stunde bis zum Pausenverkauf und das Obst reicht gerade mal für zwanzig Smoothies „Wolke 7".

Untersuchung des Problems
Bei der nächsten Sitzung gibt es dringenden Gesprächsbedarf über den letzten Pausenverkauf. Abil bringt es auf den Punkt: „Wir hätten mehr Smoothies verkaufen können!" Die anschließende Diskussion fördert drei Probleme zu Tage.
1. Es war nicht genügend Obst da.
2. Das Schneiden des Obstes dauerte zu lange.
3. Die Einnahmen deckten die Ausgaben. Gewinn gleich null.

Allen ist klar, dass sich etwas ändern muss, damit so etwas nicht wieder passiert.

Klare Zuständigkeiten helfen
Elena schlägt vor, dass sich alle noch einmal genau den Aufbau der Schülerfirma „Powersaft" anschauen sollen. Hier gibt es folgende Zuständigkeitsbereiche:
- **Beschaffung**: Einkauf der Rohstoffe und Behälter
- **Produktion**: Verarbeitung der Rohstoffe zu Smoothies
- **Absatz**: Verkauf des Produkts

Ein Abgleich der Bereiche mit den entstandenen Problemen macht es den Schülerinnen und Schülern deutlich: Möchte man ein besseres Ergebnis erzielen, müssen alle ihren Aufgabenbereich kennen und sich besser miteinander abstimmen.

Blick in die Wirtschaft
Für ein Unternehmen steht doch meist mehr auf dem Spiel als enttäuschte Smoothie-Fans. Trotzdem gilt sowohl für eine Schülerfirma als auch ein Unternehmen, dass Engpässe bei Rohstoffen, Produktionsfehler oder falsche Verkaufsentscheidungen zu Schwierigkeiten führen.

Ziel: kostensenkende Abläufe
Genau wie „Powersaft" arbeiten Unternehmen ständig daran, ihre **Ablauforganisation** zu verbessern. Ihr Hauptziel ist es, die Kosten so gering wie möglich zu halten. Ein bekanntes Beispiel für die Beschaffung stammt aus der Automobilindustrie. Wäh-

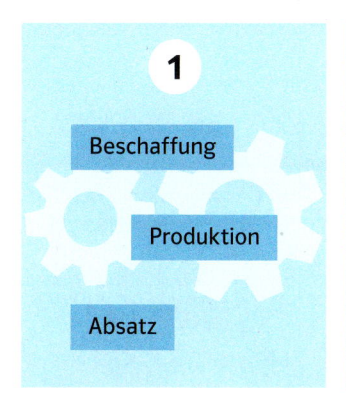

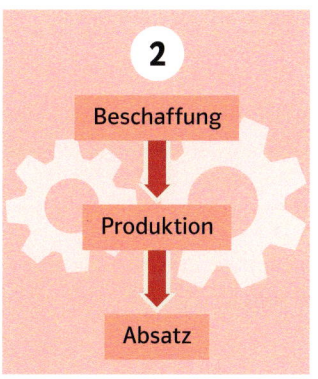

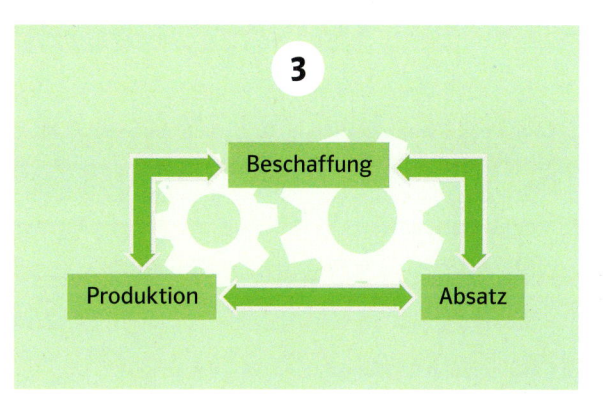

M 3 Möglichkeiten der Ablauforganisation

rend viele Betriebe früher ein Lager auf dem Werksgelände hatten, findet man heutzutage kaum noch solche Gebäude. Statt Geld und Platz für Lagerhallen aufzuwenden, werden die von der Produktion benötigten Teile von den Zulieferfirmen erst dann geliefert, wenn sie am Fließband gebraucht werden. Man nennt dies „just in time", die rechtzeitige Lieferung der Teile. Dabei sind die LKWs der Zulieferfirmen zu „rollenden Lagern" geworden.

Merke
- In einem Unternehmen lassen sich betriebliche Abläufe in Beschaffung, Produktion und Absatz gliedern.
- Für einen reibungslosen Ablauf ist eine gute Abstimmung aller Bereiche erforderlich.
- Bereits ein kleiner Fehler in der Beschaffung kann sich negativ auf Produktion und Absatz auswirken.

Aufgaben

1 a) Beschreibe in deinen eigenen Worten, warum die Schülerfirma „Powersaft" Schwierigkeiten hat.
b) Nenne anhand der To-do-Liste Fehler, die bei der Planung gemacht wurden.

2 a) Ordne die Aufgaben aus **M1** den Bereichen Beschaffung, Produktion und Absatz zu.
b) Erkläre, wie du dir eine Verbesserung der Abläufe bei „Powersaft" vorstellst.

3 a) Arbeite aus **M3** stichwortartig die wesentlichen Merkmale der Organisationsformen heraus.

b) Begründe, welche der Formen du „Powersaft" empfiehlst. Nutze folgenden Satzanfang: „Für 1/2/3 spricht, dass …"
c) Vergleicht eure Empfehlungen.

4 a) Ein Unternehmen hat aufgrund von Fehlplanungen immer wieder Probleme, seine Produkte pünktlich zu liefern. Beurteilt die Folgen, die dieser Zustand für das Unternehmen selbst (1.) und für sein Image (2.) haben könnte. Einigt euch, wer (1.) und (2.) bearbeitet.

b) Stellt euch eure Ergebnisse vor.

5 Ein verbreitetes Sprichwort besagt: „Eine Kette ist nur so stark wie ihr schwächstes Glied." Überprüft in einer Diskussion, ob dies auch für die betrieblichen Abläufe eines Unternehmens gilt.

Wortspeicher
– die Ablauforganisation
– der Absatz
– die Beschaffung
– die Produktion

Umsatz, Gewinn und Verlust

Gewinn-und-Verlustrechnung „Powersaft" Dezember 20.. / 4. Quartal (Oktober – Dezember)

Soll		Haben	
Wareneinsatz	1.200 €	Umsatz	2.400 €
Personalkosten	102 €		
Werbekosten	18 €		
Gewinn	? €		
Summe	**2.400 €**	**Summe**	**2.400 €**

M1 Gewinn-und-Verlustrechnung von „Powersaft"

Die Schülerfirma „Powersaft" macht regelmäßig einen Kassensturz. Dabei wollen die Schülerinnen und Schüler herausfinden, wie sie in letzter Zeit gewirtschaftet haben. Alle sind sehr gespannt, ob es einen Gewinn zu vermelden gibt. Die Buchführungsabteilung dokumentiert alle Einnahmen und Ausgaben. Dann macht sie sich an die Arbeit und geht nach folgendem Dreischritt vor.

1. Schritt: Umsatz ermitteln
Im Zeitraum von September bis Oktober wurden 1200 Smoothies verkauft. Der Einzelpreis lag bei 2 Euro.

> verkaufte Menge x Preis pro Stück = Umsatz
> 1200 x 2 = 2.400 Euro

Der **Umsatz** zeigt die gesamten Einnahmen, die bei den Verkäufen gemacht wurden.

2. Schritt: Kosten ermitteln
Zu den Kosten zählen alle Ausgaben, die „Powersaft" für die Beschaffung, Produktion und den Absatz aufwenden muss. Hier schlagen nicht nur das Obst und die Becher zu Buche. Auch die Personalkosten in Form von Gehältern und die Kosten für Werbung stellen **betriebsbedingte Kosten** dar.

> Kosten z. B. für Material, Personal, Miete, Werbung = betriebsbedingte Kosten
> 1.200 + 102 + 18 = 1.320 Euro

Die betriebsbedingten Kosten lassen sich weiter in **Einzelkosten** und **Gemeinkosten** unterscheiden:

- Einzelkosten: Sie lassen sich direkt einem einzelnen Produkt zuordnen, z. B. die Kosten für die Menge Obst je Becher.
- Gemeinkosten: Diese Kosten lassen sich nicht direkt zuordnen, sie fallen allgemein an, z. B. Personalkosten oder Miete.

3. Schritt: Gewinn oder Verlust ermitteln
Nachdem die Werte für Umsatz und Kosten bekannt sind, können diese in die **Gewinn-und-Verlustrechnung** eingesetzt werden.

> Umsatz – Kosten = Gewinn/Verlust
> 2.400 – 1.320 = 1.080 Euro

Die Schülerfirma hat sich fortentwickelt, dabei gut gewirtschaftet und als Belohnung dafür einen **Gewinn** erzielt.

Abgrenzung zwischen Gewinn und Umsatz
Die Begriffe „Gewinn" und „Umsatz" werden oft verwechselt. Dabei ist es nicht schwer, sie auseinanderzuhalten. Während der Umsatz nur die Einnahmen widerspiegelt, stellt der Gewinn Umsatz und Kosten gegenüber. Hier gilt: Ist der Umsatz größer als die Kosten, dann gibt es einen Gewinn. Wenn nicht, führt dies zu einem Verlust.

> Umsatz > Kosten = Gewinn
> Umsatz < Kosten = Verlust

Gewinn: Innen- und Außenwirkung
Immer wieder hören Unternehmen den Vorwurf, dass es ihnen nur um Gewinne geht. Natürlich ist das Fortbestehen eines Unternehmens maßgeblich vom Gewinn abhängig. Nur so können neue Maschinen ge-

kauft oder Fabrikhallen gebaut werden. Ein Mehrwert gelingt, wenn dabei auch neue Arbeitsplätze entstehen.

Was als Gewinn bleibt
Vermute einmal, was einem Unternehmen von 100 Euro Umsatz als Gewinn übrig bleibt. Nur wenn deine Zahl zwischen 5 und 15 liegt, bist du im richtigen Bereich.
Grundsätzlich sind die Gewinne bei deutschen Unternehmen niedriger als in anderen Ländern. Ein Grund dafür sind die Steuern, die an den Staat abgeführt werden müssen.

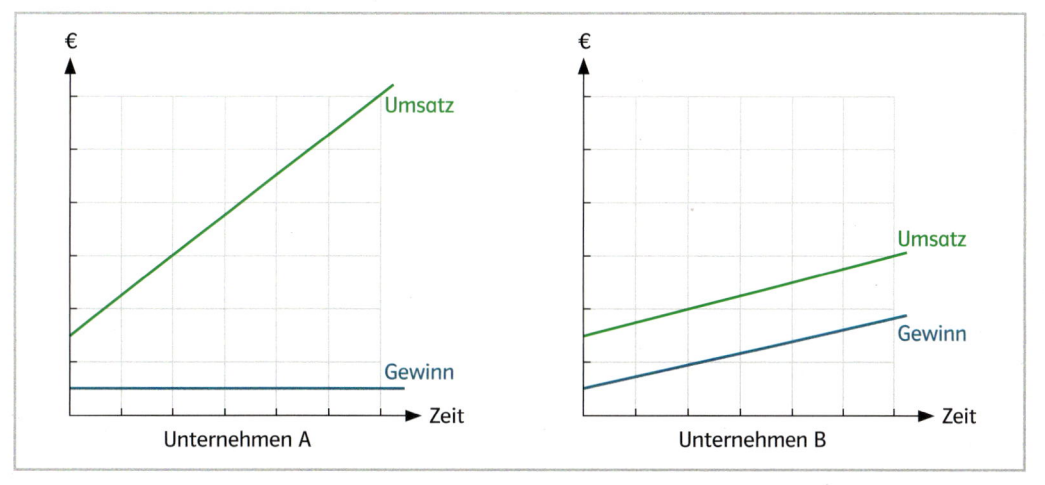

M 2 Gewinn- und Umsatzentwicklung zweier Unternehmen

Merke
- Gewinn und Umsatz sind wichtige Kennzahlen eines Unternehmens.
- Kosten lassen sich in Einzelkosten und Gemeinkosten unterscheiden.
- Unternehmen müssen gewinnorientiert denken.

Aufgaben

1 Beschreibe den Zweck einer Gewinn-und-Verlustrechnung (→ **M1**).

2 a) Nenne weitere Beispiele für Einzel- und Gemeinkosten, die bei „Powersaft" anfallen könnten. Lege dazu eine Tabelle an.
b) Begründet, warum man zwischen Einzel- und Gemeinkosten unterscheidet.

3 Analysiere die Grafiken **M 2**.
MB a) Untersuche zuerst die Entwicklung von Umsatz und Gewinn.
b) Vergleiche beide Grafiken miteinander. Wo gibt es Gemeinsamkeiten, wo Unterschiede?

4 Erstellt für „Powersaft" eine Liste mit fünf Vorschlägen, wie der Gewinn sinnvoll verwendet werden kann.

5 „Gewinn zu erwirtschaften, kann **BNE** niemals das einzige Ziel eines Unternehmens sein."
Bewerte diese Aussage.
a) Sammle Argumente, die dafür- oder dagegensprechen sprechen. Trage sie in eine Tabelle ein.
b) Formuliere nun deine eigene Meinung: Ich stimme der Aussage zu/ nicht zu, weil …
c) Tauscht euch über eure Meinungen aus.
d) Tragt eure Meinungen in einer Diskussion zusammen.

> **Wortspeicher**
> – die Einzelkosten
> – die Gemeinkosten
> – der Gewinn
> – die Gewinn-und-Verlustrechnung
> – die betriebsbedingten Kosten
> – der Umsatz

Kostenarten und Gewinnverwendung

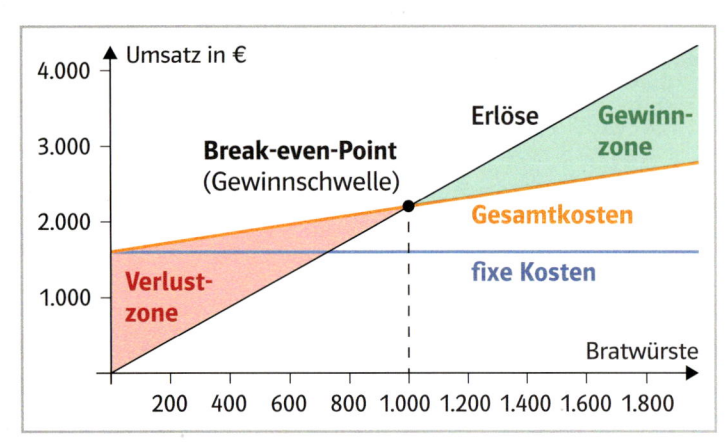

M1 Die Deckungsbeitragsrechnung führt zur Gewinnschwelle, dem sogenannten Break-Even-Point (BEP).

Für Unternehmen ist es wichtig, die anfallenden Kosten regelmäßig zu errechnen und im Blick zu behalten. Nur so können Unternehmen dauerhaft am Markt erfolgreich sein. So muss sichergestellt sein, dass der Verkaufspreis langfristig alle Kostenarten abdeckt und darüber hinaus ein angemessener Gewinn erwirtschaftet wird.

Kosten im internen Rechnungswesen
Die Gewinn-und-Verlustrechnung ist Bestandteil des <u>externen</u> Rechnungswesens. Hierbei übermittelt das Unternehmen bestimmte Informationen z. B. an das Finanzamt.
Dagegen gehört die Kostenrechnung zum <u>internen</u> Rechnungswesen. Sie dient den Führungskräften in einem Unternehmen als Informationsquelle, um Entscheidungen, z. B. zu Investitionen, zu treffen. Ein beliebtes Modell ist die **Deckungsbeitragsrechnung**. Sie unterscheidet <u>fixe</u> Kosten und <u>variable</u> Kosten.

Fixe Kosten und variable Kosten
Fixe Kosten (K_{fix}) heißen so, weil ihre Entstehung unabhängig ist von der produzierten Menge. Sie sind von Anfang an in voller Höhe vorhanden, noch bevor überhaupt produziert werden kann (z. B. der Backofen einer Bäckerei). Variable Kosten (K_{var}) sind abhängig von der produzierten Menge, sie

erhöhen sich gleichmäßig (Beispiel: 200 g Mehl pro gebackenem Brot). Fixe Kosten und variable Kosten ergeben zusammen die **Gesamtkosten**.

Den „Break-Even-Point" finden
Die spannende Frage bei der ↗ <u>Kalkulation</u> eines Produktes ist: Wie viele Einheiten müssen verkauft werden, um die **Gewinnschwelle** – den sogenannten Break-Even-Point – zu erreichen? An der Gewinnschwelle sind Erlös und Gesamtkosten gleich hoch. Produziert und verkauft eine Firma noch mehr, so übersteigt der Erlös die Gesamtkosten. Jede verkaufte Einheit hilft dabei, die Fixkosten zu bezahlen, ein Teil der Fixkosten kann „abgedeckt" werden.
Subtrahiert man die variablen Kosten vom Verkaufspreis, erhält man den „Stückdeckungsbeitrag" (db).

Einen angemessenen Gewinn erzielen
Das Ziel unternehmerischen Handelns ist es, Gewinne zu erzielen. Dabei muss sich jede und jeder Unternehmende fragen, welchen Gewinn sie bzw. er als „angemessen" empfindet. Der Gewinn kann mehrere Ziele erfüllen:
- Unternehmen dauerhaft mit höherem ↗ <u>Eigenkapital</u> ausstatten,
- neue Investitionen ermöglichen,
- Lebensunterhalt der Menschen sichern, denen das Unternehmen gehört oder die Anteile daran haben (↗ <u>Gesellschafter</u>),

---

<u>extern</u>
(von) außen, nach außen gerichtet

<u>intern</u>
(von) innen, nach innen gerichtet

<u>fix</u>
fest, unabhängig

<u>variabel</u>
beweglich, abhängig

Kennzahl	Berechnungsweg
Erlös	Preis • Menge
Stückdeckungsbeitrag (db)	Erlös pro Stück − Kosten pro Stück
Gesamtkosten (K_{GK})	$K_{var} + K_{fix}$
Break-Even-Point (BEP)	Erlös − Gesamtkosten = 0 oder auch: K_{fix}/db

M2 Formeln zur Berechnung des BEP

- Anteile am Gewinn ausschütten (z. B. in Form einer ↗ Dividende) oder
- Prämien an die Beschäftigten auszahlen oder Löhne erhöhen.

Stakeholder haben unterschiedliche Interessen

Sämtliche Personen oder Gruppen, die am Unternehmen bzw. seinen Ergebnissen und Entscheidungen teilhaben, nennt man ↗ Stakeholder (engl.: Teilhaber). Je größer das Unternehmen ist, desto mehr Interessen können von innen und außen auf das Unternehmen einwirken. Wer zum Beispiele Anteile (Aktien) an einem Unternehmen hat, möchte möglichst hohe Anteile des Gewinns erhalten. Mitarbeitende erwarten dagegen höhere Löhne. Die Kundschaft will niedrigere Verkaufspreise, während Lieferfirmen ihre Lieferpreise erhöhen wollen. Auch hier prallen unterschiedliche Interessen aufeinander, die allesamt Einfluss auf das Unternehmen und die Verwendung des Gewinns haben.

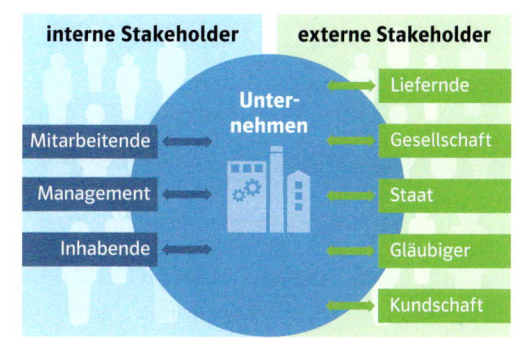

M3 Interne und externe Stakeholder

die Dividende
Gewinnanteile einer Aktie, von dividendus (lat.) = der zu Verteilende

die Stakeholder (eng.)
Interessengruppe, die Einfluss auf ein Unternehmen hat und umgekehrt

Merke
- In einem Unternehmen ist es wichtig, die Kosten zu berechnen und im Blick zu behalten.
- Die Deckungsbeitragsrechnung unterteilt in fixe und variable Kosten und sucht nach dem „Break-Even-Point".
- Unternehmen haben verschiedene Möglichkeiten, den Gewinn zu nutzen.

Aufgaben

1 a) Nenne je ein Beispiel, an wen sich internes und externes Rechnungswesen richtet.
b) Beschreibe den Unterschied.

2 Eine kleine Holzofenbäckerei hat sich auf die Herstellung einer einzigen, besonders leckeren Brotsorte spezialisiert.
Hier die Eckdaten:
- Materialeinsatz pro Brot: 0,85 €
- Verkaufspreis je Brot: 3,80 €
- Fixkosten Bäckerei: 14.750 €/Jahr

a) Berechne den Stückdeckungsbeitrag (db).
b) Berechne den Break-Even-Point (BEP).
c) Die Bäckerei hat an 100 Tagen geöffnet. Wie viele Brote muss sie mindestens täglich verkaufen, um alle Kosten zu decken?
d) Die Bäckerei will 10.000 € Gewinn pro Jahr erwirtschaften. Berechne, wie viele Brote sie verkaufen muss.
e) Wie verändert sich der BEP, wenn die Fixkosten um 10 % steigen? Berechne.
f) Erläutere eine Alternative, um den BEP früher zu erreichen.
g) Vergleicht eure Ergebnisse.

3 a) Erkläre die Bedeutung von Stakeholdern sowie deren Einfluss auf den Gewinn.
b) Finde und erläutere für die nicht im Text genannten Stakeholder von **M3** jeweils ein Motiv, das die Gruppe gegenüber dem Unternehmen haben könnte.

4 Teilt euch in Gruppen auf. Entwickelt für jede Stakeholdergruppe aus **M3** ein Positionspapier (ca. eine DIN-A4-Seite), aus dem hervorgeht, welche Forderungen man dem Unternehmen zur Verteilung des Jahresgewinns stellt. Begründet diese Haltung.

Wortspeicher
– der Break-Even-Point
– die Deckungsbeitragsrechnung
– die Gesamtkosten
– die Gewinnschwelle

Spannungsfelder im Unternehmen

Frau Wölpert leitet seit einigen Jahren ein Unternehmen, das Walzen für die Papierproduktion herstellt. Sie beschäftigt über 200 Mitarbeitende.
Gestern hat sie mit einem wichtigen Zulieferbetrieb telefoniert. Dabei hat sie erfahren, dass die benötigten Teile sich zu Jahresbeginn deutlich verteuern werden.

Erste Reaktion
Gleich nach dem Telefonat hat sich Frau Wölpert ein paar Notizen gemacht:

- Noch einmal mit bisherigem Zulieferungsbetrieb verhandeln?
- **Ziel:** Preissenkung
- **Angebot:** langfristige Verträge mit Abnahmegarantie
- → Neuen Zulieferbetrieb suchen?

M1 Frau Wölperts Notizzettel

Arbeitsalltag
Zu den alltäglichen Aufgaben von Frau Wölpert gehört es, sich mit verschiedenen **Interessen** von innen und außen auseinanderzusetzen und gleichzeitig die eigenen Ziele zu verfolgen. Dabei helfen ihr Flexibilität und eine schnelle Auffassungsgabe.

Wer sitzt alles am Tisch?
Als Eigentümerin des Unternehmens ist Frau Wölpert selbst ein **Stakeholder**. Grafik **M2** zeigt dir, mit wem Frau Wölpert noch zu tun hat. Dabei werden zwei Gruppen unterschieden: interne und externe Stakeholder. Arbeitnehmende und Inhabende befinden sich innerhalb des Unternehmens, während Kundschaft und Zulieferbetriebe von außen einwirken.

Gemeinsam statt einsam
Als weitsichtige Unternehmerin weiß Frau Wölpert, dass Alleingänge wirtschaftlich nicht klug sind. Nur gemeinsam mit den

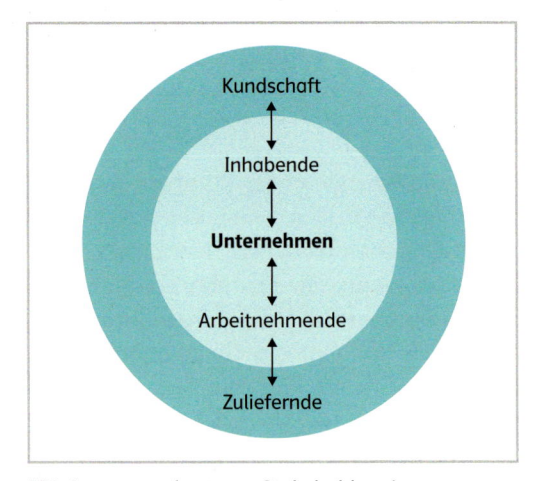

das Homeoffice (engl.)
Büro oder Arbeitsplatz zu Hause

M2 Interne und externe Stakeholder eines Unternehmens

anderen Stakeholdern kann sie ihr Unternehmen in eine sichere Zukunft bringen. Dazu muss sie diese geschäftlichen Beziehungen ernst nehmen und pflegen.

Interne Herausforderungen
Die Vorhaben der Inhabenden werden durch die Interessen der Beschäftigten beeinflusst und begrenzt. Höhere Löhne und Gehälter als Folge eines neuen ↗ Tarifvertrages bedeuten höhere Personalkosten für das Unternehmen. Gleichzeitig wird der Gewinn geschmälert. Auch Forderungen, z. B. nach flexibleren Arbeitszeiten oder Arbeiten im Homeoffice, verlangen Zugeständnisse des Unternehmens.

Externe Herausforderungen
Gestiegene Preise von Zulieferbetrieben stellen ebenfalls eine Herausforderung dar. Es muss ganz genau überlegt werden, ob das Unternehmen seine Preise nun erhöht. Aus Sicht der Kundschaft sind Preiserhöhungen immer unbeliebt. Was also tun? Die Preise erhöhen, um den Gewinn zu erhalten? Die Preise belassen, aber dadurch den Gewinn verringern?

Keine Einbahnstraße
Ein Unternehmen ist auf seine Stakeholder angewiesen. Das gilt aber umgekehrt ge-

M 3 Manchmal ist es nicht so einfach, sich gleichzeitig um externe und interne Herausforderungen zu kümmern.

M 4 Teaminterne Zusammenarbeit führt zu unternehmerischem Erfolg.

nauso. Folglich kann eine gute Zusammenarbeit nur dann gelingen, wenn sich alle Beteiligten ineinander hineinversetzen können und zu **Kompromissen** bereit sind.

Merke
- Unternehmen sind fest in wirtschaftliche und gesellschaftliche Strukturen eingebunden.
- Unterschiedliche und teils gegenläufige Interessen von innen und außen führen zu Spannungsfeldern.
- Für Lösungen ist die Kompromissbereitschaft aller Stakeholder gefordert.

Aufgaben

1 a) Nenne mögliche Vor- und Nachteile, die sich für Frau Wölperts Unternehmen je nach Entscheidung ergeben.
- Die Zusammenarbeit wird mit dem bisherigen Zulieferbetrieb weiter fortgesetzt.
- Ein neuer Zulieferbetrieb wird ausgewählt.

Erstelle dazu eine Tabelle.
b) Erläutere **M 2**.

2 Erkläre, welche Interessen eine Bank als Stakeholder gegenüber einem Unternehmen hat.

3 a) Erstelle aus **M 2** eine Mindmap. Notiere in die Mitte den Titel „Das Unternehmen und seine Stakeholder". Gruppiere die einzelnen Stakeholder als Hauptäste um den Titel.

b) Ordne die folgenden Erwartungen den passenden Stakeholdern zu:
- sicherer Arbeitsplatz,
- Wachstum des Unternehmens,
- lange Zusammenarbeit,
- guter Service nach dem Kauf.

c) Ergänze die Mindmap mit weiteren Erwartungen der Stakeholder.

d) Stellt euch gegenseitig eure Mindmaps vor und ergänzt eure eigene Mindmap.

4 a) Erläutert am Beispiel der Herstellung von umweltfreundlichen Produkten gegensätzliche Interessen von Inhabenden und Kundschaft. Wählt jeweils einen Stakeholder aus und notiert euch dazu passende Argumente.
b) Tragt euch die Argumente möglichst überzeugend vor.

c) Vergleicht die genannten Argumente miteinander. Beratet euch darüber, wie ein denkbarer Kompromiss zwischen den beiden Stakeholdern aussehen kann.

5 a) Gestaltet eine Liste mit mindestens fünf Tipps, wie Stakeholder sinnvoll miteinander umgehen können.

b) Legt eure Listen aus. Jede bzw. jeder markiert seinen Favoriten mit einem Klebepunkt. Zählt die Punkte und ermittelt die drei besten Vorschläge.

Wortspeicher
- die Interessen
- der Kompromiss
- die Stakeholder

Vielfalt statt Einheitsbrei

M1 Vielfalt bringt Erfolg.

Die erfolgreichsten Vereinsmannschaften im Fußball machen es vor: Verschiedene Nationalitäten, gemeinsam in einem Team vereint, können Großes bewirken.
Zwischen einem Unternehmen und einem Fußballverein gibt es Gemeinsamkeiten. So müssen beide hart arbeiten, um Erfolg zu haben. Dieses Ziel kann aber nur durch eine gemeinsame Leistung erreicht werden.

Umdenkprozess
Früher stand bei der Personalplanung hauptsächlich die Sicherung des Faktors Arbeit im Mittelpunkt. Heutzutage stellt die Besetzung von offenen Stellen in den meisten Unternehmen einen wichtigen und wohlüberlegten Prozess dar. Dazu trägt einerseits der Fachkräftemangel in Deutschland bei. Andererseits legen viele Unternehmen bewusst Wert auf Vielfalt in der Belegschaft – eben wie bei einem international erfolgreichen Fußballverein. Das ↗ **Diversity Management** ist dafür ein nützliches Hilfsmittel.

> **das Diversity Management**
> Personalplanung mit dem Ziel, die Verschiedenheit der Mitarbeitenden vorteilhaft für das Unternehmen zu nutzen

Diversity Management konkret
Die folgenden Bereiche zeigen auf, wo Verschiedenheit eine Rolle spielt.

1. Geschlecht
Der Anteil von Frauen in führenden Positionen entspricht noch immer nicht dem der Männer (→ **M2**). Trotzdem hat sich hier schon etwas geändert. Auch müssen Frauen die gleiche **Wertschätzung** für ihre Arbeit erfahren wie Männer (Stichwort: Gender Pay Gap, → S. 162).

Frauen in Führung

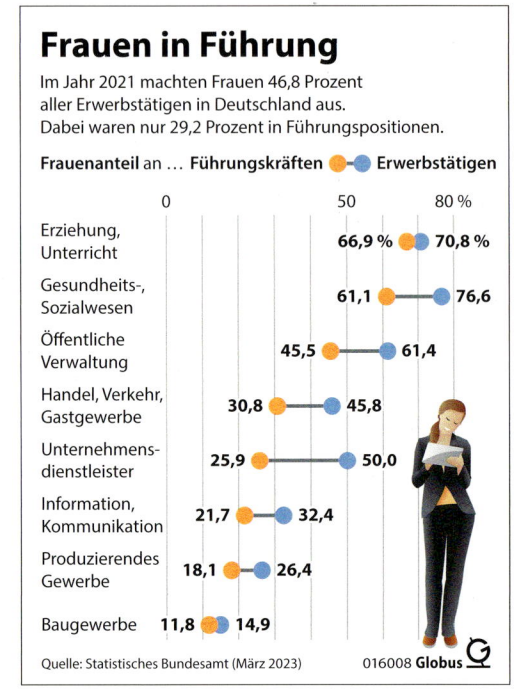

Im Jahr 2021 machten Frauen 46,8 Prozent aller Erwerbstätigen in Deutschland aus. Dabei waren nur 29,2 Prozent in Führungspositionen.

Frauenanteil an … Führungskräften ● – ● Erwerbstätigen

Bereich	Führungskräfte	Erwerbstätige
Erziehung, Unterricht	66,9 %	70,8 %
Gesundheits-, Sozialwesen	61,1	76,6
Öffentliche Verwaltung	45,5	61,4
Handel, Verkehr, Gastgewerbe	30,8	45,8
Unternehmensdienstleister	25,9	50,0
Information, Kommunikation	21,7	32,4
Produzierendes Gewerbe	18,1	26,4
Baugewerbe	11,8	14,9

Quelle: Statistisches Bundesamt (März 2023)   016008 Globus

M2 Anteil von Frauen in Führungspositionen

2. Kultureller Hintergrund
Die Menschen in einem Unternehmen sind häufig ganz unterschiedlicher Herkunft. Manchmal kommen über 50 verschiedene Länder zusammen. Am Arbeitsplatz treffen so auch unterschiedliche Denkweisen aufeinander, die sich positiv ergänzen können.

3. Alter
Menschen, die über 60 Jahre alt sind, stellen in Unternehmen keine Seltenheit mehr dar. Sie verfügen über viel Erfahrung und können diese weitergeben. Durch die verschiedenen Herangehensweisen von Jung und Alt kann ein Mehrwert entstehen. Ein besseres Ergebnis ist dann die Folge.

4. Menschen mit Behinderung
Inklusion ist nicht nur ein Thema für Schulen. Auch Unternehmen haben es sich zur Aufgabe gemacht, Menschen mit Behinderungen zu beschäftigen. Dabei kann voneinander gelernt und füreinander Verständnis entwickelt werden.

EXTRA

M 3 Inklusion am Arbeitsplatz

M 4 Wer bekommt die Stelle?

Herausforderungen

Unternehmen können gezielt für mehr Vielfalt im Unternehmen sorgen, z. B. durch das Einstellen von mehr Frauen oder die Schaffung von behinderten- und altersgerechten Arbeitsplätzen. Dadurch ist aber erst ein äußerer Rahmen geschaffen. Der nächste und anspruchsvollere Schritt beginnt in den Köpfen. Ein gelungenes Diversity Management ist wie beim Fußball nur durch ein gemeinsames Umdenken zu erreichen. Voraussetzung dafür ist, dass die Menschen die **Vielfalt** um sie herum wertschätzen und zu einem wichtigen Grundpfeiler ihrer Unternehmenskultur werden lassen. Erst dann kann am Arbeitsplatz aus dem Außergewöhnlichen etwas Alltägliches werden.

Merke
- In Unternehmen wird Vielfalt beachtet und genutzt.
- Unternehmen müssen Lösungen für die sich verändernden gesellschaftlichen Bedingungen finden.
- Ein gelungenes Diversity Management bedeutet einen Wettbewerbsvorteil für Unternehmen.

Aufgaben

1 a) Nenne typische Bereiche, mit denen sich das Diversity Management beschäftigt.
b) Begründe den Sinn des Diversity Managements anhand der vier Bereiche (Geschlecht, kultureller Hintergrund, Alter, Menschen mit Behinderung).

2 a) Der Mann im Rollstuhl (**M 3**) benötigt einen behindertengerechten Arbeitsplatz. Erstelle eine Liste mit Maßnahmen, die es ihm ermöglichen, dort zu arbeiten.
b) Vergleicht und ergänzt eure Listen.

3 Erklärt die Aussage der Karikatur **M 4**.

4 a) Analysiere die Grafik **M 2**.
b) Stellt Vermutungen an, warum Frauen seltener Führungspositionen besetzen.

5 Erörtert, ob in Deutschland eine verpflichtende Frauenquote in der Geschäftsführung von Unternehmen eingeführt werden soll.
a) Teilt die Klasse dazu in zwei Hälften. Eine Seite sammelt Argumente dafür, die andere dagegen.
b) Einigt euch, wer an der Debatte teilnimmt und wer die Argumente protokolliert. Stellt einen freien Stuhl auf. Darauf können sich Lernende setzen und ihren Beitrag einbringen, auch wenn sie nicht aktiv an der Debatte teilnehmen.
c) Führt nach einer kurzen Vorstellungsrunde die Debatte durch. Zum Schluss dürfen alle Teilnehmenden noch einmal ihre Meinung kurz darstellen.
d) Die Protokollierenden tragen die genannten Argumente noch einmal vor. Diskutiert, welche die überzeugendere Seite war.

Wortspeicher
– das Diversity Management
– die Vielfalt
– die Wertschätzung

Gleichberechtigt = gleichgestellt?

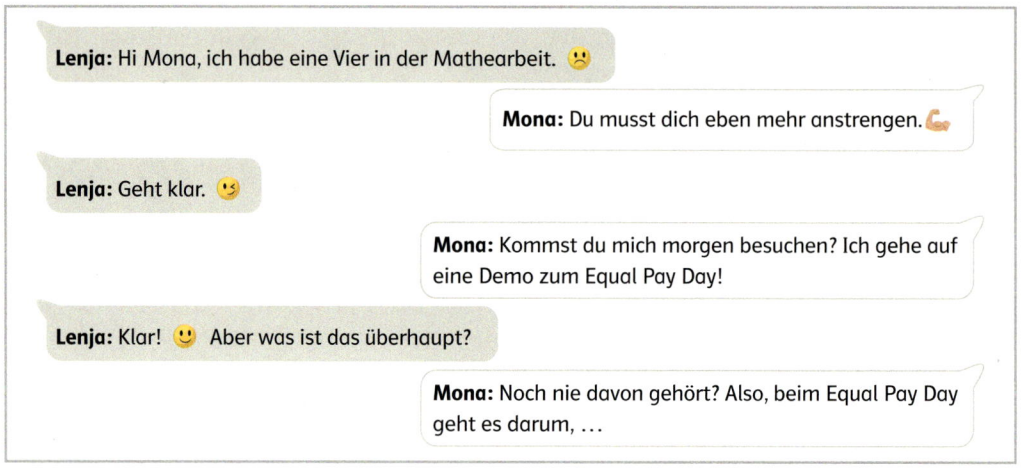

> **Lenja:** Hi Mona, ich habe eine Vier in der Mathearbeit. 🙁
>
> **Mona:** Du musst dich eben mehr anstrengen. 💪
>
> **Lenja:** Geht klar. 😒
>
> **Mona:** Kommst du mich morgen besuchen? Ich gehe auf eine Demo zum Equal Pay Day!
>
> **Lenja:** Klar! 🙂 Aber was ist das überhaupt?
>
> **Mona:** Noch nie davon gehört? Also, beim Equal Pay Day geht es darum, …

M1 Chatverlauf von Lenja und Mona

Lenja chattet mit ihrer älteren Schwester Mona, die in einer anderen Stadt lebt (→ **M1**). Vermutlich geht es dir wie Lenja und du hast auch noch nie vom **Equal Pay Day** gehört. Hier erfährst du mehr darüber.

Hintergrund
Der Equal Pay Day wurde von der Kommission der Europäischen Union (EU) ins Leben gerufen. Er möchte darauf aufmerksam machen, dass Frauen für ihre Arbeit die gleiche Bezahlung wie Männer bekommen sollen. Doch warum braucht es überhaupt die Forderung nach Lohngerechtigkeit, wenn das Grundgesetz in Artikel 3 (2) die Gleichberechtigung von Frauen und Männern rechtlich vorschreibt?

Spürbare Lücken
Auch im 21. Jahrhundert gibt es nach wie vor merkliche Unterschiede bei der Entlohnung von Frauen und Männern. Verantwortlich dafür ist der sogenannte **Gender-Pay-Gap**, die Lohnlücke zwischen den Geschlechtern. Er zeigt auf, um wie viel weniger Frauen im Vergleich zu Männern in der Stunde verdienen. Sogar in vergleichbaren Berufen verdienen Frauen heutzutage weniger. Diese Lücke hat verschiedene Gründe, die alle zur finanziellen Benachteiligung von Frauen beitragen. In den letzten Jahren betrug die Höhe der Lohnlücke knapp 20 Prozent. Konkret bedeutet das: Verdient ein Mann 30 Euro pro Stunde, dann sind es bei einer Frau bloß 24 Euro.

Erklärungsansätze
Häufiger als Männer wählen Frauen Berufe im sozialen Bereich wie Krankenpflegerin oder Erzieherin, die geringer bezahlt werden. Aufgrund der Aufgaben im Haushalt, der Betreuung der eigenen Kinder oder der Pflege der Eltern können Frauen oft nur in Teilzeit arbeiten. Diese wird geringer als Vollzeit entlohnt.

Höhere Hürden
Auch wenn Deutschland über viele Jahre eine Bundeskanzlerin als Regierungschefin hatte, so gibt es doch insgesamt betrachtet viel zu wenige weibliche Führungskräfte in Unternehmen (→ S. 160/161, **M2**). Auffällig hierbei ist, dass es Frauen – trotz gleicher Qualifikationen wie Männer – vergleichsweise selten in die höchsten Ebenen eines Unternehmens schaffen. Dies wird als die **gläserne Decke** bezeichnet, die es Frauen schwerer macht, beruflich voranzukommen. Während Männer es beim Steigen auf der Karriereleiter leichter haben, müssen Frauen größere Hürden überwinden, bleiben dabei hängen oder geben ganz auf (→ **M2**).

---

die EU-Kommission
wichtiges Organ, das auf die Umsetzung von Beschlüssen in allen EU-Mitgliedsländern achtet

Zukünftige Herausforderungen

Zwar ist der Gender-Pay-Gap in den letzten Jahren kleiner geworden, aber immer noch nicht verschwunden.

Seit 2018 gibt es das Entgelttransparenzgesetz, welches die gleiche Bezahlung von gleicher Arbeit unabhängig vom Geschlecht gewährleisten soll. Um die Situation stetig zu verbessern, braucht es weitere Schritte. Frauen können durch eine verlässlichere Kinderbetreuung entlastet werden. Unternehmen müssen überdenken, inwiefern sie Frauen bei der Vereinbarkeit von Familie und Beruf unterstützen können. Dies ist ein Weg, damit es mehr Frauen in die Führungsebenen schaffen können. Genauso muss die Gesellschaft als Ganzes die typischen Rollenvorstellungen von Frauen und Männern überdenken und neu definieren.

M 2 Hoch die Treppe – so oder so?

Merke
- Frauen werden im Vergleich zu Männern häufig geringer bezahlt.
- Der berufliche Aufstieg weist mehr Hürden für Frauen als für Männer auf.
- Die Gleichstellung von Frauen und Männern bei der Bezahlung ist eine offene Aufgabe.

Aufgaben

1 Nenne die wörtliche deutsche Übersetzung von Equal Pay Day und Gender-Pay-Gap.

2 Beschreibe den Sinn des Equal Pay Days in deinen eigenen Worten. Führe dazu Monas letzte Antwort im Chat (→ M1) zu Ende.

3 Begründe, warum der Equal Pay Day jedes Jahr an einem anderen Tag stattfindet. Nutze dazu das Internet.

4 a) Arbeite die Gründe für den Gender-Pay-Gap heraus.
b) Erläutere, warum Männer im Beruf eher erfolgreich sein können als Frauen.

5 a) Analysiere M2. Nutze dazu diese Formulierungen:
- Ich sehe ...
- Dem Bild entnehme ich, dass ...

b) Charakterisiere die Personen, indem du für beide eine Denkblase formulierst.
c) Erläutere denkbare Maßnahmen, wie dieses Wettrennen fairer gemacht werden könnte.

6 Stellt euch vor, ihr würdet wie Lenja und Mona am Equal Pay Day gegen die Lohnlücke demonstrieren. Gestaltet zu diesem Anlass in Gruppen Banner und Plakate, die eure Forderungen zeigen.

7 Erörtert gemeinsam die These: „Den Gender-Pay-Gap wird es immer geben!"
a) Teilt dazu die Klasse in zwei Gruppen ein. Die eine sammelt Argumente für die These, die andere dagegen.
b) Einigt euch, wer an der Debatte teilnimmt und wer die Argumente protokolliert.
c) Führt die Debatte durch.
d) Reflektiert mithilfe der notierten Argumente, welche Seite die überzeugendere war.

Wortspeicher
- die gläserne Decke
- der Equal Pay Day
- der Gender-Pay-Gap

6 Unternehmen im Blick

Gut für die Region

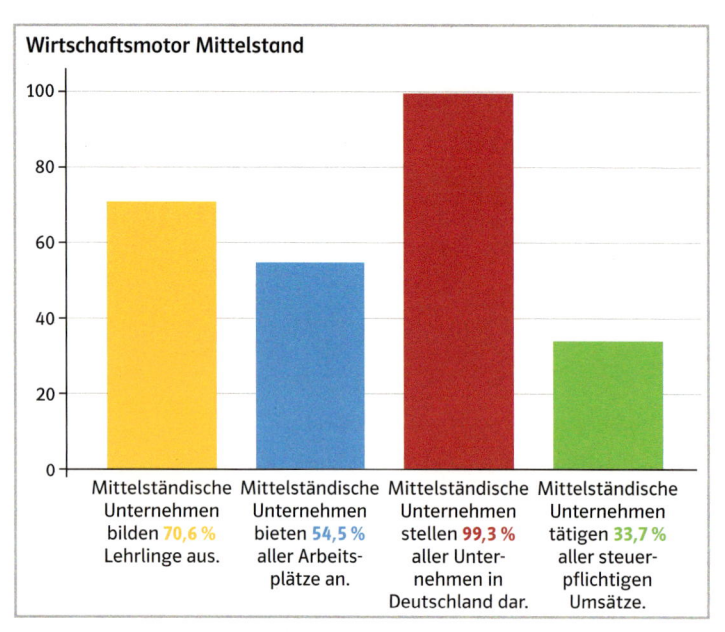

Wirtschaftsmotor Mittelstand

- Mittelständische Unternehmen bilden **70,6 %** Lehrlinge aus.
- Mittelständische Unternehmen bieten **54,5 %** aller Arbeitsplätze an.
- Mittelständische Unternehmen stellen **99,3 %** aller Unternehmen in Deutschland dar.
- Mittelständische Unternehmen tätigen **33,7 %** aller steuerpflichtigen Umsätze.

M1 Fakten über den Mittelstand

Du kennst sicher das eine oder andere Unternehmen in deiner Nähe. Ist dir eigentlich schon aufgefallen, dass es sich dabei meist um **k**leinere und **m**ittlere **U**nternehmen handelt? Diese **KMU**, gerne auch als **Mittelstand** bezeichnet, geben deinen Eltern oder anderen aus der Umgebung Arbeit oder du hast sie durch ein Praktikum kennengelernt.

Die Bedeutung von KMU
Der Mittelstand stellt nicht nur wegen seiner Größe einen maßgeblichen Stützpfeiler der deutschen Volkswirtschaft dar.
Hier ist auch das Entrepreneurship zu Hause. Zahlreiche KMU gehen auf erfolgreiche Geschäftsideen zurück, was ihnen die Chance auf ein langfristiges Bestehen eröffnet. Großunternehmen bauen auf sie, beispielsweise als verlässliche Zulieferbetriebe.

Klein, aber fein!
Diese guten Grundlagen ermöglichen es ihnen, sich im Wettbewerb zu behaupten und gleichzeitig ihre Position zu festigen. KMU spezialisieren sich auf nur einen oder wenige Bereiche.

Schwieriger ist es für KMU, sich auf globalen Märkten zu behaupten. Der Schritt auf den internationalen Markt eröffnet Chancen, birgt aber auch einige Risiken: Für Geschäfte auf den Weltmärkten braucht es qualifiziertes Personal mit internationaler Erfahrung. Manchen KMU ist dieser Schritt jedoch so gut gelungen, dass sie zu Weltmarktführern geworden sind. Wundere dich also nicht, wenn du einen davon in deiner Nachbarschaft hast.

Mit innovativen Ideen zum Erfolg
Zu den besonders erfolgreichen und innovativen Unternehmen zählt beispielsweise die Alfred Schuon GmbH aus Haiterbach im Schwarzwald, die sich auf passgenaue Logistikdienstleistungen und klimaneutrale Transporte spezialisiert hat. 2019 gelang es erstmals, dass mehr CO_2-Emissionen eingespart wurden, als die gesamte Lkw-Flotte erzeugte. Außerdem engagiert sich das Unternehmen in mehreren sozialen Projekten und erhielt 2022 den großen Preis des Mittelstands.

KMU in der Praxis
Um einen Einblick in ein KMU zu erhalten, schaust du dich am besten bei dir vor Ort um. Vielleicht bietet sich eine Betriebsbesichtigung oder -erkundung an?

Verantwortung für die Gesellschaft
Unternehmen, ganz gleich ob groß oder klein, haben verschiedene Stakeholder (→ S. 158/159). Die Gesellschaft stellt den bedeutendsten Stakeholder dar, weil sie Unternehmen von innen und außen beeinflusst. Im Rahmen von Corporate Social Responsibility (CSR) engagieren sich Unternehmen in vielfältiger Weise. Die folgenden Bilder (→ **M2 – M4**) verdeutlichen dies beispielhaft.

---

das Entrepreneurship
Unternehmertum, das von neuen Ideen und Denkweisen geprägt ist

die Corporate Social Responsibility (CSR)
Unternehmensverantwortung für die Gesellschaft

M2 Unternehmen können als Sponsor agieren, …

M3 … Kooperationen mit Schulen treffen …

M4 … oder sich für nachhaltige Entwicklung einsetzen.

Merke
- Kleine und mittlere Unternehmen (KMU) stellen den Großteil aller Unternehmen in Deutschland dar.
- KMU sind stark mit der Region verwurzelt.
- Ein jedes Unternehmen stützt die Volkswirtschaft und trägt auch Verantwortung für die Gesellschaft.

Aufgaben

1 Nenne drei Gründe, weshalb KMU für dich von Bedeutung sind. Ziehe auch **M1** dazu heran. [BO]

2 a) Erstellt einen Steckbrief eines KMU aus eurer Umgebung, der folgende Stichpunkte auflistet: Name, Gründungsjahr, Hauptsitz, Standort(e), Branche, typische Produkte/Dienstleistungen, Rechtsform, Geschäftsführung, Zahl der Beschäftigten und Auszubildenden, Gewinn/Umsatz im Jahr 20.., CSR-Maßnahmen.
b) Hängt die Steckbriefe entweder aus oder stellt sie euch vor. [BO]

3 Stelle Chancen und Risiken dar, die sich für KMU ergeben, wenn sie auf internationalen Märkten konkurrieren wollen.

4 Erkläre die Aussage des US-amerikanischen Unternehmers Henry Ford (1863–1947): „Ein Geschäft, das nur Geld einbringt, ist ein schlechtes Geschäft." [BNE]

5 Erläutere für **M2**–**M4** jeweils anhand eines Beispiels, wie Unternehmen durch CSR gesellschaftliches Engagement in die Tat umsetzen können.

6 a) Suche ein Unternehmen aus, das mit dem „Mittelstandspreis für soziale Verantwortung in Baden-Württemberg" ausgezeichnet wurde. Recherchiere, für welche Leistung es den Preis erhielt.
b) Charakterisiert die verschiedenen Arten sozialer Verantwortung von Unternehmen, die euch bei der Recherche begegnet sind. [BNE] [MB]

7 Gestalte für den Mittelstandspreis ein Plakat, das Unternehmen darauf aufmerksam macht und sie zur Teilnahme motiviert.

Wortspeicher
- *der Mittelstand*
- *das kleine oder mittlere Unternehmen (KMU)*

Der Staat steckt den Rahmen ab

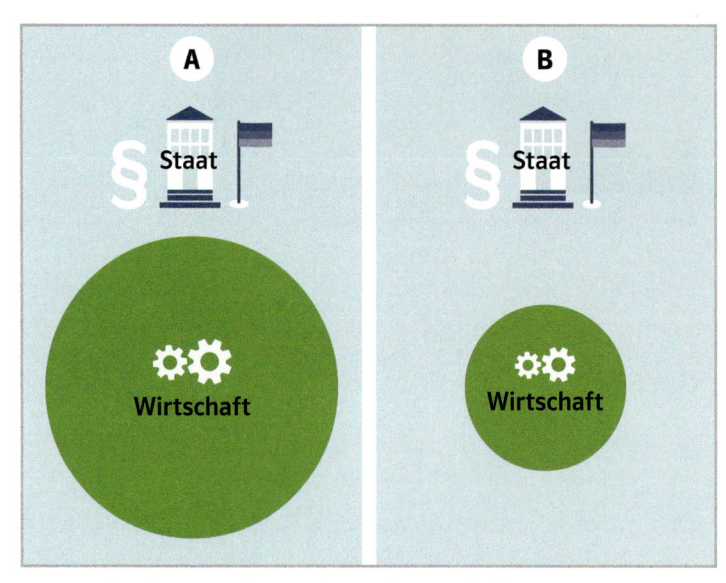

M1 Verschiedene Gestaltungsrahmen der Wirtschaft

die Elternzeit
unbezahlte Auszeit vom Berufsleben für Mütter und Väter; kann pro Kind bis zu drei Jahre dauern

die Pflegezeit
unbezahlte Auszeit vom Berufsleben für Arbeitnehmende, die Angehörige pflegen; dauert maximal sechs Monate

In der sozialen Marktwirtschaft spielt der Markt die maßgebliche Rolle. Er kann aber allein keine vollkommene Wirtschaftsordnung für die Menschen gewährleisten. Für die Beachtung der sozialen Aspekte braucht es den Staat. Dieser hält sich meistens zurück, greift aber bei Bedarf mit **staatlichen Regelungen** ein.

Sicherheit für Arbeitnehmende

Eine kaum vorstellbare Situation für jede Arbeitnehmerin und jeden Arbeitnehmer: Man wird von einem auf den anderen Tag gekündigt und fällt ins Ungewisse. In Deutschland wird so etwas durch **gesetzliche Vorgaben** verhindert, in diesem Fall durch den **Kündigungsschutz**. Dieser gilt für Unternehmen mit mehr als zehn Beschäftigten.

Kündigungsschutz: Faktor Zeit

Das Kündigungsschutzgesetz gibt Unternehmen genaue Vorgaben, wenn sie einer bzw. einem Mitarbeitenden kündigen möchten. So kann ein Beschäftigungsverhältnis mit einer Arbeitnehmerin oder einem Arbeitnehmer erst nach Einhaltung einer Kündigungsfrist beendet werden. Die Länge der Fristen reicht von 30 Tagen bis hin zu sieben Monaten und hängt davon ab, wie lange jemand beschäftigt war.

Kündigungsschutz: Faktor Geld

Eine Kündigung hat für Unternehmen nicht nur einen Zeit-, sondern auch einen Geldverlust zur Folge. Solange jemand noch beschäftigt ist, muss diese Person auch bezahlt werden. Zusätzlich müssen sich Unternehmen überlegen, ob sie mit der Arbeitnehmerin oder dem Arbeitnehmer die Zahlung einer Abfindung vereinbaren.
Dies verhindert, dass wegen einer Kündigung gegen das Unternehmen geklagt werden kann.

Kündigungsschutz: Faktor Mensch

Bestimmte Personengruppen sind besonders vor Kündigungen geschützt:
- Schwangere, Mütter oder Väter in Elternzeit,
- schwerbehinderte Menschen,
- Wehrdienstleistende und Personen, die Bundesfreiwilligendienst leisten,
- Auszubildende,
- Arbeitnehmende, die im Rahmen einer Pflegezeit Angehörige pflegen,
- Mitglieder des Betriebsrats.

Mögliche Konsequenzen

Unternehmen wünschen sich möglichst viel Gestaltungsspielraum (→ **M1**A). Im Falle des Kündigungsschutzes ist dieser Spielraum begrenzt (→ **M1**B). Sind zu wenige Freiräume vorhanden, dann entscheiden sich manche Unternehmen für die Abwanderung in andere Länder. Dies hat negative Auswirkungen auf den Wirtschaftsstandort Deutschland. Der Staat muss sich immer der Folgen seiner Eingriffe in die Wirtschaft bewusst sein und diese im Vorfeld sorgfältig abwägen.

Beispiel: Stromsteuer

Der Staat verfolgt das Gemeinwohl, sodass es möglichst allen Menschen gut gehen soll. Dies schließt auch den Schutz der Umwelt und die Schonung von Ressourcen ein. Um

Staat	Unternehmen	Kunden
erhebt eine Stromsteuer	• versuchen ihren Strombedarf zu verringern • nutzen Ökostrom • investieren viel Geld in energieeffiziente Maschinen	?

M2 Beispiel Stromsteuer: Ursache-Wirkungs-Diagramm

diese Ziele zu erreichen, kann der Staat z.B. Steuern einführen. Abbildung **M2** zeigt dir, wie sich eine staatliche Maßnahme auf Unternehmen und uns alle als Kundschaft auswirkt.

Merke
- Die Vorgaben zum Kündigungsschutz setzen den Rahmen für das Verhältnis zwischen Unternehmen und Arbeitnehmenden.
- Staatliche Regelungen beeinflussen die Entscheidungen von Unternehmen.
- Das Einwirken des Staates auf die Wirtschaft kommt einem Balanceakt gleich.

Aufgaben

1 Nenne jeweils die Folgen von **M1**A und **M1**B, die sich für Wirtschaft und Staat ergeben.

2 BNE Teilt die Bereiche „Arbeitgebende" und „Arbeitnehmende" unter euch auf.
a) Beschreibt, welche Vor- und Nachteile der Kündigungsschutz jeweils für euren Bereich hat.
b) Diskutiert eure Positionen.
MB c) Informiert euch über das Mindestlohngesetz im Internet.
d) Teilt euch wieder in Arbeitgebende und Arbeitnehmende auf und tauscht euch über Vor- und Nachteile dieser staatlichen Maßnahme aus.

3 a) Erklärt die Grundzüge
MB und Ziele eines weiteren staatlichen Eingriffes. Wählt dazu eines der folgenden Themen aus und recherchiert im Internet:
• Subventionen,
• Kartellrecht,
• Patentrecht.
b) Stellt euer Thema in Form einer Kurzpräsentation vor.

4 Analysiere die Situation **M2** und
BNE leite mögliche Folgen für die Kundschaft und für die Unternehmen ab.

5 Bewerte diese Aussage: „Unter-
BNE nehmen werden durch staatliche Eingriffe doch nur ausgebremst!"
a) Stelle die Vor- und Nachteile staatlicher Eingriffe in einer Tabelle einander gegenüber.
b) Formuliere ausgehend von der Tabelle dein eigenes Urteil.

c) Stellt euch zur Aussage auf einer Positionslinie im Raum auf. Die Positionslinie weist am einen Ende den Wert 0% (= völlige Ablehnung) und am anderen Ende 100% (= völlige Zustimmung) auf. Bringt dazu eure Notizen mit und begründet damit eure Position. Achtet darauf, dass bei einem sehr uneinheitlichen Meinungsbild viele verschiedene Begründungen genannt werden.

Wortspeicher
– der Kündigungsschutz
– die staatliche Regelung
– die gesetzliche Vorgabe

Total global?!

M1 Die Globalisierung nimmt Einfluss auf verschiedenste Lebensbereiche.

Von der ↗ **Globalisierung** hast du ganz sicher schon gehört. Greifbar wird sie, wenn du an ein Smartphone denkst. Es wird in Asien hergestellt, aber seine Bestandteile stammen von unterschiedlichen Kontinenten. Somit ist ein Smartphone ein Beispiel für ein globales Produkt.

Größeres Spielfeld, neue Spielregeln
Die Globalisierung hat den Unternehmen neue Märkte eröffnet und gleichzeitig mehr Konkurrenz geschaffen. Dieser Tatsache müssen sich Unternehmen bewusst sein. Ein wesentliches Merkmal von Globalisierung ist, dass sie nicht ausschließlich Vor- oder Nachteile mit sich bringt.

Wo befindet sich der Platz an der Sonne?
Die Frage nach dem bestmöglichen Standort für Unternehmen wird durch die Globalisierung dringlicher denn je. Eine Vielzahl von ↗ **Standortfaktoren**, wie beispielsweise gut qualifiziertes Personal, Zugang zu Rohstoffen und Absatzmärkten, Steuern oder Energiekosten, sind genau zu prüfen.

„Die Globalisierung sehe ich als Segen und Fluch zugleich. Einerseits ist es bereichernd, wenn man mit Zulieferfirmen aus aller Herren Länder kooperiert. Das Know-how steigt an. Andererseits ist es eine große Belastung für die Umwelt, wenn für ein Produkt Rohstoffe oder Teile rund um die Welt transportiert werden müssen."

M2 Unternehmer A: Julio López

„Die weltweiten Verflechtungen bedeuten Risiken, was man sehr deutlich bei der Bankenkrise von 2007/2008 gespürt hat. Auch übt die Globalisierung viel Druck auf die Menschen aus. Einfachere Arbeiten werden heutzutage zunehmend in Billiglohnländer verlagert."

M3 Unternehmerin B: Jana Marková

---

die Standortfaktoren

für die Auswahl eines Unternehmensstandortes ausschlaggebende Gründe

„Das neue Werk in Südkorea schafft viele Arbeitsplätze und hat meinem Unternehmen einen neuen Markt erschlossen. Es ist nun leichter, meine Produkte dort zu verkaufen und mit anderen Unternehmen vor Ort Geschäfte zu machen. Dies wiederum erhöht meinen Umsatz, ich kann Geld in den deutschen Standort investieren und auch hier neue Arbeitsplätze schaffen."

M 4 Unternehmer C: Alexander Hartke

M 5 Karikatur

Ausblick in die Zukunft
Die Globalisierung ist ein andauernder Prozess, der vermutlich nie abgeschlossen sein wird. Deutsche Unternehmen müssen sich deshalb immer wieder auf neue Situationen einstellen. Entscheidend wird sein, ob die dafür entwickelten Strategien geeignet sind oder nicht.

Merke
- Die Globalisierung bringt Chancen und Risiken für Unternehmen mit sich.
- Unternehmen konkurrieren heute auf globalen Märkten.
- Den Herausforderungen der Globalisierung müssen sich Unternehmen stellen.

Aufgaben

1 Nenne weitere Beispiele für die Globalisierung, welche dir im Alltag begegnen. Beziehe **M1** in deine Überlegungen ein.

2 Beschreibe in deinen eigenen Worten, weshalb die Globalisierung einen großen Einfluss auf Unternehmen hat.

3 a) Arbeite aus dem Text und aus **M2–M4** die genannten Vor- und Nachteile der Globalisierung für Unternehmen heraus. Trage deine Ergebnisse in eine zweispaltige Tabelle ein.
b) Überlege dir weitere Vor- und Nachteile und ergänze sie in der Tabelle.
c) Notiere deine eigenen Vor- und Nachteile gut lesbar auf Papierstreifen. Verwende pro Gedanken einen Streifen.
d) Legt die Streifen auf den Boden im Zimmer aus. Schaut euch dann alle Streifen in Ruhe an. Fasst die Streifen zu Gruppen mit gleichem oder ähnlichem Inhalt zusammen.
e) Findet heraus, ob eure Klasse die Globalisierung eher als Chance oder als Risiko für Unternehmen betrachtet.

4 Stellt die Bedeutung der Globalisierung für ein Unternehmen aus eurer Nähe dar. Holt dazu Informationen vor Ort oder aus dem Internet ein.

5 a) Analysiere die Karikatur **M5**. Führe dazu alle notwendigen Schritte durch (→ S. 88/89).
b) Entwickle ausgehend von deiner Analyse die Aussage der Karikatur. Leitfrage zur Unterstützung: „Worin besteht die Übertreibung der Karikatur?"

Wortspeicher
– die Globalisierung
– der Standortfaktor

Eine Fallanalyse durchführen

Preiserhöhung?

Anbieterwechsel?

M1 Fallanalyse

Jeden Tag begegnen wir ganz unterschiedlichen Situationen. Für uns alle ist es wichtig, diesen „Fällen" schnellstmöglich auf die Spur zu kommen und für alle Beteiligten eine optimale Lösung zu finden. Wie in einem Krimi, so ist es auch im Wirtschaftsunterricht wichtig, dass ihr euch über Ereignisse informiert, sie diskutiert, Alternativen entwickelt und mit Entscheidungen in eurer Lebenswelt vergleicht. Aber wie macht man das?

1. Schritt: Erfassen der Situation
(Konfrontation)
Sammle zunächst alle Informationen zur betreffenden Situation und kläre ab, was genau passiert ist. Liste dann alle gefundenen Fakten zum Fall auf, damit du einen Überblick hast.

2. Schritt: Sammlung von Informationen
(Information)
Jetzt weißt du, was genau passiert ist, und kannst mit dem Ermitteln beginnen. Analysiere dazu Materialien aus deinem Schulbuch, verwende die Informationen von deiner Lehrkraft oder recherchiere im Internet.

3. Schritt: Vorbereitung der Entscheidung
(Exploration)
Du hast jetzt den vollen Überblick zu „deinem Fall" und hast alle Gegebenheiten analysiert. Entwickle nun verschiedene Lösungswege, die du im Partner- oder Gruppenaustausch diskutierst.

4. Schritt: Einigung und Entscheidung
(Resolution)
Nun geht es darum, den optimalen Lösungsweg zu finden. Vergleiche deine Lösung mit den Vorschlägen der anderen Gruppenmitglieder. Betrachtet alle Vorschläge noch einmal kritisch und einigt euch, welcher allen am besten gefällt. Formuliert eure Entscheidung und begründet, warum ihr diese getroffen habt.

> Bei der Analyse von Fällen spricht man auch von der **Harvard-Methode**. Diese hat ihren Ursprung in der amerikanischen Harvard Business School. Die Anwendung dieser Methode führte dazu, dass praktische Situationen vermehrt in den Unterricht eingeflochten wurden.

---

die Fakten
Daten, Realität, Sachlage

METHODE

5. Schritt: Verteidigung der Entscheidung
(Disputation)
Stellt nun als Gruppe euren Lösungsweg der Klasse vor, begründet eure Entscheidung und macht deutlich, warum euer Ergebnis der einzig richtige Lösungsweg ist.

6. Schritt: Vergleich der Entscheidungen
(Kollation)
Zum Abschluss vergleicht ihr eure „Falllösung" mit der in der Wirklichkeit getroffenen Entscheidung. Analysiert nun genau, warum und wie man zu dieser Lösung kam und wessen Interessen hier eine wesentliche Rolle gespielt haben.

M2 Bei der Fallanalyse stellst du den anderen Gruppenmitgliedern deinen Lösungsweg vor.

1. Schritt: Erfassen der Situation
- Klären des Sachverhalts
- Analyse des Problems
- Erstellung einer Faktenliste

↓

2. Schritt: Sammlung von Informationen
- Informationsmaterial lesen und auswerten
- Beschaffung weiterer Informationsquellen

↓

3. Schritt: Vorbereitung der Entscheidung
- Diskussion verschiedener Lösungswege

↓

4. Schritt: Einigung und Entscheidung
- Gegenüberstellung von Lösungswegen
- kritische Betrachtung der gefundenen Lösungswege
- Einigung auf eine Lösung
- Aufstellen einer Begründung

↓

5. Schritt: Verteidigung der Entscheidung
- Konfrontation der selbst gefundenen Entscheidung mit den Entscheidungen der anderen Gruppen
- Verteidigung der eigens getroffenen Entscheidung
- Analyse von Fehlentscheidungen

↓

6. Schritt: Vergleich der Entscheidungen
- Vergleich der gefundenen Lösung mit einer möglichen Musterlösung oder einem Fallbeispiel aus dem Alltag

M3 To-do-Liste für eure Fallanalyse

Aufgaben

1 M1 bildet die Unsicherheit vieler Unternehmen beim Jahreswechsel ab, ob sie einen Anbieterwechsel vollziehen oder eine mögliche Preiserhöhung in Kauf nehmen sollen.
a) Nenne die Folgen, die eine Preiserhöhung oder auch ein Anbieterwechsel für ein Unternehmen haben können. Liste sie auf.
b) Tauscht eure Ergebnisse untereinander aus.

2 Stelle in einer selbst gewählten Grafik verschiedene Fälle dar.

3 Analysiere einen selbst gewählten Fall. Benutze dazu das oben beschriebene Vorgehen.

4 Vergleiche dein Ergebnis mit denen der anderen. Stellt Gemeinsamkeiten und Unterschiede heraus.

5 Erstelle einen Lösungsbericht für deinen geklärten Fall.

6 Beurteile die Aussage: „Fallanalysen werden im Wirtschaftsleben immer wichtiger."

7 Bewerte die Entscheidung deiner Lehrkraft, dass du dich mit einer Fallanalyse im Unterricht auseinandersetzen sollst/musst.

6 Unternehmen im Blick

Auf einen Blick

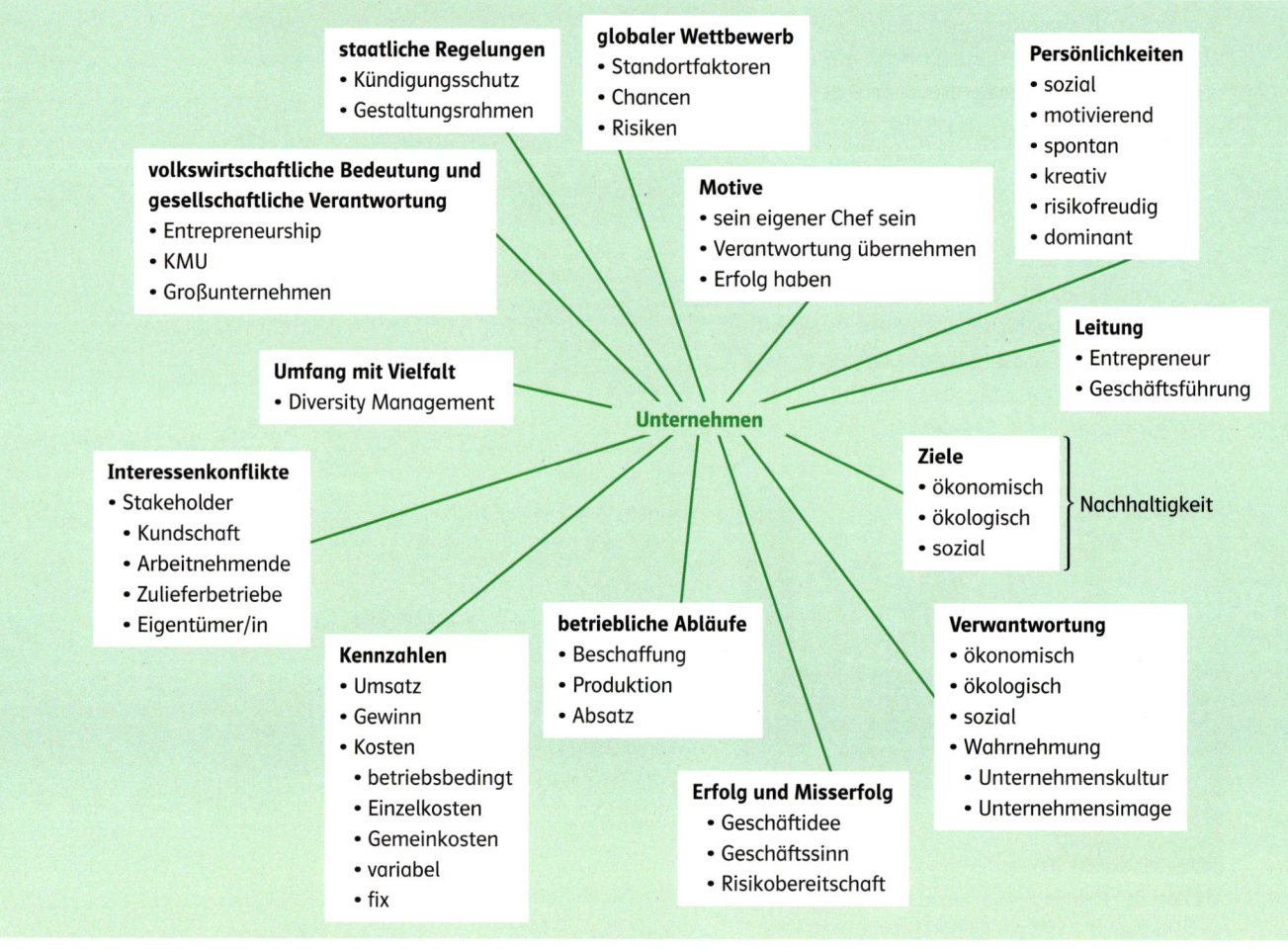

staatliche Regelungen
- Kündigungsschutz
- Gestaltungsrahmen

globaler Wettbewerb
- Standortfaktoren
- Chancen
- Risiken

Persönlichkeiten
- sozial
- motivierend
- spontan
- kreativ
- risikofreudig
- dominant

volkswirtschaftliche Bedeutung und gesellschaftliche Verantwortung
- Entrepreneurship
- KMU
- Großunternehmen

Motive
- sein eigener Chef sein
- Verantwortung übernehmen
- Erfolg haben

Leitung
- Entrepreneur
- Geschäftsführung

Umfang mit Vielfalt
- Diversity Management

Unternehmen

Ziele
- ökonomisch
- ökologisch
- sozial
} Nachhaltigkeit

Interessenkonflikte
- Stakeholder
- Kundschaft
- Arbeitnehmende
- Zulieferbetriebe
- Eigentümer/in

betriebliche Abläufe
- Beschaffung
- Produktion
- Absatz

Verwantwortung
- ökonomisch
- ökologisch
- sozial
- Wahrnehmung
  - Unternehmenskultur
  - Unternehmensimage

Kennzahlen
- Umsatz
- Gewinn
- Kosten
  - betriebsbedingt
  - Einzelkosten
  - Gemeinkosten
  - variabel
  - fix

Erfolg und Misserfolg
- Geschäftidee
- Geschäftssinn
- Risikobereitschaft

M1 Diese Begriffe solltest du kennen.

Wiederholen

1 → S. 140–169
Hier ist einiges durcheinandergeraten
a) Bringe die Buchstaben im Wörterrätsel (→ **M2**) in die richtige Reihenfolge und schreibe die Begriffe auf.
b) Verwende die unterstrichenen Buchstaben, um damit das Lösungswort zu bilden.

IELEZ

GAIM<u>E</u>

SERPI

RULVST<u>E</u>

KU<u>M</u>

NEU<u>D</u>NTEERMHEN

LOSKET<u>H</u>AERD

LURLIBS<u>A</u>NEOGIG

TAOFATRNTORKE<u>S</u>ND

☐☐☐☐☐☐☐☐☐

M2 Wörterrätsel

TRAINING

2 S. 140–169

Jeweils einer der Begriffe passt nicht in die Reihe.
a) Finde diese Begriffe.
b) Begründe deine Wahl jeweils in Form eines Satzes.
- Ökonomie   Ökologie   Risiko   Nachhaltigkeit
- Gewinn   Beteiligung   Umsatz   Kosten
- Abgleich   Produktion   Beschaffung   Absatz
- Umsatz   Preis   Gewinn   Menge
- Zulieferbetriebe   Kundschaft   Arbeitnehmende   Kredit

M 3 „Wir fragen uns, ob Sie in unsere Unternehmenskultur passen!"
Karikatur (Dominique Deckmyn)

3 S. 142/143

Analysiere die Karikatur **M 3**.
a) Beschreibe alle Elemente.
b) Erkläre die Aussage der Karikatur.
c) Überlege dir Gründe, die dafür- und dagegensprechen, den Mann einzustellen.

4 S. 140–169

Welche Begriffe werden hier beschrieben?
a) Die Mehrheit der deutschen Unternehmen gehört ihm an.
b) Diese Person ist für die Unternehmensleitung angestellt.
c) Neben den ökologischen und ökonomischen Zielen gehören sie auch zu den Säulen der Nachhaltigkeit.
d) Dinge, wie zum Beispiel Eisenerz, die zur Herstellung von Gütern benötigt werden.
e) Ein Unternehmen, welches in Schulen anzutreffen ist.
f) Eine Strategie, die als Ziel die lagerlose Produktion hat.
g) Dieser mischt sich durch Gesetze oder Steuern in die Wirtschaft ein.

5 S. 142/143, S.166/167

Beurteile die folgenden Aussagen.
a) „Den Unternehmen geht es doch immer nur um Gewinn."
b) „Wenn Unternehmen nachhaltig wirtschaften, dann verteuert dies ihre Produkte und sie sind nicht mehr konkurrenzfähig."
c) „Gute Unternehmende brauchen nur gute Kenntnis der Wirtschaft und sonst nichts."
d) „Staatliche Regelungen beschneiden die Freiheit der deutschen Unternehmen und schwächen sie in ihrem Durchsetzungsvermögen auf den globalen Märkten."
e) „Der Gewinn von Unternehmen soll zu zwei Dritteln an den Staat zurückfließen, damit dieser mehr Geld für die Bildung ausgeben kann."
f) „Ein gutes Image hat man als Unternehmen oder eben nicht. Daran lässt sich nichts ändern."

7

Steuern in Deutschland

Steuern sorgen selten für große Begeisterung. Allein die Umsatzsteuer – besser bekannt als Mehrwertsteuer – verteuert die meisten Waren und Dienstleistungen um aktuell 19 %. Doch Steuern sind für die Gesellschaft immer von zwei Seiten zu betrachten: Auf der einen Seite muss Geld gezahlt, auf der anderen Seite können Leistungen empfangen werden. Dem Staat geht es ähnlich: Auf der einen Seite stehen die Steuereinnahmen. Auf der anderen Seite sind die Haushaltspläne des Staates zu beachten und politisch vereinbarte Schuldengrenzen einzuhalten.

Ich werde …

- verschiedene Steuerarten voneinander unterscheiden.
- die Funktionen von Steuern kennenlernen.
- erfahren, was eine Steuererklärung ist.
- Einnahmequellen von Bund und Ländern identifizieren.
- den Bundeshaushalt analysieren.
- anhand einer Staatsausgabe die Kosten und den Nutzen für die Gesellschaft nachvollziehen.

Was denkst du?

- Bei jedem Einkauf im Geschäft erhältst du einen Kassenbon. Aber welche Steuern hast du gerade bezahlt? Wusstest du, dass es unterschiedliche Steuersätze gibt?
- Jeder berufstätige Mensch zahlt monatlich Einkommenssteuern. Sie werden anhand verschiedener Steuerklassen berechnet. Macht es dabei einen Unterschied, ob man verheiratet ist?
- Was haben Schulen mit Steuern zu tun? Und wer legt fest, wie die Steuern zwischen Bund, Ländern und Gemeinden verteilt werden?
- Der Staat darf Schulden machen. Wo steht geschrieben, wie die Schuldengrenzen einzuhalten sind?

Wird mein Ferienjob besteuert?

Die Sommerferien rücken näher. Mia und Djibril blicken voller Vorfreude auf den ersten Ferientag – ihr erster Arbeitstag im Ferienjob! „Hast du gestern auch einen Brief vom Unternehmen bekommen?", fragt Mia Djibril. „Ja, aber ich hab' ihn noch nicht geöffnet. Was wollen die denn?", entgegnet er. „Sie fragen nach der Steuer-Identifikationsnummer. Weißt du, was das soll?", rätselt Mia. „Ja, die brauchen sie für unsere Gehaltsabrechnung. Aber ich hoffe, wir müssen weder Steuern noch Sozialversicherung zahlen!", seufzt Djibril.

die Steuer-Identifikationsnummer
- erhält jeder Mensch mit seiner Geburt
- hat elf Stellen
- ändert sich nie (auch nicht bei Heirat oder Umzug)

Einkommen entscheidet Steuerpflicht

Ob Schülerinnen und Schüler bei einem Ferienjob (→ M1) bzw. einer dauerhaften Beschäftigung Steuern zahlen müssen, hängt von der monatlichen Einkommenshöhe ab (→ M2). Wer mehr als 520 Euro verdient, muss in die Sozialversicherung einzahlen. Anteilig zum Monatslohn werden Rentenversicherung, Arbeitslosenversicherung sowie Kranken- und Pflegeversicherung zur Pflicht. Die meisten Beschäftigungen sind sogenannte **Minijobs**: Bis 520 Euro pro Monat fallen für Schülerinnen und Schülern keine Abgaben an, sie werden pauschal vom Unternehmen bezahlt.

Ausnahme: kurzfristige Beschäftigung

Wer für maximal drei Monate bzw. 70 Tage im Jahr einen Aushilfsjob macht, gilt im Steuerrecht als kurzfristig beschäftigt. Selbst wenn Schülerinnen und Schüler als kurzfristig Beschäftigte mehr als 520 Euro im Monat verdienen, brauchen sie weiterhin keine Sozialversicherungsbeiträge zu bezahlen.

Job	Alter (Jahre)	Verdienst (Euro/Tag)
Promotion	ab 17	80–120 + Provision
Bau	ab 16	45–70
Zeitungen zustellen	ab 14	2–4 Cent/ gesteckte Zeitung
Komparse	ab 16	50–70
Betreuung im Ferienlager	ab 18	10
Animation	ab 18	20–30
Regale auffüllen	ab 16	25–60
Fabrikarbeit	ab 18	70–90
Ernte	ab 16	35–60
Hundesitten/ Babysitten	ab 13	5–8/Stunde
Eis verkaufen/ kellnern	ab 15	60–80
Ablage im Büro	ab 15	40–70

M2 Was bringt ein Ferienjob?

Lohnsteuer wird abgezogen

Ob du für deinen Ferienjob Steuern zahlen musst, richtet sich nach deinem Verdienst und deinem Familienstand. Verdienst du im Ferienjob so viel, dass Lohnsteuer fällig wird, musst du selbst gar nicht aktiv werden: Die Arbeitgebenden berechnen die fälligen Steuerbeträge und führen sie automatisch an das Finanzamt ab. Auf der Gehaltsabrechnung wird exakt dargestellt, wie viele Steuern gezahlt wurden. Aber keine Sorge: Wer weniger als ca. 10.000 Euro im Jahr verdient,

das BAföG
Abkürzung für Bundesausbildungsförderungsgesetz, regelt die staatliche Unterstützung von Studierenden sowie Schülerinnen und Schülern

monatlicher Verdienst	Einordnung
bis 455 €	familienversichert
bis 520 €	als Zusatzverdienst zu BAföG erlaubt
bis 520 €	Minijob
über 520 €	Sozialversicherungspflicht
ab ca. 1.020 €	Lohnsteuerpflicht

M1 Auf die Einkommenshöhe kommt es an.

bekommt alle gezahlten Steuern aus seinem Ferienjob im Folgejahr wieder zurück. Diese Grenze heißt **Grundfreibetrag**. Voraussetzung dafür ist, dass man eine **Steuererklärung** abgibt.

Arbeit: Was ist erlaubt?
Das Mindestalter für die Zulassung zur regulären Beschäftigung im Betrieb ist grundsätzlich 15 Jahre. Laut Jugendarbeitsschutzgesetz dürfen Jugendliche einen Ferienjob von höchstens vier Wochen im Kalenderjahr ausüben. Für Jugendliche gilt die 40-Stunden-Woche als Obergrenze bei der Wochenarbeitszeit. Ein Arbeitstag von Jugendlichen darf acht Stunden dauern. Die Arbeitszeiten sollen in der Regel zwischen 6 und 20 Uhr liegen – Ausnahmen sind möglich.

Kindergeld bekommen deine Eltern, wenn du Schülerin oder Schüler bist, in der Ausbildung steckst oder einen Ausbildungs- bzw. Studienplatz ergattert hast, auf den Beginn aber noch warten musst. Dann kannst du mit deinem Ferienjob so viel verdienen, wie du willst, das Kindergeld ist deinen Eltern sicher. Die Übergangszeit zwischen Schulabschluss und Beginn der Ausbildung oder des Studiums darf dabei allerdings nicht länger als vier Monate sein. Außerdem musst du noch unter 25 Jahre alt sein.

M 3 Ferienjob und Kindergeld – geht das?!

Merke
- Bei Ferienjobs können Steuern oder Sozialversicherungsbeiträge fällig sein.
- Die Verdiensthöhe entscheidet, ob bei einem Ferienjob Steuern gezahlt werden müssen. Aktuell sind bis zu 10.000 € Verdienst pro Jahr steuerfrei (Grundfreibetrag).
- In der Regel gefährdet ein Ferienjob nicht die Auszahlung des Kindergeldes.

Aufgaben

1 a) Nenne deine Steuer-Identifikationsnummer, indem du zu Hause in deinen Unterlagen nachschaust oder deine Eltern fragst.
MB b) Recherchiere, welches Finanzamt für dich zuständig ist.

2 a) Analysiert **M 1** und stellt für jede Verdienstgrenze (→**M 2**) ein Fallbeispiel für Schülerinnen und Schüler auf.
MB b) Recherchiert auf den Seiten des Bundesfinanzministeriums den aktuell gültigen Grundfreibetrag.

3 Mias Eltern haben Sorge, dass der Ferienjob ihrer Tochter Probleme mit dem Kindergeld verursacht. Erläutert die Auswirkungen auf das Kindergeld (→**M 3**).

4 Recherchiere auf der Homepage
MB der Minijob-Zentrale:
  a) Gilt für Schülerinnen und Schüler im Minijob der Mindestlohn?
  b) Welche Minijobs sind erlaubt?
  c) Dürfen sie im Minijob mehr als 520 Euro verdienen?

5 Führt eine Umfrage an eurer Schule durch und analysiert:
- Wie viele von euch arbeiten regelmäßig neben der Schule oder in den Ferien?
- Welche Tätigkeiten üben sie aus?
- Welche Stundenlöhne werden gezahlt?
- Wertet die Umfrage aus.

Wortspeicher
– die kurzfristige Beschäftigung
– der Grundfreibetrag
– das Kindergeld
– der Minijob
– die Steuererklärung

Deutschlands wichtigste Steuerarten

M1 Auf jedem Kassenbon muss die Umsatzsteuer, auch Mehrwertsteuer genannt, ausgewiesen werden. Aktuell sind dies 19% bzw. 7%.

die Wertschöpfung entsteht, wenn sich der Wert eines Gutes durch Weiterverarbeitung erhöht

Ivo und Raphael fahren nach der Schule zu einem Schnellimbiss. Während Ivo das Restaurant betritt und sich zum Essen hineinsetzt, fährt Raphael mit dem Fahrrad zum Verkaufsfenster an der Straßenseite und nimmt sein Essen mit. Beide bestellen zufällig das Gleiche: Cheeseburger, Pommes frites und einen Softdrink für je 9,99 €. Als sie ihre Kassenbelege (→ **M1**) vergleichen, herrscht große Verwunderung: Ivos Menü beinhaltet 19% MwSt., bei Raphael wurden nur 7% MwSt. berechnet. Wie kann das sein?

Wertschöpfung wird besteuert
Die ↗ Mehrwertsteuer fällt für die meisten Güter und Dienstleistungen an. Hierbei liegt sie zwischen regulär 19% oder 7% als ermäßigtem Steuersatz. Einige Sachverhalte sind komplett von der Steuer befreit. Die Steuer wird auf jeder Stufe der Wertschöpfung berechnet. Unternehmerinnen und Unternehmer ziehen einen ↗ Saldo aus gezahlter ↗ Vorsteuer und eingenommener ↗ Umsatzsteuer, die Differenz muss an die Finanzbehörden gezahlt werden.

Mehrwertsteuer: eine Verkehrssteuer
In Deutschland wird die Mehrwertsteuer, abgekürzt MwSt., zu den sogenannten Verkehrssteuern gezählt. Diese Steuerart fällt bei jedem Leistungsaustausch (z. B. Kauf) an, unabhängig von der persönlichen wirtschaftlichen Situation der beteiligten Personen. Egal ob arm oder reich, jede Kundin bzw. jeder Kunde zahlt somit die gleiche Steuer pro Einkauf. Weitere Beispiele für Verkehrssteuern sind die Versicherungs- oder Grunderwerbssteuer.

Essen (7%) oder Trinken & Service (19%)?
Gastronomiebetriebe waren von der Corona-Krise besonders betroffen. Zur Unterstützung hatte die Bundesregierung vom 01.07.2020 bis 31.12.2023 eine zeitlich befristete Ermäßigung beschlossen. Für Speisen in der Gastronomie galt der ermäßigte Steuersatz von 7%, egal ob zum Verzehr vor Ort oder zur Mitnahme. Getränke wurden (und werden) generell mit 19% besteuert.

Einkommenssteuer: eine Besitzsteuer
Zweitwichtigste Einnahmequelle des Staates ist die Einkommenssteuer, kurz ESt. Sie ist abhängig von der Höhe des Einkommens der Steuerzahlenden. Bei Arbeitnehmenden werden monatlich Lohnsteuern

---

Starker Job

Finanzwirt/-in

„Ich wurde als Finanzwirt ausgebildet, um die Steuererklärungen der Bürgerinnen und Bürger zu überprüfen und dafür zu sorgen, dass Steuern korrekt berechnet und termingerecht bezahlt werden. Wenn sich Privatpersonen mit Fragen zu ihrer Berechnung an unser Finanzamt wenden, beraten wir sie gerne. Im Außendienst prüfen wir bei Betrieben im Landkreis unseres Finanzamtes vor Ort die Steuerunterlagen und stellen fest, ob alle Angaben stimmen. Genauigkeit und die richtige Anwendung der Gesetze sind hierbei stets wichtig!"

anhand der persönlichen **Steuerklasse** berechnet und automatisch an das Finanzamt überwiesen. Weitere Einkommensarten (z. B. aus Vermietung und Aktiengewinnen) zählen ebenfalls dazu.

Energiesteuer: eine Verbrauchssteuer

Verbrauchssteuern werden auf Güter erhoben, um das Konsumverhalten zu beeinflussen. So richtet sich die Energiesteuer nach der verbrauchten Menge Mineralöl, Erdgas oder Kohle. Die Steuer schafft zusätzlich einen finanziellen Anreiz, um Energie zu sparen und einen bewussteren Umgang mit Ressourcen entstehen zu lassen.

Die Einkommenssteuer erklären

Die Höhe dieser Steuer bemisst sich am persönlichen Einkommen. Angestellte haben höhere (Steuerklasse I oder V) oder niedrigere Lohnsteuern (Steuerklasse III) im Voraus gezahlt. Bürgerinnen und Bürger können in ihrer Steuererklärung angeben, ob Kosten vorlagen, die ihr Einkommen geschmälert haben. Sie erhalten dann Steuern zurück.

Klasse	Kriterium (u.a.)
I	Ledige; Geschiedene
II	Alleinerziehende/Verwitwete
III	Verheiratete, deren Partnerin bzw. Partner in Klasse V ist und die selbst ein höheres Einkommen haben
IV	Verheiratete, die etwa gleich viel verdienen
V	Verheiratete, deren Partnerin bzw. Partner in Klasse III ist und die selbst ein niedrigeres Einkommen haben
VI	Arbeitnehmende mit zweitem oder drittem Dienstverhältnis

M 2 Steuerklassen in Deutschland

I, II, III, IV, V und VI sind die römischen Ziffern 1 bis 6.

Merke
- Verkehrssteuern werden bei Wirtschaftsgeschäften erhoben und sind für alle Konsumenten gleich hoch.
- Besitzsteuern richten sich nach der Höhe des Einkommens oder des Vermögens.
- Verbrauchssteuern sind abhängig von der verbrauchten Menge.

Aufgaben

1 **VB** a) Nenne die beiden gängigen Prozentsätze der MwSt. und erläutere sie am Beispiel eines Cheeseburgers für 2,00 € brutto.
b) Analysiere unterschiedliche Kassenbelege, die du bei einem Besuch in einem Schnellrestaurant gesammelt hast.
c) Vergleicht eure Ergebnisse.
d) Erörtert, wieso die Bundesregierung in der Corona-Krise die Steuersätze vorübergehend von 19 % auf 7 % gesenkt hat. Wer hat davon profitiert?

2 a) Erklärt euch gegenseitig, weshalb manche Arbeitnehmenden zur Steuerklasse I gehören, andere aber zur Steuerklasse III bzw. V.
b) Ermittelt über das Bundesfinanzministerium anhand einer aktuellen Lohnsteuertabelle, wie viel Lohnsteuer Arbeitnehmende in Steuerklasse I bei einem Monatsbrutto von 2.500 € abführen müssen.

3 a) Sammelt Gründe, warum Menschen mit sehr niedrigem Einkommen keine Lohnsteuer zahlen müssen.
b) Diskutiert darüber, ob diese Regelung gerecht ist.

4 a) Überprüfe die Regelungen der Steuerklassen, indem du mehrere berufstätige Verwandte nach deren Steuern befragst.
b) Arbeite heraus, ob sie jeweils bei ihrer Steuerklasse eine Wahlmöglichkeit hatten und weshalb sie diese wählten.

Wortspeicher
– die Besitzsteuer
– die Steuerklasse
– die Verbrauchssteuer
– die Verkehrssteuer

Die Zukunftswerkstatt

M1 „Denkfabrik"

In einer Zukunftswerkstatt werdet ihr zu Expertinnen und Experten, die ihre kreativen Träume mit Fantasie und Realität verbinden, zur Lösung eines Problems neu denken und eine Idee für die Zukunft entwickeln. Als Betroffene des Problems werdet ihr Gestaltende, die zur bestehenden aktuellen Problematik mit Vorschlägen, Konzepten und Plänen einen alternativen Lösungsweg entwickeln.

1. Schritt: Kritische Bestandsaufnahme
Ihr diskutiert alle eure kritischen Fragen zur vorliegenden Problematik. Was läuft gut? Was läuft nicht gut? Ihr formuliert euren Unmut und Ärger zum Problem, nennt eure Befürchtungen und Zweifel und tauscht bereits gemachte Erfahrungen aus.

2. Schritt: Fantasie entwickeln
Ihr kehrt alle von euch genannten kritischen Bemerkungen ins Positive um und stellt sie in Form eines Brainstormings, von Visionsplakaten, einer Zukunftsreise oder verpackt in einem Storytelling dar. In dieser Phase ist es erlaubt und gewünscht, dass ihr euch die Zukunft in der bestmöglichen Version vorstellt. Ihr entwerft also eure Traumbilder für die Zukunft.

3. Schritt: Ideen realisieren
Ihr führt eure Ideen und Vorstellungen zusammen und prüft, ob sie in die Realität umgesetzt werden können. Dann legt ihr eine Strategie für das weitere Vorgehen fest und entwickelt einen Plan für die Realisierung eures gedachten Zukunftsziels. Beantwortet auf diesem Weg alle aufkommenden Fragen nach dem Was, Wie, Wer und Warum. Legt Schwerpunkte fest und setzt euch mit möglichen Widerständen auseinander. Verteilt die Verantwortlichkeiten für die nächsten Schritte und erhöht damit die Identifikation und Motivation für alle in eurer Gruppe.

4. Schritt: Ergebnisse bewerten
Wenn ihr eure Zukunft mitgestalten wollt, dann reflektiert immer wieder eure Ergebnisse. Erneuert eure gemeinsamen Fragestellungen, lasst Visionen wachsen und entwickelt immer wieder neue Konzepte, die besser als die vorherigen sind. Denn nicht nur Expertinnen oder Experten können die Zukunft formen – ihr könnt das auch!

---

das Brainstorming
Methode zur Ideenfindung; Gruppenmitglieder äußern ungeordnet und ungefiltert Ideen und Assoziationen zu einem Thema

das Storytelling
Informationen in Form einer Geschichte

METHODE

1. Schritt: Kritische Bestandsaufnahme
- Kritik sammeln
- Ärger und Unmut äußern
- Schwierigkeiten nennen
- Erfahrungen mitteilen

↓

2. Schritt: Fantasie entwickeln
- Kritik ins Positive wenden
- Ideen sammeln
- Visionen fixieren

↓

3. Schritt: Ideen realisieren
- Ideen bündeln
- Vorstellungen auf Machbarkeit überprüfen
- Weg zum Ziel festlegen
- Verantwortlichkeiten verteilen

↓

4. Schritt: Ergebnisse bewerten
- Ergebnisse überprüfen
- Visionen erneuern

M 2 To-do-Liste zur Durchführung eurer Zukunftswerkstatt

„Man soll die Menschen nicht fragen, was sie sich von der Zukunft erwarten, sondern wie sie die Zukunft mitgestalten wollen."

Robert Jungk
(Erfinder der Zukunftswerkstatt)

M 3 In die Zukunft denken

Im Jahr 2021 wurden in der Bundesrepublik Deutschland beim Deutschen Patent- und Markenamt in München 58 568 Patente angemeldet.

M 4 Patentanmeldungen in Deuschland (Quelle: Statista)

das Patent
Recht am Eigentum für eine Erfindung

Aufgaben

1. Beschreibe die Methode der Zukunftswerkstatt und nenne ihre Aufgaben.

2. Stelle die Vor- und Nachteile der Zukunftswerkstatt einander gegenüber.

3. Erkläre, welche Voraussetzungen für die Durchführung einer Zukunftswerkstatt erfüllt sein müssen.

4. Erläutert die Abbildung in **M 1**.

5. Erstellt eine Übersicht zu ausgewählten Problemen, die euch beschäftigen und die ihr gerne verändern möchtet.

6. a) Führt die Methode Zukunftswerkstatt zu folgender Problemfrage durch: „Wie kann unser Steuersystem noch gerechter werden?"
b) Erstellt zu euren Ergebnissen eine Präsentation.

7. Bewertet aus eurer Sicht, ob die Zukunftswerkstatt eine hilfreiche Methode ist, um Problemfragen der heutigen Zeit zu lösen.

8. Begründet die Aussage von Robert Jungk in **M 3**.

9. Entwickelt Ideen, zu welchen aktuellen Problemen aus der Wirtschaftspolitik ihr die Zukunftswerkstatt durchführen möchtet.

10. Bewertet die Information aus **M 4**.

○ 1, 2   ◐ 3–5, 8   ● 6, 7, 9, 10   181

Den Staat durch Steuern steuern?

M1 „Investitionsstau": Modernisierungen müssen warten, weil das Geld fehlt.

Kira, Zeinab und Jara ärgern sich, als sie die Mädchentoilette ihrer Schule (→ **M1**) betreten. Kaputte Fliesen, defekte Klospülungen, ein Waschbecken kann gar nicht benutzt werden und an der Wand fehlt ein Spiegel. „Unfassbar", schimpft Zeinab, „die Politiker unserer Gemeinde und aus dem Landtag sollten herkommen und bloß einmal hier auf's Klo gehen. Dann würden die Steuern sinnvoll verwendet!"
Kira entgegnet: „Wart's ab, bald sind Wahlen. Dann werden uns goldene Wasserhähne versprochen …"

Infrastruktur – eine Staatsaufgabe

Die Ausstattung an Schulen und Universitäten ist ein gutes Beispiel, mit dem Lernende und Studierende bereits in jungen Jahren den Zustand der **Infrastruktur** eines Staates kennenlernen können. Hierzu zählen öffentliche Einrichtungen (z. B. Schulen, Kindergärten und Krankenhäuser).

Steuern – das Einkommen des Staates

In Deutschland existieren etwa 40 verschiedene Steuerarten, die Bund, Ländern und Gemeinden im Jahr 2021 insgesamt ca. 833,2 Milliarden Euro an Steuereinnahmen eingebracht haben. Steuern sind Abgaben, für die die Zahlenden keine direkte Gegenleistung erwarten können. Sie dienen hauptsächlich dazu, die öffentlichen Güter und Dienstleistungen zu finanzieren. Hiervon profitieren auch jene Bürgerinnen und Bürger, die aufgrund ihrer persönlichen Umstände, zum Beispiel als Studierende oder Arbeitslose, wenig oder gar keine Steuern zahlen. Steuern haben daher auch eine soziale Umverteilungs- und Ausgleichsfunktion.

Drei Hauptfunktionen von Steuern

Neben der Einnahmeerzielung und **Umverteilung** hat der Staat noch eine Möglichkeit, das Verhalten der Bürgerinnen und Bürger zu lenken. Durch Erhöhung oder Senkung einer Steuer kann belohnt oder bestraft werden. Beispielsweise werden Alkoholmischgetränke, sog. „Alkopops", in Deutschland seit 2004 mit einer Sondersteuer versehen, u. a. weil der missbräuchliche Konsum von Jugendlichen um die Jahrtausendwende zugenommen hatte. Die Getränke wurden so für die Zielgruppe teurer und unattraktiver.

Direkte und indirekte Steuern

Die verschiedenen Steuern kann man in zwei Gruppen einteilen:
- **direkte Steuern:** Sie werden vom Einkommen berechnet und direkt abgezogen bzw. nachträglich gezahlt (z. B. die Lohnsteuer).
- **indirekte Steuern:** Sie werden auf Waren und Dienstleistungen berechnet und indirekt mit dem Preis gezahlt (z. B. die Mehrwertsteuer).

---

brutto
vor Abzug; gemeint ist hier ein Geldbetrag vor Abzug von Steuern und Abgaben

netto
nach Abzug; gemeint ist hier ein Geldbetrag nach Abzug von Steuern und Abgaben

---

„Als ich meinen Ausbildungsvertrag bekam, habe ich meine Eltern gefragt, ob man als Azubi bereits Steuern zahlt. Zum Glück sind die Abzüge bei so einem kleinen Einkommen gering. Brutto werde ich monatlich etwa 900 Euro erhalten. Lohnsteuer müsste ich aber erst ab ca. 1.240 Euro Monatseinkommen bezahlen. Nach Abzug einiger anderer Steuern und der Sozialabgaben bleiben mir etwa 780 Euro netto übrig, haben wir ausgerechnet."

M2 Jamal macht eine Ausbildung zum Hotelfachmann.

Gute Beschäftigung hilft allen

Je besser die Wirtschaftslage Deutschlands aussieht, desto mehr Menschen finden Beschäftigung und haben Chancen auf ein gutes Einkommen. Steigt das allgemeine Lohnniveau, entwickeln sich auch die **Staatseinnahmen** positiv. In Zeiten starker Wirtschaftsentwicklung profitiert der Staat von steigenden Steuereinnahmen und hat bessere Gestaltungsmöglichkeiten. Höhere Steuereinnahmen ermöglichen Investitionen oder erleichtern Hilfen für ärmere und benachteiligte Menschen.

Hundehalter müssen Steuern zahlen

In Deutschland werden etwa fünf Millionen Hunde gehalten, der Besitz eines Hundes ist steuerpflichtig. Am meisten zahlen Hundebesitzer laut Stiftung Warentest in Großstädten, zum Beispiel 108 Euro pro Jahr und Hund in Heidelberg. Gefährliche Hunde werden oft mit einer extra hohen Steuer belegt (z. B. 612 Euro im Jahr pro Hund in Stuttgart). Dagegen sind Helferhunde (z. B. Blinden- oder Rettungshunde) von der Steuer befreit. Die Steuer ist nicht zweckgebunden, die Einnahmen fließen in den allgemeinen Haushalt der Gemeinde.

Hundeart	Steuersatz (EUR) (Stand: 2022)
Hund	108
weiterer Hund	216
steuerfreier Hund	0
gefährlicher Hund/ Kampfhund	612

M 3 Beispiel Stuttgart: Wer einen Hund hat, muss Steuern zahlen.

Merke
- Steuern sind wichtige Einnahmequellen eines Staates, damit er seine Aufgaben wahrnehmen kann.
- Steuern haben drei Funktionen: Finanzierung, Umverteilung und Verhalten beeinflussen.
- Die wirtschaftliche Lage aller Menschen im Staat beeinflusst sein Steueraufkommen.

Aufgaben

1 a) Erkläre, warum der Staat überhaupt Steuern erhebt.
b) Beschreibe mit eigenen Worten die drei Hauptfunktionen von Steuern.

2 VB Begründe, weshalb eine gute Wirtschaftsentwicklung höhere Steuereinnahmen zur Folge hat.

3 MB **a)** Recherchiere, wer die Höhe der Hundesteuer festlegt und wie hoch die Steuer in deiner Gemeinde für einen Hund ist.
b) Finde heraus, wie hoch die Steuereinnahmen in deiner Gemeinde hierfür pro Jahr sind.

4 Viele Menschen fühlen sich an öffentlichen Plätzen durch laute Musik von Lautsprechern oder Smartphones gestört.
a) Diskutiert, ob diese Entwicklung mithilfe einer geeigneten Steuer gestoppt werden kann.
b) Begründet, wie hoch diese Steuer liegen müsste, um eine spürbare Wirkung zu erzielen.

5 In eurer Schule sollen dieses Jahr neue Tische und Stühle für 50.000 Euro angeschafft werden.
a) Berechne, was jede und jeder, die oder der in deiner Stadt wohnt, bezahlen müsste, wenn diese Personen allein für die Kosten aufkommen müssten.
b) Vergleicht eure Ergebnisse.

c) Die Stadt möchte zu diesem Zweck eine Sondersteuer auflegen. Bildet zwei Gruppen und diskutiert: Sollte jede Bürgerin und jeder Bürger der Stadt den gleichen Beitrag zur Steuer leisten oder sollte man die jeweilige Einkommenshöhe der Menschen berücksichtigen?

Wortspeicher
- die Infrastruktur
- die Staatseinnahmen
- die direkte Steuer
- die indirekte Steuer
- die Umverteilung

Steuern in Bund und Land

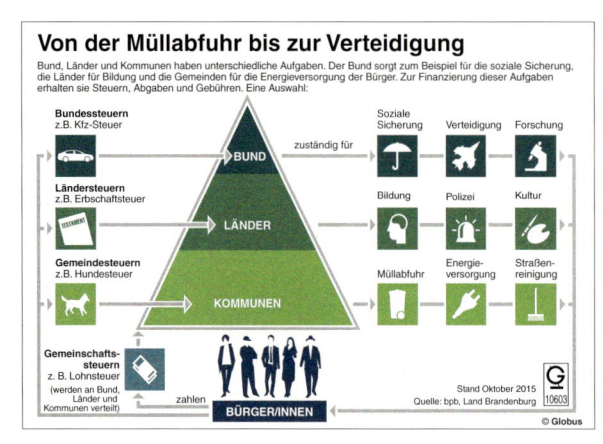

Von der Müllabfuhr bis zur Verteidigung

Bund, Länder und Kommunen haben unterschiedliche Aufgaben. Der Bund sorgt zum Beispiel für die soziale Sicherung, die Länder für Bildung und die Gemeinden für die Energieversorgung der Bürger. Zur Finanzierung dieser Aufgaben erhalten sie Steuern, Abgaben und Gebühren. Eine Auswahl:

- Bundessteuern z.B. Kfz-Steuer
- Ländersteuern z.B. Erbschaftsteuer
- Gemeindesteuern z.B. Hundesteuer
- Gemeinschaftssteuern z.B. Lohnsteuer (werden an Bund, Länder und Kommunen verteilt)

BUND zuständig für: Soziale Sicherung, Verteidigung, Forschung
LÄNDER: Bildung, Polizei, Kultur
KOMMUNEN: Müllabfuhr, Energieversorgung, Straßenreinigung

BÜRGER/INNEN zahlen

Stand Oktober 2015
Quelle: bpb, Land Brandenburg

M1 Bund, Länder und Kommunen: Beispiele für Einnahmen und Aufgaben

„Den Staat" gibt es nicht, denn der öffentliche Bereich hat viele Gesichter: Bund, Länder, Gemeinden, die Sozialversicherung und weitere. Die Aufgabe dieses komplexen Systems ist nach dem Prinzip der Subsidiarität aufgebaut. In Deutschland ist klar definiert, welche Aufgaben die einzelne Ebene hat. **Gemeinschaftssteuern** fließen in einen Topf und werden – per Gesetz – nach einem bestimmten Prozentsatz umverteilt. Beispielsweise Lohn- und Einkommenssteuer: Bund und Länder erhalten hiervon jeweils 42,5 %, Gemeinden 15 %. Die Umsatzsteuer (auch: Mehrwertsteuer) geht derzeit zu über 45 % an den Bund, der **Verteilungsschlüssel** wird alle drei Jahre neu verhandelt.

Welche Aufgaben hat ein Bundesland?
Zu den Aufgaben eines Bundeslandes gehört vor allem die Bildung, z. B. an Hochschulen für Wissenschaft und Forschung. Für sie ist das Ministerium für Kultus zuständig. Die innere Sicherheit wird durch die Landespolizei sichergestellt, die zum Innenministerium gehört. Die Landesfinanzverwaltung kümmert sich um die Finanzämter und die weitere Verteilung der Steuern, u.a. an Gemeinden. Ebenso sichert das Land den öffentlichen Personennahverkehr (ÖPNV) und unterstützt Verkehrsbetriebe mit Zuschüssen, wenn sie sich nicht allein durch ihre Gebühren (Ticketpreise) finanzieren können.

Zuweisungen und Zuschüsse
Baden-Württemberg verwendet fast 50 % des Haushalts für Zuweisungen. Dies sind vereinbarte Beträge, die anderen öffentlichen Bereichen oder Behörden erstattet werden, wenn sie Leistungen im Auftrag des Landes erbringen. So erstattet das Land den

die Subsidiarität
Eine höhere staatliche Ebene (z.B. der Bund) greift erst dann regulierend ein, wenn die Möglichkeiten einer niedrigeren Ebene (z.B. eines Bundeslandes) zur Erledigung einer Aufgabe nicht ausreichen.

Steuereinnahmen nach Ebenen	Haushaltsjahr in Mrd. €	
	2021	2020
Bund	313,7	283,1
EU	54,0	50,1
Länder	355,1	316,3
Gemeinden	38,2	32,8
zusammen	?	?

M2 Verteilung der Steuereinnahmen auf die Ebenen

Bund	Länder	Gemeinden
• Auswärtiger Dienst • Bundesfinanzverwaltung (u.a. Verwaltung, Zölle, Energie-, Tabak-, Kraftfahrzeugsteuer) • Landesverteidigung • System der sozialen Sicherung • überregionale Wirtschaftsförderung • Verkehrswesen • Währungspolitik	• Bildung • Forschung und Wirtschaft • Kommunalaufsicht und Finanzausstattung der Gemeinden • Kultur • Landesfinanzverwaltung • öffentlicher Personennahverkehr • Polizei • regionale Wirtschaftsförderung	• Abwasser- und Abfallentsorgung • Bauleitplanung • Kinder- und Jugendhilfe/Kindertagesbetreuung • Museen, Sportanlagen, Theater • örtliche Schulen • örtliches Verkehrswesen • örtliche Wasser- und Energieversorgung • Straßenreinigung

M3 Aufgabenverteilung zwischen Bund, Ländern und Gemeinden

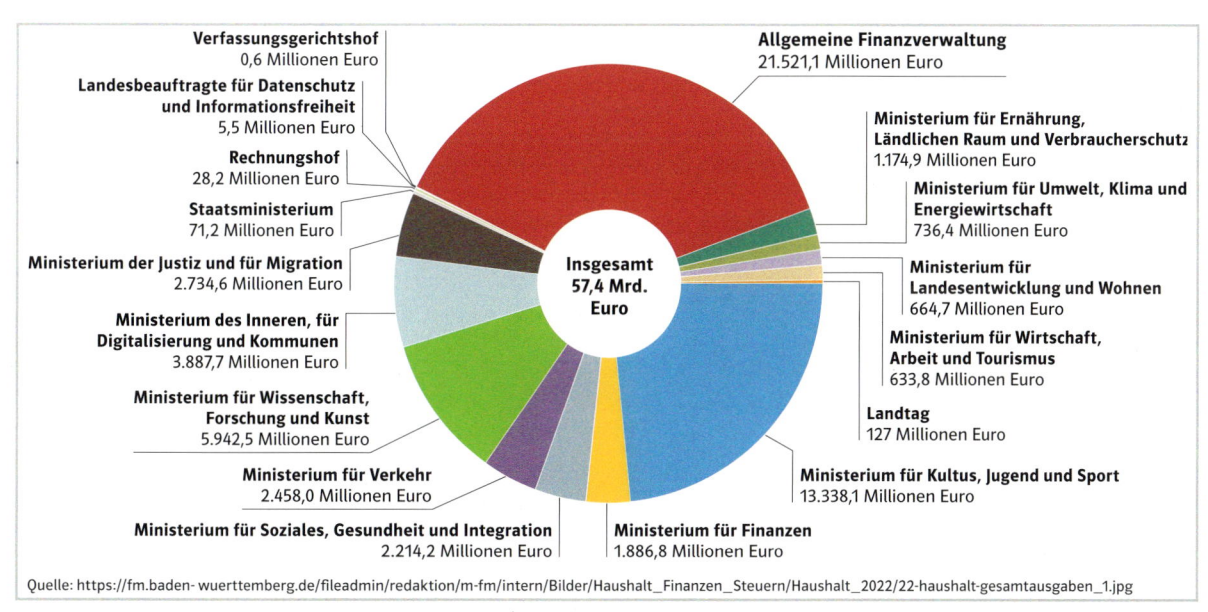

Ausgaben in Baden-Württemberg (2021): sortiert nach Empfangenden

- Verfassungsgerichtshof: 0,6 Millionen Euro
- Landesbeauftragte für Datenschutz und Informationsfreiheit: 5,5 Millionen Euro
- Rechnungshof: 28,2 Millionen Euro
- Staatsministerium: 71,2 Millionen Euro
- Ministerium der Justiz und für Migration: 2.734,6 Millionen Euro
- Ministerium des Inneren, für Digitalisierung und Kommunen: 3.887,7 Millionen Euro
- Ministerium für Wissenschaft, Forschung und Kunst: 5.942,5 Millionen Euro
- Ministerium für Verkehr: 2.458,0 Millionen Euro
- Ministerium für Soziales, Gesundheit und Integration: 2.214,2 Millionen Euro
- Ministerium für Finanzen: 1.886,8 Millionen Euro
- Ministerium für Kultus, Jugend und Sport: 13.338,1 Millionen Euro
- Landtag: 127 Millionen Euro
- Ministerium für Wirtschaft, Arbeit und Tourismus: 633,8 Millionen Euro
- Ministerium für Landesentwicklung und Wohnen: 664,7 Millionen Euro
- Ministerium für Umwelt, Klima und Energiewirtschaft: 736,4 Millionen Euro
- Ministerium für Ernährung, Ländlichen Raum und Verbraucherschutz: 1.174,9 Millionen Euro
- Allgemeine Finanzverwaltung: 21.521,1 Millionen Euro

Insgesamt 57,4 Mrd. Euro

Quelle: https://fm.baden-wuerttemberg.de/fileadmin/redaktion/m-fm/intern/Bilder/Haushalt_Finanzen_Steuern/Haushalt_2022/22-haushalt-gesamtausgaben_1.jpg

M 4 Ausgaben in Baden-Württemberg (2021): sortiert nach Empfangenden

Gemeinden Geld, um den lokalen Rettungsdienst und Feuerwehren zu finanzieren. Zuschüsse sind Geldbeträge, die an private/wirtschaftliche Bereiche, wie Vereine oder öffentliche Unternehmen, fließen.

BaWü: über 613 000 Mitarbeitende
In allen Behörden und ähnlichen Einrichtungen des Landes arbeiten Verbeamtete oder öffentlich Angestellte. Daher sind Personalausgaben und weitere Versorgungsbestandteile (Pensionen, etc.) ein großer Ausgabenblock des Bundeslandes. Laut Statistischem Landesamt lag die Beschäftigtenzahl zum 30.06.2021 bei 613 320 Personen. Davon arbeiteten allein mehr als 40 750 Menschen in den Universitätsklinken des Landes.

die Behörde — staatliche Einrichtung, die öffentliche Aufgaben erbringt

Merke
- Bund, Länder und Gemeinden teilen sich Aufgaben nach dem Subsidiaritätsprinzip.
- Die Steuereinnahmen werden durch einen Verteilungsschlüssel aufgeteilt.

Aufgaben

1 a) Berechne die fehlenden Summen von **M 2** und ermittle jeweils die prozentualen Anteile der vier aufgeführten Ebenen für die Jahre 2020 und 2021.
b) Vergleicht eure Werte.

2 a) Beschreibe das Subsidiaritätsprinzip mit eigenen Worten.
b) Erkläre in diesem Zusammenhang die Funktion von Zuweisungen des Landes an Gemeinden.

3 a) Analysiert die Aufgaben von Bund und Land (→ **M 1**).
b) Recherchiert im Internet, was
- kommunaler Finanzausgleich,
- Länderfinanzausgleich und
- Bundeszuweisungen
bedeuten.
c) Ermittelt, welche Unterschiede im Bereich der Bildungsausgaben zwischen Bund und Land existieren. Wer ist wofür zuständig?

4 Manche Beschäftigte einer Behörde oder öffentlichen Einrichtung sind verbeamtet. Erörtert mithilfe des Internets, weshalb Lehrkräfte in den meisten Bundesländern verbeamtet sind und welche Vor- und Nachteile dies für das Land hat.

Wortspeicher
- *die Gemeinschaftssteuer*
- *der Verteilungsschlüssel*

Der Bundeshaushalt

2022		Einnahmen in Tausend Euro: 328.598.000 Steuern
100.343.000	30,55 %	Lohnsteuer
99.663.000	30,34 %	Umsatzsteuer
37.607.000	11,45 %	Einfuhrumsatzsteuer
33.331.000	10,15 %	Energiesteuer
29.793.000	9,07 %	Veranlagte Einkommensteuer
20.875.000	6,36 %	Körperschaftsteuer
16.125.000	4,91 %	Nicht veranlagte Steuern vom Ertrag
15.650.000	4,77 %	Versicherungssteuer
15.220.000	4,63 %	Tabaksteuer
9.560.000	2,91 %	Kfz-Steuer
6.850.000	2,09 %	Stromsteuer
3.870.000	1,18 %	Solidaritätszuschlag zur Lohnsteuer
3.784.000	1,15 %	Abgeltungsteuer auf Zins- und Veräußerungserträge
3.100.000	0,94 %	Energiesteuer (aus dem Verbrauch von Erdgas)
2.740.000	0,83 %	Solidaritätszuschlag zur Einkommensteuer
2.320.000	0,71 %	Solidaritätszuschlag zur Körperschaftsteuer
2.210.000	0,67 %	Gewerbesteuerumlage
2.130.000	0,65 %	Alkoholsteuer
1.745.000	0,53 %	Solidaritätszuschlag
1.115.000	0,34 %	Luftverkehrsteuer
1.069.000	0,33 %	Energiesteuer
1.060.000	0,32 %	Kaffeesteuer
475.000	0,14 %	Solidaritätszuschlag zur Abgeltungsteuer
365.000	0,11 %	Schaumweinsteuer
22.000	<0,01 %	Zwischenerzeugnissteuer
2.000	<0,01 %	Alkopopsteuer
2.000	<0,01 %	Pauschalierte Einfuhrabgaben

2022		Ausgaben in Tausend Euro: 495.791.475 Sollwerte des Haushaltsjahres 2022
161.080.980	32,49 %	Bundesministerium für Arbeit und Soziales
64.357.036	12,98 %	Bundesministerium für Gesundheit
57.293.198	11,56 %	Allgemeine Finanzverwaltung
50.404.828	10,17 %	Bundesministerium der Verteidigung
36.111.000	7,28 %	Bundesministerium für Digitales und Verkehr
20.385.200	4,11 %	Bundesministerium für Bildung und Forschung
18.463.298	3,72 %	Bundesschuld
14.986.394	3,02 %	Bundesministerium des Innern und für Heimat
12.599.961	2,54 %	Bundesministerium für Familie, Senioren, Frauen und Jugend
12.349.893	2,49 %	Bundesministerium für wirtschaftliche Zusammenarbeit und Entwicklung
11.333.775	2,29 %	Bundesministerium für Wirtschaft und Klimaschutz
8.826.143	1,78 %	Bundesministerium der Finanzen
7.107.584	1,43 %	Auswärtiges Amt
7.104.577	1,43 %	Bundesministerium für Ernährung und Landwirtschaft
4.962.548	1 %	Bundesministerium für Wohnen, Stadtentwicklung und Bauwesen
3.861.175	0,78 %	Bundeskanzler und Bundeskanzleramt
2.172.384	0,44 %	Bundesministerium für Umwelt, Naturschutz, nukleare Sicherheit und Verbra.
1.108.906	0,22 %	Deutscher Bundestag
937.979	0,19 %	Bundesministerium der Justiz
172.905	0,03 %	Bundesrechnungshof
44.890	<0,01 %	Bundespräsident und Bundespräsidialamt
43.243	<0,01 %	Der Bundesbeauftragte für den Datenschutz und die Informationsfreiheit
35.910	<0,01 %	Bundesverfassungsgericht
35.293	<0,01 %	Bundesrat
12.375	<0,01 %	Unabhängiger Kontrollrat

M1 Der Bundeshaushalt 2022: Mittelherkunft und Mittelverwendung (in Mrd. Euro). Die Ausgaben (ca. 496 Mrd. Euro) überstiegen die Einnahmen aus Steuern (ca. 330 Mrd. Euro) deutlich (Quelle: bundeshaushalt.de – Soll-Werte für 2022). Zum Vergleich: Im Jahr 2019 lagen die Soll-Ausgaben noch bei ca. 356 Mrd. Euro. Davon entfielen ca. 325 Mrd. Euro auf Einnahmen aus Steuern.

2022 wird für Deutschland als teuerstes Jahr in die Geschichte eingehen, da die ↗ Nettokreditaufnahme durch die Aufnahme neuer Schulden deutlich anstieg. Ursache dafür waren die Maßnahmen zur Krisenbewältigung von Corona, Folgen des Kriegs in der Ukraine und steigende Energiekosten, die der Staat zum Teil für die Bürgerinnen und Bürger abfangen musste.

45 % für Soziales und Gesundheit

Die Summe der Ausgaben des Bundes betrug 2022 etwa 496 Mrd. Euro. Den größten Posten des Bundes beanspruchte mit über 161 Mrd. Euro das Bundesministerium für Arbeit und Soziales (BMAS). Das Ministerium gab fast 117 Mrd. Euro für Renten- oder vergleichbare Leistungen aus und 42 Mrd. Euro, um die Folgen der Arbeitslosigkeit zu lindern (z. B. für Arbeitslosengeld). Den zweitgrößten Posten (64 Mrd.) brauchte das Bundesministerium für Gesundheit zur Finanzierung des Gesundheitssystems. Daneben wirken die 20,4 Mrd. Euro für das Bundesministerium für Bildung und Forschung (BMBF) eher gering.

• Umsatzsteuer:	??? Mrd. [30,34 %]
• Lohnsteuer:	100,34 Mrd. [??? %]
• Energiesteuer:	??? Mrd. [10,15 %]
• Tabaksteuer:	15,22 Mrd. [??? %]
• Kfz-Steuer:	??? Mrd. [2,91 %]
• Stromsteuer:	6,85 Mrd. [??? %]
• Alkoholsteuer:	??? Mrd. [0,65 %]
• Kaffeesteuer:	1,06 Mrd. [??? %]

M2 Auszüge aus einer Auflistung des Bundesministeriums für Finanzen

Schuldendienst steigt seit 2020 wieder

Zwischen 1969 und 2015 hat die Bundesrepublik jährlich mehr Geld ausgegeben, als sie eingenommen hat. Der Bund muss hierfür ↗ Zinsen bezahlen. Die sog. **Bundesschuld** war mit 18,46 Mrd. Euro der siebtgrößte Posten des Haushalts 2022. Durch eine gute Wirtschaftslage wurden in den letzten Jahren keine neuen Schulden gemacht. Deutschland profitierte zwischen 2015 und 2019 von der Entwicklung am ↗ Kapitalmarkt. Die ↗ Leitzinsen sanken von 4% in mehreren Schritten bis auf nahe 0% in 2014. Seit 2022 steigen sie wieder deutlich.

Schuldenbremse zur Haushaltsdisziplin

Als Lehre aus der ↗ Finanzkrise (2007/2008) wurde die Einführung einer gesetzlichen **Schuldenbremse** beschlossen. Ab 2020 darf der Bund nur im **Krisenfall** neue Schulden aufnehmen.

> **Grundgesetz – Artikel 115**
>
> „[…] (2) Einnahmen und Ausgaben sind grundsätzlich ohne Einnahmen aus Krediten auszugleichen. Diesem Grundsatz ist entsprochen, wenn die Einnahmen aus Krediten 0,35 vom Hundert im Verhältnis zum nominalen Bruttoinlandsprodukt nicht überschreiten. […] Im Falle von Naturkatastrophen oder außergewöhnlichen Notsituationen, die sich der Kontrolle des Staates entziehen und die staatliche Finanzlage erheblich beeinträchtigen, können diese Kreditobergrenzen auf Grund eines Beschlusses der Mehrheit der Mitglieder des Bundestages überschritten werden. […]"

M 3 „Schuldenbremse" – Auszug aus dem Grundgesetz

Merke
- Um Deutschland zu finanzieren, waren 2022 fast 500 Mrd. Euro nötig.
- Die höchsten Ausgaben entstehen für Soziales und Gesundheit (ca. 45%).
- Zwischen 2015 und 2019 kam Deutschland ohne die Neuaufnahme von Krediten aus und konnte Schulden tilgen.

Aufgaben

1 a) Nenne die beiden Steuern, die die größten Einnahmen erbringen (→ M1).
b) Ermittle für die Euro-Beträge und %-Werte der Aufzählung, die jeweils mit drei Fragezeichen gekennzeichnet sind, die fehlenden Werte (→ M2).
c) Berechnet, wie viel Steuern pro Person im Durchschnitt ausgegeben werden, wenn etwa 82 Millionen Menschen in Deutschland leben.

2 a) Beschreibt, was die „Bundesschuld" bedeutet, und recherchiert den Betrag, der 2022 hierfür aufgewendet wurde.
b) Gebt den Gesetzesauszug (→ M3) in eigenen Worten wieder.

3 a) Recherchiert, wie hoch die Gesamtverschuldung zum 31.12. des Vorjahres in Deutschland ausfiel (Summe von Bund, Ländern und sonst. Bereichen).
b) Vergleicht die Entwicklung von Einnahmen und Ausgaben im Bundeshaushalt seit 2009.
c) Erläutere, welche Maßnahmen ein Staat ergreifen kann, um Einnahmen und Ausgaben zu beeinflussen.

4 Wenn Deutschland in einem Haushaltsjahr Schulden aufnimmt, bedeutet dies, dass mehr Geld für den Staat benötigt wird, als eingenommen wurde. Dies war etwa über 40 Jahre lang üblich. Schulden bleiben so lange bestehen, bis sie zurückbezahlt sind.
a) Recherchiere auf www.bpb.de, was der Begriff „Generationengerechtigkeit" bedeutet.
b) Diskutiert im Plenum: Werden eure und zukünftige Generationen in Deutschland von der Staatsverschuldung eher profitieren oder unter ihr leiden?

> **Wortspeicher**
> – die Bundesschuld
> – der Krisenfall
> – die Schuldenbremse

7 Steuern in Deutschland

Bildung: Investiere in dich!

Wenn du dir Gedanken über deinen weiteren Bildungsweg machst, musst du dich auch mit der Frage beschäftigen, was es kostet.

Bildung – Investition in dich selbst

Bei einer dualen Ausbildung verdienen Azubis erstes Geld. Andere Bildungswege verursachen zunächst Kosten, wenn es zum Studium in eine fremde Stadt geht oder man sich komplett auf Unterricht und Prüfungen konzentrieren möchte. Bevor der erfolgreiche Abschluss in einen richtigen Beruf mit eigenem ↗ Einkommen mündet, gilt es daher, in seine eigene Bildung zu investieren.

Der Staat fördert die Bildung aller

Manche sind auf finanzielle Unterstützung angewiesen. Studierende sowie Lernende können auf Hilfen vom Staat zurückgreifen. Durch die „Kreditanstalt für Wiederaufbau" (KfW) hat Deutschland eine staatliche Bank, die zu 80 % dem Bund und zu 20 % den Ländern gehört.

KfW vergibt Darlehen und Zuschüsse

Eine zentrale Aufgabe dieser Förderbank ist die Finanzierung von Maßnahmen zur Bildungsförderung. Sie finanziert die Aus- und Weiterbildung von Lernende, Studierenden sowie beruflich Gebildeten mittels Zuschüssen und zinslosem Darlehen. Die Bundesrepublik, und somit alle Einwohnenden in ihrer Rolle als Steuerzahlende, haften für Verbindlichkeiten und Kredite der KfW. So fördert der Staat Bildung und Weiterqualifizierung für viele Menschen.

Lernende und Studierende: BAföG

BAföG – so lautet die Abkürzung für das „Bundesausbildungsförderungsgesetz". Das Gesetz regelt, welche finanzielle Unterstützung Lernende sowie Studierende vom Staat für ihre Ausbildung bekommen können. Die Höhe der Unterstützung richtet sich danach, wie hoch das eigene Einkommen und das der Eltern ist. Bei Verheirateten wird auch das Einkommen der Ehepartnerin bzw. des Ehepartners berücksichtigt.

„Aufstiegs-"BAföG für Berufstätige

Die offiziell als „Aufstiegs-BAföG" bezeichnete staatliche Förderung geht aus dem Aufstiegsfortbildungsförderungsgesetz (AFBG) hervor. Wer eine Meister- oder Fachschule besuchen oder sich in anderen staatlich geprüften Abschlüssen fortbilden möchte, kann eine Förderung erhalten. Lehrgänge zur Meisterprüfung und Materialkosten eines Meisterprojekts werden bezuschusst – einkommens- und vermögensunabhängig!

M1 Verteilung der Bildungsabschlüsse in Deutschland (Quelle: Ifo-Institut)

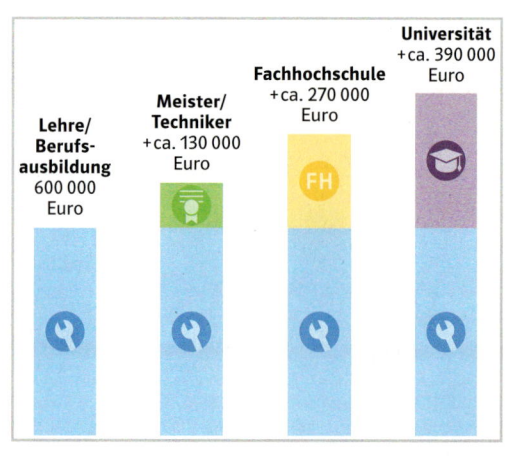

M2 Lebenseinkommen im Alter von 18 bis 65 Jahren in Deutschland (Quelle: Ifo-Institut)

Fortbildungskosten
Gefördert werden einkommens- und vermögensunabhängig die Lehrgangs- und Prüfungsgebühren sowie die Materialkosten eines Meisterprüfungsprojekts bei Vollzeit- und Teilzeitfortbildungen.

Lehrgangs- und Prüfungsgebühren	
bis zu	15.000 €
Zuschussanteil	50 %
Darlehenserlass bei Prüfungserfolg	50 %
Darlehenserlass bei Unternehmensgründung bis zu	100 %

Materialkosten eines Meisterprüfungsprojekts (Meisterstück)	
bis zur Hälfte der Kosten, höchstens bis zu	2.000 €
Zuschussanteil	50 %

M 3 Der Staat unterstützt durch das AFBG.

Bildungsmaßnahmen sind förderfähig:

… in Vollzeit:
- mindestens 400 Unterrichtsstunden,
- innerhalb von 36 Monaten abgeschlossen,
- wöchentlich 25 h Unterricht an vier Werktagen.

… in Teilzeit:
- mindestens 400 Unterrichtsstunden,
- innerhalb von 48 Monaten abgeschlossen,
- durchschnittlich min. 18 h Unterricht/Monat.

M 4 Auszug aus dem AFBG – Mindestanforderungen

Manche müssen zurückzahlen
BAföG und Aufstiegs-BAföG werden teils als Zuschuss und teils als zinsloses Darlehen vergeben. Das heißt, dass Studierende und Berufstätige die Förderung später anteilig zurückzahlen müssen. Machen sich AFBG-Geförderte später selbstständig, übernehmen einen bestehenden Betrieb und schaffen Arbeitsplätze, wird ein größerer Teil des Darlehens komplett erlassen. Lernende müssen die erhaltene Förderung nicht zurückbezahlen.

Merke
- Bildung bedeutet, Zeit und Geld in sich selbst zu investieren.
- Der Staat vergibt durch seine Förderbank KfW günstige Kredite und Zuschüsse.
- Geförderte Menschen haben bessere Chancen am Arbeitsmarkt, sie geben dies an die Gesellschaft zurück.

Aufgaben

1 a) Nenne die Zielgruppen des BAföG.
b) Beschreibe die Rolle der Förderbank KfW.
c) Erklärt euch gegenseitig, wie und womit der Staat die Bildungsbereitschaft von Lernenden und Studierenden fördert.

2 a) Nenne die Zielgruppe des AFBG.
b) Erkläre den Unterschied zwischen zinslosem Darlehen und Zuschuss.

3 a) Recherchiert die Regularien für BAföG und AFBG in Bezug auf Darlehen und Zuschuss.
b) Listet tabellarisch auf, wie die prozentuale Förderung für
- Lernende,
- Studierende und
- Berufstätige ausfällt.

c) Erläutert, für wen Einkommen und Vermögen bei der Förderung eine Rolle spielen.

4 a) Analysiert die Veränderungen zwischen 1976 und 2013 (→ **M 1**).
b) Recherchiert aktuelle Daten zur Verteilung der Bildungsabschlüsse in Deutschland. Beschreibt die weitere Veränderung.
c) Berechnet das Lebenseinkommen (→ **M 2**) auf jeder Stufe.
d) Beurteilt das Ergebnis.

Wortspeicher
– das Aufstiegs-BAföG
– das BAföG
– der Zuschuss

Concept Map – ein Begriffsnetz

M1 Morena sortiert Begriffskärtchen für ihre Concept Map.

Du möchtest Informationen über einen Sachverhalt sammeln, zusammenfassen und verknüpfen? Und dabei Probleme erkennen, dafür Lösungen suchen und diese bewerten oder deine Erkenntnisse in Lösungen umsetzen? Dann hilft dir eine Gedächtnis-Landkarte (auch: Concept Map oder Begriffsnetz). Sie stellt ein Beziehungsgeflecht von Sachverhalten und Themen dar. Durch diese Methode kannst du dein strukturiertes Wissen sichtbar machen und deinen Wissensstand zu einer Thematik überprüfen. Wie gehst du vor?

1. Schritt: Begriffe auswählen
Sammle zunächst Begriffe zu der von dir gewählten Thematik und schreibe sie jeweils einzeln auf Kärtchen. Wähle dann diejenigen Kärtchen aus, die dir für die Lösung deiner Aufgabe wichtig erscheinen. Sortiere die Kärtchen mit den Begriffen aus, die im Zusammenhang mit deiner Fragestellung unwichtig sind. Ergänze Leerkärtchen gegebenenfalls mit fehlenden Begriffen.

2. Schritt: Begriffe strukturieren
Ordne die ausgewählten Kärtchen zu einem Netz. Lege die Begriffe so, dass man erkennt, zwischen welchen es einen engeren oder weiteren Zusammenhang gibt.

3. Schritt: Begriffskärtchen fixieren
Lege nun die Begriffsanordnung fest und klebe die Kärtchen entsprechend auf ein Arbeitsblatt oder Plakat.

4. Schritt: Beziehungspfeile zeichnen
Zeichne mithilfe von Pfeilen (->/<-/<- ->) die Beziehungen zwischen den Begriffskärtchen ein. Beschrifte die Pfeile mit einer kurzen Erklärung oder mit einem Stichpunkt. Falls zu Beginn weggelegte Karten nun doch passen, klebe sie an die entsprechende Stelle.

5. Schritt: Ergebnisse präsentieren
Stelle deine Concept Map der Klasse vor. Erkläre dazu die Begrifflichkeiten und ihre Beziehungen zueinander.

6. Schritt: Methode auswerten
Reflektiere deinen Lernprozess, der durch die Anwendung dieser Methode erfolgt ist. Bewerte dein Lernergebnis. Benenne, was dir leicht- und was dir schwerfiel. Wende die Methode auf weitere Alltagssituationen an.

Die Methode „Concept Map" ist eine spezielle Form des Vernetzungsdiagramms. Sie wurde in den 1970er-Jahren von Joseph Novak, einem amerikanischen Pädagogen, und seinem Forschungsteam entwickelt. Seitdem wird diese Methode u. a. zur Darstellung von Expertenwissen in Bildung, Politik und Wirtschaft verwendet.

METHODE

Lohnsteuer	Krankenkasse	Umwelt
Solidaritätszuschlag	Kirchengemeinde	Entwicklungshilfe
Kirchensteuer	Pfarrer/in	Arztbesuche
Krankenversicherung	Kirchenunterhalt	Krankenhaus
Rentenversicherung	Rente	Medikamente
Pflegeversicherung	Pflegegeld	Pflegedienst
Arbeitslosenversicherung	Bürgergeld	Pflegestufen
Lohn	Gottesdienst	Bildung
Gehalt	Kindergeld	Kunst/Kultur
Finanzamt	Subvention Straßenbau	Bundeswehr
Studium	Schule	Ausbildung

M 2 Begriffskärtchen zum Thema „Steuern und Abgaben"

1. Schritt: Begriffe auswählen
- Begriffe anschauen, auswählen, aussortieren
- fehlende Begriffe ergänzen

⬇

2. Schritt: Begriffe strukturieren
- Begriffe ordnen
- Begriffsnetz erstellen

⬇

3. Schritt: Begriffskärtchen fixieren
- Begriffsanordnungen festlegen
- Begriffskärtchen aufkleben

⬇

4. Schritt: Beziehungspfeile zeichnen
- Beziehungen zwischen Begriffen durch Pfeile darstellen
- Pfeile mit Erklärungen oder Stichwörtern beschriften

⬇

5. Schritt: Ergebnisse präsentieren
- Präsentation der Concept Map

⬇

6. Schritt: Methode auswerten
- Lernprozess reflektieren
- Lernergebnis bewerten
- Vorteile und Nachteile der Methode benennen
- Erkenntnisse auf andere Alltagsbeispiele anwenden

M 3 To-do-Liste für deine Concept Map

Aufgaben

1 Morena ist Berufseinsteigerin und hält zum ersten Mal ihren Lohnzettel in der Hand. Sie versteht gar nichts. „Brutto ist nicht gleich Netto", erklärt ihr Lorenz. Nenne die Unterschiede zwischen Brutto- und Nettolohn.

2 [BTV] Erkläre, warum es wichtig ist, dass Arbeitnehmende Steuern und Sozialversicherungsbeiträge von ihren Löhnen und Gehältern abführen.

3 Beschreibe kurz und in eigenen Worten, wie man eine Concept Map erstellt.

4 Morena gehen ganz viele Begriffe durch den Kopf, die sie auf Kärtchen geschrieben hat (→ **M 2**). Gerne möchte sie die Begriffskärtchen in ein System bringen. Hilf ihr beim Zuordnen. Stelle die Begriffe in einer Concept Map dar.

5 👥 Vergleicht eure erstellten Begriffsnetze untereinander.

6 [MB] Begründe, warum die Darstellung einer Thematik in Form einer Concept Map dir bei der Suche nach Lösungen helfen kann.

7 Beurteile für dich, ob du mit einer Concept Map dein Wissen strukturiert hast und du deinen Kenntnisstand überprüfen kannst.

8 Gestalte eine Concept Map zu einem selbst gewählten Thema.

7 Steuern in Deutschland

Auf einen Blick

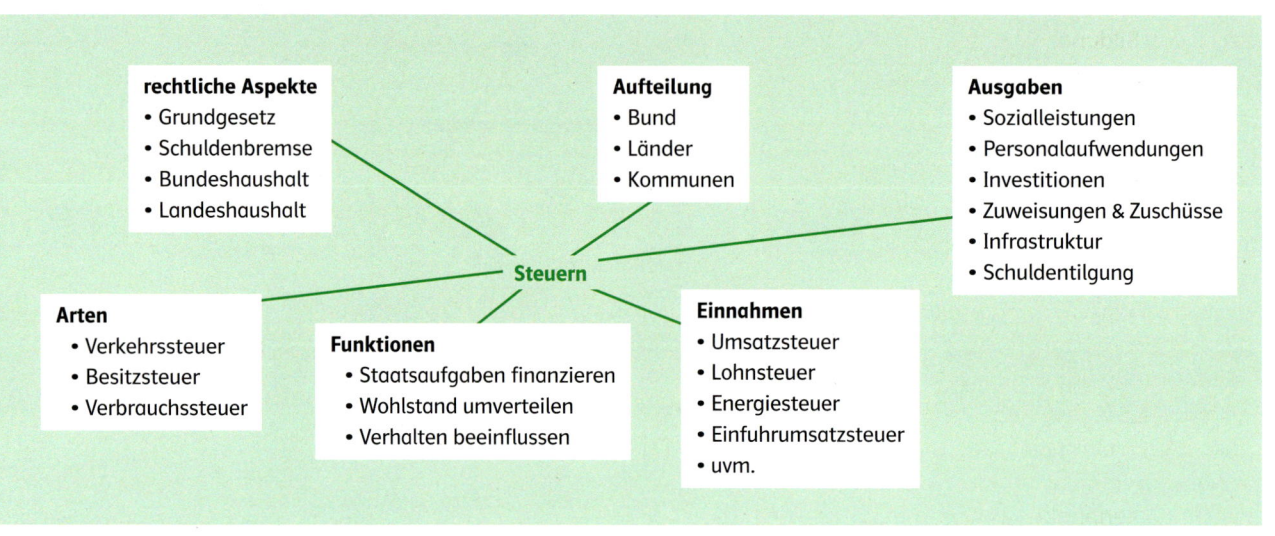

rechtliche Aspekte
- Grundgesetz
- Schuldenbremse
- Bundeshaushalt
- Landeshaushalt

Aufteilung
- Bund
- Länder
- Kommunen

Ausgaben
- Sozialleistungen
- Personalaufwendungen
- Investitionen
- Zuweisungen & Zuschüsse
- Infrastruktur
- Schuldentilgung

Arten
- Verkehrssteuer
- Besitzsteuer
- Verbrauchssteuer

Funktionen
- Staatsaufgaben finanzieren
- Wohlstand umverteilen
- Verhalten beeinflussen

Einnahmen
- Umsatzsteuer
- Lohnsteuer
- Energiesteuer
- Einfuhrumsatzsteuer
- uvm.

M1 Diese Begriffe solltest du kennen.

Wiederholen

1 S. 173–189

Bearbeite die folgenden Aufgaben mithilfe der Wortwolke **M2**. Viele Lösungen sind dort enthalten:

a) Nenne die drei Steuerarten.
b) Finde die drei Funktionen von Steuern.
c) Ermittle die größte Steuereinnahme des Bundes.
d) Nenne drei Verbrauchssteuern.
e) Finde die beiden größten Ausgabenposten des BMAS.
f) Zeige die drei MwSt.-Prozentsätze.
g) Wonach richtet sich die persönliche Steuererklärung eines Haushalts?
h) Welche beiden Hilfestellungen bietet der Staat mit dem BAföG?
i) Nenne die drei politischen Ebenen zur Aufgabenteilung in Deutschland.

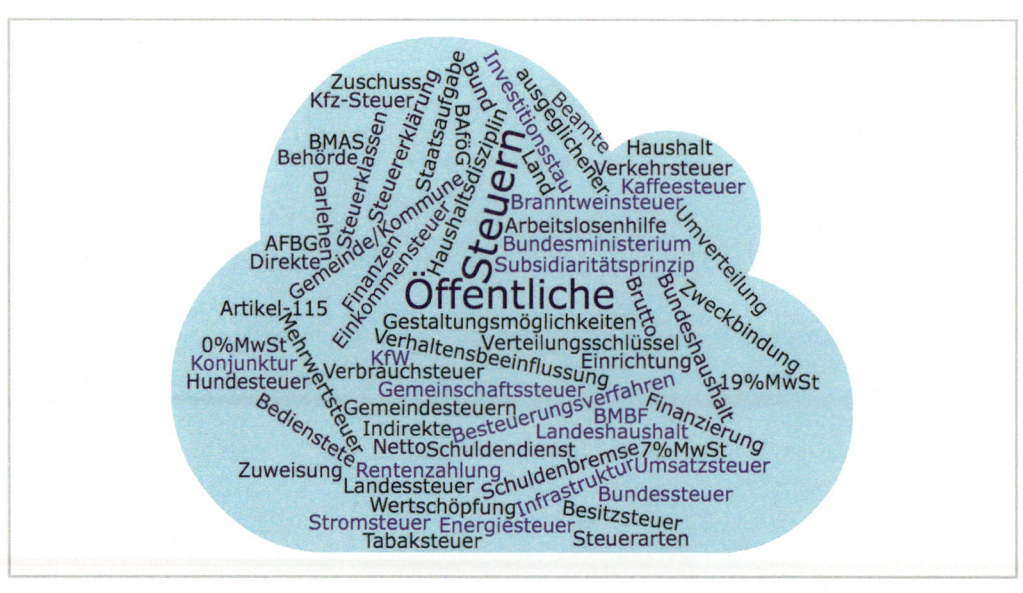

M2 Wortwolke

2 ⬈ S. 188/189

Das Diagramm **M3** zeigt in einem Vergleich, was Bildungswege in Deutschland kosten und wie lange sie etwa dauern.

a) Nenne den Bildungsgang, der …
- am längsten/kürzesten dauert.
- am teuersten/günstigsten ist.

b) Berechne, welche Kosten für einen Bildungsweg im Durchschnitt pro Person anfallen.

c) Stichwort „Kosten": Erläutere anhand …
- eines Kindergartens,
- einer Grundschule,
- einer weiterführenden Schulform,
- eines Ausbildungsbetriebs und
- einer Universität

je einen Kostenpunkt, der dort entsteht, und wer diese Kosten übernimmt.

d) Ermittle anhand der aktuell geltenden AFBG-/BAföG-Richtlinien, in welchen Bereichen Lernende sowie Studierende Unterstützung vom Staat erhalten können.

e) Kalkuliere möglichst exakt, welche Kosten von Bildungsteilnehmenden am Ende selbst aufgewendet werden müssten. Gehe von folgenden Annahmen aus:
1. Die Person ist im Juli geboren und besucht mit drei Jahren den öffentlichen Kindergarten (ab August).
2. Die Person wird mit sechs Jahren eingeschult. Wähle selbst einen Bildungsweg aus.
3. Sobald die Person 18 ist, erhält sie leider keine finanzielle Unterstützung mehr von zu Hause. Sie zieht in eine Wohngemeinschaft mit anderen Erwachsenen in Ausbildung (400 € warm) und braucht pro Monat exakt 800 €, um alle ihre Kosten zu decken.

3 ⬈ S. 186/187

a) Analysiere die Karikatur (→ **M4**).
b) Beziehe Stellung zu ihrer Aussage.

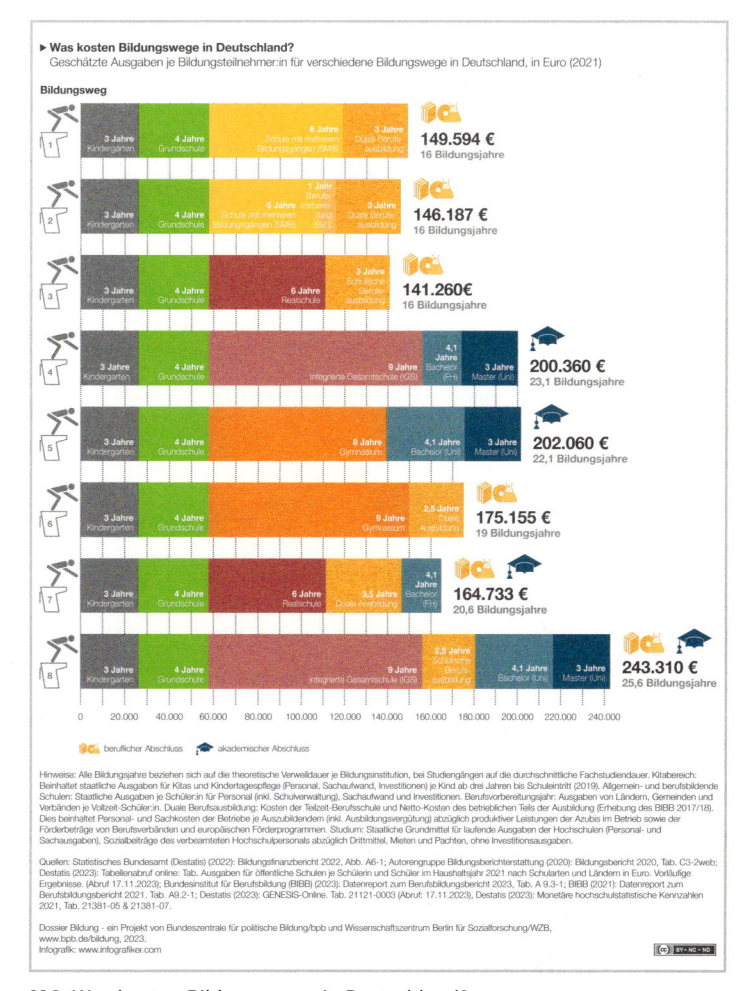

M3 Was kosten Bildungswege in Deutschland?

M4 Karikatur (Markus Grolik)

Hinweise zum Lösen der Aufgaben

Erklärungen zu den Operatoren in deinem Schulbuch

Das Fach Wirtschaft | Berufs- und Studienorientierung verwendet für die Arbeitsvorschläge (Aufgaben) bestimmte Operatoren (handlungsleitende Verben).

Die Operatoren werden nach drei Anforderungsbereichen (AFB) gegliedert, die wechselseitig voneinander abhängig sind. Das heißt, dass der Anforderungsbereich III die Anforderungsbereiche I und II, der Anforderungsbereich II den Anforderungsbereich I umschließt.

In allen Aufgaben deines Buches findest du Operatoren. An ihnen kannst du dich orientieren, was das Ziel deiner Lösungen sein soll. Die folgende Übersicht zeigt dir, wie du mit den Operatoren umgehen kannst.

Anforderungsbereich I: Reproduktion (Wiedergeben und Beschreiben)

Operatoren	Das ist die an dich gestellte Aufgabe …	Hilfestellung zum Lösen der Aufgabe
beschreiben	Du gibst Sachverhalte in eigenen Worten, unter Verwendung von Fachbegriffen und in ganzen Sätzen wieder.	Ich sehe …, – Dem Text entnehme ich …, – Ich habe erfahren …, – Ich habe gehört …, dass …
bezeichnen	Du formulierst Sachverhalte begrifflich genau, die du aus nichtlinearen Texten, wie z. B. Karten, Tabellen und Diagrammen, entnommen hast.	Konzentriere dich auf die wichtigsten Aussagen und verwende die angegebenen Fachbegriffe. Formuliere kurze zutreffende Sätze.
nennen	Du formulierst Sachverhalte in kurzer Form (Aufzählung).	Überlege dir eine Struktur, wie a., b., c. oder 1., 2., 3. etc.

Anforderungsbereich II: Reorganisation und Transfer (Erklären, Bearbeiten, Ordnen und Anwenden)

Operatoren	Das ist die an dich gestellte Aufgabe …	Hilfestellung zum Lösen der Aufgabe
analysieren	Du untersuchst gezielt Materialien oder Sachverhalte (Bilder, Grafiken, Texte …) und wertest sie folgerichtig aus.	Lies den Text oder schau dir die Abbildungen genau an. Lege dann eine Struktur für deine Analyse fest.
begründen	Du stützt Aussagen (z. B. Behauptung oder Position) durch Argumente, die durch Beispiele gestützt werden.	Verwende dafür z. B. Formulierungen wie: Für diese Aussage spricht … – Gründe dafür sind … – Die Position wird belegt durch … etc.
charakterisieren	Du schilderst Sachverhalte, indem du die auffälligsten Merkmale herausstellst.	Folgende Formulierungen helfen dir: Außergewöhnlich ist, dass … – Auffällig ist, dass … – Bedeutsam ist, dass …
darstellen	Du gibst Sachverhalte strukturiert wieder und machst die Zusammenhänge deutlich.	Stelle dein Ergebnis in einer Tabelle, Zeichnung oder Grafik dar.
ein-, zuordnen	Du bringst Sachverhalte in einen folgerichtigen Zusammenhang.	Überlege dir hierzu eine Ordnungsform, die deine Ein- und Zuordnung deutlich macht, wie z. B. Word Web, Mindmap, Baumdiagramm, etc.
erklären	Du stellst Sachverhalte durchdacht und nachvollziehbar in einen Zusammenhang oder zeigst die Gründe dafür auf.	Formuliere die Situation und ergänze die Sätze mit: … daher, … deshalb, … aus diesem Grund, … weil, – … dadurch, … etc.
erläutern	Du schilderst Sachverhalte nachvollziehbar und verständlich und verwendest dazu die passenden Beispiele.	Die Verdeutlichung durch Beispiele sollen deine Erklärungen veranschaulichen und leichter verständlich machen. Folgende Formulierungen helfen dir: Das erkennt man an … , – Dies wird belegt durch …, – Der Beweis liegt in …, etc.
erstellen	Du bringst Sachverhalte unter Verwendung der Fachsprache in eine verständliche Struktur.	Stelle diese Sachverhalte in Form eines Flussdiagramms, Sequenzdiagramms oder einer Zeitleiste dar.

Hinweise zum Lösen der Aufgaben

herausarbeiten	Du entnimmst entsprechend der Aufgabe zielgerichtet dem vorgegebenen Material die wichtigsten Informationen.	Filtere zunächst die Gesichtspunkte heraus, die du betrachten sollst. Entnimm dem Material nur diese Informationen und arbeite sie auf.
vergleichen	Du legst Kriterien für einen Vergleich zwischen Aussagen fest und stellst Gemeinsamkeiten und Unterschiede einander gegenüber. Dann formulierst du dein Ergebnis zum Vergleich.	Die Erstellung einer Tabelle kann dir dazu behilflich sein. Ein Vorschlag ist: Spalte 1 – Kriterium (Merkmal) – Hier wird das Kriterium jeweils benannt. Spalte 2 – Material 1 Spalte 3 – Material 2 Spalte 4 – Material 3 Zu den Materialien werden jeweils die Gemeinsamkeiten und Unterschiede benannt.

Anforderungsbereich III: Reflexion und Problemlösung (Umgang mit Problemstellungen, Methoden und Erkenntnissen, um zu Begründungen, Urteilen und Handlungsoptionen zu gelangen)

Operatoren	Das ist die an dich gestellte Aufgabe …	Hilfestellung zum Lösen der Aufgabe
beurteilen	Du untersuchst Aussagen, Vorschläge oder Maßnahmen, benennst die zugrunde gelegten Vorgaben (z. B. Gesetze) und formulierst dein eigenes Urteil.	Folgende Formulierungen helfen dir: Ich halte den Vorschlag für gut, weil … Ich halte die Maßnahme für nicht geeignet, weil … Ich erachte die Aussage einerseits für gut, weil …, aber andererseits für bedenklich, weil …
bewerten	Du beurteilst Aussagen, Vorschläge oder Maßnahmen, beziehst dazu Stellung und gibst eine Wertung ab.	Folgende Formulierungen helfen dir: Ich halte das für richtig (oder falsch), weil … Mit der Meinung gehe ich mit (nicht mit), weil … In Zukunft wird man das anders (nicht anders) betrachten, weil …
entwickeln	Du findest für ein vorgegebenes oder selbst gefundenes Problem einen Lösungsvorschlag.	Suche dir eine Lösung, die du durch gefundene Materialien stützen kannst.
erörtern	Zu einer vorgegebenen These oder Problemstellung stellst du die Pro- und Kontra-Argumente einander gegenüber, formulierst deine eigene Meinung dazu und begründest sie.	Fertige dazu eine Tabelle an und stelle die Pro- und Kontra-Argumente einander gegenüber. Was überwiegt? Nach welcher Seite kippt die Waage? Folgende Formulierungen helfen dir: Für/Gegen die These spricht, dass … Meine Meinung ist, dass … , weil …
gestalten	Zu einer Problemstellung stellst du ein Produkt (Rollenspiel, Plakat etc.) her.	Deine Kreativität ist hier gefragt. Achte darauf, dass du das Produkt so auswählst, dass du dein Ziel damit erreichen kannst.
überprüfen	Du überprüfst, ob ein Sachverhalt (Aussage, Behauptung etc.) auf Tatsachen beruhend richtig ist und formulierst ein begründetes Ergebnis.	Als Hilfe zur Begründung kannst du selbst gegenüberstellen, was dafür und was dagegen spricht. Du kannst auch nach Informationen suchen, die für die eine oder andere Seite Hinweise geben (Gesetze, Verordnungen, Hausordnung etc.). Für die Darstellung des Ergebnisses helfen dir z. B. folgende Formulierungen: Für/Gegen diese Tatsache spricht, … Meine Schlussfolgerung lautet, …

Global Goals

1 KEINE ARMUT
- extreme Armut beenden
- nationale Armutsquoten halbieren
- Sozialschutzsysteme für alle Bevölkerungsgruppen einrichten
- Recht auf Zugang zu den Ressourcen (insbesondere soziale Dienste, Grundeigentum, Erbschaften …) für alle Männer, Frauen und Kinder

4 HOCHWERTIGE BILDUNG
- inklusive, gleichberechtigte und hochwertige Bildung für alle
- gleichberechtigte Schulbildung für Mädchen und Jungen
- Alphabetisierung aller Jugendlichen
- Bildung für nachhaltige Entwicklung und nachhaltige Lebensweisen sicherstellen

7 BEZAHLBARE UND SAUBERE ENERGIE
- Zugang zu verlässlicher, nachhaltiger und moderner Energie sichern
- Anteil erneuerbarer Energie deutlich erhöhen
- Energieeffizienz verdoppeln
- Zugang zu Forschung und Technologie im Bereich saubere Energie und Energieeffizienz fördern

2 KEIN HUNGER
- Hunger beenden
- Mangelernährung beenden, insbesondere die Auszehrung von Kleinkindern
- die landwirtschaftliche Produktivität verdoppeln
- die Nachhaltigkeit der Nahrungsmittelproduktion sicherstellen
- genetische Vielfalt bewahren

5 GESCHLECHTERGLEICHHEIT
- alle Formen der Geschlechterdiskriminierung beenden
- Praktiken wie Kinder-, Früh- und Zwangsheirat beseitigen
- volle und wirksame Teilnahme von Frauen und ihre Chancengleichheit bei der Übernahme von Führungsrollen
- reproduktive Gesundheit

8 MENSCHENWÜRDIGE ARBEIT UND WIRTSCHAFTSWACHSTUM
- dauerhaftes, breitenwirksames und nachhaltiges Wirtschaftswachstum fördern
- jährliches Wirtschaftswachstum von mindestens sieben Prozent in den am wenigsten entwickelten Ländern aufrechterhalten
- Ressourceneffizienz in Konsum und Produktion verbessern

3 GESUNDHEIT UND WOHLERGEHEN
- gesundes Leben für alle
- weltweit Müttersterblichkeit und Kindersterblichkeit auf bestimmte Quoten senken
- Prävention von Suchtstoffmissbrauch (z. B. Alkohol) verstärken
- Zahl der Todesfälle und der Verletzungen infolge von Verkehrsunfällen halbieren

6 SAUBERES WASSER UND SANITÄREINRICHTUNGEN
- nachhaltige Wasserversorgung und Sanitärversorgung
- Wasserqualität durch Verringerung der Verschmutzung weltweit verbessern
- Effizienz der Wasserversorgung steigern
- Berge, Wälder, Feuchtgebiete, Flüsse, Grundwasserleiter und Seen schützen

9 INDUSTRIE, INNOVATION UND INFRASTRUKTUR
- widerstandsfähige Infrastruktur und nachhaltige Industrialisierung
- Anteil der Industrie an der Beschäftigung und am Bruttoinlandsprodukt erheblich steigern
- Zugang kleiner Industrie- und anderer Unternehmen zu Finanzdienstleistungen erhöhen

M1 Die 17 Entwicklungsziele der Agenda 2030 und ausgewählte Zielvorgaben

Die nachhaltigen Entwicklungsziele der Agenda 2030

Die Vereinten Nationen haben sich bis zum Jahr 2030 nachhaltige Entwicklungsziele (engl.: SDG = sustainable development goals oder auch global goals) gesetzt. Insgesamt gibt es 17 Ziele mit konkreten Ziel- und Zeitvorgaben. Jeder einzelne Mitgliedsstaat der Vereinten Nationen, egal ob Industrienation oder Entwicklungsland, ist verpflichtet, in seinem jeweiligen Zuständigkeitsbereich diese Zielvorgaben umzusetzen.

10 WENIGER UNGLEICHHEITEN

- Ungleichheit in und zwischen Ländern verringern
- höheren Wohlstand der ärmsten 40 Prozent gegenüber dem nationalen Durchschnitt erreichen
- politische Maßnahmen beschließen, um schrittweise größere Gleichheit zu erzielen
- Regulierung der Finanzmärkte verstärken

11 NACHHALTIGE STÄDTE UND GEMEINDEN

- Städte und Siedlungen inklusiv, sicher, widerstandsfähig und nachhaltig gestalten
- Zugang zu bezahlbarem Wohnraum sicherstellen
- Slums sanieren
- Zahl der Katastrophenopfer deutlich reduzieren
- Umweltbelastung in den Städten senken

12 NACHHALTIGE/R KONSUM UND PRODUKTION

- nachhaltige Konsum- und Produktionsmuster sicherstellen
- natürliche Ressourcen nachhaltig und effizient nutzen
- Abfallaufkommen deutlich verringern
- nachhaltige Verfahren bei der öffentlichen Beschaffung fördern
- „nachhaltige Bildung" für alle

13 MASSNAHMEN ZUM KLIMASCHUTZ

- Maßnahmen zur Bekämpfung des Klimawandels und seiner Auswirkungen ergreifen
- Anpassungskapazitäten gegenüber klimabedingten Gefahren stärken
- die versprochenen 100 Milliarden US-Dollar für Maßnahmen der Klimaanpassung ab 2020 bereitstellen

14 LEBEN UNTER WASSER

- Ozeane, Meere und Meeresressourcen erhalten
- Meeresverschmutzung erheblich verringern
- Versauerung der Ozeane auf ein Mindestmaß reduzieren
- die Fischfangtätigkeit wirksam regulieren und Überfischung beenden

15 LEBEN AN LAND

- Landökosysteme schützen beziehungsweise wiederherstellen
- Entwaldung beenden, geschädigte Wälder wiederherstellen
- Wüstenbildung bekämpfen
- gerechte Aufteilung der sich aus der Nutzung genetischer Ressourcen ergebenden Vorteile vereinbaren

16 FRIEDEN, GERECHTIGKEIT UND STARKE INSTITUTIONEN

- friedliche und inklusive Gesellschaften aufbauen
- Gewalt und gewaltbedingte Sterblichkeit deutlich verringern
- Rechtstaatlichkeit und gleichberechtigten Zugang zur Justiz gewährleisten
- Korruption und Bestechung in allen ihren Formen erheblich reduzieren

17 PARTNERSCHAFTEN ZUR ERREICHUNG DER ZIELE

- die globale Partnerschaft für nachhaltige Entwicklung mit neuem Leben füllen
- Mobilisierung der einheimischen Ressourcen verstärken
- die Einhaltung der Zusage der „entwickelten Länder", 0,7 Prozent des Bruttonationaleinkommens (BNE) für Entwicklungszusammenarbeit zur Verfügung zu stellen, sicherstellen

---

Die SDG lösten zum 1. Januar 2016 die von 2000–2015 angestrebten Millenniumsentwicklungsziele ab. Mithilfe dieser klar definierten Entwicklungsziele wird erkennbar, wie sich die Welt bis 2030 verändern und eine nachhaltige Entwicklung im Rahmen der Agenda 2030 realisiert werden soll.

BNE (Bruttonationaleinkommen)

Geldwert aller innerhalb eines Jahres produzierten Güter und erbrachten Dienstleistungen

Lexikon

das Arbeitslosengeld
Eine finanzielle Leistung, die Arbeitsuchende erhalten, wenn sie arbeitslos sind und bestimmte Bedingungen erfüllen.

die Arbeitslosenquote
Der prozentuale Anteil der registrierten Arbeitslosen an der Gesamtzahl der zivilen Erwerbspersonen. Man unterscheidet eine hohe bzw. niedrige sowie eine steigende bzw. fallende Arbeitslosenquote.

der Beamte, die Beamtin
Eine Person, die eine Anstellung im öffentlichen Dienst hat und verbeamtet ist. Mit Verbeamtung genießt man in der Regel besondere Rechte und Privilegien, wie beispielsweise eine hohe Arbeitsplatzsicherheit, eine geregelte Besoldung und soziale Absicherungen bei Krankheit und im Ruhestand. Beamte und Beamtinnen unterliegen bestimmten dienstrechtlichen Regelungen und Pflichten. Sie dürfen beispielsweise im Gegensatz zu Angestellten nicht streiken.

das BERUFENET
Eine Online-Datenbank der Bundesagentur für Arbeit, die Informationen über verschiedene Berufe, Fähigkeiten und Karrieremöglichkeiten bereitstellt.

der Brexit
Ein Wortkonstrukt aus dem Wortanfang Br (für britisch) und to exit (verlassen). Der Begriff steht für den Austritt Großbritanniens aus der ↗ Europäischen Union.

die Bundesagentur für Arbeit
Eine deutsche Behörde, die unter anderem für Arbeitsvermittlung, Arbeitslosengeld und Berufsberatung zuständig ist.

das Bundeskartellamt
Eine Behörde, die auf Bundesebene das Kartellgesetz (Gesetz gegen Wettbewerbsbeschränkung) durchsetzt. Der Sitz des Bundeskartellamtes ist in Bonn. Es kontrolliert Unternehmenszusammenschlüsse (Fusionen) und beaufsichtigt, ob marktstarke Unternehmen ihre Position nicht ausnutzen. Außerdem überprüft es öffentliche Aufträge.

das Bürgergeld
Eine staatliche Leistung, die an alle Bürgerinnen und Bürger ausgezahlt wird, die erwerbsfähig sind, aber ihren Lebensunterhalt nicht aus dem eigenen Einkommen decken können. Es soll ihren Lebensunterhalt sicherstellen.

der demografische Wandel
Die Veränderung der Altersstruktur der Bevölkerung eines Landes. In Deutschland findet man aktuell einen Trend hin zu einer alternden Bevölkerung.

die Digitalisierung
Die Umwandlung analoger Informationen und Prozesse in digitale Formate und die verstärkte Nutzung von digitaler Technologie.

das Diversity Management
Die sinnvolle Abstimmung und Nutzung der Vielfältigkeit von Mitarbeitenden in einem Unternehmen (Frauen und Männer unterschiedlichen Alters, kulturellen Hintergrunds, mit oder ohne Behinderung, …).

die Dividende
Ein fester Betrag, den die Teilhabenden (Aktieninhabenden) eines Unternehmens pro Unternehmensanteil vom Gewinn oder Vermögen des Unternehmens ausgezahlt bekommen.

die Doppelversicherung
Dieser Fall liegt vor, wenn zwei Versicherungen dasselbe Risiko abdecken. Beispiel: Eine Schülerin ist mit ihrer Familie in einer Haftpflichtversicherung und zusätzlich über die Schülerzusatzversicherung versichert.

das Eigenkapital
Ein Anteil des Ersparten von Kreditnehmenden, das bei der Finanzierung sehr teurer Dinge (Haus, Grundstück, …) von Kreditgebenden als Einsatz erwartet wird.

das Einkommen
Die Einnahmen, die in einem Haushalt erzielt werden. Die meisten Haushalte erwirtschaften ihr Einkommen durch Arbeit. Manche Menschen leben aber auch von den Einkünften aus Unternehmen, Renten oder öffentlichen Geldern (wie ↗ Arbeitslosengeld, ↗ Elterngeld, …).

das Elterngeld
Eine finanzielle Unterstützung, die Eltern in Deutschland nach der Geburt eines Kindes erhalten, um Einkommensverluste abzufedern.

der/die Erwerbstätige
Eine Person, die als Arbeitnehmer/in oder Selbstständige/r eine Tätigkeit ausübt.

der EU-Binnenmarkt
Die Bezeichnung für das gemeinsame Wirtschaftsgebiet der ↗ Europäischen Union, innerhalb dessen Waren, Dienstleistungen, Geld und Arbeitskräfte frei verkehren können.

Lexikon

der EU-Haushalt
Die Einnahmen und Ausgaben der ↗ Europäischen Union. Die Einnahmen bestehen hauptsächlich aus ↗ Zöllen, einem Mehrwertsteueranteil und Beiträgen (= größter Anteil).

die Europäische Union
Ein Verbund aus derzeit 27 europäischen Mitgliedsstaaten (Stand: Juli 2023) mit eigener politischer und wirtschaftspolitischer Vertretung. In der EU leben derzeit rund 451,4 Millionen Menschen.

die Finanzkrise
Eine Verschiebung im Finanzsystem, bei der Vermögen plötzlich an Wert verlieren und die Zahlungsfähigkeit von Unternehmen und Banken eingeschränkt ist.

die Freie Marktwirtschaft
Eine Grundform der Wirtschaftsordnungen. Sie reguliert sich über einen freien Markt und wird somit bestimmt durch Angebot und Nachfrage.

das genossenschaftliche Eigentum
Das Eigentum einer kollektiven Einrichtung (z. B. ein Wohnhaus, in dem mehrere Mietparteien wohnen).

der/die Gesellschafter/in
Ein Mitglied einer Gesellschaft, die es mitgegründet hat oder in die es mittels Gesellschaftsvertrag eingetreten ist. Eine Gesellschaft kann eine Personengesellschaft, eine Kapitalgesellschaft oder eine Genossenschaft sein.

der Gewinn
Ein Wert, der sich berechnet aus: ↗ Umsatz – Kosten. Damit ein Unternehmen Gewinn erzielen kann, müssen die Einnahmen größer sein als die Ausgaben. Den Gewinn kann ein Unternehmen einbehalten, an seine Mitarbeitenden verteilen oder für neue Investitionen verwenden.

die Globalisierung
Die zunehmende Verflechtung und Integration von Ländern und Märkten weltweit in Bezug auf Handel, Kommunikation und Kultur.

die Industrialisierung
Der Prozess der verstärkten Nutzung von Maschinen, Technologie und Massenproduktion in der Produktion von Gütern.

die Inflationsrate
Der prozentuale Anstieg des allgemeinen Preisniveaus innerhalb eines bestimmten Zeitraums (meistens eines Jahres). Zu ihrer Ermittlung werden z. B. die Veränderungen der in einem Warenkorb enthaltenen Güterpreise aus aufeinanderfolgenden Jahren miteinander verglichen.

die Inklusion
Die Einbindung aller Menschen (jedes kulturellen Hintergrunds, mit oder ohne Behinderung, …) in die Gesellschaft. Beispielsweise sollen auch Menschen mit Schwerbehinderung die Möglichkeit haben, jeden Beruf auszuüben, den sie möchten. Dafür müssen am Arbeitsplatz bestimmte Bedingungen geschaffen werden.

die Invalidität
Die dauerhafte Beeinträchtigung der Gesundheit, die dazu führt, dass der erlernte Beruf oder jegliche Arbeit nur noch eingeschränkt oder gar nicht mehr ausgeführt werden können.

die Kalkulation
Eine Entscheidungsgrundlage, ob ein Auftrag ausgeführt wird oder nicht. Sie beinhaltet Kosten und Erlöse. Anbietende kalkulieren die Preise ihrer Produkte vor einem Vertragsabschluss, um dauerhaft am Markt bestehen zu können.

der Kapitalmarkt
Ein Markt für den Handel von u. a. Wertpapieren. Dort treffen sich Anbietende (Kapitalgebende) und Nachfragende (Kapitalnehmende) von Kapital. Der offizielle Handel von Wertpapieren findet an Börsen statt.

die Konjunktur
Die Schwankungen der wirtschaftlichen Aktivität, gekennzeichnet durch Phasen des Wachstums (Hochkonjunktur) oder der Rezession (Abschwung).

der Leitzins
Ein Zinssatz, der von der Zentralbank festgelegt wird und der Steuerung der Geldpolitik dient. Zu diesem Zinssatz können sich Geschäftsbanken bei einer Zentral- oder Notenbank Geld beschaffen oder dort anlegen. Dies wirkt sich auf die Guthaben- sowie Kreditzinsen der einzelnen Banken aus.

die Mehrwertsteuer (MwSt.)
Ein bestimmter Teil des Verkaufspreises von Produkten und/oder Dienstleistungen, der an das Finanzamt abgeführt werden muss. Über sie werden die Einnahmen und Ausgaben von Unternehmen miteinander verrechnet. In Deutschland liegt diese indirekte Steuer derzeit bei regulär 19 % bzw. ermäßigt 7 %.

Lexikon

die Menschenrechte
Rechte, die jeder Mensch durch Geburt besitzt. Sie sind beinahe überall auf der Welt anerkannt. In Deutschland werden sie durch Artikel 3 des Grundgesetztes jedem Menschen gleichermaßen garantiert: Niemand darf aufgrund seines Geschlechts, seiner Abstammung, seiner Rasse, seiner Sprache, seiner Heimat und Herkunft, seines Glaubens sowie seiner religiösen oder politischen Anschauungen benachteiligt oder bevorzugt werden. Ebenso darf niemand aufgrund einer Behinderung benachteiligt werden.

der Mindestlohn
Ein gesetzlich festgelegter Mindestbetrag, der Beschäftigten als Entlohnung für ihre Arbeitsleistung gezahlt werden muss.

das Minimal-/Maximalprinzip
Wirtschaftliche Prinzipien. Beim Minimalprinzip soll ein vorgegebenes Ziel mit möglichst wenig Mitteln erreicht werden. Beispiel: Du kaufst ein bestimmtes Smartphone zu einem möglichst günstigen Preis. Beim Maximalziel ist die Höhe der Mittel vorgegeben, mit denen ein möglichst großes Ziel erreicht werden soll. Beispiel: Du bekommst einen bestimmten Geldbetrag von deinen Eltern und sollst dafür möglichst viele Kleidungsstücke kaufen.

das Monopol
Eine Situation, in der ein einzelnes Unternehmen oder eine einzelne Organisation die Kontrolle über den Markt oder eine Branche hat.

die Nachhaltigkeit
Die Fähigkeit, Ressourcen so zu nutzen, dass die Bedürfnisse der heutigen Generation befriedigt werden, ohne die zukünftigen Generationen zu beeinträchtigen.

der Nachtwächterstaat
Ein Staat, der sich wie ein Nachtwächter darauf konzentriert, nur im Notfall regulierend einzugreifen, wenn Ruhe und Ordnung innerhalb des Staates gestört sind. Er beschränkt sich also auf ein Minimum an Einmischung und Regulierungen, etwa die Garantie der öffentlichen Sicherheit und des Privateigentums.

die Nettokreditaufnahme
Die Aufnahme zusätzlicher neuer Kredite zur Tilgung (= Abzahlung) alter Kredite. Dies findet in öffentlichen Haushalten statt. Man spricht auch von einer Nettoneuverschuldung.

der ökologische Fußabdruck
Eine Maßzahl für den Ressourcenverbrauch und die Umweltauswirkungen einer Person, Organisation oder eines Produkts in Bezug auf Land- und Wassernutzung.

die private Krankenversicherung (PKV)
Von privatwirtschaftlichen Unternehmen angebotene Krankenversicherung. Sie ist gesetzlich nur für bestimmte Personen, vor allem für solche mit hohem Einkommen, erlaubt. Die Höhe der Beiträge ist abhängig von den vereinbarten versicherten Leistungen und dem individuellen Risiko der versicherten Person. Bei einer PKV besteht das Kostenerstattungsprinzip: Die Versicherten zahlen die anfallenden Kosten (z. B. Arztrechnungen) zunächst selbst und reichen dann die Rechnungen zur Erstattung bei ihrer PKV ein.

die Qualifizierungsmaßnahme
Eine Bildungs- oder Schulungsmaßnahme, die darauf abzielt, Fähigkeiten, Kenntnisse oder Qualifikationen zu verbessern oder zu erweitern.

die Rechnung
Ein Dokument, das Informationen über eine gekaufte Ware oder eine Dienstleistung enthält. In der Rechnung sind sowohl Angaben über die Leistung enthalten (Art, Menge, Preis) als auch über die Zahlungsbedingungen und die Verkaufenden (Adresse, Bankverbindung). Wer eine Garantie oder eine Gewährleistung in Anspruch nehmen will, muss die Rechnung vorlegen.

der Rechtsanspruch
Das Recht eines/einer Einzelnen, um eine andere Person zum Handeln oder Unterlassen zu bewegen. Der Rechtsanspruch ergibt sich aus dem Gesetz. Zwischen Anspruchsinhabenden (Käufer/Käuferin) und Anspruchsgegnern (Verkäufer/Verkäuferin) werden beispielsweise bei der Abwicklung eines Geschäfts diese Ansprüche vermittelt. Jede und jeder kann dieses Recht einfordern, notfalls mit Rechtsmitteln (z. B. einer Klage).

die Rente
Ein ↗ Einkommen, das sich aus vorher meist über Jahrzehnte angespartem Kapitel ergibt. Meist ist damit die Rückzahlung der gesetzlichen Altersvorsorge (gesetzliche Rentenversicherung) gemeint: Das über die Jahre aus den während der Berufstätigkeit eingezahlten Beiträgen und ↗ Zinsen entstandene Kapital wird nach dem Arbeitsleben ausgezahlt.

der Saldo
Die Differenz zwischen Guthaben und Schulden. Beispiel: Ein Unternehmen kann Kredite in Höhe von 2.000 Euro und ein Bankguthaben von 10.000 Euro vorweisen. Dann beträgt der Saldo 8.000 Euro Kapital.

die Soziale Marktwirtschaft
Die Wirtschaftsordnung in Deutschland. Ihr Basis ist die Verbindung des Prinzips der Freiheit auf dem Markt mit dem des sozialen Ausgleichs.

das staatliche Eigentum
Besitz und Kontrolle von Vermögenswerten oder Unternehmen durch den Staat anstatt durch private Einzelpersonen oder Unternehmen.

das Stabilitätsgesetz
Die Kurzform für „Gesetz zur Förderung der Stabilität und des Wachstums der Wirtschaft". Ein Gesetz, nach dem Bund und Länder bei ihrer Wirtschaftspolitik die Bedingungen des gesamtwirtschaftlichen Gleichgewichts zu berücksichtigen haben. Um dieses Gleichgewicht herzustellen bzw. beizubehalten, müssen alle vier Ziele der staatlichen Wirtschaftspolitik berücksichtigt werden: Stabilität des Preisniveaus, hoher Beschäftigungsgrad, außenwirtschaftliches Gleichgewicht und stetiges/angemessenes Wirtschaftswachstum. Diese vier Ziele werden als magisches Viereck (vgl. → S. 84) bezeichnet.

die Stakeholder
Alle Personen, Gruppen oder Institutionen, die von den Aktivitäten eines Unternehmens direkt oder indirekt betroffen sind oder die irgendein Interesse an diesen Aktivitäten haben.

der Standortfaktor
Bedingung, die für die Wahl eines Ortes zur Ansiedlung eines Unternehmens ausschlaggebend ist. Wichtige Standortfaktoren sind z. B. die Verfügbarkeit von Arbeitskräften, die Grundstückspreise, die Steuern oder die Verkehrsanbindung.

das Statistische Bundesamt (Destatis)
Eine deutsche Bundesbehörde, die statistische Informationen zu Wirtschaft, Gesellschaft und Umwelt erhebt, sammelt, analysiert und dokumentiert. Die aufbereiteten Informationen werden tagesaktuell veröffentlicht.

die Stiftung Warentest
Eine gemeinnützige Organisation, die Konsumgüter und Dienstleistungen in einem unabhängigen Vergleich einander gegenüberstellt und die daraus gewonnenen Erkenntnisse veröffentlicht. Ziel ist die möglichst objektive Information der Konsumierenden.

der Tarifvertrag
Eine schriftliche Vereinbarung zwischen Arbeitgeberverbänden und Gewerkschaften, die die Arbeitsbedingungen und Löhne für eine bestimmte Branche oder einen bestimmten Bereich regelt.

der Umsatz
Wert, den ein Unternehmen durch den Verkauf seiner Produkte oder Dienstleistungen erzielt hat. Er wird berechnet aus verkaufter Menge • Preis.

die Umsatzsteuer
Eine indirekte Steuer, die prozentual vom Entgelt berechnet wird. Die Summe aus Entgelt und Steuer bildet den zu zahlenden Preis. Die Steuer wird immer von den Leistungsempfangenden bezahlt (↗ Mehrwertsteuer).

die unsichtbare Hand
Ein Begriff für die Selbststeuerung der Wirtschaft über Angebot und Nachfrage: Der Markt reguliert sich selbst (wie von unsichtbarer Hand gelenkt), da er jede und jeden dazu bringt, ihre bzw. seine wirtschaftlichen Interessen bestmöglich zu verfolgen und damit gleichzeitig im Interesse der Gesellschaft einer bestmöglichen Güterversorgung zu dienen.

die Unternehmenskultur
Das Verhalten der Menschen innerhalb eines Unternehmens. Dazu zählen die Zusammenarbeit, das Verbundenheitsgefühl mit dem Unternehmen oder auch der Umgang mit Kundschaft.

die Vorsteuer
Die von einem Unternehmen gezahlte ↗ Umsatzsteuer, wenn es Waren oder Dienstleistungen von außen bezieht. Liefernde berechnen Umsatzsteuer auf ihr Entgelt und belasten diese an das empfangende Unternehmen weiter.

die Wirtschaftsbereiche
Die Bereiche der Wirtschaft, die an der Entstehung des Bruttoinlandprodukts (BIP, → S. 90) beteiligt sind. Es sind dies das produzierende Gewerbe, das Baugewerbe, der Dienstleistungsbereich, die Land- und Forstwirtschaft sowie die Fischerei.

Lexikon

das **Wirtschaftswunder**
Die rasche wirtschaftliche Erholung und das starke Wirtschaftswachstum nach dem Zweiten Weltkrieg in Deutschland.

der **Wohlstandsindikator**
Ein Maß für den Wohlstand eines Landes oder Gebietes. Es geht hierbei im ökonomischen Sinn um den Lebensstandard der Menschen in diesem Gebiet. Die Ansichten über den geeignetsten Wohlstandsindikator differieren stark. In der Regel werden heute drei Messgrößen unterschieden: 1. der materielle Wohlstand, 2. der Bereich Soziales und Teilhabe und 3. der Bereich der Ökologie/Umwelt und Nachhaltigkeit.

die **Zentrale Planwirtschaft**
Eine Wirtschaftsordnung, in der das gesamte wirtschaftliche Geschehen von einer zentralen Stelle nach politischen und wirtschaftlichen Zielvorstellungen geplant, gelenkt und verwaltet wird. Auch Zentralverwaltungswirtschaft genannt. Der Staat bzw. staatliche Planungsbehörden bestimmen die gesamte Produktion, die Verteilung und die Preise aller Güter und Dienstleistungen.

die **Zinsen**
Eine Gebühr, die fällig wird, wenn man Geld auf eine bestimmte Zeit leiht. Üblicherweise werden Zinsen jährlich gezahlt. Sie sind der Aufschlag, der zusätzlich zur geliehenen oder bereitgestellten Geldsumme gezahlt werden muss.

die **Zölle**
Abgaben, die beim Transport bestimmter Waren über die Grenze von einem Wirtschaftsraum in einen anderen zu zahlen sind. Es gibt Einfuhr- und Ausfuhrzölle. Sie dienen zum einen den Staatseinnahmen und zum anderen dem Schutz des heimischen Marktes vor (billigerer) ausländischer Konkurrenz.

Register

A
Abfindung 166
Abitur 34, 36
Ablauforganisation 153
Absatz 140, 152
Abschwung 82
Abwanderung 167
Alternative 12, 34, 60
Alternativberuf 61
Alternativen-Diamant 61
Altersarmut 123
Altersvorsorge 39, 122
Angebot 68, 72, 78, 82
angebotsorientierte Wirtschaftspolitik 84
Anlagen 47
Anschreiben 16, 18, 46, 48, 52, 58
Anweisung 21
Arbeitsbedingungen 24, 36, 38, 81, 108, 111, 144
Arbeitslosengeld 70, 186
Arbeitslosenquote 84
Arbeitslosenversicherung 124
Arbeitslosigkeit 37, 68, 72, 82, 84, 92, 186
Arbeitsmarkt 37, 40, 108
Arbeitsplatzsicherheit 38
Arbeitsschutzmaßnahme 144
Armut (relative) 122
Assessment-Center 54
Asyl 106
Aufschwung 82
Aufstiegs-BAföG (AFBG) 188
Ausbildung 14, 20, 24, 36, 146, 188
Ausbildungsordnung 36
Ausbildungsplatz 34, 36, 42, 46, 55, 58, 60
Ausbildungsvorbereitung dual (AV dual) 35
Ausdauer 24
Ausgaben 70, 105, 132, 142, 146, 150, 152, 154, 185, 186
Auswertung 25
Automatisierung 40

B
bedingungsloses Grundeinkommen 100
befristete Stelle 38
Behinderung 80, 161
Behörde 108, 185
Belastbarkeit 24, 80
BERUFENET 12, 60
BERUFE.TV 12
berufliches Gymnasium 61
Berufsausbildung 36, 44
Berufsberater/in 12, 44
Berufsbild 14, 16, 18, 26, 38, 40
Berufseinstiegsjahr (BEJ) 35
Berufsinformationsmesse 14
Berufskolleg 34
Berufsschule 36, 60
Berufssteckbrief 22
Berufswahl 38
Berufswahlentscheidung 39
Berufswahlmöglichkeiten 60
Beschaffung 152, 154
Beschäftigung 82, 93, 176, 183
Besitzsteuer 178
Betrieb 12, 14, 20, 22, 24
betriebsbedingte Kosten 154
Betriebssteckbrief 22
Better-Life-Index (BLI) 93
Bewerbung 16, 18, 46–59
Bewerbungsbild 50
Bewerbungsformen 13
Bewerbungsmappe 14, 16, 46
Bewerbungssituation 57
Bewerbungsunterlagen 46, 48, 52
Bewerbungsverfahren 51, 57
Bewertungsbogen 24
Big-Mac-Index 93
Bildungsabschluss 34, 188
Billiglohnland 168
Boom 82, 85
Brainstorming 180
Break-Even-Point 156
Brexit 105
brutto 182
Bruttoinlandsprodukt (BIP) 90
Bundesausbildungsförderungsgesetz (BAföG) 176
Bundesfreiwilligendienst 37
Bundeshaushalt 186
Bundeskartellamt 77
Bundesministerium für Arbeit und Soziales (BMAS) 186
Bundesministerium für Bildung und Forschung (BMBF) 186
Bundeshaushalt 186
Bundesnationaleinkommen (BNE) 197
Bundesschuld 187
Bundeszuschuss 128

C
Checkliste 49
Concept Map 190
Corona-Krise 148, 150
Corporate Social Responsibility (CSR) 164

D
Darlehen 120
de Bono, Edward 134
Deckungsbeitragsrechnung 156
Deflation 87
demografischer Wandel 40, 123
Demonstration 95
Denkhüte 134
Depression 82
Dienstleistung 68, 72, 106, 178, 182
Dienstleistungsbereich 36, 90
digitale Techniken 38
digitale Vernetzung 40
Digitalisierung 38, 40, 105, 121
direkte Steuern 182
Disputation 171
Diversity Management 160
Dividende 157
Doppelversicherung 132
Dritte Partei 126
duale Ausbildung 36

E
Eigenkapital 156
Einkommen 82, 93, 110, 122, 124, 176
Einkommensteuer 178, 184
Einnahmen 186
Einnahmequellen 175, 183
Einstellungstest 54
Einzelkosten 154
Elevator Pitch 19
Elternzeit 166
E-Mail-Bewerbung 16
Energiekosten 168, 186
Energiesteuer 179
Engels, Friedrich 73
Entgelttransparenzgesetz 162
Entrepreneurship 164
Equal Pay Day 162
Erasmus-Programm 105
Erfolg 146
Erhard, Ludwig 71
Erlös 156
erster Eindruck 47
Erwerbstätige/r 41
EU-Binnenmarkt 106
EU-Haushalt 105
EU-Kommission 162
Euro 105
Europäische Union (EU) 104–109
Expansion 82
Expertengruppe 74
Exploration 170
Export 84, 110

Register

F
Fachkräfte 109
Fachkräftemangel 144
Fachrichtung 34
Fachschule 188
Fahrradversicherung 136
fairer Handel 110
Fakten 134, 170
Fallanalyse 170
Feedback 57
Ferienjob 176
Finanzkrise 187
Finanzwirt/in 178
fixe Kosten 156
Flexibilität 40
Förderung 188
Fortbildungskosten 189
Freie Marktwirtschaft 68
Freiheit 70, 80, 106
freiwillige Versicherung 124
Freiwilligendienste 37
Freiwilliges Ökologisches Jahr (FÖJ) 37
Freiwilliges Soziales Jahr (FSJ) 36
Fridays for Future 95
Führungskraft 141
Fünfjahresplan 72
Fusionskontrolle 76

G
GAU-Prinzip 132
Gefahrenzeichen 21
Gemeinkosten 154
Gemeinschaftssteuer 184
Gender-Pay-Gap 162
genossenschaftliches Eigentum 72
Gerechtigkeit 70, 73, 78
Gesamtkosten 156
Geschäftsidee 141
Geschäftsmodell 148
Gesellschafter/in 157
Gesetzliche Krankenversicherung (GKV) 124
gesetzliche Vorgabe 167
Gesundheitsfonds 128
Gewerbefreiheit 68
Gewinn 142, 154, 156
Gewinnmaximierung 80
Gewinnschwelle 156
Gewinn-und-Verlustrechnung 154
Gewinnverwendung 156
Gilde 120
gläserne Decke 163
Gleichbehandlungsgesetz 51
Gleichgewichtspreis 88
Gliedertaxe 127
Globalisierung 40, 168
Groß- und Außenhandelskauffrau/-kaufmann 107
Grundfreibetrag 177
Grundfreiheiten 106
Grundgesetz 78, 125, 162, 187
Gruppenpuzzle 74
Güter 90, 178, 182, 197

H
Haftpflicht 126
Haftpflichtversicherung 126
Halbfertigprodukt 110
Happy-Planet-Index (HPI) 93
Harvard-Methode 170
Hauptschulabschluss 35, 43, 61
Heilerziehungspfleger/in 81
Hochkonjunktur 82
Hochschule 44, 184
Homeoffice 158
Human-Developement-Index (HDI) 93

I
Imagepflege 145
Import 84
Indikator 86
indirekte Steuern 182
Individualversicherung 125
Industriekauffrau/-kaufmann 147
Inflation 86
Inflationsentwicklung 87
Inflationsrate 84, 86
Infrastruktur 182
Initiativbewerbung 16
Inklusion 80
Innovation 72
Insolvenz 83, 150
Insolvenzgeld 150
Insolvenzverfahren 151
Interessen 159
Interessenkonflikt 130
Invalidität 120
Invaliditätsgrad 127

J
Jugendarbeitslosenquote 108
Jugendarbeitslosigkeit 108
Jugendarbeitsschutzgesetz 177
Jungk, Robert 181

K
Kaffeesteuer 186
Kann-Anforderung 42
Kapitalmarkt 187
Karikaturen-Rallye 88
Kartell 68, 76
Kartellverbot 76
Kfz-Steuer 85, 186
Kinderarbeit 110
Kindergeld 177
KMU 164
Kompromiss 159
Konfliktfähigkeit 24
Konfrontation 170
Konjunktur 82
Konjunkturphase 83
Konjunkturschwankung 70
Konjunkturtief 82
Konjunkturzyklus 83
Konkurrenz 48
Konsumfreiheit 69
Konzentrationsfähigkeit 24
Kopfpauschale 128
Kopfstandmethode 28
Kosten 154
Kostenarten 156
Kostenvoranschlag 131
Krankenversicherung 120, 124
Krankenversicherungskarte 124
Kreditanstalt für Wiederaufbau (KFW) 188
Krise 148
Krisenfall 187
Kündigung 166
Kündigungsschutz 167
Kündigungsschutzgesetz 166
Kurzarbeit 82, 151
Kurzarbeitergeld 151
Kurzbewerbung 16
kurzfristige Beschäftigung 177

L
Landesfinanzverwaltung 184
Layout 51
Lebenslauf 18, 50
Leitfrage 112
Leitzinsen 187
Lieferkette 111
Lohndumping 68
Lohnniveau 183
Lohnsteuer 176, 182, 186

M
magisches Viereck 84
Marketing 140
Markt 106, 142, 148, 166, 168
Marktkonformitätsprinzip 78
Marx, Karl 73
Mechatroniker/in 49
Mehrjähriger Finanzrahmen 105
Mehrwertsteuer 178, 182, 184
Menschenrechte 80
Messe 14
Messebesuch 15
Mindestlohn 78, 108
Minijob 176

Register

Minimal- und Maximalprinzip 142
Missbrauchsaufsicht 76
Misserfolg 146
Missstand 68
Mitbestimmung 95
Mitbewerbende 142
Mittelstand 164
Modell der Lebensphasen 122
Monopol 69
Motivationsschreiben 48
Müller-Armack, Alfred 70
Multiple-Choice-Test 17
Muss-Anforderungen 42
Mystery 112

N

Nachfrage 68, 70, 72, 78, 82, 85
nachfrageorientierte Wirtschaftspolitik 84
nachhaltiges Handeln 142
Nachhaltigkeit 142, 144
Nachtwächterstaat 68
netto 182
Nettokreditaufnahme 186
nominales BIP 90
Novak, Joseph 190
Nutznießende/r 110

O

ökologische Ziele 142
ökologischer Fußabdruck 92
ökonomische Ziele 142
Online-Bewerbung 16, 52
Orientierungstest 44
Orthopädieschuhmacher/in 42

P

Partizipation 38, 94
Patent 181
Personalausgaben 185
Personalverantwortliche 14, 39, 49, 50
Personenschaden 127

Pestizid 110
Pflegeversicherung 124
Pflegezeit 166
Pflichtversicherung 124
Plan B 60
Planwirtschaft 72
Police 126
Praktikum 12–31
Praktikumsbericht 22
Praktikumsbescheinigung 46
Praktikumsordner 22
Praktikumsplatz 12, 16, 18, 58
Praktikumszertifikat 24
Prämie 126, 157
Präsentation 26
Präsentationsmedien 26
Preis 68, 86, 88
Preisabsprachen 76
Preis-Mengen-Diagramm 88
Preisstabilität 84
private Haushalte 86
private Krankenversicherung 124
Produktion 152, 154
Produktionsfaktoren 68
Projektarbeit 64, 100, 116
Pro-und-Kontra-Liste 25
Provision 132

Q

Qualifikation 43

R

Realschulabschluss 34, 36
Rechtsanspruch 80
Registrierung 52
Rehabilitation 80
relative Armut 122
Rentenversicherung 123
Resolution 170
Ressourcen 72, 144
Restrukturierung 148
Retail 77
Rezession 82
Risiko 122
Rohstoff 142, 152

S

Sachschaden 127
Saisonarbeitskräfte 108
Saldo 156
Sanierung 150
Schadensfall 127
Schlussbewertung 25
Schulabschluss 34, 36
Schuldenberg 147
Schuldenbremse 187
Schülerfirma 152, 154
Schulpflicht 36
Schulwegunfall 130
Schwankungen 68, 70, 72
schwerbehinderte Menschen 80
Selbstbeteiligung 126
Selbstständigkeit 146
Sicherheit 21, 166
Sicherheitskleidung 21
Sicherheitsregeln 21
Simulation 56
Smith, Adam 69
Solidaritätsprinzip 124
Solidaritätszuschlag 186
Sondersteuer 182
Soziale Marktwirtschaft 70
soziale Ziele 142
Sozialeinrichtungen 72
soziales Netz 70
Sozialgesetzbuch 80
Sozialprinzip 78
Sozialstaat 120, 125
Sozialstaatlichkeit 78
Sozialversicherungssystem 124
Staat 128, 166, 182, 188
staatliche Regelung 167
Staatsauftrag 71
Staatseinnahmen 183
Stabilitätsgesetz 84
Stakeholder 157, 158, 164
Stammgruppe 74
Standort 168
Standortfaktoren 168
Statistisches Bundesamt (Destatis) 84
Status 53
Stellenanzeige 16, 42, 63

Steuerarten 178, 182
Steuereinnahmen 182, 184
Steuererhöhung 71
Steuererklärung 177
Steuer-Identifikationsnummer 176
Steuerklasse 179
Steuern 176–192
Stiftung Warentest 132, 183
Storytelling 180
Stromsteuer 167, 186
Stückdeckungsbeitrag 156
Studiengang 14, 36, 45
Studium 44, 188
Subsidiarität 184

T

Tabaksteuer 186
Tagesbericht 22
Teilhabe 80, 94
Telefontraining 58

U

Umsatz 142, 154
Umsatzsteuer 85, 178, 186
Umverteilung 183
unbefristete Stelle 38
UN-Behindertenrechtskommission 81
Unfallhergang 131
Unfallverhütungsvorschriften 21
Unfallversicherung 124
Universität 45
Unternehmen 140–172
Unternehmende 140, 152, 156
Unternehmensgründung 140
Unternehmenskrise 149
Unternehmenskultur 145, 161
Unternehmensziele 142
unternehmerische Verantwortung 144
Ursache-Wirkungs-Diagramm 167

205

Register

V

variable Kosten 156
Verantwortung 147
Verbraucherpreisindex (VIP) 86
Verbraucherzentrale 122
Verbrauchssteuer 179
Verkehrssteuer 178
Verlust 154
Vermögensschaden 127
Vernetzungsdiagramm 190
Versicherung 120–136
Versicherungsberater 132
Versicherungskauffrau/-kaufmann 125
Versicherungsmakler 132
Versicherungsprämie 126
Versicherungsschutz 132
Versicherungsunternehmen 129
Versicherungsverträge 132
Versicherungsvertreter 132
Versorgungslücke 72
Verteilungsschlüssel 185
Vertragsfreiheit 68
Vielfalt 160
Visitenkarte 50
Volkswirtschaft 76, 90, 164
Vollbeschäftigung 84, 87
vollschulische Ausbildung 36
Vollzeitbeschäftigung 68
Vorqualifizierungsjahr Arbeit/Beruf (VAB) 35
Vorstellungsgespräch 54
Vorsteuer 178

W

Währungsunion 104
Wandel 40
Wegeunfall 131
Weitblick 41
Werkrealschule 34
Wertschöpfung 178
Wertschöpfungskette 111
Wettbewerb 68, 76
Wettbewerbsbeschränkungen 76
Wettbewerbsfähigkeit 142
Wettbewerbsprinzip 78
Wettbewerbsvorteil 145
Wirtschaftsförderung 184
Wirtschaftsordnung 78, 166
Wirtschaftspolitik 84
Wirtschaftsunion 104
Wirtschaftswachstum 84, 90
Wochenarbeitszeit 177
Wochenbericht 23
Wohlstand 70, 90
Wohlstandsindikatoren 92
Wunschberuf 38

Z

Zeitdruck 57
zeitliche Lücken 51
Zeitwert 126
Zentralverwaltungswirtschaft 72
Zertifikat 24
Zielgruppe 182
Zielharmonie 84, 143
Zielkonflikt 84, 143
Zielneutralität 143
Zinsen 187
Zugangsvoraussetzung 45
Zukunftsaussicht 39
Zukunftswerkstatt 180
Zulieferfirmen 145
Zuliefernde 158
Zuschüsse 128, 184, 188
Zuverlässigkeit 24
Zuwanderung 109
Zuweisungen 184

Bild- und Textquellenverzeichnis

Bildquellennachweis
Umschlag.1 stock.adobe.com, Dublin (Seventyfour); **Umschlag.2** stock.adobe.com, Dublin (Arsenii); **Umschlag.3** stock.adobe.com, Dublin (Kittiphan); **4.1** Pflügner, Matthias, Berlin; **8.1** ShutterStock.com RF, New York (Romolo Tavani); **8.2** ShutterStock.com RF, New York (Chinnapong); **8.3** ShutterStock.com RF, New York (Rawpixel.com); **8.4** ShutterStock.com RF, New York (William Potter); **9.1** ShutterStock.com RF, New York (Rawpixel.com); **9.2** ShutterStock.com RF, New York (sheff); **9.3** ShutterStock.com RF, New York (sakmeniko); **9.4** ShutterStock.com RF, New York (sakmeniko); **9.5** ShutterStock.com RF, New York (sakmeniko); **9.6** ShutterStock.com RF, New York (IrShiny); **9.7** ShutterStock.com RF, New York (sakmeniko); **9.8** ShutterStock.com RF, New York (sakmeniko); **9.9** ShutterStock.com RF, New York (sakmeniko); **10** Pflügner, Matthias, Berlin; **11.1** Getty Images Plus, München (iStock/jacoblund); **11.2** Getty Images Plus, München (iStock/monkeybusinessimages); **11.3** Getty Images Plus, München (iStock/peshkov); **11.4** Getty Images Plus, München (E+/alvarez); **12.M1** Getty Images Plus, München (iStock/Vadym Petrochenko); **13.M3** Getty Images Plus, München (iStock/monkeybusinessimages); **14.M1.1** IMAGO, Berlin (biky); **14.M1.2** Picture-Alliance, Frankfurt/M. (KEYSTONE/Ennio Leanza); **15.M2** Thinkstock, München (Brand X Pictures); **17.M2** tiff.any GmbH & Co. KG, Berlin; **20.M2** Getty Images Plus, München (E+/SolStock); **20.M3** Getty Images Plus, München (E+/sturti); **21.M4** Getty Images Plus, München (E+/sturti); **21.M5** Ernst Klett Verlag GmbH, Stuttgart; **22.M1** Getty Images Plus, München (iStock/Wavebreakmedia); **24.M1** Getty Images Plus, München (E+/vitranc); **25.M3** Getty Images Plus, München (iStock/Dutko); **26.M1** Getty Images Plus, München (E+/Stígur Már Karlsson /Heimsmyndir); **28.M1** Getty Images Plus, München (iStock/alvarez); **29.M4** Getty Images Plus, München (E+/JohnnyGreig); **32** Pflügner, Matthias, Berlin; **33.1** Getty Images Plus, München (iStock/MangoStar_Studio); **33.2** Getty Images Plus, München (iStock/Highwaystarz-Photography); **33.3** Getty Images Plus, München (iStock/Jcomp); **33.4** Getty Images Plus, München (iStock/peterschreiber.media); **34.M1** Pflügner, Matthias, Berlin; **35.M2.1** Getty Images Plus, München (E+/domoyega); **35.M2.2** Getty Images Plus, München (E+/sturti); **35.M2.3** Getty Images Plus, München (E+/Ales_Utovko); **35.M2.4** Getty Images Plus, München (E+/FG Trade); **37.M2** Picture-Alliance, Frankfurt/M. (dpa-infografik); **38.M1** Getty Images Plus, München (E+ /monkeybusinessimages); **39.M2** Grafik: Krause, Jens, Leipzig; Quelle: Bitkom; **39.M3** stock.adobe.com, Dublin (Ermolaev Alexandr); **39.M4** stock.adobe.com, Dublin (goldencow_images); **40.M1** Wolff, Katrin, Wiesbaden; **40.M2** Picture-Alliance, Frankfurt/M. (dpa-infografik); **41.M3** Picture-Alliance, Frankfurt/M. (dpa-infografik); **42** Getty Images Plus, München (E+/mbz-photodesign); **43.M2** stock.adobe.com, Dublin (contrastwerkstatt); **44.M1** ShutterStock.com RF, New York (Ruslan Maiborodin); **44.M2** Media Office GmbH, Kornwestheim; **45.M4** Getty Images Plus, München (Maica iStock); **47.M3** tiff.any GmbH & Co. KG, Berlin; **48.M1** Getty Images Plus, München (iStock/MikeCherim); **49** Getty Images Plus, München (E+/sturti); **49.M2** Getty Images Plus, München (Collection Mix: Subjects/Caia Image); **50.M1** Getty Images Plus, München (iStock/MikeCherim); **52.M1** Getty Images Plus, München (E+/Deepak Sethi); **54.M1** tiff.any GmbH & Co. KG, Berlin; **56.M1** Getty Images Plus, München (OJO Images/Chris Ryan); **57.M2** Getty Images Plus, München (E+/Mladen_Kostic); **58.M1** Getty Images Plus, München (E+/Delmaine Donson); **60.M1** stock.adobe.com, Dublin (relisag); **60.M2** ShutterStock.com RF, New York (Oxanakhov); **61.M3** stock.adobe.com, Dublin (JackF); **61.M4** stock.adobe.com, Dublin (zaschnaus); **61.M5** tiff.any GmbH & Co. KG, Berlin; **63.M2** Getty Images Plus, München (iStock/monkeybusinessimages); **63.M4** Media Office GmbH, Kornwestheim; **64.M1** Getty Images Plus, München (iStock/JackF); **64.M2** Wolff, Katrin, Wiesbaden; **65.M3** Pflügner, Matthias, Berlin; **66** Pflügner, Matthias, Berlin; **67.1** Picture-Alliance, Frankfurt/M. (dpa-Bildarchiv/Rohwedder); **67.2** ShutterStock.com RF, New York (Aliaksandr Antanovich); **67.3** Getty Images Plus, München (The Imges Bank/Alan Schein Photography); **67.4** ShutterStock.com RF, New York (hramovnick); **68.M1** Grafik: Krause, Jens, Leipzig (freie Marktwirtschaft, Wirtschaftsordnung, Staat, Markt); **69.M2** iStockphoto, Calgary, Alberta (iStock/Getty Images Plus/WilshireImages); **70.M1** Grafik: Krause, Jens, Leipzig (soziale Marktwirtschaft, Wirtschaftsordnung, Staat, Markt); **71.M2** Picture-Alliance, Frankfurt/M. (dpa/Kurt Rohwedder); **71.M3** Picture-Alliance, Frankfurt/M. (dpa-Bildarchiv/Rohwedder); **72.M1** Grafik: Krause, Jens, Leipzig (Zentralverwaltungswirtschaft, Wirtschaftsordnung, Staat, Plan); **73.M2** Getty Images Plus, München (Photos.com); **74.M1** Mair, Jörg, München; **74.M2** Mair, Jörg, München; **74.M3** Mair, Jörg, München; **76.M1** laif, Köln (Klaus Stuttmann); **77.M2** (c) Bundeskartellamt; **78.M1** laif, Köln (Klaus Stuttmann); **79.M2** Picture-Alliance, Frankfurt/M. (dpa-infografik); **80.M1** ShutterStock.com RF, New York (Ground Picture); **81** Getty Images Plus, München (iStock/AnnaStills); **82.M1** Wiemers, Sabine, Düsseldorf; **82.M2** Wiemers, Sabine, Düsseldorf; **84.M1** Picture-Alliance, Frankfurt/M. (dpa-Infografik); **85.M2** Media Office GmbH, Kornwestheim; **85.M3** Media Office GmbH, Kornwestheim; **86.M1** ShutterStock.com RF, New York (Maxx-Studio); **86.M2** Fotosatz_Buck, Kumhausen/Hachelstuhl; **86.M3** Fotosatz_Buck, Kumhausen/Hachelstuhl, Text: Schaubild Deflation nach: https://www.microtech.de/erp-wiki/inflation-deflation/; **87.M4** Picture-Alliance, Frankfurt/M. (dpa-infografik); **88.M1.1** Pflügner, Matthias, Berlin; **88.M1.2** Pflügner, Matthias, Berlin; **89.M2** tiff.any GmbH & Co. KG, Berlin; **89.M3** stock.adobe.com, Dublin (A_Lein); **90.M1** Picture-Alliance, Frankfurt/M. (dpa-infografik); **91.M2** Grafik: Krause, Jens, Leipzig (BIP Vergleich, BIP 2015, BIP 2022); Datenquelle: Statistisches Bundesamt (Destatis), 2023; **92.M1** Getty Images Plus, München (DigitalVision/Oliver Rossi); **92.M2** Ernst Klett Verlag GmbH, Stuttgart; **93.M3** New Big Mac data for January 2022. Unter: https://github.com/theeconomist/big-mac-data/releases/tag/2022-01 (Zugriff 16.03.2022, gek.); **94.M1** Grafik: Krause, Jens, Leipzig (Abteilungen, Funktionsbereiche, Unternehmen); **95.M4** stock.adobe.com, Dublin (hkama); **95.M5** stock.adobe.com, Dublin (Animaflora PicsStock); **96.M1** toonpool.com, Berlin (Mirco Tomicek); **96.M2** Plaßmann, Thomas, Essen; **96.M3** laif, Köln (Klaus Stuttmann); **97.M4** Gerhard Mester, Wiesbaden; **97.M5** Plaßmann, Thomas, Essen; **99.M2** Grafik: Krause, Jens, Leipzig (BIP G7-Staaten 2021); Datenquelle: Statistisches Bundesamt (Destatis) 2022;; **99.M3** toonpool.com, Berlin (Reiner Schwalme); **100.M1** Pflügner, Matthias, Berlin; **102** Pflügner, Matthias, Berlin; **103.1** stock.adobe.com, Dublin (Travel mania [Montage]); **103.2** stock.adobe.com, Dublin (Markus Mainka); **103.3** iStockphoto, Calgary, Alberta (Wibofoto); **103.4** Getty Images Plus, München (E+/FredFroese); **104.M1** Grafik: Krause, Jens, Leipzig; Karte: ShutterStock.com RF, New York (Pyty); **105.M2** Grafik: Krause, Jens, Leipzig (EU-Haushalt 2020, EU-Finanzrahmen mehrjährig, Europäische Union); Datenquelle: BMF-Monatsbericht, August 2020, Bundesministerium der Finanzen.; **106.M1.1** ShutterStock.com RF, New York (Novikov Aleksey); **106.M1.2** stock.adobe.com, Dublin (Otmar Smit); **106.M1.3** stock.adobe.com, Dublin (Björn Wylezich); **106.M1.4** iStockphoto, Calgary, Alberta (Wibofoto); **107** Getty Images Plus, München (E+/Edwin Tan); **108.M1** Grafik: Krause, Jens, Leipzig; Quelle: https://ec.europa.eu/eurostat/databrowser/view/tesem140/default/table?lang=de;; **108.M2** Grafik: Krause, Jens, Leipzig; Quelle: www.lohn-info.de; **109.M3.1** stock.adobe.com, Dublin (oksix); **109.M3.2** Getty Images Plus, München (E+/fotografixx); **109.M3.3** Getty Images Plus, München (E+/FredFroese); **109.M3.4** stock.adobe.com, Dublin (industrieblick); **110.M1** Grafik: Krause, Jens, Leipzig; **111.M2** Grafik: Pflügner, Matthias, Berlin; Quelle: Inkota e. V. sowie aus der Studie: Preisgestaltung in der Wertschöpfungskette Kakao – Ursachen und Auswirkungen, hg. v. Deutsche Gesellschaft für Internationale Zusammenarbeit (GIZ) GmbH und Südwind, Institut für Ökonomie und Ökumene; Autoren: Friedel Hütz-Adams (verantwortlich), Antje Schneeweiß (beide Südwind e.V. – Institut für Ökonomie und Ökumene), Zuarbeit: Sven Bergau. Im Auftrag des Bundesministeriums für wirtschaftliche Zusammenarbeit und Entwicklung (BMZ), Referat

Bild- und Textquellenverzeichnis

121 – Landwirtschaft, Innovation, Agrarforschung. Bonn, Januar 2018.; **112.M1** Wiemers, Sabine, Düsseldorf; **113.M4** Media Office GmbH, Kornwestheim; **115.M2** Getty Images Plus, München (iStock/AndreyPopov); **115.M3** Grafik: tiff.any; Quelle: Clean Clothes Campaign; **115.M4** laif, Köln (Kathrin Harms); **116.M1** Getty Images Plus, München (iStock/Bet_Noire); **116.M2** Pflügner, Matthias, Berlin; **118** Pflügner, Matthias, Berlin; **119.1** stock.adobe.com, Dublin (DOC RABE Media); **119.2** stock.adobe.com, Dublin (freshidea); **119.3** ShutterStock.com RF, New York (Portrait Image Asia); **119.4** stock.adobe.com, Dublin (Stockwerk-Fotodesign); **120.M1** Wolff, Katrin, Wiesbaden; **120.M2** Mauritius Images, Mittenwald (Alamy/Peter Horree); **121.M3** Picture-Alliance, Frankfurt/M. (dpa-infografik); **122.M1** Picture-Alliance, Frankfurt/M. (dpa/Ralf Hirschberger); **122.M2** Grafik: Krause, Jens, Leipzig (notwendige Versicherungen, Lebensphasen); **123.M3** Picture-Alliance, Frankfurt/M. (dpa-infografik); **123.M4** Picture-Alliance, Frankfurt/M. (dpa-infografik); **124.M1** Picture-Alliance, Frankfurt/M. (tmn/Christin Klose); **124.M2** Picture-Alliance, Frankfurt/M. (dpa-infografik); **125** stock.adobe.com, Dublin (Frank Merfort); **126.M1** Getty Images Plus, München (praetorianphoto/iStock); **126.M2** stock.adobe.com, Dublin (Pixelot); **127.M4** Picture-Alliance, Frankfurt/M. (dpa-infografik); **127.M5** Getty Images Plus, München (E+/vm); **128.M1** Grafik: Krause, Jens, Leipzig (Schadesfallfinanzierung, Versicherungen); **128.M2** https://de.statista.com/infografik/4547/die-teuersten-promi-versicherungen/ – www.statista.com, Quelle: Knip AG – https://creativecommons.org/licenses/by-nd/4.0/, Mountain View ; CC-BY-ND-4.0 Lizenzbestimmungen: https://creativecommons.org/licenses/by-nd/4.0/legalcode, siehe *2; **130.M1** ShutterStock.com RF, New York (Lia_Russy); **130.M2** Getty Images Plus, München (E+/Dobrila Vignjevic); **130.M3** Picture-Alliance, Frankfurt/M. (dpa-infografik); **132.M1** Getty Images Plus, München (DigitalVision/Willie B. Thomas); **133.M2** Picture-Alliance, Frankfurt/M. (dpa-infografik); **135.M1.1** Ernst Klett Verlag GmbH, Stuttgart; **135.M1.2** Ernst Klett Verlag GmbH, Stuttgart; **135.M1.3** Ernst Klett Verlag GmbH, Stuttgart; **135.M1.4** Ernst Klett Verlag GmbH, Stuttgart; **135.M1.5** Ernst Klett Verlag GmbH, Stuttgart; **135.M1.6** Ernst Klett Verlag GmbH, Stuttgart; **137.M2** Getty Images Plus, München (The Images Bank/Silke Woweries); **137.M3** CartoonStock Ltd, Bath (Shirvanian, Vahan); **138** Pflügner, Matthias, Berlin; **139.1** stock.adobe.com, Dublin (photocrew); **139.2** Getty Images Plus, München (iStock/Olivier Le Moal); **139.3** stock.adobe.com, Dublin (Wolfilser); **139.4** Getty Images Plus, München (iStock/Tryaging); **140.M1** stock.adobe.com, Dublin (Nina Lawrenson/peopleimages.com); **140.M2** Getty Images Plus, München (DigitalVision/Tony Anderson); **140.M3** stock.adobe.com, Dublin (Тарас Нагирняк); **141.M4** Getty Images Plus, München (DigitalVision/10'000 Hours); **141.M5** Getty Images Plus, München (E+/VioletaStoimenova); **141.M6** Getty Images Plus, München (iStock/Iryna Imago); **142.M1** Grafik: Krause, Jens, Leipzig (Unternehmensziele); **143.M2** Jäckel, Diana, Erfurt; **144.M1** Wiemers, Sabine, Düsseldorf; **144.M2** Picture-Alliance, Frankfurt/M. (dpa-infografik); **146.M1** Getty Images Plus, München (E+/DjelicS); **146.M2** Getty Images Plus, München (E+/filadendron); **147** Getty Images Plus, München (iStock/stockfour); **147.M3** Media Office GmbH, Kornwestheim; **148.M2** Fotosatz_Buck, Kumhausen/Hachelstuhl, Quelle: Handelsblatt Research Institute, Destatis; **149.M3** stock.adobe.com, Dublin (Rido); **149.M4** ShutterStock.com RF, New York (La India Piaroa); **149.M5** Getty Images Plus, München (iStock/Geber86); **149.M6** ShutterStock.com RF, New York (Dusan Petkovic); **150.M1** Picture-Alliance, Frankfurt/M. (dpa-infografik); **150.M2** Picture-Alliance, Frankfurt/M. (blickwinkel/S. Ziese); **151.M4** Picture-Alliance, Frankfurt/M. (dpa-infografik); **152.M2** Getty Images Plus, München (E+/FatCamera); **153.M3** Grafik: Krause, Jens, Leipzig (Ablauforganisation, Organisationsformen); **155.M2** Media Office GmbH, Kornwestheim; **156.M1** Malz, Anja, Taunusstein; **157.M3** Grafik: Krause, Jens, Leipzig (interne Stakeholder, externe Stakeholder); **158.M2** Media Office GmbH, Kornwestheim; **159.M3** Getty Images Plus/Microstock, München (iStock/Aleksei Morozov); **159.M4** Getty Images Plus, München (E+/pixelfit); **160.M1** Getty Images Plus, München (iSock/Bet_Noire); **160.M2** Picture-Alliance, Frankfurt/M. (dpa-infografik); **160.M3** ShutterStock.com RF, New York (Firma V); **161.M4** ShutterStock.com RF, New York (Aleutie); **162.M1.1** stock.adobe.com, Dublin (Jeronimo Ramos); **162.M1.2** stock.adobe.com, Dublin (Jeronimo Ramos); **162.M1.3** stock.adobe.com, Dublin (Jeronimo Ramos); **163.M2** stock.adobe.com, Dublin (treety); **164.M1** Media Office GmbH, Kornwestheim; Datenquelle: Institut für Mittelstandsforschung Bonn;; **165.M2** Getty Images Plus, München (iStock/yuriz); **165.M3** ShutterStock.com RF, New York (baranq); **165.M4** Getty Images Plus, München (iStock/Sakorn Sukkasemsakorn); **166.M1** Grafik: Krause, Jens, Leipzig (Gestaltungsrahmen, Wirtschaft, Staat); **167.M2** Grafik: Krause, Jens, Leipzig (Stromsteuer, Ursache-Wirkung, Strombedarf, Ökostrom); **168.M1.1** Thinkstock, München (eskaylim); **168.M1.2** stock.adobe.com, Dublin (PaulShlykov); **168.M1.3** stock.adobe.com, Dublin (dannyburn); **168.M1.4** ShutterStock.com RF, New York (Studio Dagdagaz); **168.M1.5** ShutterStock.com RF, New York (Giovanni Love); **168.M1.6** stock.adobe.com, Dublin (dobrorez); **168.M1.7** ShutterStock.com RF, New York (Andrey Armyagov); **168.M2** Getty Images Plus, München (iStock/s:monkeybusinessimages); **168.M3** Getty Images Plus, München (E+/VioletaStoimenova); **169.M4** Getty Images Plus, München (E+/Morsa Images); **169.M5** Gerhard Mester, Wiesbaden; **170.M1** ShutterStock.com RF, New York (Image Source Trading Ltd); **171.M2** Getty Images Plus, München (DigitalVision/Klaus Vedfelt); **173.M3** CartoonStock Ltd, Bath (Deckmyn, Dominique); **174** Pflügner, Matthias, Berlin; **175.1** stock.adobe.com, Dublin (M. Schuppich); **175.2** stock.adobe.com, Dublin (Prostock-studio); **175.3** ShutterStock.com RF, New York (peter jesche); **175.4** Mauritius Images, Mittenwald (imageBROKER/Christian Ohde); **177.M3** ShutterStock.com RF, New York (BearFotos); **178** Getty Images Plus, München (E+/Drazen_); **178.M1** ShutterStock.com RF, New York (nitpicker); **180.M1** ShutterStock.com RF, New York (Satenik Guzhanina); **181.M3** akg-images, Berlin (Ingo Barth); **182.M1** Picture-Alliance, Frankfurt/M. (de Arnaud Le Vu/Hans Lucas); **182.M2** Getty Images Plus, München (DigitalVision/Solskin); **184.M1** Picture-Alliance, Frankfurt/M. (dpa-infografik); **185.M4** Grafik: Krause, Jens, Leipzig ; Ministerium für Finanzen Baden-Württemberg – Gesamtausgaben Haushalt 2022;; **186.M2** Fotosatz_Buck, Kumhausen/Hachelstuhl; Quelle: 2023 Bundesministerium der Finanzen;; **188.M1** Grafik: Krause, Jens, Leipzig; Quelle: Bildung hat Zukunft, Bildungsstudie 2017, ifo Institut, Herausgeber: Union Investment;; **188.M2** Grafik: Krause, Jens, Leipzig; Quelle: Bildung hat Zukunft, Bildungsstudie 2017, ifo Institut, Herausgeber: Union Investment;; **189.M3** Media Office GmbH, Kornwestheim; **190.M1** Getty Images Plus, München (iStock/taseffski); **192.M2** Ernst Klett Verlag GmbH, Stuttgart; **193.M3** Quelle: Dossier Bildung, www.bpb.de/bildung, Bundeszentrale für politische Bildung und Wissenschaftszentrum Berlin für Sozialforschung, 2023. https://creativecommons.org/licenses/by-nd/4.0/, Mountain View, Bundeszentrale für polit. Bildung, Bonn ; CC-BY-ND-4.0 Lizenzbestimmungen: https://creativecommons.org/licenses/by-nd/4.0/legalcode, siehe *2; **193.M4** Picture-Alliance, Frankfurt/M. (dieKLEINERT /Markus Grolik); **196.1** United Nations Publications, New York – https://www.un.org/sustainabledevelopment/. The content of this publication has not been approved by the United Nations and does not reflect the views of the United Nations or its officials or Member States.; **196.2** United Nations Publications, New York – https://www.un.org/sustainabledevelopment/. The content of this publication has not been approved by the United Nations and does not reflect the views of the United Nations or its officials or Member States.; **196.3** United Nations Publications, New York – https://www.un.org/sustainabledevelopment/. The content of this publication has not been approved by the United Nations and does not reflect the views of the United Nations or its officials or Member States.; **196.4** United Nations Publications, New York – https://www.un.org/sustainabledevelopment/. The content of this publication has not been approved by the United Nations and does not reflect the views of

the United Nations or its officials or Member States.; **196.5** United Nations Publications, New York – https://www.un.org/sustainabledevelopment/. The content of this publication has not been approved by the United Nations and does not reflect the views of the United Nations or its officials or Member States.; **196.6** United Nations Publications, New York – https://www.un.org/sustainabledevelopment/. The content of this publication has not been approved by the United Nations and does not reflect the views of the United Nations or its officials or Member States.; **196.7** United Nations Publications, New York – https://www.un.org/sustainabledevelopment/. The content of this publication has not been approved by the United Nations and does not reflect the views of the United Nations or its officials or Member States.; **196.8** United Nations Publications, New York – https://www.un.org/sustainabledevelopment/. The content of this publication has not been approved by the United Nations and does not reflect the views of the United Nations or its officials or Member States.; **196.9** United Nations Publications, New York – https://www.un.org/sustainabledevelopment/. The content of this publication has not been approved by the United Nations and does not reflect the views of the United Nations or its officials or Member States.; **197.1** United Nations Publications, New York – https://www.un.org/sustainabledevelopment/. The content of this publication has not been approved by the United Nations and does not reflect the views of the United Nations or its officials or Member States.; **197.2** United Nations Publications, New York – https://www.un.org/sustainabledevelopment/. The content of this publication has not been approved by the United Nations and does not reflect the views of the United Nations or its officials or Member States.; **197.3** United Nations Publications, New York – https://www.un.org/sustainabledevelopment/. The content of this publication has not been approved by the United Nations and does not reflect the views of the United Nations or its officials or Member States.; **197.4** United Nations Publications, New York – https://www.un.org/sustainabledevelopment/. The content of this publication has not been approved by the United Nations and does not reflect the views of the United Nations or its officials or Member States.; **197.5** United Nations Publications, New York – https://www.un.org/sustainabledevelopment/. The content of this publication has not been approved by the United Nations and does not reflect the views of the United Nations or its officials or Member States.; **197.6** United Nations Publications, New York – https://www.un.org/sustainabledevelopment/. The content of this publication has not been approved by the United Nations and does not reflect the views of the United Nations or its officials or Member States.; **197.7** United Nations Publications, New York – https://www.un.org/sustainabledevelopment/. The content of this publication has not been approved by the United Nations and does not reflect the views of the United Nations or its officials or Member States.; **197.8** United Nations Publications, New York – https://www.un.org/sustainabledevelopment/. The content of this publication has not been approved by the United Nations and does not reflect the views of the United Nations or its officials or Member States.

*2 Lizenzbestimmungen zu CC-BY-ND-4.0 siehe: http://creativecommons.org/licenses/by-nd/4.0/legalcode

Textquellennachweis
771.M2 Alfred Müller-Armack, unter: https://www.insm.de/insm/soziale-marktwirtschaft/soziale-marktwirtschaft-haftung (Zugriff: 14.10.2023); **71.M3** Ludwig Erhard, aus: „Nicht alles zur gleichen Zeit", Rundfunkansprache, v. 13.01.1958, unter: https://www.insm.de/insm/themen/soziale-marktwirtschaft/zitate-von-ludwig-erhard (Zugriff: 14.09.2023); **73.M2** https://www.aphorismen.de/zitat/26104; **77** Bundeskartellamt: Bundeskartellamt erwirkt für Händler auf den Amazon Online-Marktplätzen weitreichende Verbesserungen der Geschäftsbedingungen, v. 17.07.2019, unter: https://www.bundeskartellamt.de/SharedDocs/Meldung/DE/Pressemitteilungen/2019/17_07_2019_Amazon.html (Zugriff: 14.09.2023); **78.1** https://www.gesetze-im-internet.de/gg/art_20.html; **78.2** https://www.gesetze-im-internet.de/gg/art_28.html; **80.M2.1** §154 SGB. Unter: http://www.sozialgesetzbuch-sgb.de/sgbix/154.html (Zugriff 23.03.2018); **80.M2.2** §160 SGB. Unter: http://www.sozialgesetzbuch-sgb.de/sgbix/160.html (Zugriff 23.03.2018); **148.M1** Jürgen Bock: Essensauslieferung statt Fahrten zur Dialyse, auf: Stuttgarter Nachrichten Online v. 15.04.2020, unter: https://www.stuttgarter-nachrichten.de/inhalt.taxibranche-im-land-hat-mit-corona-zu-kaempfen-und-mit-der-aok-essensauslieferung-statt-fahrten-zur-dialyse.5142650a-47bf-4e8d-933a-aa8ad3cff83b.html (Zugriff: 16.08.23); **176.M2** https://magazin.sofatutor.com/schueler/die-12-beliebtesten-ferienjobs-und-was-du-dabei-verdienst/; **181.M3** Robert Jungk, nach: Robert Jungks Editorials für pro zukunft neu aufgelegt, spannende Veranstaltungen, Erinnerung an seinen 108. Geburtstag, unter: https://jungk-bibliothek.org/2021/05/11/robert-jungks-editorials-fuer-pro-zukunft-neu-aufgelegt-spannende-veranstaltungen-erinnerung-an-seinen-108-geburtstag/ (Zugriff: 14.09.2023); **187.M3** Art. 115 Abs. 2 GG, nach: https://www.gesetze-im-internet.de/gg/art_115.html

1. Auflage   1 5 4 3 2 1 | 28 27 26 25 24

Alle Drucke dieser Auflage sind unverändert und können im Unterricht nebeneinander verwendet werden.
Die letzte Zahl bezeichnet das Jahr des Druckes.
Das Werk und seine Teile sind urheberrechtlich geschützt. Das Gleiche gilt für die Software und das Begleitmaterial.
Jede Nutzung in anderen als den gesetzlich zugelassenen Fällen bedarf der vorherigen schriftlichen Einwilligung des
Verlages. Hinweis § 60 a UrhG: Weder das Werk noch seine Teile dürfen ohne eine solche Einwilligung eingescannt und/
oder in ein Netzwerk eingestellt werden. Dies gilt auch für Intranets von Schulen und sonstigen Bildungseinrichtungen.
Fotomechanische, digitale oder andere Wiedergabeverfahren nur mit Genehmigung des Verlages.
Jede öffentliche Vorführung, Sendung oder sonstige gewerbliche Nutzung oder deren Duldung sowie Vervielfältigung
(z. B. Kopieren, Herunterladen oder Streamen) und Verleih und Vermietung ist nur mit ausdrücklicher Genehmigung des
Ernst Klett Verlages erlaubt.
Nutzungsvorbehalt: Die Nutzung für Text und Data Mining (§ 44b UrhG) ist vorbehalten. Dies betrifft nicht Text und
Data Mining für Zwecke der wissenschaftlichen Forschung (§ 60d UrhG).
An verschiedenen Stellen dieses Werkes befinden sich Verweise (Links) auf Internet-Adressen. Haftungshinweis:
Trotz sorgfältiger inhaltlicher Kontrolle wird die Haftung für die Inhalte der externen Seiten ausgeschlossen. Für den
Inhalt dieser externen Seiten sind ausschließlich die Betreiber verantwortlich. Sollten Sie daher auf kostenpflichtige,
illegale oder anstößige Inhalte treffen, so bedauern wir dies ausdrücklich und bitten Sie, uns umgehend per E-Mail an
info@klett.support davon in Kenntnis zu setzen, damit bei der Nachproduktion der Verweis gelöscht wird.
Lehrmedien/Lehrprogramm nach § 14 JuSchG

© Ernst Klett Verlag GmbH, Stuttgart 2024. Alle Rechte vorbehalten. www.klett.de
Das vorliegende Material dient ausschließlich gemäß § 60b UrhG dem Einsatz im Unterricht an Schulen.

Autorinnen und Autoren: Sarah Claß; Christiane Hoppenz-Green; Stephan Meinzer; Stefan Schlösser; Hariolf Seifert;
unter Mitarbeit von Thomas Hoffmann

Entstanden in Zusammenarbeit mit dem Projektteam des Verlages.

Gestaltung: Gourdin & Müller, Leipzig
Titelbild: **Umschlag.1** stock.adobe.com, Dublin (Seventyfour); **Umschlag.2** stock.adobe.com, Dublin (Arsenii);
Umschlag.3 stock.adobe.com, Dublin (Kittiphan)
Satz: media office GmbH, Kornwestheim
Druck: PASSAVIA Druckservice GmbH & Co. KG, Passau

Printed in Germany
ISBN 978-3-12-007575-2